Construcionalização e mudanças construcionais

Coleção de Linguística

Coordenadores

Gabriel de Ávila Othero – Universidade Federal do Rio Grande do Sul (UFRGS)

Sérgio de Moura Menuzzi – Universidade Federal do Rio Grande do Sul (UFRGS)

Conselho consultivo

Alina Villalva – Universidade de Lisboa

Carlos Alberto Faraco – Universidade Federal do Paraná (UFPR)

Dante Lucchesi – Universidade Federal Fluminense (UFF)

Leonel Figueiredo Alencar – Universidade Federal do Ceará (UFC)

Letícia M. Sicuro Correa – Pontifícia Universidade Católica do Rio de Janeiro (PUC-Rio)

Luciani Ester Tenani – Universidade Estadual de São Paulo (Unesp)

Maria Cristina Figueiredo Silva – Universidade Federal do Paraná (UFPR)

Roberta Pires de Oliveira – Universidade Federal de Santa Catarina (UFSC)

Roberto Gomes Camacho – Universidade Estadual de São Paulo (Unesp)

Valdir Flores – Universidade Federal do Rio Grande do Sul (UFRGS)

Dados Internacionais de Catalogação na Publicação (CIP)
(Câmara Brasileira do Livro, SP, Brasil)

Traugott, Elizabeth Closs

   Construcionalização e mudanças construcionais / Elizabeth Closs Traugott, Graeme Trousdale ; tradução Taísa Peres de Oliveira e Angélica Furtado da Cunha. – Petrópolis, RJ : Vozes, 2021. – (Coleção de Linguística)

   Título original: Constructionalization and constructional changes
   Bibliografia.
   ISBN 978-85-326-6460-0

   1. Gramática de construções 2. Língua inglesa – História 3. Mudanças linguísticas 4. Reconstrução (Linguística) I. Trousdale, Graeme. II. Título. III. Série.

20-33715 · CDD-425

Índices para catálogo sistemático:
1. Língua inglesa : Gramática de construções :
Linguística   425

Cibele Maria Dias – Bibliotecária – CRB-8/9427

ELIZABETH CLOSS TRAUGOTT
GRAEME TROUSDALE

Construcionalização e mudanças construcionais

Tradução de Taísa Peres de Oliveira e
Angélica Furtado da Cunha

Petrópolis

© Elizabeth Closs Traugott and Graeme Trousdale 2013.

Título do original em inglês: *Constructionalization and Constructional Changes*

Direitos de publicação em língua portuguesa – Brasil:
2021, Editora Vozes Ltda.
Rua Frei Luís, 100
25689-900 Petrópolis, RJ
www.vozes.com.br
Brasil

Todos os direitos reservados. Nenhuma parte desta obra poderá ser reproduzida ou transmitida por qualquer forma e/ou quaisquer meios (eletrônico ou mecânico, incluindo fotocópia e gravação) ou arquivada em qualquer sistema ou banco de dados sem permissão escrita da editora.

CONSELHO EDITORIAL

Diretor
Gilberto Gonçalves Garcia

Editores
Aline dos Santos Carneiro
Edrian Josué Pasini
Marilac Loraine Oleniki
Welder Lancieri Marchini

Conselheiros
Francisco Morás
Ludovico Garmus
Teobaldo Heidemann
Volney J. Berkenbrock

Secretário executivo
João Batista Kreuch

Editoração: Maria da Conceição B. de Sousa
Diagramação: Sheilandre Desenv. Gráfico
Revisão gráfica: Nilton Braz da Rocha
Capa: Editora Vozes

ISBN 978-85-326-6460-0 (Brasil)
ISBN 978-0-19-878354-1 (Reino Unido)

Editado conforme o novo acordo ortográfico.

Este livro foi composto e impresso pela Editora Vozes Ltda.

Apresentação da coleção

Esta publicação é parte da **Coleção de Linguística** da Vozes, retomada pela editora em 2014, num esforço de dar continuidade à coleção coordenada, até a década de 1980, pelas professoras Yonne Leite, Miriam Lemle e Marta Coelho. Naquele período, a coleção teve um papel importante no estabelecimento definitivo da Linguística como área de pesquisa regular no Brasil e como disciplina fundamental da formação universitária em áreas como as Letras, a Filosofia, a Psicologia e a Antropologia. Para isso, a coleção não se limitou à publicação de autores fundamentais para o desenvolvimento da Linguística, como Chomsky, Langacker e Halliday, ou de linguistas brasileiros já então reconhecidos, como Mattoso Câmara; buscou também veicular obras de estudiosos brasileiros que então surgiam como lideranças intelectuais e que, depois, se tornaram referências para a disciplina no Brasil – como Anthony Naro, Eunice Pontes e Mário Perini. Dessa forma, a **Coleção de Linguística** da Vozes participou ativamente da história da Linguística brasileira, tendo ajudado a formar as gerações de linguistas que ampliaram a disciplina nos anos de 1980 e de 1990 – alguns dos quais ainda hoje atuam intensamente na vida acadêmica nacional.

Com a retomada da **Coleção de Linguística** pela Vozes, a editora quer voltar a participar decisivamente das novas etapas de desenvolvimento da disciplina no Brasil. Agora, trata-se de oferecer um veículo de disseminação da informação e do debate em um novo ambiente: a Linguística é hoje uma disciplina estabelecida nas universidades brasileiras; é também um dos setores de pós-graduação que mais crescem no Brasil; finalmente, o próprio quadro geral das universidades e da pesquisa brasileira atingiu uma dimensão muito superior à que se testemunhava nos anos de 1970 a 1990. Dentro desse quadro, a **Coleção de Linguística** da Vozes tem novas missões a cumprir:

• em primeiro lugar, é preciso oferecer aos cursos de graduação em Letras, Filosofia, Psicologia e áreas afins material renovador, que permita aos alunos integrarem-se ao atual patamar de conhecimento da área de Linguística;

• em segundo lugar, é preciso continuar com a tarefa de colocar à disposição do público de língua portuguesa obras decisivas do desenvolvimento, passado e recente, da Linguística;

• finalmente, é preciso oferecer ao setor de pós-graduação em Linguística e ao novo e amplo conjunto de pesquisadores que nele atua um veículo adequado à disseminação de suas contribuições: um veículo sintonizado, de um lado, com o que se produz na área de Linguística no Brasil; e, de outro, que identifique, nessa produção, aquelas contribuições cuja relevância exija uma disseminação e atinja um público mais amplo, para além da comunidade dos especialistas e dos pesquisadores de pós-graduação.

Em suma, com esta **Coleção de Linguística**, esperamos publicar títulos relevantes, cuja qualidade venha a contribuir de modo decisivo não apenas para a formação de novas gerações de linguistas brasileiros, mas também para o progresso geral dos estudos das Humanidades neste início de século XXI.

Gabriel de Ávila Othero
Sérgio de Moura Menuzzi
Organizadores

Sumário

Prefácio da série, 11

Agradecimentos, 13

Figuras e quadros, 15

Lista de abreviações, 17

Notações, 19

Bancos de dados e corpora *eletrônicos*, 21

1 O modelo teórico, 25

   1.1 Introdução, 25

   1.2 Abordagens construcionais da língua, 27

      1.2.1 Gramática de construções de Berkeley, 29

      1.2.2 Gramática de construções baseada no signo, 29

      1.2.3 Gramática de construções cognitiva, 30

      1.2.4 Gramática de construções radical, 33

      1.2.5 Gramática cognitiva, 34

      1.2.6 Nossa representação de construções, 36

   1.3 Redes e gramática de construções, 36

   1.4 Construções e fatores relevantes, 40

      1.4.1 Caracterização das construções, 40

      1.4.2 Esquematicidade, produtividade e composicionalidade, 44

         1.4.2.1 Esquematicidade, 44

         1.4.2.2 Produtividade, 50

         1.4.2.3 Composicionalidade, 53

   1.5 Uma visão construcional de mudança, 55

1.5.1 Uma caracterização e exemplo de construcionalização, 57

1.5.2 Mudanças construcionais, 64

1.5.3 A relação entre mudanças construcionais e construcionalização, 66

1.5.4 Construcionalização instantânea, 69

1.6 Trabalhos diacrônicos particularmente relevantes para este livro, 71

1.6.1 'Construção' como usado na linguística histórica precedente, 72

1.6.2 Gramaticalização, 73

1.6.3 Lexicalização, 75

1.6.4 Mecanismos de mudança, 78

1.6.4.1 Neoanálise ('reanálise'), 79

1.6.4.2 Analogização ('analogia'), 81

1.6.5 Trabalhos sobre a gramática de construções diacrônica, 84

1.7 Evidência, 87

1.8 Sumário e esboço do livro, 91

2 Uma abordagem da mudança do signo baseada no uso, 95

2.1 Introdução, 95

2.2 Modelos baseados no uso, 97

2.2.1 Armazenamento como uma unidade, 99

2.2.2 Sanção, 102

2.3 Redes em um modelo baseado no uso, 103

2.3.1 A relação entre redes, processamento de língua e aprendizado de língua, 105

2.3.2 Expansão da ativação, 109

2.3.3 Implicações para 'analogia', 113

2.4 Tipos de elos, 117

2.4.1 Elos relacionais, 117

2.4.2 Elos de herança, 120

2.5 Expansão, obsolescência e reconfiguração de rede, 123

2.5.1 O ciclo de vida das construções, 123

2.5.1.1 Expansão nas margens, 123

2.5.1.2 Permanência nas margens, 126

2.5.1.3 Marginalização e perda de uma construção, 127

2.5.2 Reconfiguração de elos, 137

2.6 Categorias, gradiência e gradualidade, 141

2.7 Um estudo de caso: o desenvolvimento da construção com *way* revisitado, 145

2.7.1 A construção com *way* no inglês atual, 145

2.7.2 Precursores da construção com *way*, 151

2.7.3 Construcionalização da construção com *way*, 156

2.7.4 Expansão adicional da construção com *way*, 160

2.7.5 Expansão da construção com *way* na rede, 166

2.7.6 O *status* da construção com *way* no gradiente lexical-gramatical, 167

2.8 Sumário e algumas questões, 168

3 Construcionalização gramatical, 173

3.1 Introdução, 173

3.2 Abordagens de gramaticalização, 177

3.2.1 Gramaticalização como redução e aumento de dependência, 183

3.2.2 Gramaticalização como expansão, 190

3.2.3 A interconexão entre as abordagens GR e GE, 196

3.3 Uma abordagem construcional da direcionalidade, 202

3.3.1 Aumento na produtividade, 203

3.3.2 Aumento na esquematicidade, 207

3.3.3 Redução na composicionalidade, 214

3.3.4 A integração dos fatores da GR e da GE na construcionalização e mudança construcional, 218

3.3.5 Possíveis motivações para a direcionalidade da mudança, 220

3.4 Repensando a degramaticalização em termos de construcionalização, 225

3.4.1 Desflexionalização, 227

3.4.2 Desvinculação, 232

3.4.3 Atenção à projeção de usos originais a partir do presente, 233

3.5 Um estudo de caso: o desenvolvimento de pseudoclivadas com *ALL* e *WHAT*, 239

3.5.1 Precursores das pseudoclivadas com *ALL* e *WHAT*, 243

3.5.2 Pseudoclivadas iniciais, 247

3.5.3 A história posterior das pseudoclivadas com *ALL* e *WHAT*, 246

3.5.4 Discussão, 255

3.6 Sumário, 257

4 Construcionalização lexical, 261

4.1 Introdução, 261

4.2 Algumas características das construções lexicais, 263

4.3 Algumas abordagens da lexicalização, 271

4.3.1 Supostos resultados discretos de lexicalização e gramaticalização, 272

4.3.2 Lexicalização como entrada no inventário, 278

4.3.3 Para repensar a lexicalização à luz da construcionalização lexical, 280

4.4 A mudança em produtividade, esquematicidade e composicionalidade na construcionalização lexical, 283

4.4.1 Produtividade, 284

4.4.2 Esquematicidade, 285

4.4.3 Composicionalidade, 287

4.5 O desenvolvimento de (sub)esquemas lexicais, 290

    4.5.1 *DOM* no inglês antigo, 293

    4.5.2 *RÆDEN* no inglês antigo, 298

    4.5.3 Escolhas entre afixoides nominais no inglês antigo e médio, 301

4.6 O desenvolvimento de construções lexicais atômicas, 304

4.7 Construcionalização lexical de orações e sintagmas, 312

4.8 Desenvolvimento instantâneo de algumas construções lexicais, 319

4.9 Construcionalização lexical e degramaticalização, 325

4.10 Sumário, 327

5 Contextos para a construcionalização, 331

5.1 Introdução, 331

5.2 Um modelo para pensar sobre contextos, 336

    5.2.1 Fatores contextuais-chave na pré-construcionalização, 336

    5.2.2 Mudanças contextuais pós-construcionalização, 343

5.3 Tipos de contextos para a construcionalização, 350

    5.3.1 Contextos para o desenvolvimento de esquemas de formação de palavras: *-dom*, *-ræden* e *-lac*, 351

    5.3.2 Contextos partitivos para o desenvolvimento dos quantificadores binominais: *a lot of*, 353

    5.3.3 Contextos para o desenvolvimento de um adjetivo de diferença em um quantificador: *several*, 362

    5.3.4 Contextos para o desenvolvimento do futuro *BE going to*, 366

    5.3.5 *Slots* como contextos para o desenvolvimento de *snowclones*: *not the ADJest* N1 *in the* N2/não o ADJmais N1 no N2, 378

    5.3.6 Contextos para o surgimento de pseudoclivadas, 380

5.4 Persistência de contextos facilitadores, 384

5.5 Sumário, 387

6 Revisão e perspectivas futuras, 391

6.1 Introdução, 391

6.2 Os objetivos principais, 391

    6.2.1 Um exemplo resumido: *ISH*, 394

6.3 Algumas áreas para pesquisas futuras, 400

Referências, 405

Índice de exemplos históricos-chave, 445

Índice de nomes, 447

Índice remissivo, 455

Prefácio da série

A linguística diacrônica moderna tem contato importante com outras subdisciplinas, especialmente aquisição de primeira língua, teoria de aprendizagem, linguística computacional, sociolinguística e os tradicionais estudos filológicos de textos. Atualmente se reconhece que num campo mais amplo a linguística diacrônica pode trazer novas contribuições para a linguística teórica, para a linguística histórica e, indubitavelmente, para a ciência cognitiva mais ampla.

A série oferece um fórum de trabalho tanto em linguística histórica como em linguística diacrônica, incluindo o estudo da mudança da gramática, do som, e do significado, nas línguas e entre línguas; o estudo sincrônico de línguas no passado; e a história descritiva de uma ou mais línguas. O objetivo é refletir e estimular as relações entre esses temas e áreas, tais como os mencionados anteriormente.

O objetivo da série é publicar trabalhos monográficos e coletâneas de alta qualidade em linguística diacrônica em geral; ou seja, estudos que abordam a mudança na estrutura linguística, e/ou a mudança na gramática, que também tenham contribuição para a teoria linguística, desenvolvendo e adotando um modelo teórico atual que levante questões referentes à natureza da mudança da língua ou que desenvolva conexões teóricas com outras áreas da linguística e da ciência cognitiva listadas acima. Não se privilegia uma língua ou uma família linguística em particular nem um modelo teórico específico; estudos em qualquer modelo teórico e trabalhos baseados na tradição descritiva de tipologia das línguas, assim como estudos quantitativamente orientados usando ideias teóricas também são publicados na série.

Adam Ledgeway e *Ian Roberts*
Universidade de Cambridge
Setembro de 2011.

Agradecimentos

Ao enfrentar o desafio de repensar muitos aspectos da mudança da língua, mais especialmente da gramaticalização e da lexicalização, num modelo construcional exigiu tempo e muitas discussões exploratórias. Foi um prazer discutir e debater pontos com um grande número de alunos e colegas, e especialmente entre nós mesmos.

O número de pessoas que nos inspiraram é enorme e não podemos agradecer a todos pessoalmente. Elizabeth Traugott agradece particularmente a Alexander Bergs e Gabriele Diewald por convidarem-na para participar do *workshop* sobre Constructions and Language Change realizado conjuntamente à 17th International Conference on Historical Linguistics em Madison, Wisconsin, 2005, um evento que foi o impulso para o trabalho discutido aqui. Outros congressos em que oportunidades significativas para o desenvolvimento e a discussão de ideias incluem *a* 6th International Conference on Construction Grammar, em Praga, 2010, organizado por Mirjam Fried, o Workshop on Diachronic Construction Grammar, a 44th Societas Linguistica Europea, em Logroño em 2011, organizada por Jóhanna Barðdal e Spike Gildea, e a International Conference on Grammaticalization Theory and Data em Rouen, organizada por Sophie Hancil, 2012. Agradecimentos aos colegas da Academia Chinesa de Estudos Sociais, Pequim, Universidade Southwest, Chongqing, e as universidades de Erlangen, Friburgo, Santiago de Compostela e Estocolmo, em que algumas ideias do livro foram discutidas. Acima de tudo, agradecimentos aos alunos e colegas no Seminário da Traugott em 2011 da Universidade de Stanford sobre construcionalização, mais especialmente a Richard Futrell, Mei-chun Liu, Joanna Nykiel, Yoshiko Matsumoto e Fangqiong Zhan. Graeme Trousdale agradece o público de diversas conferências e workshops, incluindo, mas não apenas, aquele do *New Reflections on Grammaticalization 4* em Leuven, em 2008, organizado por Bert Cornillie, Hubert Cuyckens, Kristin Davidse, Torsten Leuschner e Tanja Mortelmans; *Current Trends in Grammaticalization Research* em Groningen em 2009, organizado por Muriel Norde e Alexandra Lenz; e o workshop sobre teoria e dados na linguística cognitiva na *43rd Societas Linguistica Europea*, em Vilnius em 2010, organizado por Nikolas Gisborne e Willem Hollmann. Ele também é grato pelas discussões com colegas e alunos de Edimburgo, particularmente os do Grupo de Pesquisa em Língua Inglesa e os de sua disciplina de Gramática do Inglês.

Os autores gostariam de agradecer aos seguintes amigos e colegas, que comentaram versões anteriores deste material: Tine Breban, Timothy Colleman, Hendrik De Smet, Nikolas Gisborne, Martin Hilpert, Willem Hollmann, Richard Hudson, Muriel Norde, Amanda Patten, Peter Petré e Freek Van de Velde. Somos gratos também aos pareceristas anônimos, selecionados pela Oxford University Press por suas revisões proveitosas nas versões anteriores de partes do manuscrito, e aqueles envolvidos na avaliação de artigos em periódicos e capítulos de livros que escrevemos e que culminaram neste livro. Por fim, agradecemos a John Davey e aos colegas da Oxford University Press por seu apoio e orientação durante as várias etapas de publicação.

Figuras e quadros

Figuras

1.1 Modelo da estrutura simbólica de uma construção na gramática de construções radical, 33

1.2 Uma pequena rede conceitual, 39

1.3 Gradiente de relações hierárquicas entre construções, 50

2.1 Representação de Langacker da rede construcional, 104

2.2 Padrões com *way* no início do século XVII, 156

2.3 Padrões com *way* no final do século XVII, 160

2.4 Padrões com *way* no final do século XIX, 165

3.1 Uso de quantificador de substantivos de mesma extensão no COBUILD, 207

3.2 O *cline* de produtividade, 212

4.1 Um esquema para algumas construções lexicais terminadas em *-able, 267*

Quadros

1.1 Dimensões das construções, 44

1.2 Motivação *vs.* mecanismo, 83

2.1 Subtipos de construção impessoal em inglês, 135

3.1 Eixos conceituais atuantes na mudança linguística, 181

3.2 Correlação dos parâmetros de gramaticalidade, 185

3.3 Compatibilidade do desenvolvimento de uma microconstrução gramatical nova com os processos de gramaticalização de Lehmann, 219

4.1 Lexicalização, gramaticalização ou ambas?, 276

4.2 Frequência relativa de quatro afixoides, 304

4.3 Construcionalização gradual e instantânea, 324

4.4 Esquematicidade, produtividade e composicionalidade na construcionalização lexical e gramatical, 330

Lista de abreviações

ACC: acusativo

ADJ: adjetivo

ADJMOD: adjetivo modificador

Agt: agente

ART: artigo

DAT: dativo

DET: determinante

DIR: direcional

DIS: discurso

D-QUANT: quantificador determinante

F: forma

FONO: fonologia

FUT: futuro

GCBS: gramática de construções baseada no signo

GE: gramaticalização como expansão

GEN: genitivo

GR: gramaticalização como redução

HPSG: *Head Driven Phrase Structure Grammar*

INF: infinitivo

ISA: inversão sujeito auxiliar

LE: lexicalização como expansão

LR: lexicalização como redução

M: significado

MORFO: morfologia

N: substantivo

NEG: negação

NOM: nominativo

NT: nota do tradutor

OBJ: objeto

OBL: oblíquo

P: preposição

POSS: possessivo

PRAG: pragmática

PRES: presente

Quant: quantidade

Rec: recipiente

SEM: semântica

SG: singular

SIN: sintaxe

SN: sintagma nominal

SP: sintagma preposicionado

SUJ: sujeito

SUPER: superlativo

SV: sintagma verbal

UG: gramática universal

V: verbo

VITR: verbo intransitivo

VTR: verbo transitivo

X, Y, Z: variáveis

Notações

[[F] ↔ [M]] construção (seja no nível da microconstrução ou do esquema)

↔ elo simbólico entre forma e significado

> 'é neoanalisado como/se torna'

↓↓ 'alimenta'

_____ elo forte entre nós

- - - - - elo fraco entre nós

. . . subespecificada

VERSALETE construção lexical subespecificada para *status* morfológico (p. ex., DOM)

| composto (p. ex., pick|pocket/trombadinha)

- afixoide (p. ex., -*hede* no inglês médio)

. afixo (p. ex., .*ness*)

/ tradução (p. ex., *played*/jogou)

Bancos de dados e *corpora* eletrônicos

American Heritage Dictionary of the English Language (2011). Boston: Houghton Mifflin Harcourt. 5. ed.

BNC – *British National Corpus*, version 3 (BNC XML Edition) (2007). Distribuído por Oxford University Computing Services on behalf of the BNC Consortium [Disponível em http://www.natcorp.ox.ac.uk/].

Bosworth-Toller – *An Anglo-Saxon dictionary, based on the manuscript collections of the late Joseph Bosworth* (primeira edição, 1898) *and Supplement* (primeira edição, 1921). Ed. de Joseph Bosworth e T. Northcote Toller. Ed. digital de Sean Crist (2001) [Disponível em http://www.bosworthtoller. com/node/62873].

CEEC – *Corpus of Early English Correspondence* (1998). Org. por Terttu Nevalainen, Helena Raumolin-Brunberg, Jukka Keränen, Minna Nevala, Arja Nurmi e Minna Palander-Collin. Departamento de Inglês, Universidade de Helsinki [Disponível em http://www.helsinki.fi/varieng/CoRD/corpora/ CEEC/index.html].

CL CLMETEV – *The Corpus of Late Modern English Texts* (versão estendida, 2006). Org. por Hendrik De Smet. Departamento de Linguística, Universidade de Leuven [Disponível em http://www.helsinki.fi/varieng/CoRD/ corpora/CLMETEV/].

COCA – *The Corpus of Contemporary American English* (2008). Org. por Mark Davies. Brigham Young University [Disponível em http://corpus. byu.edu/coca/].

COHA – *Corpus of Historical American English* (2010). Org. por Mark Davies. Brigham Young University [Disponível em http://corpus.byu.edu/coha/].

CWO–*CollinsWordbanksOnline*[Disponívelemhttp://www.collinslanguage.com/content-solutions/wordbanks].

DOEC – *Dictionary of Old English Corpus* (2011). Lançamento original em 1981 org. por Angus Cameron, Ashley Crandell Amos, Sharon Butler e Antonette diPaolo Healey. Lançamento em 2009 org. por Antonette diPaolo Healey, Joan Holland, Ian McDougall e David McDougall, com Xin Xiang. Universidade de Toronto [Disponível em http://www.helsinki.fi/varieng/CoRD/corpora/DOEC/index.html].

FROWN – *The Freiburg-Brown Corpus*. Lançamento original em 1999 org. por Christian Mair. Lançamento em 2007 org. por Christian Mair e Geoffrey Leech [Disponível em http://www.helsinki.fi/varieng/CoRD/corpora/FROWN/].

Google [Disponível em http://www.google.com/].

Google Books [Disponível em http://books.google.com/].

HC – *Helsinki Corpus of English Texts* (1991). Org. por Matti Rissanen (coordenador do Projeto), Merja Kytö (assistente do projeto); Leena Kahlas-Tarkka e Matti Kilpiö (inglês antigo); Saara Nevanlinna e Irma Taavitsainen (inglês médio); Terttu Nevalainen e Helena Raumolin-Brunberg (Fase inicial, inglês moderno). Departmento de Inglês, Universidade de Helsinki [Disponível em http://www.helsinki.fi/varieng/CoRD/corpora/HelsinkiCorpus/index/html].

ICAME – *International Computer Archive of Modern and Medieval English* [Disponível em http://icame.uib.no/].

Innsbruck Prose Sampler Corpus Sampler now included. In: *Innsbruck Corpus of Middle English Prose* [Disponível em http://www.uibk.ac.at/anglistik/projects/icamet/].

LION – *Literature Online* (1996) [Disponível em http://lion.chadwyck.com].

LION EEBO – *Early English Books Online* [Disponível em http://lion.chadwyck.com].

MED – *The Middle English Dictionary* (1956-2001). Ann Arbor: University of Michigan Press [Disponível em http://www.hti.umich.edu/dict/med/].

OBP – *The Old Bailey Proceedings Online* (1674-1913, 2012). Tim Hitchcock, Robert Shoemaker, Clive Emsley, Sharon Howard, Jamie McLaughlin et al., version 7.0 [Disponível em www.oldbaileyonline.org].

OED – *Oxford English Dictionary* [Disponível em http://www.oed.com/].

PPCMBE – *Penn Parsed Corpus of Modern British English* (2010). Org. por Anthony Kroch, Beatrice Santorini e Ariel Diertani. Universidade da Pensilvânia [Disponível em http://www.ling.upenn.edu/hist-corpora/PPCMBE-RELEASE-1/index.html].

SBCSAE – *Santa Barbara Corpus of American Spoken American English*, Parts 1-4 (2000-2005). Du Bois, John et al. Filadélfia, PA: Linguistic Data Consortium [Disponível em http://www.linguistics.ucsb.edu/research/sbcorpus_contents.html].

TIME – *Time Magazine Corpus* (2007). Org. por Mark Davies. Brigham Young University [Disponível em http://corpus.byu.edu/time].

Urban Dictionary [Disponível em http://www.urbandictionary.com/].

O modelo teórico

1.1 INTRODUÇÃO

Neste livro, seguimos uma abordagem construcional da mudança linguística. De uma perspectiva sincrônica, conforme tem sido sugerido por vários pesquisadores da linguística cognitiva, entre eles Goldberg (2006) e Langacker (2008), em um modelo construcional a língua é conceitualizada como sendo constituída de pareamentos de forma-significado, ou 'construções', organizadas em rede. A questão de que nos ocupamos é: como podemos explicar a mudança no sistema linguístico, dado esse modelo de língua? Nosso foco é desenvolver modos de refletir sobre a criação e a natureza das mudanças nas construções, entendidas como 'unidades simbólicas convencionais' (cf., p. ex., LANGACKER, 1987; CROFT, 2005). As construções são convencionais porque são compartilhadas por um grupo de falantes. Elas são simbólicas porque são signos, associações tipicamente arbitrárias de forma e significado. E são unidades porque algum aspecto do signo é tão idiossincrático (GOLDBERG, 1995) ou tão frequente (GOLDBERG, 2006) que o signo é fixado como um pareamento forma-significado na mente do usuário da língua.

Neste livro, estamos interessados em dois tipos de mudança:

> (a) Mudanças que afetam características de uma construção existente, p. ex., semântica (*will- pretender* > futuro), morfofonologia (*will* > *'ll*), restrições de colocação (expansão da construção com *way* para incluir verbos que denotam ações que acompanham a criação de um caminho,

p. ex., *whistle one's way home* (assobiar o caminho para casa) etc. Essas mudanças não levam necessariamente a uma nova construção. Nós as chamamos de 'mudanças construcionais'.

(b) A criação de um pareamento forma$_{nova}$-significado$_{novo}$. Chamamos esse tipo de mudança de 'construcionalização'[1].

As caracterizações em (a) e (b) são preliminares. Construcionalização e mudanças construcionais que levam a ela e a seguem são o tópico deste livro e serão definidas mais detalhadamente na seção 1.5.

Nosso objetivo é mostrar como uma perspectiva construcional pode ser usada para repensar e incorporar aspectos de trabalhos anteriores sobre gramaticalização e lexicalização e abordar construtivamente algumas questões que têm surgido em conexão com esses tópicos. Embora os dados que discutimos sejam da história do inglês, nossa expectativa é desenvolver um modelo teórico que seja produtivo no estudo de construções e mudança nas línguas em geral. Três pressupostos são fundamentais em nossa abordagem. O primeiro é que, ainda que certas propriedades da gramática, tais como redes, organização hierárquica e herança, possam ser universais e compartilhadas com outros sistemas cognitivos, a gramática em si, entendida como conhecimento de um sistema linguístico, é específica à língua, ou seja, está vinculada à estrutura de uma língua individual, como o inglês, árabe ou japonês. O segundo pressuposto é que a mudança é mudança no uso, e que o *locus* da mudança é o construto, uma instância de uso. Terceiro, distinguimos mudança de inovação. Inovação, como uma característica de uma mente individual, é apenas um potencial para a mudança. Para que uma inovação tenha valor de mudança, ela deve ter sido reproduzida por populações de falantes, resultando em convencionalização, ou seja, a integração de uma inovação em uma tradição de fala ou escrita, tal como evidenciado por materiais textuais deixados para nós (WEINREICH; LABOV & HERZOG, 1968; ANDERSEN, 2001). Inovação e propagação são,

---

1. O termo *construcionalização* parece ter sido usado primeiramente em Rostila (2004) e Noël (2007).

em outras palavras, 'processos conjuntamente necessários para a mudança linguística' (CROFT, 2005).

O presente capítulo introduz um grande número de conceitos e termos que servem de base para capítulos posteriores, nos quais eles serão discutidos em maior detalhe. Começamos delineando as principais abordagens construcionais da língua que foram desenvolvidas até o momento (1.2) e introduzindo o conceito de redes (1.3). Em seguida, esboçamos elementos essenciais à nossa própria visão de construções (1.4) e a vários tipos de mudança que as afetam (1.5). A seção 1.6 fornece um esboço de pesquisas sobre mudança linguística especialmente relevante para este livro, especificamente gramaticalização, lexicalização e trabalhos anteriores desenvolvidos sob uma perspectiva de gramática de construções diacrônica. A seção 1.7 introduz alguns dos problemas associados à busca por evidência em pesquisa histórica e lista os principais recursos digitais em que o presente trabalho está baseado. 1.8 resume o capítulo e delineia o resto do livro.

1.2 ABORDAGENS CONSTRUCIONAIS DA LÍNGUA

Aqui, delineamos brevemente cinco diferentes modelos de gramática que têm sido usados por proponentes de uma perspectiva construcional para a língua e que serão referidos no decurso deste livro. As gramáticas de construções aderem aos princípios gerais da linguística cognitiva (cf. GEERAERTS & CUYCKENS, 2007a) e são baseadas em restrições, e não em regras. Visões gerais de diferentes abordagens da gramática de construções podem ser encontradas em Croft e Cruse (2004), Langacker (2005), Goldberg (2006), Croft (2007a) e Sag, Boas e Kay (2012).

Apesar de diferenças consideráveis entre abordagens construcionais correntes, Goldberg (2013) identificou quatro princípios (a-d) compartilhados por todas e outro (e) compartilhado pela maioria dessas abordagens. São eles:

> (a) A unidade básica da gramática é a construção, um pareamento convencional de forma e significado (cf., p. ex., LAKOFF, 1987; FILLMORE; KAY & O'CONNOR, 1988; GOLDBERG, 1995; 2006).

(b) A estrutura semântica é mapeada diretamente na estrutura sintática superficial, sem derivações (cf. GOLDBERG, 2002; CULICOVER & JACKENDOFF, 2005).

(c) A língua, como outros sistemas cognitivos, é uma rede de nós e elos entre os nós; as associações entre alguns desses nós tomam a forma de hierarquias de herança (relações taxinômicas que capturam o grau em que propriedades de construções de nível mais baixo são previsíveis a partir de construções mais gerais. Cf., p. ex., LANGACKER, 1987; HUDSON, 1990; 2007a).

(d) A variação translinguística (e dialetal) pode ser explicada de vários modos, incluindo processos cognitivos de domínio geral (cf., p. ex., BYBEE, 2010; GOLDBERG, 2013) e construções específicas da língua (cf., p. ex., CROFT, 2001; HASPELMATH, 2008).

(e) A estrutura da língua é moldada pelo uso da língua (cf., p. ex., BARLOW & KEMMER, 2000; BYBEE, 2010).

Além disso, todas as abordagens construcionais veem a gramática como uma estrutura 'holística': nenhum nível da gramática é autônomo ou 'nuclear'. Ao contrário, em uma construção, semântica, morfossintaxe, fonologia e pragmática funcionam juntas.

No restante deste livro, recorremos, por conveniência, a várias ideias que têm sido propostas nas abordagens construcionais da língua apresentadas abaixo, sem aderir a um tipo particular de gramática de construções. Contudo, nossa visão é mais compatível com aquela da gramática de construções cognitiva (1.2.3) e da gramática de construções radical (1.2.4). Adotamos uma abordagem baseada no uso e assumimos que a estrutura linguística não é inata e que deriva de processos cognitivos gerais. Esses processos são ações em que falantes e ouvintes se engajam, incluindo produção e percepção *on-line*. Nós também estaremos recorrendo a um modelo de gramática estreitamente relacionado, conhecido como *Word Grammar*, desenvolvido por Richard Hudson (p. ex., 2007a). Esse modelo permite-nos explicar facilmente um aspecto crucial da construcionalização: a associação com e a atração a subpartes particulares da rede linguística. *Word Grammar* será brevemente introduzido em 1.3 e discutido em detalhe no capítulo 2.

1.2.1 Gramática de construções de Berkeley

A base para a gramática de construções foi estabelecida por Fillmore em seu trabalho sobre a gramática de casos (p. ex., 1968) e sobre a semântica de *frames*. Fillmore cunhou o termo 'gramática de construções' (FILLMORE, 1988) e ele e seus colaboradores têm desenvolvido esse modelo desde o final dos anos de 1980, explorando a hipótese de que alguns aspectos das construções podem ser universais.

Fillmore e seus colaboradores inicialmente focalizaram expressões idiossincráticas e expressões idiomáticas, como, por exemplo, *let alone*/muito menos (FILLMORE; KAY & O'CONNOR, 1988), e o esquema *what's X doing Y*/o que X está fazendo Y, como, por exemplo, *What's this fly doing in my soup?*/O que esta mosca está fazendo na minha sopa? (KAY & FILLMORE, 1999). Eles observaram a frequência de tais tipos de expressões em fala e escrita espontâneas 'e sua centralidade no conhecimento linguístico dos falantes' (FILLMORE, 2013, p. 111). Os linguistas envolvidos nessa pesquisa também discutiram questões-padrão na sintaxe e na linguística cognitiva, tais como estruturas de núcleo, deslocamentos à esquerda, ponto de referência, direção e magnitude e outras construções mais gerais (FILLMORE & KAY, 1997), mostrando como 'as mesmas ferramentas analíticas explicam tanto as estruturas mais básicas como os casos 'especiais'' (FILLMORE, 2013, p. 112). Essa variante da gramática de construções é altamente formal. Tipos de categoria atômica[2] são representados como traços e reunidos em construções unificadas.

1.2.2 Gramática de construções baseada no signo

Um desenvolvimento recente do modelo da gramática de construções de Berkeley é a gramática de construções baseada no signo (GCBS), como em Boas e Sag (2012). O objetivo principal é oferecer um modelo formalizado

---

2. Elementos 'atômicos' são monomorfêmicos e não divisíveis em partes menores de forma-significado.

em que pesquisadores tipológicos possam desenvolver hipóteses testáveis e obter consenso entre gramáticos construcionalistas que buscam identificar propriedades universais das línguas, incluindo recursividade, a qual em geral recebe pouca atenção em outros modelos de gramática de construções (SAG; BOAS & KAY, 2012). Há também um forte compromisso com a realidade psicológica (SAG, 2012). Isso significa que 'as propostas linguísticas são motivadas e avaliadas em termos de quão bem elas são compatíveis com modelos de uso da língua (p. ex., produção e compreensão), aprendizagem da língua e mudança linguística' (SAG; BOAS & KAY, 2012, p. 14, citando CROFT, 2000; 2001; TOMASELLO, 2003; GOLDBERG, 2006; LANGACKER, 2000; 2009). A suposição básica é que a língua é um sistema baseado no signo (cf. SAUSSURE, 1959 [1916]). Enquanto o signo saussureano é uma combinação de forma e significado apenas, o signo, na GCBS, incorpora 'pelo menos, estrutura fonológica, forma (morfológica), categoria sintática, semântica e fatores contextuais, incluindo estrutura da informação' (SAG, 2012, p. 71). Os signos são modelados como estruturas de características. Uma representação informal preliminar de *laughed*/riu é (SAG, 2012, p. 75):

(1)

FONOLOGIA	/læf-d/
SINTAXE	V [fin]
SEMÂNTICA	um evento de riso situado antes do tempo do enunciado

Representações completas são complexas e não as adotamos. Contudo, nossas representações são expressas em termos de traços como aqueles em (1).

1.2.3 Gramática de construções cognitiva

Um desenvolvimento diferente, e mais antigo, do modelo da gramática de construções de Berkeley é o trabalho de Lakoff (1987, p. ex.) e Goldberg (1995; 2006, p. ex.). Croft e Cruse (2004) denominam esse modelo 'gramática de construções Cognitiva'. Goldberg (1995) focaliza as construções de estrutura argumental, tais como a bitransitiva do inglês ('objeto duplo'), como em *I gave/baked John a cake* /*Eu dei/assei John um bolo[3], e a construção com *way*, como em *He elbowed his way through the crowd*/Ele acotovelou seu caminho através da multidão. Em seu modelo de 1995, assim como na abordagem de Fillmore, a ênfase recai, principalmente, sobre padrões não estritamente previsíveis a partir de suas partes componentes, por exemplo, padrões ilustrados por *elbow* POSS *way* DIR[4]/cotovelo POSS caminho DIR, *sneeze* X *off* Y/espirrar X de Y. Crucialmente em relação à estrutura argumental, o objetivo é demonstrar atributos comuns entre predicados em construções específicas: a conceitualização do movimento do guardanapo causado pelo evento de espirrar é associada à construção de movimento causado mais geral do inglês, não ao predicado lexical específico *sneeze*/espirrar (GOLDBERG, 1995, p. 152, 224). Em outras palavras, tais construções são padrões que 'existem independentemente dos predicados lexicais que tomam argumentos' (BOAS, 2013, p. 235).

Goldberg (1995, p. 4) definiu construções como pareamentos de forma e significado em que algum aspecto da forma, ou algum aspecto do significado, não é derivável da combinação das partes componentes ou de outras construções preexistentes. Mais recentemente, ela expandiu o conceito de construção para abrigar cadeias composicionais que 'são armazenadas como construções ainda que sejam completamente previsíveis, contanto que ocorram com frequência suficiente' (GOLDBERG, 2006, p. 5). Uma característica central da gramática de construções de Goldberg é que as construções podem ser de qualquer tamanho, de orações complexas a afixos flexionais (GOLDBERG, 2003; 2006). Para Goldberg, a língua

---

3. Nos casos em que não há construção equivalente em português, optamos pela tradução literal dos exemplos [N.T.].

4. Na seção 2.7 discutiremos por que DIR é preferível a OBL, mais comumente usado para a construção com *way*.

é aprendida em blocos, e as construções são 'pareamentos aprendidos de forma com função semântica ou discursiva' (GOLDBERG, 2006, p. 5) que variam em constituição (de esquemáticas, para parcialmente esquemáticas, para expressões totalmente especificadas), tamanho, forma e complexidade. A dimensão paradigmática de correspondência e escolha do padrão é de igual, se não maior, importância que a dimensão linear e sintagmática e, portanto, as semelhanças entre as construções desempenham um papel significativo no modelo.

A introdução de frequência na definição de construções levanta questões interessantes quanto à natureza do conhecimento linguístico uma vez que estabelecer que nível de frequência é suficiente para o armazenamento e fixação do padrão é problemático (cf. BLUMENTHAL-DRAMÉ, 2012) sobre essa e outras questões com 'fixação'. É particularmente problemático na pesquisa histórica em que o registro textual é frequentemente mínimo. A frequência necessária para a fixação é 'gradual e relativa, e não categórica ou universal' (CLARK & TROUSDALE, 2009, p. 38). Associamos 'frequência suficiente' a replicação e convencionalização no registro textual.

As representações no modelo de Goldberg envolvem pelo menos dois níveis: SEM(ântica) e SIN(taxe), como em (2), que é uma representação da construção $GoSV_{NU}/IrSV_{NU}$, como em *Go tell your sister to come here*/Vá dizer à sua irmã para vir aqui (baseado em GOLDBERG, 2006, p. 54):

(2) SEM: Mover   para fazer uma ação
             | |
     SIN: V (*go/ir, come/vir, run/correr*) SV_{NU}

As representações podem envolver mais níveis, como em (3), em que a dimensão PRAG(mática) da avaliação negativa é importante. (3) é um representante similar, mas não de movimento, da construção *GoSVing*/*IrSVndo*, como em *Pat'll go telling Chris what to do*/Pat vai dizer a Chris o que fazer (GOLDBERG, 2006, p. 53), que implica que o falante tem uma atitude negativa para com a ação:

(3) PRAG: a ação denotada pelo SV é conceitualizada negativamente pelo falante
SEM: tipo de ação
|
SIN: go [Ving ...]$_{SV}$

1.2.4 Gramática de construções radical

Croft (2001) desenvolveu uma abordagem que ele denomina gramática de construções radical. Esse modelo está explicitamente interessado na relação entre descrição gramatical e tipologia linguística. Nele, as construções são específicas à língua e as categorias são definidas especificamente na língua em termos das construções em que elas ocorrem. Por exemplo, 'verbo intransitivo' (V_{ITR}) é uma categoria na construção intransitiva do inglês, não na gramática universal (GU). Classes de palavras, tais como 'nome' e 'verbo' devem ser entendidas em relação a 'construções que expressam atos proposicionais (expressões referencias, construções de predicação, construções modificadoras/atributivas)' (CROFT, 2013, p. 218).

A Figura 1.1 mostra como os elos entre forma e significado são representados nos termos da gramática de construções radical:

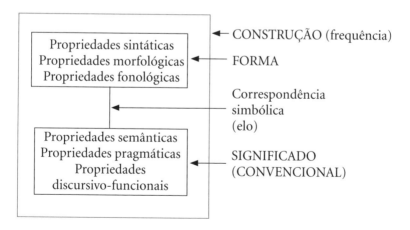

Figura 1.1 Modelo da estrutura simbólica de uma construção na gramática de construções radical (CROFT, 2001, p. 18)

Croft (2001, p. 19) considera que o significado semântico se refere a uma 'característica convencionalizada da função de uma construção', assim como nós, observando, contudo, que tais características não são tão finas como em modelos tais como a GCBS.

O modelo de Croft enfatiza a natureza taxonômica do conhecimento construcional, a relação de herança hierárquica entre construções mais gerais e mais específicas e a importância do uso da língua na determinação dos aspectos da estrutura linguística. Conforme observam Siewierska e Hollmann (2007), é necessária uma abordagem mais fina do conhecimento gramatical em casos de variação dialetal, mas o ponto crítico aqui é que 'tipos de construção discretos e universais, tais como passiva ou coordenação' não existem nesse modelo para qualquer variedade de uma língua (CROFT, 2013, p. 227). Conforme Croft mostra, categorias de voz tradicionais, tais como 'ativa', 'passiva' e 'inversa' falham em fazer justiça à diversidade de marcação de voz nas línguas humanas (CROFT, 2001).

1.2.5 Gramática cognitiva

A quinta abordagem da gramática de construções a que nos referimos é o que Croft e Cruse (2004) denominam 'Gramática Cognitiva' (p. ex., LANGACKER, 1987; 1991; 2005). Langacker rejeita a noção de um componente sintático da gramática e conceitualiza o signo como uma ligação entre estrutura semântica (S) e fonologia (F), como em (4) (LANGACKER, 2009, p. 3).

(4)

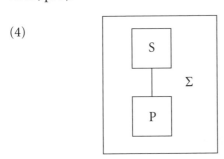

A ausência da sintaxe nesse modelo torna a abordagem de Langacker significativamente diferente daquela de Fillmore, Croft e Goldberg (cf. LANGACKER, 2005) e da que seguimos aqui[5].

'Fundamental' no modelo de Langacker é a 'habilidade do usuário da língua para **conceitualizar** a mesma situação de modos alternativos' (LANGACKER, 2009, p. 6; em negrito do original). Conceitualização envolve perspectiva, especificamente ponto de vista e direção do escaneamento mental, como ilustrado pela diferença entre *come*/vir e *go*/ir em (5a) e (5b) (LANGACKER, 2009, p. 7):

(5) a. Come on up into the attic!
     [Venha aqui em cima no sótão!]
     b. Go on up into de attic!
     [Vá lá em cima no sótão!]

Também envolve grau de '**especificidade** (ou, ao contrário, de **esquematicidade**) [...] o nível de precisão e detalhe com que uma situação é caracterizada' (LANGACKER, 2009, p. 6; em negrito do original), como se pode ver ao comparar o uso específico de *upstairs* em (6) com o de (5b).

(6) Come on upstairs into the attic!
     [Suba as escadas para o sótão!]

Não adotamos o foco de Langacker sobre a conceitualização e atribuímos um papel importante à sintaxe. Todavia, muitas de suas ideias são fundamentais para a perspectiva cognitiva que seguimos e para o conceito de construções como uma rede de unidades simbólicas, conforme ficará visível nos capítulos subsequentes.

---

5. Contudo, cf. Verhagen (2009) para uma análise detalhada do papel da forma nos modelos de gramática de construções. Verhagen conclui que as diferenças entre os modelos com relação ao nível 'intermediário' da sintaxe e da morfologia são menos extremas do que geralmente se argumenta.

1.2.6 Nossa representação de construções

Antes de encerrar esta seção sobre como nós entendemos construções, é necessário mencionar como vamos representá-las. Como podemos ver a partir da breve introdução aos diferentes modelos de gramática de construções, as representações das construções variam na literatura. Neste livro, a menos que estejamos citando outros autores, nós geralmente usamos o modelo básico em (7):

(7) [[F]] ↔ [[S]].

Aqui, F é abreviatura de Forma; se necessário, podemos especificar SIN(taxe), MORFO(logia) e FONO(logia). S é abreviatura de Significado; se necessário, podemos especificar DIS(curso), SEM(ântica) e PRAG(mática). SIN, MORFO, FONO, DIS, SEM e PRAG são 'traços de uma construção', distinções feitas em Croft (2001). DIS se refere ao que Croft chama 'Função Discursiva' de uma construção, tais como estruturação da informação (p. ex., tópico retomado) ou função conectiva (p. ex., conjunção). Note que não se refere ao contexto discursivo (cf. seção 5.3.6), mas ao papel no discurso, caso exista, que uma construção pode expressar. Em nossa notação, especificamos, tipicamente, aqueles traços que são de particular relevância para as mudanças em discussão, ou seja, que são salientes para nossa compreensão da variação e da mudança envolvidas. Não pressupomos que esses elementos são necessariamente salientes do ponto de vista cognitivo para um dado falante em um dado momento (cf. GOLDBERG, 1995; CROFT, 2001 sobre a natureza da especificação em gramáticas de construções sincrônicas). A flecha de duas cabeças, emprestada de Booij (2010), especifica o elo entre forma e significado, e os colchetes externos denotam que o pareamento forma-significado é uma unidade convencionalizada.

1.3 REDES E GRAMÁTICA DE CONSTRUÇÕES

Um tema recorrente nas gramáticas de construções é a metáfora de uma 'rede'. Goldberg (2003, p. 219) sugere que 'a totalidade do nosso conhecimento da língua é apreendida por uma rede de construções' e Croft (2007a, p. 463) identifica dois princípios fundamentais por trás da gramática de construções:

(a) um pareamento de estrutura e significado complexos;
(b) associação desses pareamentos em uma rede.

Essa visão de estrutura linguística é consistente com trabalhos em psicologia cognitiva, a qual trata outros aspectos do conhecimento (p. ex., memória de longo prazo, REISBERG, 1997) como sendo organizados em uma rede. Uma primeira linha de pensamento sobre redes focalizou a semântica e o léxico (p. ex., LAKOFF, 1987; BRUGMANN & LAKOFF, 1988). Para Lakoff e Brugmann, a questão é, principalmente, como explicar as relações muitos-para-muitos entre itens lexicais. Eles propõem que as polissemias se irradiam de um protótipo ou 'significado central' como extensões, por exemplo, o 'sentido central de *over*/sobre combina elementos tanto de *above*/acima quanto de *across*/através' (LAKOFF, 1987, p. 419); significados mais abstratos, como em *overlook*/negligenciar, são extensões metafóricas baseadas nesse esquema. Contudo, a maioria das pesquisas sobre redes de uma perspectiva da gramática de construções envolve a forma também. Por exemplo, Fillmore relaciona significados lexicais à estrutura argumental sintática no que ficou conhecido como modelo de construções FrameNet (FILLMORE & BAKER, 2001; 2010). FrameNet é um banco de dados semântico-lexical que especifica o tipo semântico de um predicado, os papéis dos seus argumentos semânticos e como eles se realizam sintaticamente. Por exemplo, o verbo *conclude*/concluir, nesse modelo, pode ser entendido como representação tanto do *frame* Atividade-terminar (8a) quanto do *frame* Vir-a-acreditar (8b):

(8) a. The game *concluded* in a draw.
    [O jogo terminou em empate.]
  b. Bill concluded that the game was a draw.
    [Bill concluiu que o jogo foi um empate.]

Crucial para a ideia de rede são os conceitos de nós e de elos entre nós, 'distância' entre membros de uma família, grupos de propriedades, graus de fixação e acessibilidade de uma construção. Esses conceitos foram desenvolvidos em considerável detalhe em Hudson (2007a), por meio de um modelo denominado *Word Grammar*, que tem muitas semelhanças com a gramática de construções (para uma visão geral importante, cf. HUDSON, 2008; GISBORNE, 2011). *Word Grammar* baseia-se no Postulado de Rede de que 'A língua é uma rede conceitual' (HUDSON, 1984, p. 1; 2007a, p. 1). É conceitual na medida em que é cognitiva e uma rede na medida em que é um sistema de entidades interconectadas (HUDSON, 2007a, p. 1). Aqui, como nas abordagens baseadas no signo, Saussure é um precursor. Conforme Hudson (2007a) observa, redes estavam no coração da caracterização saussureana da língua como 'um sistema de termos interdependentes em que o valor de cada termo resulta unicamente da presença simultânea dos outros (SAUSSURE, 1959 [1916], p. 114)'. As questões críticas, para nossos propósitos, são que redes cognitivas – tais como a rede da língua – são i) não restritas ao léxico, como no trabalho de Saussure, e ii) dinâmicas: 'Novos elos e novos nós são estabelecidos continuamente' (HUDSON, 2007a, p. 53). Portanto, os valores estão sempre em fluxo.

Ilustramos a ideia de redes com uma rede conceitual simples na Figura 1.2, que mostra a associação entre conceitos de nível básico (p. ex., *cinzeiro*) e conceitos mais esquemáticos, que são generalizações destes (p. ex., *mobília*). Tomando emprestado, em parte, a notação da *Word Grammar* de Hudson (2007a), a base do triângulo recai junto à supercategoria, enquanto o vértice oposto aponta para a subcategoria[6]. As linhas são associações entre conceitos; uma linha contínua representa uma associação forte entre uma instância e uma categoria mais geral[7]. A razão pela qual *cadeira* tem

---

6. Como ficará evidente no capítulo 2, modificamos o sistema notacional de Hudson neste livro para ilustrar que consideramos os nós na rede da língua como construções; contudo, o sistema de Hudson é suficiente aqui para mostrar como os conceitos mentais são associados em um modelo de rede.

7. Note que linhas pontilhadas (representando associações fracas entre instâncias e as categorias mais gerais) não fazem parte do sistema notacional da *Word Grammar*.

uma linha contínua ligando-a à categoria *mobília* é que ela é um membro central dessa categoria. *Cinzeiro*, ao contrário, não é um bom exemplo de *mobília*, embora compartilhe algumas propriedades com membros mais centrais da categoria (p. ex., um cinzeiro é um item que pode ser movido e que pode ser usado para tornar um espaço adequado para se viver; não é, porém, grande, como a maioria das mobílias são). *Piano* ilustra o conceito de herança múltipla – tem características associadas com *mobília* (e, de fato, pode ser usado por algumas pessoas meramente como mobília, e não como um instrumento musical), mas é um membro mais central da categoria *instrumento musical*[8].

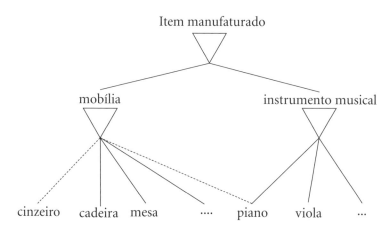

Figura 1.2 Uma pequena rede conceitual

O modelo de rede contrasta nitidamente com outras abordagens à estrutura linguística, particularmente alguns formalismos que têm sido usados para explicar fenômenos de gramaticalização, como Roberts e Roussou (2003), ou sintaxe diacrônica em geral, como Lightfoot (1999), que adotou, essencialmente, uma explicação para o conhecimento linguístico que especifica propriedades de módulos distintos (FODOR, 1983) e as interfaces entre eles. Na linguística cognitiva, o postulado de rede não descreve uma

---

8. O conceito de herança é discutido mais detalhadamente na seção 2.4.2.

parte da língua – ela descreve toda a arquitetura da língua, de modo que 'tudo na língua pode ser descrito formalmente em termos de nós e suas relações' (HUDSON, 2007a, p. 2), e 'a língua como um todo é uma rede, em contraste com a postura mais tradicional de língua como uma gramática mais um dicionário' (HUDSON, 2007b, p. 509). Isso tem repercussões significativas para as diferenças entre a linguística cognitiva e as abordagens modulares da estrutura linguística, que não só distinguem léxico de gramática, mas também estabelecem fronteiras entre pragmática, semântica, sintaxe e fonologia (e, algumas vezes, também morfologia).

Discutiremos os modelos de rede em detalhe no capítulo 2 e sugeriremos modos pelos quais o conceito de Hudson e outros conceitos de 'rede' são úteis para se pensar sobre a mudança do signo (cf. tb. GISBORNE, 2008; 2010; 2011). A questão de como avaliar 'distância' entre membros de uma rede é central a argumentos sobre o papel da analogia e 'melhor ajuste' na mudança. Esse ponto é tratado especialmente na seção 3.3.5.

1.4 CONSTRUÇÕES E FATORES RELEVANTES

Nesta seção, esboçamos como entendemos construções e propomos uma distinção ampla entre construções gramaticais e lexicais (1.4.1). Também discutimos fatores que têm sido citados por Langacker (2005; 2008), Traugott (2007), Bybee (2010) e Trousdale (2012a), entre outros, como relevantes à arquitetura de construções: esquematicidade, produtividade e composicionalidade (1.4.2).

1.4.1 Caracterização das construções

Assim como Croft e Goldberg, definimos uma construção como um pareamento forma-significado. Esse pareamento pode ser pensado em termos de várias dimensões, todas elas gradientes. Entre elas estão tamanho, grau de especificidade fonológica e tipo de conceito. Visto que a arbitrariedade do signo implica idiossincrasia, esta está presente em uma construção por definição. Portanto, não consideramos a idiossincrasia como uma dimensão especial. Há, contudo, graus de idiossincrasia que precisam ser especificados em um inventário acurado de construções. Finalmente, frequência não é considerada como um fator, dado que 'frequência suficiente' não é operacionalizável (cf. 1.2.3, acima).

Com relação à dimensão de tamanho, uma construção pode ser atômica, complexa ou intermediária. Construções atômicas são monomorfêmicas; por exemplo, *red*/vermelho, *data*/dados, *un-*/in-, *-dom*/-dade, *if*/*se*, *-s*/-s. Construções complexas são unidades compostas de *chunks* analisáveis; por exemplo, *pull strings*/*mexer os pauzinhos* ou *on top of*/*em cima de*. Construções intermediárias estão entre as atômicas e as complexas e incluem expressões como *bonfire*/fogueira, que são parcialmente analisáveis – embora *fire*/fogo seja reconhecível, *bon* não é (para a história de *bonfire* < *bone fire*, cf. seção 4.6)[9].

A dimensão de especificidade fonológica diz respeito a uma construção ser substantiva, esquemática ou intermediária. Uma construção substantiva é fonologicamente totalmente especificada, p. ex., *red*/vermelho, *dropout*/abandono, *-s*/-s ou *may*/poder. Uma construção completamente esquemática é uma abstração, como N ou ISA (inversão sujeito-auxiliar). Muitos esquemas, porém, são parciais, ou seja, têm partes substantivas e esquemáticas, p. ex., V-*ment*/V-*mento* (uma construção de formação de palavra ilustrada por *enjoy-ment*/diverti-mento), *what is X doing Y*/o que X está fazendo Y (*what is that fly doing in my soup?*/o que esta mosca está fazendo na minha sopa?). Em alguns modelos, uma construção é complexa por definição, e envolve algum grau de esquematicidade. Por exemplo, Bybee (2016, p. 28) define uma construção como um 'pareamento forma-significado que tem estrutura sequencial'. Minimamente, uma construção, na concepção de Bybee, também deve 'ter pelo menos uma categoria esquemática' (p. 37).

---

9. Em português, podem-se citar, como exemplos, *rodopiar*, em que *rod*[o]- é analisável, mas *-pi-* não, ou *trancafiar*, no qual o lexema *tranc*[a]- é analisável, mas o elemento *-fi-*, não [N.T.].

De uma perspectiva histórica, tal visão de construções é muito limitadora visto que muitas sequências sincrônicas podem tornar-se monomorfêmicas ao longo do tempo e as propriedades esquemáticas podem perder-se. Isso vale tanto para o domínio lexical (cf. o composto *gar* + *leac* = *spear leek*/alho lança no inglês arcaico > *garlic*/alho no inglês moderno: relíquia de uma construção menor X-*leac*, cf. seção 4.6) quanto para o domínio gramatical (cf. o complexo *be sidan by side*/ao lado no inglês antigo > *beside*/ao lado, preposição no inglês moderno.

A dimensão de tipo de conceito se refere ao fato de uma construção ser de conteúdo ('lexical') ou procedural ('gramatical'). Material 'de conteúdo' pode ser usado referencialmente; na dimensão formal, associa-se às categorias esquemáticas N, V e ADJ. Material 'procedural' tem significado abstrato que sinaliza relações linguísticas, perspectivas e orientação dêiticas (cf. DIEWALD, 2011a sobre a natureza indexical da gramaticalização)[10]. Nas palavras de Terkourafi (2011, p. 358-359), as expressões linguísticas codificam significado procedural quando 'fornecem informação sobre como combinar [...] conceitos em uma representação conceitual'. Tais combinações incluem referência indexical e marcação de estrutura da informação (tópico, definitude etc.), marcação de estrutura argumental (caso) e marcação de fase temporal (aspecto) ou de relação a tempo de fala (tempo dêitico). As dimensões formais às quais o significado procedural é frequentemente associado são tradicionalmente conhecidas como elementos gramaticais, tais como demonstrativo, aspecto, tempo e complementizador. Contudo, a arquitetura da gramática de construções põe léxico e gramática em um 'contínuo' (GOLDBERG & JACKENDOFF, 2004, p. 532) ou 'gradação' (LANGACKER,

---

10. Bybee (2002a) propõe que o conhecimento da gramática é conhecimento procedural. O termo 'procedural' foi originalmente sugerido por Blakemore (1987); nós o adotamos sem intenção de qualquer conexão teórica com a Teoria da Relevância. Uma outra metáfora útil que destaca o papel de itens gramaticais foi usada por Von Fintel (1995, p. 184), reconhecendo trabalho anterior de Barbara Partee, quando ele propôs uma semântica formal da gramaticalização e referiu-se aos significados gramaticais como 'uma espécie de cola funcional que une conceitos lexicais'.

2011, p. 96). Alguns significados procedurais, especialmente os dêiticos, podem ser associados, também, a significados referenciais (p. ex., verbo principal *come*/vir e *go*/ir). A distinção entre os componentes de conteúdo e procedurais não é apenas gradiente, mas está sujeita à mudança, como foi bem-estabelecido na literatura sobre gramaticalização, em que se demonstrou que material lexical pode, ao longo do tempo, vir a desempenhar funções gramaticais (p. ex., o verbo de movimento lexical *go* foi recategorizado pelos falantes como parte da forma da construção gramatical de futuro *BE going to*/estar indo V). Dado que, nos termos da gramática de construções, não há 'divisão de princípios' entre expressões lexicais e gramaticais (GOLDBERG & JACKENDOFF, 2004, p. 532), uma abordagem construcional pode enriquecer os modos de se pensar sobre a transição de expressões mais lexicais para expressões mais gramaticais. Exemplos prototípicos de construções de conteúdo são *data*/dados, *dropout*/abandonar, e de construções procedurais são *-s*/-s (marcador de tempo presente para a terceira pessoa ou plural de nomes) ou ISA (inversão sujeito auxiliar). Exemplos de construções que são intermediárias incluem a construção com *way*, que tem propriedades de conteúdo, como as diferenças referenciais entre *force/elbow/giggle one's way through the room*/forçar/acotovelar/rir seu caminho pela sala, mas também propriedades procedurais, aspectuais (a construção, especialmente com verbos de modo ou de ação de acompanhamento, tais como *giggle*, implica iteração; cf. seção 2.7).

Em suma, o '*constructicon*'[11], ou inventário de construções, contém itens que têm características de todas as três dimensões mencionadas acima. Na maioria dos casos, uma construção pode ser caracterizada nas três dimensões. Por exemplo, *red*/vermelho é atômico, substantivo e de conteúdo, ISA é complexo, esquemático e procedural. O Quadro 1.1 sumariza as três dimensões[12]:

---

11. O termo parece ter-se originado em Jurafsky (1991).

12. Os esquemas podem ser atômicos, p. ex., N, V. Note-se que Croft (2005) rejeita a ideia de esquemas atômicos.

Quadro 1.1 Dimensões das construções

Tamanho	Atômica	Complexa	Intermediária
	red, -s	*pull strings, on top of*	*bonfire*
Especificidade	Substantiva	Esquemática	Intermediária
	dropout, -dom	N, ISA	V-*ment*
Conceito	Lexical	Procedural	Intermediária
	red, N	-*s*, ISA	construção com way

1.4.2 Esquematicidade, produtividade e composicionalidade

Três fatores, esquematicidade, produtividade e composicionalidade, são frequentemente discutidos na literatura sobre gramática de construções. O modo como eles estão envolvidos em vários tipos e estágios de mudança será discutido mais detalhadamente nos últimos capítulos. Aqui, são mencionados somente as caracterizações mais simples dos conceitos-chave e como nós os usamos.

1.4.2.1 Esquematicidade

Esquematicidade é uma propriedade de categorização que crucialmente envolve abstração. Um esquema é uma generalização taxonômica de categorias, sejam linguísticas ou não. Para Kemmer (2003, p. 78), esquemas são 'padrões de experiência essencialmente rotinizados, ou cognitivamente fixados', e Barðdal (2008, p. 45) diz que eles podem ser vistos principalmente de uma perspectiva psicolinguística. Nossa abordagem é sobretudo linguística (como no trabalho de Langacker, Bybee e Croft).

Em nossa visão, esquemas linguísticos são grupos abstratos, semanticamente gerais, de construções, quer procedurais quer de conteúdo, conforme discutido na subseção precedente. São abstrações que perpassam conjuntos de construções que são (inconscientemente) percebidas pelos usuários da língua como sendo estreitamente relacionadas na rede construcional. Graus de esquematicidade pertencem a níveis de generalidade ou especificidade e o grau em que partes da rede são ricas em detalhe (LANGACKER, 2009). Por exemplo, começando pela generalização, o conceito 'mobília' é mais abstrato e inclusivo do que o de 'cadeira', que, por sua vez, é mais abstrato do que o conceito 'poltrona'; 'nome' é mais abstrato do que 'nome contável'. Alternativamente, começando com o específico, um 'pastor alemão' é um 'cão' e um 'cão' é um 'mamífero'; um 'verbo intransitivo' é um 'verbo' etc. Esquemas linguísticos são instanciados por subesquemas e, nos níveis mais baixos, por microconstruções, tipos específicos de esquemas mais abstratos. Por exemplo, *may*/poder é uma microconstrução do subesquema modal, que é um subesquema do esquema auxiliar. Subesquemas podem desenvolver-se ao longo do tempo (p. ex., subconjuntos de modificadores periféricos do SN, VAN DE VELDE, 2011), ou se perder (p. ex., subconjuntos de bitransitiva, COLLEMAN & DE CLERCK, 2011). Crescimento e perda de subesquemas envolvem mudanças construcionais antes e depois da construcionalização.

Em nossa perspectiva, esquemas e subesquemas são as subpartes do sistema linguístico que o linguista seleciona para discutir e analisar. Eles não devem ser vistos como representações mentais, embora possa haver sobreposição entre tais representações e categorias linguísticas. A esquematicidade de uma construção linguística está relacionada ao grau em que ela captura padrões mais gerais em uma série de construções mais específicas (TUGGY, 2007; BARÐDAL, 2008)[13]. Esquemas são geralmente discutidos, como em 1.4.1, em termos de posições e como estruturas simbólicas são reunidas dentro delas (cf. GOLDBERG, 2006; LANGACKER, 2008). Por exemplo, uma construção pode consistir inteiramente de posições 'esquemáticas' abstratas, como a forma componente do esquema bitransitivo $[S\ V\ OBJ_1\ OBJ_2]$, ou pode ser parcialmente esquemática, contendo uma construção substantiva, como a construção com *way* ($[S_i\ [V\ POSS_i\ way]\ DIR]$).

---

13. De fato, o termo 'esquematicidade' também tem sido denominado 'generalidade' em Langacker (2008, p. 244) e Trousdale (2008b). Há outras definições de esquematicidade. P. ex., na visão de Bybee (2010), a esquematicidade envolve posições (p. 57) e o preenchimento delas 'por uma variedade de palavras e sintagmas' (p. 25). Ela também define esquematicidade como "'o grau de dissimilaridade dos membros'" (p. 67) e como o grau de variação dentro de uma categoria (p. 80).

Goldberg (2006, p. 98) defende a hipótese de que os falantes têm não apenas 'conhecimento específico do item' em expressões particulares, mas também 'conhecimento esquemático ou generalizado' sobre elas. Logo, é razoável pensar sobre ocorrências reais (construtos, como *I gave John a cake*/Eu dei John um bolo, *I baked John a cake*/Eu assei John um bolo), construções tipo individuais (p. ex., X *dar* Y Z) e construções maiores, esquemáticas, que generalizam sobre estas. No caso da construção bitransitiva 'causar-receber', Goldberg (2006, p. 20) a define como sintática [S V OBJ$_1$ OBJ$_2$], associada a um agente entendido como o causador da transferência de posse, ou com essa intenção, como em (9) (com base em GOLDBERG, 2006, p. 20):

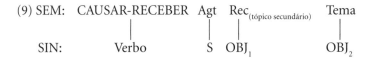

Essa construção esquemática abstrai sobre muitas instâncias de uso e vários tipos de microconstruções. Instâncias prototípicas da construção (p. ex., *I gave John a bike*/Eu dei John uma bicicleta) envolvem uma combinação perfeita entre a semântica lexical do verbo e a semântica construcional, isto é, na bitransitiva prototípica há coerência e correspondência semânticas (cf. GOLDBERG, 1995, p. 35). Dada a natureza polissêmica da semântica construcional, existem grupos adicionais de construções ou subesquemas, ligados em rede a um sentido central. Por exemplo, em *I baked John a cake*/Eu assei John um bolo, a semântica lexical de *bake X* 'cozinhar X em um forno' contribui com parte do significado; uma outra parte é fornecida pelo subesquema com o significado 'Agente tenciona causar o Recipiente a receber o Tema'. Outros verbos, tais como *refuse*/recusar, como em *He refused me the log book*/Ele me recusou o livro de registro, implicam recusa em causar receber. Conforme Boas (2013) observa, um problema potencial com tais construções de estrutura argumental abstratas, como em (9), é que elas têm a capacidade de supergeneralizar e sancionar (ou 'licenciar', 'permitir acesso a') construtos não atestados. Como discutiremos em outras partes deste livro, os falantes frequentemente supergeneralizam e estendem as fronteiras de uma construção particular. Tais inovações podem, com o tempo, vir a ser mudança linguística. Em sua análise da construção resultativa no inglês, Boas (2005) sugere que sentidos de verbos individuais podem não se conformar ao pareamento convencionalizado de forma e significado associado à construção mais abstrata que eles supostamente instanciam. Esses nichos dentro da rede das resultativas do inglês exibem suas próprias idiossincrasias, e 'ao passo que generalizações muito amplas são capturadas pelas construções significativas abstratas do tipo de Goldberg, padrões convencionalizados mais limitados são capturados por construções mais concretas em vários pontos médios da rede hierárquica' (BOAS, 2013, p. 239; cf. tb. CROFT, 2003, que oferece uma explicação detalhada para subclasses de bitransitivas e uma crítica a algumas hipóteses de GOLDBERG, 1995 sobre elas).

Em termos de esquemas, causar-receber $[[S\ V\ OBJ_1\ OBJ_2] \leftrightarrow [$causar receber por meio de V$]]$ é mais esquemática do que o subesquema tencionar-causar $[[S\ assar\ OBJ_1\ OBJ_2] \leftrightarrow [$Tencionar causar receber por meio de assar$]]$, já que a primeira generaliza sobre verbos (V), enquanto a segunda especifica um verbo particular (*assar*) com posições gerais. Esquemas convencionalizados fixados 'sancionam' seus subcasos, isto é, restringem e especificam a boa formação de seus subcasos (LANGACKER, 1987, p. 66).

A esquematicidade é gradiente de dois modos. Por um, ela é um fator 'mais ou menos', visto que boa formação é uma questão de convenção, e algumas vezes a sanção é apenas parcial. Para Langacker (1977, p. 67), 'uma porção considerável de não convencionalidade é tolerada (e frequentemente esperada) como uma característica normal do uso da língua'. Mostraremos que essa tolerância à não convencionalidade é de grande importância na mudança: extensões parcialmente sancionadas de uma construção convencionalizada podem, com o tempo, tornar-se instâncias completamente sancionadas de uma construção mais geral, esquemática, que mudou como resultado da experiência do falante/ouvinte com a língua.

Um segundo modo em que a esquematicidade é gradiente é em termos das distinções hierárquicas que podem ser feitas. Israel (1996, p. 220) argumenta, em sua discussão sobre o desenvolvimento de diferentes subtipos da construção com *way*, que uma distinção deve ser feita entre verbos específicos que podem ocorrer na construção, grupos de tipos e uma representação de ordem mais alta 'que esquematiza sobre os subconjuntos proeminentes de usos'. Postular um nível hierarquicamente intermediário (os 'grupos de tipos' de Israel, nossos 'subesquemas') reflete, ao menos parcialmente, o fato de que os usuários da língua parecem ser sensíveis a padrões generalizados assim como a informação específica (BYBEE & McCLELLAND, 2005). Procurando manter o foco tanto na forma quanto no significado, conforme sugerido acima, propomos o seguinte conjunto mínimo de níveis construcionais como uma heurística para a descrição e análise da mudança construcional: esquemas, subesquemas e microconstruções[14], mas essas não são distinções absolutas e, ao longo do tempo, as relações entre elas podem modificar-se, conforme discutimos nos capítulos posteriores. Microconstruções, por sua vez, são instanciadas no uso por 'construtos'. Construtos são ocorrências empiricamente atestadas (p. ex., *I gave Sarah a book*/Eu dei Sarah um livro, *She needed a lot of energy*/Ela precisava de muita energia), instâncias de uso em uma ocasião particular, produzidas por um falante particular (ou escritas por um escrevente particular) com um propósito comunicativo. Os construtos são muito ricos, imbuídos de muito significado pragmático, do qual grande parte pode não ser recuperável fora do evento de fala particular. Construtos

---

14. Em trabalho anterior (p. ex., TRAUGOTT, 2008a; 2008b; TROUSDALE, 2008a, 2010), distinguimos 'macro', 'meso' e 'microconstruções'. Esquemas são aproximadamente equivalentes a macroconstruções, subesquemas a mesoconstruções, de modo que macro e mesoconstruções são termos redundantes. Eles não são usados neste livro.

falados contêm muitos traços fonéticos específicos que raramente são replicados; cada vez que alguém diz *give*/dar ou *a lot of*/muito, por exemplo, a expressão provavelmente é pronunciada ligeiramente diferente, dependendo do contexto. Construtos escritos também são ocorrências empiricamente atestadas mas, por causa do meio, são feitas generalizações dos detalhes fonéticos. Crucialmente, para um modelo baseado no uso, os construtos são o que falantes/escreventes produzem e o que ouvintes/leitores[15] processam. Como eventos de uso, os construtos ajudam a modelar a representação mental da língua (BYBEE, 2010). Como eles fazem isso será discutido no capítulo 2. Aqui, podemos mencionar que a consequência da produção e do processamento é que o construto é o *locus* de inovação individual e subsequente convencionalização (adoção por uma população de falantes). A mudança construcional começa quando novas associações entre construtos e construções emergem ao longo do tempo, i. e., quando replicação de ocorrências leva a categorizações provisórias que não estavam disponíveis aos usuários da língua antes e podem, portanto, ser chamadas de 'novas'.

Para qualquer conjunto de esquemas na hierarquia construcional que o linguista esteja descrevendo, o nível mais alto sempre será um esquema (parcial). Visto que os esquemas abstraem sobre muitas microconstruções, eles são fonologicamente subespecificados. Somente as microconstruções podem ser substantivas e fonologicamente especificadas. A figura 1.3 sumariza e exemplifica as distinções, usando o exemplo da construção de quantificador. No nível mais alto estão incluídos todos os tipos de quantificador, quer indiquem quantidade grande, pequena ou intermediária, ou binômio e monomorfêmico. No nível médio dos subesquemas as distinções são feitas entre grande, pequena e intermediária, e no nível mais baixo estão os vários tipos de microconstruções.

---

15. Para facilitar a leitura, daqui em diante 'falante' será usado como um termo de cobertura para 'falante/escrevente' e 'ouvinte' para 'ouvinte/leitor'. O termo 'destinatário' é reservado para interlocutores a quem deliberadamente o falante se dirige.

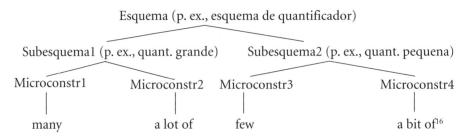

Figura 1.3 Gradiente de relações hierárquicas entre construções

1.4.2.2 Produtividade

Produtividade é um termo que tem sido usado de muitas maneiras diferentes. Barðdal (2008, capítulo 2) oferece uma visão geral e uma análise valiosa de vários usos diferentes do termo. Em nossa perspectiva, a produtividade de uma construção é gradiente. Pertence a esquemas (parciais) e diz respeito a (i) sua extensibilidade (BARÐDAL, 2008), o grau em que eles sancionam outras construções menos esquemáticas, e (ii) o grau em que eles são restringidos (BOAS, 2008). Em termos de morfologia, podemos pensar, por exemplo, no grau em que a combinação de um adjetivo mais *-th* sanciona a criação de novos nomes. Atualmente, essa combinação é considerada improdutiva, já que poucos nomes novos são criados pela fórmula [ADJ + *th*]. Em contrapartida, [ADJ + *ness*] é muito mais produtivo[17], e esse esquema sanciona uma ampla variedade de formas menos gerais, algumas mais convencionalizadas do que outras (cf. *truthiness*, *truthlikeness*, *unputdownableness* e *sing-along-able-ness*, todas recentemente atestadas no discurso *online*)[18]. Uma situação semelhante acontece com aspectos da

---

16. Em português, *many* e a *lot of* podem ser traduzidos por *muito(s)*; *few* e a *bit of*, por *pouco(s)* [N.T.].

17. Em português, podemos pensar no grau em que a combinação de adjetivo + *-dade* sanciona a criação de novos substantivos, como em *portabilidade*, ao passo que a combinação de adjetivo + *-ez* é menos produtiva [N.T.].

18. Essas novas criações não têm tradução em português [N.T.].

morfologia flexional. No inglês, o tempo passado é produtivamente marcado por afixação (p. ex., *play-played*/jogar-jogou), mas algumas vezes é marcado na vogal da raiz (p. ex., *drink-drank*/beber-bebeu), uma relíquia histórica de *ablaut* (apofonia). Quando novos verbos são introduzidos na língua, seu tempo passado geralmente é formado pelo método de afixação mais produtivo e 'regular', e não pela mudança da vogal: o tempo passado de *skype* ('fazer uma chamada de vídeo pela *internet*') é *skyped*, e não, por exemplo, **skope* (com base em *write-wrote*/escrever-escreveu).

A maioria dos trabalhos sobre produtividade está relacionada à frequência. Baayen (2001) e Bybee (2003) e outros fazem uma distinção importante entre frequência de tipo (número de diferentes expressões que um padrão particular tem) e frequência de ocorrência (número de vezes em que a mesma unidade ocorre no texto). Nós equiparamos frequência de construção a frequência de tipo e frequência de construto a frequência de ocorrência. O artigo definido *the*/o em inglês tem frequência de tipo/construção de um, mas é o construto/ocorrência mais frequente na língua contemporânea. Quando novas construções são formadas, elas tipicamente 'se expandem, aumentando gradualmente sua frequência de uso ao longo do tempo' (BYBEE & McCLELLAND (2005, p. 387). Entendemos que 'aumento na frequência de uso' corresponde a aumento na frequência do construto: os falantes usam, cada vez mais, instâncias da nova construção. Aqui, rotinização e automatização (PAWLEY & SYDER, 1983; HAIMAN, 1994), resultantes de uso frequente e repetição, são fatores-chave. Aumento no leque colocacional, um fenômeno que Himmelmann (2004) denomina 'expansão da classe de hospedeiros', também é uma forte indicação de aumento da produtividade. Consideramos isso como aumento da frequência de tipo/construção. Por exemplo, assim que *Be going to*/Estar indo a foi usado como um marcador de futuro, a expressão foi estendida a um número cada vez maior de tipos de verbos. Uma abordagem para investigar essa espécie de mudança que se fundamenta na gramática de construções é a análise 'colostrucional' diacrônica distintiva (p. ex., HILPERT, 2008, baseando-se na análise colostrucional sincrônica desenvolvida em GRIES & STEFANOWITSCH, 2004). A análise colostrucional diacrônica distintiva usa dados de *corpus* para rastrear mudanças históricas em padrões colocacionais, isto é, para rastrear mudanças em itens que preenchem posições construcionais, como mudanças nos tipos de verbo que seguem *Be going to*/Estar indo a, e para identificar os colocados mais atraídos em um período *versus* outro.

> Mudanças como essas indicam desenvolvimentos no significado construcional – à medida que a construção muda semanticamente, ela passa a ser usada com diferentes colocados. Colocados recentes mostram que alguma mudança está em curso; além disso, seus significados lexicais indicam como a construção muda semanticamente (HILPERT, 2012, p. 234).

Os colocados identificados na análise colostrucional tendem a vir em conjuntos. Por exemplo, Hilpert (2008, capítulo 3) mostra que, nos primeiros setenta anos do inglês moderno inicial, *shall* (verbo auxiliar de tempo futuro) era usado com verbos de percepção (*understand*/compreender, *perceive*/perceber) ou aparência (*show*/mostrar, *appear*/parecer) e foi estendido, no segundo período do inglês moderno inicial, para atos administrativos, legais (*forfeit*/ser privado de, *incur*/incorrer, *offend*/ofender). Por contraste, *will* (verbo auxiliar do tempo futuro), durante o mesmo período, foi favorecido primeiro com verbos de ato de fala, tais como *deny*/negar, *confess*/confessar, e depois com um conjunto expandido incluindo *condemn*/condenar, *speak*/falar. Tal expansão inevitavelmente tem um efeito sobre o 'espaço construcional' e sobre a competição entre construções alternativas dentro de um conjunto, por exemplo, construções competidoras podem vir a ser preferidas em 'nichos particulares' (TORRES-CACOULLOS & WALKER, 2009) ou algumas podem declinar (LEECH; HUNDT; MAIR & SMITH, 2009). Conforme veremos nos capítulos seguintes, é importante reconhecer que não há prazo previsível para a interação de produtividade e não produtividade. A produtividade pode ser de curta duração, ao passo que os padrões não produtivos podem persistir por longos períodos de tempo (NØGÅRD-SØRENSEN; HELTOFT & SCHØSLER, 2011, p. 38).

1.4.2.3 Composicionalidade

A composicionalidade diz respeito ao grau em que o elo entre forma e significado é transparente. Ela é geralmente pensada em termos tanto de semântica (o significado das partes e do todo) quanto das propriedades combinatórias do componente sintático: 'A sintaxe é composicional porque constrói expressões bem formadas mais complexas recursivamente, com base em expressões menores, enquanto a semântica é composicional porque constrói os significados de expressões maiores com base nos significados de expressões menores (palavras, ou melhor, morfemas)' (HINZEN; WERNING & MACHERY, 2012, p. 3). De acordo com Partee (1984, p. 281) em sua discussão sobre composicionalidade, 'o significado de uma expressão é uma função dos significados das suas partes e o modo como elas são sintaticamente combinadas'. De um ponto de vista construcional, a composicionalidade é melhor pensada em termos de compatibilidade ou não entre aspectos da forma e aspectos do significado (cf. FRANCIS & MICHAELIS, 2003 sobre a incongruência ou não compatibilidade). Se um construto é semanticamente composicional, então, contanto que o falante tenha produzido uma sequência sintaticamente convencional, e o ouvinte entende o significado de cada item individual, o ouvinte será capaz de decodificar o significado do todo. Se o construto não é composicional, não haverá compatibilidade entre o significado de elementos individuais e o significado do todo. Nossa abordagem está de acordo com a de Arbib (2012, p. 475; itálico do original):

> o significado linguístico não é inteiramente composicional, mas a língua *tem* composicionalidade no sentido de que a estrutura composicional de uma sentença frequentemente fornece pistas para o significado do todo.

Considere o exemplo (10):

(10) If you're late, you won't be served.
 [Se você se atrasar, não será servido.]

Embora os falantes de inglês aprendam construções composicionais do tipo em (10), eles também têm de aprender que estruturas muito semelhantes superficialmente devem ser compreendidas e analisadas de modo diferente e que a forma pode ser associada a um valor semântico particular que não é compatível com a sintaxe (e, portanto, é menos composicional). Assim, os falantes aprendem uma construção pseudocondicional, com uma pseudoprótase e uma pseudoapódose, como em (11).

(11) [I]f you're Betty Ford right now, you're probably thinking, you know, I hope everybody's OK.
(KAY & MICHAELIS, 2012, p. 2.272.)

Se você for Betty Ford agora, você provavelmente está pensando, você sabe, eu espero que todo mundo esteja bem.

Nesse caso, a construção é semanticamente não composicional, já que ela não transmite uma condição sobre identidade entre Betty Ford e o destinatário[19], e sim uma observação sobre Betty Ford e pessoas como ela. Algum grau de hipoteticidade é sugerido pela sintaxe condicional.

Muitos enunciados podem ser subespecificados com relação a uma interpretação composicional e uma não composicional. Considere (12):

(12) My yoga instructor sometimes pulls my leg.
[Meu instrutor de ioga às vezes puxa minha perna/caçoa de mim.]
(KAY & MICHAELIS, 2012, p. 2.274.)

Usuários do inglês devem aprender que a expressão *pull someone's legs/* puxar a perna de alguém tem o significado não composicional *caçoar de alguém* além do sentido literal. Gramáticos construcionais interessam-se pelo grau em que tais significados não composicionais permeiam a gramática de uma língua, tratam tanto os exemplos composicionais quanto os não composicionais como pareamentos convencionalizados de forma e significado e consideram o conjunto não composicional estilística, pragmática ou semanticamente marcado de várias formas. Veremos que, em

---

19. *You*/você também pode ser usado impessoalmente aqui no sentido de *alguém*.

muitos casos, a mudança ao longo do tempo resulta em redução da composicionalidade, mais especialmente no nível microconstrucional.

Bybee (2016, p. 79-80), citando Langacker (1987), distingue composicionalidade de analisabilidade, uma distinção de que faremos uso em capítulos posteriores. O exemplo de Bybee é das formas de tempo passado do inglês, como *was*/era, *were*/eram, *went*/foi, que são semanticamente composicionais mas morfologicamente não analisáveis (e supletivas). Os conceitos de composicionalidade e analisabilidade são relacionados e ambos são gradientes. Diferentemente de composicionalidade, analisabilidade não é primariamente associada à combinação imputada do significado do todo sobre o significado das partes de uma expressão composta. Ao contrário, a analisabilidade se relaciona ao grau em que os falantes reconhecem, e tratam distintamente, essas partes componentes (cf. tb. o conceito de 'transparência' de HENGEVELD, 2011). Uma expressão idiomática como *by and large*/em grande parte é menos analisável do que uma expressão idiomática como *fly off the handle*/perder as estribeiras, e *fly off the handle* é menos analisável do que uma expressão idiomática como *spill the beans*/ dar com a língua nos dentes. *By and large* é o menos analisável porque tem muito pouca estrutura 'interna' (tem uma forma fonológica, mas é altamente idiossincrático em termos de morfologia e sintaxe). *Fly off the handle* é menos analisável do que *spill the beans* porque, embora em ambos os casos o verbo possa ser flexionado, há mais liberdade em modificar o nome no último do que no primeiro (p. ex., *spill the political beans*/revelar segredos políticos vs. **fly off the political handle*/perder as estribeiras na política). Consideramos analisabilidade como uma subparte da composicionalidade e, consequentemente, não a tratamos como uma categoria separada.

1.5 UMA VISÃO CONSTRUCIONAL DE MUDANÇA

Nesta seção, expandimos nossa visão de mudança e, especialmente, a distinção entre construcionalização e mudanças construcionais (cf. seção 1.1). Essa distinção com frequência não é feita em outros trabalhos sobre mudança em uma perspectiva construcional (cf., p. ex., HILPERT, 2013) ou, se é feita, a distinção é estabelecida de forma diferente. Por exemplo, Smirnova (2015) identifica construcionalização com mudanças iniciais em contexto, e mudanças construcionais com mudanças mais tardias, e Boye e Harder (2012, p. 35-36) definem construcionalização como 'a mudança abrangente em toda uma nova construção', implicando, mas não especificando, diferença em relação à mudança construcional.

Construcionalização é definida e exemplificada em 1.5.1, mudança construcional em 1.5.2, e a relação entre elas é elaborada em 1.5.3. Mas primeiro é necessário dizer mais algumas palavras preliminares sobre nossa visão de mudança. Conforme indicado antes, como Goldberg e Croft, entendemos a gramática de construções como uma gramática do uso. Dessa perspectiva, a mudança linguística pode ser entendida como 'localizada na *interação* do falante e [...] negociada entre falantes no curso da interação' (MILROY, 1992, p. 36; itálico do original). Bybee (2010, p. 9) postula que a mudança ocorre 'à medida que a língua é usada e não no processo de aquisição'. Ela se origina como mudança no uso pelos falantes de todas as idades (cf. MILROY, 1992; CROFT, 2001), não somente ou principalmente pela criança, como sugerido por Roberts e Roussou (2003). Bybee (2016, p. 305) faz a forte afirmação de que as crianças 'não são os maiores instigadores da mudança', e mudança não é primariamente transmissão através de gerações. Em vez disso, 'postula-se que a mudança ocorre à medida que a língua é usada, *e não* no processo de aquisição' (p. 30. Itálico acrescentado). Citando Warner (2004), Bybee fornece evidência de que a mudança ocorre durante a vida de um adulto. Certamente os adultos inovam, mas como mudança pressupõe transmissão a outros falantes, o ponto principal em nossa visão é que a aquisição pode ocorrer ao longo da vida, quer na infância quer mais tarde na vida. De fato, quando ouvintes de todas as idades adotam estruturas transmitidas por outros, eles as adquirem. Conforme Fischer (2010, p. 187) afirma, essa postura não 'nega a influência de algum sistema formal de gramática', mas conceitualiza esse sistema formal 'como transmitido culturalmente e não geneticamente'. Deve-se enfatizar que a mudança não precisa ocorrer. Isso resulta de uma teoria da mudança baseada no uso, dado que 'mudança linguística', incluindo 'mudança de signo', não existe por si própria. Se alguma coisa muda ou não é uma função de como as pessoas usam a língua ou do modo como elas avaliam certas expressões.

Construções são algumas vezes discutidas em termos de 'todos', isto é, 'uma gramática é composta de associações convencionais de forma e significado, fornecendo descrições holísticas de signos complexos' (FRIED & ÖSTMAN, 2004a, p. 24). Contudo, as construções têm 'dimensões internas' (GISBORNE, 2011, p. 156) e, conforme vimos, formalismos fazem uso de características múltiplas. Como ficará aparente neste livro, para explicar a mudança é preciso explicar primeiro as inovações que se aplicam a dimensões internas particulares de uma construção e, então, a convencionalização dessas inovações em um grupo de falantes.

Antecipando discussão mais extensa no capítulo 2, a mudança começa com uma nova representação na mente do falante. O mecanismo responsável por essa nova representação é o que é amplamente conhecido como reanálise, mas é mais apropriadamente chamada 'neoanálise' (cf. 1.6.4.1, abaixo; ANDERSEN, 2001, p. 231, nota 3), a modificação de um elemento de uma construção. A neoanálise frequentemente resulta da combinação (geralmente inconsciente) de um padrão pelos usuários da língua, processo conhecido como analogia, porém mais apropriadamente entendido como 'pensamento analógico'. O recrutamento de um item para um subesquema que pode resultar de pensamento analógico é um mecanismo de mudança que chamamos 'analogização' (TRAUGOTT & TROUSDALE, 2010, p. 38).

1.5.1 Uma caracterização e exemplo de construcionalização

Em 1.1 nós definimos preliminarmente construcionalização como a criação de um pareamento forma$_{nova}$-significado$_{novo}$, em outras palavras, como o desenvolvimento de um novo signo. Aqui, fornecemos uma caracterização mais elaborada que será desenvolvida durante todo o livro. Mais particularmente, o último ponto sobre gradualidade *versus* instantaneidade será desenvolvido no capítulo 4:

> **Construcionalização** *é a criação de (combinações de) signos forma$_{nova}$-significado$_{novo}$. Ela forma novos tipos de nós, que têm nova sintaxe ou morfologia e novo significado codificado, na rede linguística de uma população de falantes. Ela é acompanhada de mudanças no grau de esquematicidade, produtividade e composicionalidade. A construcionalização de esquemas sempre resulta de uma sucessão de micropassos e, portanto, é gradual. Novas microconstruções podem igualmente ser criadas gradualmente, mas elas também podem ser instantâneas. Microconstruções criadas gradualmente tendem a ser procedurais e microconstruções criadas instantaneamente tendem a ser de conteúdo.*

Minimamente, a construcionalização envolve neoanálise da forma morfossintática e do significado semântico/pragmático[20]; mudanças fonológicas e discursivas também podem estar implicadas em vários estágios. Mudanças formais isoladas e mudanças de significado isoladas não podem constituir construcionalização. Caracterizamos essas mudanças como mudanças construcionais (cf. 1.5.2).

Construcionalização gradual requer que mudanças construcionais tenham ocorrido anteriormente (a 'sucessão' de neoanálise em pequenos passos). O novo pareamento de significado e forma é uma nova unidade ou um novo signo. É, portanto, uma mudança no sistema, isto é, uma mudança de tipo/nó. Podemos ver seus resultados em dados quando se atestam construtos que não podem ter sido completamente sancionados por tipos construcionais pré-existentes. Tipicamente, os usuários da língua podem não estar cientes de que a mudança ocorreu (KELLER, 1994), mas, às vezes, há comentários metatextuais feitos por gramáticos ou outros que observam a mudança.

Focalizamos dois tipos de construcionalização, a saber, construcionalização gramatical e construcionalização lexical. Elas estão nos polos do gradiente procedural de conteúdo discutido em 1.4.1, acima. Um exemplo de construcionalização lexical/de conteúdo é o desenvolvimento histórico da

---

20. Um grupo de exceções relacionadas a microconstruções lexicais instantâneas (p. ex., siglas como BBC) é discutido na seção 4.8.

palavra do inglês moderno *cupboard*/armário. Etimologicamente, duas palavras independentes foram combinadas no composto *cupboard*, que era usado para se referir a uma peça de madeira (*board*) em que se colocavam copos. Com o tempo, o composto passou por mudança semântica (um *cupboard* agora é uma área de armazenamento fechada em uma casa) e por mudança no estatuto morfológico para uma forma *simplex*. Em outras palavras, tornou-se uma nova unidade simbólica convencional de conteúdo, nova tanto na semântica quanto na morfossintaxe. Essas mudanças fazem parte de uma sucessão de mudanças no significado e na forma, dando surgimento a uma forma de conteúdo semanticamente não composicional, compartilhada por uma população de falantes, que emergiu de um padrão de composição produtivo na gramática. Isso é construcionalização. As pequenas mudanças múltiplas envolvidas na simplificação do grupo da consoante medial de *cupboard* exemplificam os tipos de mudança que podem ocorrer antes, porém mais especialmente depois, de a construcionalização ter ocorrido.

No caso de *cupboard*, o composto do qual ela derivou era de conteúdo e referencial, e o resultado das mudanças é um nome de conteúdo, referencial. Outras séries de mudanças na forma e no significado criam construções que codificam pares de forma-significado gramaticais que diferem de suas origens lexicais por serem menos referenciais, mais abstratas e procedurais. Ilustramos isso com um exemplo que aparecerá várias vezes, as mudanças que ocorreram no desenvolvimento dos partitivos binominais do inglês *a part*/*share of* SN (uma parte/quota de SN), como *a lot*/*bit*/ *shred of a N* (uma porção/um pedaço/um pingo de N), em quantificadores gramaticais (TRAUGOTT, 2008; BREMS; 2003; 2010; 2011)[21]. Visto que

---

21. Estritamente falando, expressões partitivas indefinidas com essa sintaxe são 'pseudopartitivos'. Há diferenças distribucionais de expressões com SN_2 definido (p. ex., *a piece of the pie*/um pedaço da torta), mas em inglês as diferenças são mínimas. Contudo, em muitas línguas, os dois tipos são morfossintaticamente muito distintos, p. ex., em sueco o partitivo é instanciado pela preposição *av*, ao passo que o pseudopartitivo é zero (SELKIRK, 1977; KOPTJESVSKAYA-TAMM, 2009). Aqui, tratamos juntos os dois tipos de partitivo, embora uma distinção mais fina e restritiva entre pseudopartitivos e partitivos seja necessária para comparação translinguística.

usamos o exemplo para ilustrar vários pontos neste capítulo, a explicação inicial aqui é bastante detalhada. Entretanto, aqui como em outro lugar, não buscamos ser exaustivos. Apenas pretendemos ilustrar pontos-chave sobre as construções originais e as posteriores, as mudanças envolvidas e nossa abordagem construcional para as mudanças em questão.

No inglês antigo, *hlot* 'lot' referia-se a um objeto, frequentemente um pedaço de madeira, pelo qual indivíduos eram selecionados, por exemplo, para um posto, geralmente com apelos a Deus (cf. *draw lots*/fazer sorteio, *lottery*/ loteria, *lot*/destino), e por metonímia a uma quota/unidade de algo ganho por esse meio (cf. *lot of land (for sale)*/porção de terra (à venda)) ou com o destino que determinou a seleção (cf. *one's lot in life*/o destino de uma pessoa). (13) é um exemplo no inglês moderno inicial do partitivo *lot* com *of*:

(13) He ne   wass nohh   wurrþenn mann ... Forr to forrwerrpenn
     he NEG was nothing become   man ... for to overthrow
     aniȝ lott   Off   Moysœsess   lare[22].
     any part of   Moses'   teaching
     'Ele (Jesus) não encarnou ... para derrubar qualquer parte do ensinamento de Moisés.'
     (c. 1200 *Ormulum*, 15186; [MED *lot* n1, 2c].)

Uma parte implica uma quantidade e, no mesmo texto *Ormulum*, encontramos o uso de *lot* com um significado próximo a 'grupo' (dando a entender uma quantidade razoavelmente grande):

(14) Aȝȝ   wass i þiss middelærd ***Summ lott   off gode sawless.***
     always was in this middle-earth certain group of good soul.
     ['Havia sempre neste mundo um grupo de almas boas'.]
     (c. 1200 *Ormulum*, 19150 [MED *lot* n1, 2e].)

Os construtos *aniȝ lott Off Moysœsess lare* e *Summ lott off gode sawless* ilustram usos lexicais, referenciais de *lot* em construções que são relacionais

---

22. Os exemplos foram traduzidos conforme apresentado pelos autores no original, alguns com glosa, alguns com tradução literal e outros com tradução aproximada [N.T.].

e, portanto, parcialmente gramaticais. Em ambos, *lot* é o núcleo e *of SN2* é o modificador. Em ambos, *lot* refere-se a uma unidade que é parte de um todo maior. A construção partitiva esquemática, que tem vários membros, pode ser caracterizada de modo simplificado como:

(15) $[[N_i [de N_j]] \leftrightarrow [parte_i - todo_j]]$

Embora (13) seja completamente composicional, (14) é menos composicional, já que *group* é uma extensão do significado literal. Entretanto, *lott* em (14) ainda é de conteúdo e referencial. Não pode significar *muitos* por causa da presença do indefinido específico *summ*, cf. *a certain group* (um certo grupo)/*some groups of souls* (alguns grupos de almas). Evidência clara do uso de *lot* com o significado de 'unidade que consiste de vários membros' é fornecida em (16), em que Austen escreve sobre o grupo (*lot*) remanescente de ovelhas de Seward, e o pagamento que seu pai fez de vinte e cinco xelins por cada membro desse grupo:

(16) You must tell Edward that my father gives 25s. a piece to Seward for his last *lot of* sheep, and, in return for this news, my father wishes to receive some of Edward's pigs.
[Você deve dizer a Edward que meu pai dá 25 xelins por peça a Seward por seu último grupo de ovelhas e, em troca dessa notícia, meu pai quer receber alguns dos porcos de Edward.]
(1798, Austen, Letter to her sister [CL].)

Esse uso de *lot* ainda está disponível, mas é basicamente restrito a transações de venda. No século XVIII, começamos a encontrar usos de *a lot of* (e, em especial, o plural *lots of*) em contextos em que a implicatura pragmática de uma unidade/parte para quantidade parece ter sido provavelmente inferida como saliente:

(17) Mrs. Furnish at St. James's has ordered ***Lots of Fans, and China, and Indian Pictures*** to be set by for her, 'till she can borrow Mony to pay for' em.
[A senhora Furnish em St. James encomendou muitos ventiladores, e porce-

lanas, e pinturas indianas para serem reservadas para ela, até que ela possa pedir dinheiro emprestado para pagar por eles.]
(1708 Baker, *Fine Lady Airs* [LION: Drama em prosa inglês].).

Aqui, *lots of* pode ser entendido como unidades para venda, e, de fato, já que dinheiro é mencionado, deve ser isso o que foi pretendido, mas também pode ser entendido como *grande quantidade de*.

Por volta do início do século XIX, começamos a encontrar vários exemplos em que uma leitura de unidade partitiva é incoerente e somente a leitura de quantificador parece apropriada, como em (18):

(18) a. Learning at bottom, physic at top!
    Lots of business, **lots of** fun,
    Jack of all trades, master of none!
    [Aprendizagem no fundo, físico no topo!
    Muitos negócios, muita diversão,
    Pau para toda obra, mestre em nenhuma!]
    (1833 Daniel, *Sworn at Highgate* [LION: Drama em prosa inglês].)
   b. He is only young, with *a lot of power*.
    [Ele é apenas jovem, com muita energia.]
    (1895 Meredith, *The Amazing Marriage* [CL 3].)

Embora *a lot*, usado como partitivo, possa ser substituído por *a unit/piece/share of*/um(a) unidade/pedaço/quota de, o uso quantitativo é substituível por *much*/muito ou *many*/muitos. Com o partitivo, a concordância de número é com N1 (*lot(s)*), como em (19).

(19) the worthy Mr. Skeggs is busy and bright, for *a lot of goods is* to be fitted out for auction.
    [o digno Sr. Skeggs é ocupado e esperto, pois muitas mercadorias devem ser arrumadas para leilão.]
    (1852 Stowe, *Uncle Tom's Cabin* [COHA].)

Por contraste, com o quantificador a concordância tipicamente é com N2. Em (20a) a concordância com *goods*/mercadorias é evidenciada pelo pronome *them*/os, em (20b) a concordância é com *rags*/trapos, por meio do pronome *they*/eles:

(20) a. I have ***a lot of*** goods to sell, and you wish to purchase ***them***.
[Eu tenho muitas mercadorias para vender, e você quer comprá-las.]
(1852 Arthur, *True Riches* [COHA].)

b. pretty soon she brought down ***a lot of*** white rags. I thought ***they*** seemed quite heavy for their bulk
[daí a pouco ela trouxe muitos trapos brancos. Eu pensei que eles pareciam bem pesados por causa do seu volume.]
(1865 Alger, *Paul Prescott's Charge* [COHA].)

Com o aparecimento de exemplos como (20), podemos inferir que a construcionalização aconteceu. Não apenas o significado mudou (partitivo > quantificador), mas também a estrutura constituinte (forma). Especificamente, houve uma neoanálise da relação de núcleo no binômio que está em conformidade com as distinções de núcleo essencialmente sincrônicas propostas por Aarts (1998) e Brems (2003). Também houve neoanálise da preposição *of*/de como uma parte fonológica do quantificador. A neoanálise pode ser representada de várias maneiras. Uma delas é (21) (baseada em BREMS, 2003, p. 289):

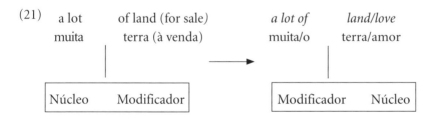

Uma outra representação, que adotamos aqui, é[23]:

(22) $[[N_i [de N_j]] \leftrightarrow [parte_i - todo_j] > [[N de] N_j] \leftrightarrow [grande quant. - entidade_j]]$

---

23. Cf. Traugott (2008a, b) para uma versão anterior.

A sucessão de mudanças exemplificada pelo partitivo *a lot* > quantificador *a lot of* resultou em uma construcionalização gramatical, o desenvolvimento de uma microconstrução forma$_{nova}$-significado$_{novo}$ que é mais gramatical do que sua origem porque o SN *a lot* perdeu seu significado lexical e seu potencial nominal prototípico e se tornou procedural, tanto no significado (quantificador) quanto na estrutura (modificador).

Como foi mencionado em 1.4.1 e será discutido em 1.6.3 e em outras partes, além das construcionalizações que são ou lexicais/de conteúdo ou procedurais/gramaticais, também há mudanças que resultam em construções parte lexicais e parte procedurais; nós as chamamos construções 'intermediárias' ou 'híbridas'. Um subtipo da construção de predicado complexo, ilustrada por *give someone a kicking*/dar a alguém um chute, é parcialmente bitransitiva, parcialmente iterativa e, consequentemente, parcialmente gramatical/procedural, mas também é parcialmente lexical/de conteúdo, visto que pode se referir a agressão verbal (TROUSDALE, 2008a).

Neste livro, argumentaremos que os vários tipos de construcionalização envolvem diferentes tipos de mudança com respeito a esquematicidade, produtividade e composicionalidade. Também argumentaremos que os produtos da construcionalização podem resultar em mudança nos esquemas e subesquemas. Além disso, pode haver diferenças com relação à gradualidade do desenvolvimento. Enquanto o desenvolvimento de esquemas, subesquemas e microconstruções gramaticais é gradual, microconstruções lexicais podem ser instantâneas, conforme ilustrado por construcionalizações recentes como *ebriary*, *Romnesia*[24].

1.5.2 Mudanças construcionais

A construcionalização gradual é precedida e seguida por uma sucessão de passos incrementais convencionalizados, que denominamos mudanças construcionais:

---

24. Termo político introduzido pelo ex-presidente dos Estados Unidos Barack Obama durante sua campanha presidencial de 2012, referindo-se ao seu oponente republicano Mitt Romney e atribuindo-lhe a característica de mudar suas posições na tentativa de conquistar o centro [N.T.].

> Uma **mudança construcional** é uma mudança que afeta uma dimensão interna
> de uma construção. Ela não envolve a criação de um novo nó.

No exemplo do desenvolvimento dos quantificadores binominais, primeiro houve uma 'inferência sugerida' pragmática de quantidade, em outras palavras, o tipo de implicatura que surge no fluxo da fala e pode ativar mudanças no significado (para detalhes, cf. TRAUGOTT & KÖNIG, 1991; TRAUGOTT & DASHER, 2002)[25]. Podemos inferir que, no caso de *a lot of* na construção partitiva (e também no caso de outras no conjunto, tais como *a bit/a shred of*), a inferência pragmática veio a ser saliente entre um grupo de falantes e foi semanticizada, ou seja, tornou-se codificada de modo que *a lot of* foi usada em contextos como os de (18), em que 'parte, unidade' não faz sentido. Essa semanticização não 'precisa' ocorrer, conforme pode ser visto na comparação com *a piece/pieces of*, que não passou a ser usada com o significado *much/many* no inglês padrão (*I had a piece of anxiety/Eu tive um pouco de ansiedade). As mudanças envolvidas foram específicas a um subgrupo de construções partitivas e inicialmente envolveram apenas o significado e uma certa extensão distribucional para nomes com conteúdo semântico diferente. Nesse ponto, não houve compatibilidade entre forma e significado, já que o núcleo sintático era do partitivo (SN1), ao passo que o núcleo semântico era do modificador (SN2). Não podemos dizer que ocorreu construcionalização até que mudanças morfossintáticas, assim como semânticas, apareçam no registro textual. No exemplo em discussão, a evidência em favor da construcionalização é fornecida pela concordância verbal com SN2, mostrando que ele é o núcleo, sintática e semanticamente. Nesse caso, pode-se dizer que a não compatibilidade entre semântica e sintaxe foi 'resolvida' por negociações entre Falante e Destina-

---

25. O termo 'inferência sugerida' é utilizado para enfatizar a negociação de significado entre o falante, que (em geral inconscientemente, cf. KELLER, 1994; HAGÈGE, 1993) 'sugere' interpretações, e o ouvinte, que infere/interpreta. Ela permite, mas não exige, a possibilidade de que os falantes planejem seus enunciados pragmaticamente. Um termo relacionado, *interpretação induzida pelo contexto* (HEINE; CLAUDI & HÜNNEMEYER, 1991), enfatiza a interpretação pelo ouvinte.

tário (ou, inconscientemente, entre Falante e Ouvinte), resultando em um novo pareamento que exibe uma leitura mais transparente: *quant-entidade* é compatível com a sintaxe binominal superficial[26]. Mesmo assim, ainda há um grau de analisabilidade (p. ex., *lot* ainda pode ser pré-modificado, como em *There's going to be a whole lot of trouble*/Vai haver muitos problemas). Ausência de congelamento total não é surpreendente dado que o uso não ambíguo do quantificador *a lot of* não é frequentemente atestado até o século XIX, e a analisabilidade é gradiente.

1.5.3 A relação entre mudanças construcionais e construcionalização

As mudanças construcionais as quais o analista hipotetiza que precedem e habilitam ou 'alimentam' a construcionalização tipicamente envolvem expansão da pragmática, semanticização dessa pragmática, incompatibilidade entre forma e significado e algumas pequenas mudanças distribucionais. Denominamos essas mudanças de 'mudanças construcionais pré-construcionalização'. Por sua vez, a construcionalização pode alimentar mudanças construcionais posteriores. Tais 'mudanças construcionais pós-construcionalização' tipicamente envolvem expansão de colocações e podem também envolver redução morfológica e fonológica. Por exemplo, assim que a microconstrução [[a lot of] ↔ [grande quantidade]] surgiu,

---

26. Focando no exemplo de *a bunch of*/um monte de, Francis e Yuasa (2008) concentram-se em seu significado coletivo, o qual pode ser conceitualizado em termos tanto de grupo quanto de quantidade, e argumentam que, embora a reanálise semântica tenha ocorrido, a reanálise sintática não se deu. Esses autores discutem que o quantificador ainda não é compatível no inglês atual porque a sintaxe continua a ser partitiva (SN1 ainda é o núcleo sintático). Eles ignoram a evidência da concordância com base no fato de que *a bunch of* e até mesmo *a lot of* podem ter 'grupo', isto é, significados coletivos, e coletivos em inglês mostram variação nos padrões de concordância (cf. *the committee is/are X*/o comitê é/são X). Contudo, grafias como em *What a buncha losers* (*Urban Dictionary*) sugerem que, para alguns falantes, *a bunch of* foi neoanalisado. Além disso, a análise de Francis e Yuasa funciona menos com *a bit/shred of* do que com *a bunch of*, uma vez que aqueles não são coletivos e não têm significados de grupo. Ademais, a redução fonológica maior do quantificador do que do partitivo não pode ser explicada na perspectiva que os autores adotam.

seus colocados expandiram-se exponencialmente e, recentemente, ela tem estado sujeita a várias reduções fonológicas. Langacker (2009, p. 79) considera *a lot of* como monomorfêmica no inglês contemporâneo, embora para a maioria dos falantes sua estrutura interna anterior ainda possa ser acessível (conforme atestado por sua analisabilidade) e prediz que ela pode se tornar completamente gramaticalizada como *alotta* (p. 77). Essa forma reduzida hipotetizada é atestada *online* na forma *alotta*:

(23) That's **alotta** *ducks*/Isso é muitos patos
[Disponível em http://brookelynmt.blogspot.com/2010/03/thats-alotta-ducks.html; 31/03/2010 – Acesso em 12/12/2010.]

O *Urban Dictionary* tem uma entrada para *a lotta*. Há também vários *sites* na *internet* dedicados ao esclarecimento da grafia 'correta' e que a distinguem do verbo *allot*/distribuir, um sinal claro de uma mudança (da qual as pessoas estão cientes). Embora grafias como essa sejam pistas de fusão interna, elas não podem ser usadas como diagnóstico dessa fusão, visto que a grafia pode ser altamente convencional, por um lado, e altamente idiossincrática, por outro, especialmente no ambiente *online*. Entretanto, *a lot* partitivo (na medida em que ainda é usado) é fonologicamente distinto do quantificador, pois apenas o último pode ser reduzido.

Abreviando construcionalização como Cxzn e simbolizando a relação de alimentação por ↓↓, podemos sumarizar a sucessão de mudanças envolvidas na construcionalização como em (24):

(24)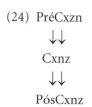

A sucessão de mudanças pode ser recursiva, já que a pós-construcionalização pode possibilitar construcionalização posterior. Exemplos incluem o desenvolvimento de construções procedurais, tais como o subordinador *beside(s)*/além disso de um sintagma preposicional *by side*/ao lado e posterior construcionalização como um marcador pragmático (cf. seção 3.2.3), e o desenvolvimento de formação de palavras, tais como *-rœden*/estatuto (seção 4.5.2).

Esse modelo tem muito em comum com os modelos de gramaticalização em contexto propostos por Heine (2002) e Diewald (2002), mas se aplica a mudanças lexicais e gramaticais. Ambos os autores identificam desenvolvimentos anteriores à gramaticalização que envolvem pelo menos a pragmática. Uma das diferenças entre os modelos é se também há desenvolvimentos morfossintáticos anteriores à gramaticalização. Uma outra é se as mudanças depois da gramaticalização são especificadas no modelo. O ponto em que se infere que a gramaticalização de um elemento particular ocorreu é chamado contexto 'de transição' por Heine e de contexto de 'isolamento' por Diewald. Em nosso modelo de construcionalização gradual há uma sucessão de desenvolvimentos; a expectativa é que tal sucessão envolverá mudanças no significado ou na forma ou em ambos. Frequentemente, também há uma sucessão de mudanças depois da construcionalização envolvendo expansão de contextos (cf. HIMMELMANN, 2004), mas também perda de vários tipos. As diferenças entre mudanças construcionais pré e pós-construcionalização serão discutidas em maior detalhe nos últimos capítulos, incluindo a sugestão de que os passos podem ser probabilisticamente previsíveis com base na estrutura original (DE SEMET, 2012).

Enfatizamos que 'pré-construcionalização' só pode ser acessada em retrospectiva – nada de que estejamos conscientes prevê que certas mudanças construcionais necessariamente levarão à construcionalização. Contudo, a construcionalização constatada pode ter surgido de um conjunto de pequenas mudanças locais no contexto, como, por exemplo, o desenvolvimento de usos de *lot* que significam 'unidade' ou 'grupo' e de construtos ambíguos, e podemos, retrospectivamente, chamar essas mudanças de pré-construcionalizações.

Inicialmente, mudanças construcionais e construcionalizações são locais, afetando microconstruções particulares. Todavia, algumas dessas mudanças podem ser entendidas como parte de alterações sistêmicas mais amplas. Por exemplo, um precursor da forma do partitivo *a lot of SN* é, em inglês, um 'genitivo possessivo' em que o modificador foi marcado com caso genitivo, como em (25). Ele podia preceder ou seguir o núcleo.

(25) On Fearnes   felda gebyrað twega manna **hlot   landes**   in to
     In   Fearn's field extends two   men's parcel land.GEN in to
     Sudwellan.
     Southwell.
     [No campo de Fearn se estende um lote/uma parte de terra grande o suficiente para dois homens em Southwell.]
     (Cap. 659 (Birch, 1029) [DOE].)

Por volta do inglês médio posterior, o sistema de caso foi eliminado, a ordem de palavras era relativamente fixa e os artigos tinham surgido. Possessivos de qualquer tipo, se partitivo (*a lot of land*/muita terra), possessivo (*king of England*/rei da Inglaterra), relação de parentesco (*mother of my daughter*/mãe da minha filha) etc., eram tipicamente expressos com *of*/de (originalmente significando *out of*/fora de), e a ordem era fixa como Núcleo-Modificador[27]. Além disso, *a*/um era usado para marcar indefinidos com nomes contáveis no singular em qualquer SN. Essas são mudanças sistêmicas que não são particulares a *a lot* ou mesmo a partitivos.

1.5.4 Construcionalização instantânea

Conforme discutido, um aspecto crucial da maioria das construcionalizações é que elas envolvem uma sucessão de micropassos que precedem a

---

27. Contudo, retenção do genitivo 's e da ordem Modificador–Núcleo com animados (*my daughter's mother*/a mãe da minha filha) é, ao menos no inglês médio, um uso residual de caso (com 's selecionado em lugar de todas as outras formas possíveis de genitivo), i. e. uma restrição sobre perda de caso e reorganização.

criação de um novo nó. Embora todos os micropassos sejam instantâneos em uma mente individual, e uma construcionalização individual seja instantânea, as mudanças construcionais que precedem a criação do novo nó são graduais no sentido de que elas ocorrem em uma sucessão de micropassos. Contudo, algumas construções novas são criadas sem mudanças construcionais anteriores discerníveis. Invocando a metáfora de rede introduzida na seção 1.3, denominamos essas mudanças locais de criações de tipo de nó instantâneo; por exemplo, palavras como sushi, *table*/mesa, ou *devour*/devorar podem ser tomadas por empréstimo instantaneamente como pares forma-significado. Embora elas tenham história entre os falantes de quem elas são tomadas de empréstimo (e possam estar sujeitas a mudanças construcionais após o empréstimo), elas não são o resultado de mudanças de micropassos na língua alvo no momento em que foram emprestadas. Empréstimos são encontrados especialmente no domínio lexical. Ocasionalmente, porém, a morfologia pode ser tomada de empréstimo, especialmente a morfologia derivacional, p. ex., *-ity*/-dade, *-able*/*-ible*/-ável/ível (cf. McMAHON, 1994, capítulo 8). Nesse caso, pode ocorrer mudança sequencial, visto que morfemas são geralmente emprestados inicialmente com sua base e apenas gradualmente vêm a ser usados com outras bases, levando, finalmente, a um esquema de formação de palavra.

Outros exemplos de mudanças locais são resultado de 'conversão', uma estratégia de formação de palavra que possibilita ao falante usar, por exemplo, um nome como um verbo instantaneamente (p. ex., *to calendar/google/window*)[28]. No entanto, outros são acrônimos, tais como *wags* (*wifes* e *girlfriends*/esposas e namoradas, geralmente de desportistas, em particular de jogadores de futebol) ou *scuba*[29] (aparato de respiração sob a água). A maioria das palavras que são inventadas, muitas delas nomes de marcas tais

---

28. Verbos sem tradução no português [N.T.]. Uma tradução aproximada seria *agendar, enquadrar* e *buscar no Google*.

29. Em inglês, o nome completo do aparato é *scuba tank* [N.T.].

como *Xerox*, também não envolvem mudanças formais ou funcionais anteriores à nova construção que está sendo criada. Entretanto, algumas palavras cunhadas podem estar num *continuum – quark*/coalhada, por exemplo, embora supostamente inventada por James Joyce, ressoa com *question*/pergunta, *quest*/busca, e outros interrogativos e, portanto, tem um elo parcial com exemplares existentes. Exploramos a questão de mudanças de tipo de nó de microconstruções instantâneas em maior detalhe na seção 4.8.

1.6 TRABALHOS DIACRÔNICOS PARTICULARMENTE RELEVANTES PARA ESTE LIVRO

Em muitos dos trabalhos anteriores em linguística diacrônica tem havido uma tendência a considerar mudanças semânticas, sintáticas, morfológicas ou fonológicas como fenômenos basicamente independentes, autônomos e modulares. Entretanto, pesquisas recentes sobre as interfaces entre pragmática e sintaxe (p. ex., HINTERHÖLZL & PETROVA, 2009; MEURMAN-SOLIN; LÓPEZ-COUSO & LOS, 2012), sintaxe e padrões de acentuação (p. ex., SCHLÜTER, 2005; SPEYER, 2010) ou prosódia e semântica (p. ex., WICHMANN; SIMON-VANDENBERGEN & AIJMER, 2010) sugerem que mudanças 'puras', por exemplo, mudanças sintáticas, são um conceito de teorias e metodologias, e não realidades do uso da língua. Uma abordagem construcional baseada no uso, a qual argumenta que a gramática, no sentido de um sistema de conhecimento linguístico, é constituída de pareamentos de forma-significado ou signos, desloca o foco para elos entre mudanças de forma e significado.

Nesta seção, discutimos como o termo 'construção' foi usado e, algumas vezes, continua a ser usado na linguística histórica, especialmente em trabalhos sobre gramaticalização. Esboçamos, também, alguns pontos-chave sobre gramaticalização e lexicalização que são necessários para a compreensão da nossa visão de construcionalização gramatical/procedural e lexical/de conteúdo e fornecemos um breve panorama sobre a gramática de construções que adota uma perspectiva histórica, mas não é restritiva a como assumimos neste livro.

1.6.1 'Construção' como usado na linguística histórica precedente

O termo 'construção' foi amplamente usado durante as duas últimas décadas na literatura sobre mudança morfossintática. Nem sempre fica claro a que esse termo se refere. Geralmente não é um pareamento forma-significado no sentido construcionalista, mas sim um sintagma ou constituinte, ou o contexto sintático em que um item gramatical se desenvolve. Isso, em parte, reflete a tradição das gramáticas do latim, em que *constructio* era usado para traduzir *syntaksis* em grego. De fato, *construção* na linguística histórica foi, no passado, associado principalmente ou mesmo exclusivamente à sintaxe, não ao léxico; extensão para o léxico é, em grande parte, associada a perspectivas da gramática de construções.

Um conceito fundamental na linguística histórica tem sido o de que a mudança ocorre em contexto e esse contexto tem sido frequentemente chamado de uma *construção*. Implicações desse conceito serão discutidas em detalhe no capítulo 5. A percepção é que mudanças identificadas como instâncias de gramaticalização não ocorrem independentemente do contexto linguístico, por exemplo, no desenvolvimento do latim *dare habes* 'dar:INF ter:2Sg' em *daras* 'dar:FUT' no século VII (FLEISCHMAN, 1982, p. 68), em que a raiz do verbo principal *da-* não passa por mudança morfossintática[30]. É *habe-* que sofre mudança no contexto de um verbo não finito anterior. Portanto:

> [G]ramaticalização não atinge meramente uma palavra ou um morfema [...] mas a construção toda formada pelas relações sintagmáticas dos elementos em questão (LEHMANN, 1992, p. 406).

---

30. Para discussão e exemplificação de *daras*, cf. seção 2.5.1.3.

Aqui, *construção* é claramente uma noção sintática e refere-se a uma cadeia sintática ou constituinte. Contudo, no trabalho de Bybee e seus colegas, o termo pode ser entendido como tendo um significado mais próximo do pareamento forma-significado da gramática de construções:

> É a construção inteira, e não simplesmente o significado lexical da raiz, que é o precursor, e consequentemente a origem, do significado gramatical (BYBEE; PERKINS & PAGLIUCA, 1994, p. 11).

Na medida em que Bybee, Perkins e Pagliuca hipotetizam que 'o desenvolvimento de material gramatical é caracterizado pela coevolução dinâmica do significado e da forma' (p. 20), eles parecem ter em mente uma gramática em que pareamentos de forma-significado desempenham um papel central. Contudo, eles não fornecem uma visão teoricamente articulada de tal gramática.

Em geral, pode-se assumir que autores que usam o termo 'construção' não têm abordagens construcionalistas em mente a menos que eles explicitamente se alinhem à gramática de construções. Isso inclui publicações da primeira autora deste livro antes de 2007, mais especialmente Traugott (2003).

As mudanças que têm sido o foco de atenção nos trabalhos sobre mudança construcional são do tipo que se conhece amplamente por gramaticalização. É para ela que nos voltamos agora.

1.6.2 Gramaticalização

Gramaticalização, e o modo como seus aspectos podem ser tratados dentro da construcionalização gramatical, é o tópico do capítulo 3. É suficiente dizer aqui que gramaticalização tem sido amplamente definida como 'A criação de categorias gramaticas' (LEHMANN, 2004, p. 183)[31], e se refere ao surgimento de marcadores gramaticais tais como caso, tempo, aspecto, modalidade, modo, conectivos etc. Exemplos-padrão incluem:

---

31. Lehmann, entretanto, expressa preocupação de que essa visão possa ser muito abrangente.

(26) a. Latim *cantare habeo* 'sing:INF ter:1sg' > Francês *chanterai* sing:FUT:1sg.
(FLEISHMAN 1982, p. 71.)

b. Húngaro antigo *világ bele* 'núcleo/entranhas do mundo:direcional' >
világbele 'no mundo' > *világba* (N flexionado *bele* > marcador de caso *ba*).
(ANTTILA, 1989, p. 149; LEHMANN, 1995, p. 85.)

c. Inglês antigo *an* 'um' > a 'artigo indefinido'.
(HOPPER & MARTIN, 1987.)

d. Inglês antigo *ænlice* (*an* 'um' + lice 'tendo a forma de') > *only* 'marcador
de foco adverbial exclusivo'.
(NEVALAINEN, 1991a.)

Sob o risco de polarizar, há, atualmente, duas concepções maiores de gramaticalização (cf. TRAUGOTT, 2010a para um panorama). Na primeira tradição, a gramaticalização é concebida como envolvendo aumento de dependência e redução de vários aspectos da expressão original (cf., p. ex., LEHMANN, 1995; HASPELMATH, 2004). Muitas das mudanças discutidas são, pelo menos em parte, morfológicas, como (25a, 25b). Chamamos essa tradição de 'gramaticalização como redução e aumento de dependência'. Na segunda tradição, em grande parte mais recente, gramaticalização inclui expansão do campo semântico-pragmático, sintático e colocacional (HIMMELMANN, 2004). Muitas das mudanças discutidas nessa tradição são relacionadas à sintaxe e ao discurso assim como à morfologia. Sendo assim, exemplos como aqueles em (27) são discutidos além daqueles em (26). (27a) exemplifica o desenvolvimento de marcadores pragmáticos, (27b), de estruturação da informação de especificação:

(27) a. say (imperativo do verbo principal say/dizer) > 'por exemplo, suponha' (BRINTON, 2006, p. 89); only/apenas 'marcador de foco exclusivo' > 'except/exceto, conectivo discursivo' (BRINTON, 1998; MEURMAN-SO-LIN, 2012).

b. All I did was to X ('tudo o que eu fiz foi com o propósito de X') > All I did was X ('a única coisa que eu fiz foi X') (TRAUGOTT, 2008c).

Chamamos essa tradição de 'gramaticalização como expansão'.

As diferenças em abordagem dependem em parte do conceito de *gramática* dos pesquisadores. Por exemplo, abordagens restritivas da gramática tipicamente não incluem marcadores pragmáticos, e antes do trabalho sobre sintaxe comparativa iniciado por Rizzi (1997), elas geralmente não incluíam estrutura da informação. Também depende se o foco recai sobre mudanças estruturais, as quais podem envolver redução não apenas de forma mas também de significado ('desbotamento'), ou sobre as consequências dessa redução para o uso em termos de aumento da produtividade e da frequência de uso. Por exemplo, o trabalho de Lehmann (2008) sobre mudanças na estruturação da informação contrastiva destaca a redução de duas para uma oração, ao passo que o trabalho de Traugott (2008c) sobre o desenvolvimento de pseudoclivagens salienta o aumento nos tipos de contexto disponíveis. Uma vez que a gramática de construções é global e inclui marcadores pragmáticos dentro da gramática, uma visão não restritiva de gramaticalização é consistente com a gramática de construções. E uma vez que o tipo de gramática de construções adotado aqui é baseado no uso, é consistente com gramaticalização como expansão e também como redução. No decorrer deste livro, mostraremos que expansão e redução não são ortogonais, mas sim interligadas durante a mudança.

1.6.3 Lexicalização

O termo lexicalização é entendido de modo bastante diferente na literatura linguística sincrônica e diacrônica, embora em ambas as perspectivas o domínio de pesquisa seja a codificação de significado substantivo, de conteúdo (BRINTON & TRAUGOTT, 2005).

Para muitos pesquisadores sincrônicos 'lexicalizado' significa: 'tem uma expressão segmental'. Mais especialmente, no trabalho de Talmy (p. ex., 1985; 2000), 'lexicalização' é usado para embalar ou codificar cenários cognitivos tais como movimento, caminho e modo. Em particular, ele está interessado na fusão de caminho semântico e modo/causa de movimento. Ele distingue o chinês e todos os ramos do indo-europeu, exceto as línguas românicas, como línguas que 'lexicalizam' Movimento + Modo/Causa juntos e tratam Caminho como satélite (p. ex., *The rock slid down the hill*/A pedra deslizou montanha abaixo [*slide* = Movimento + Modo (contornando uma superfície escorregadia), *down the hill* = Caminho]). Por contraste, as línguas românicas, as semitas, as polinésias, o atsugewi e o navajo codificam Movimento + Caminho e tratam Modo como satélite (p. ex., espanhol *la botella entró a la cueva flotando* 'a garrafa entrou na caverna boiando'). Curiosamente, o latim, suposto predecessor das línguas românicas, como o inglês, codificava Movimento + Modo/Causa. Mais recentemente, Beavers, Levin e Tham (2010) reuniram muitos estudos translinguísticos que mostram que a tipologia original de Talmy é excessivamente simplista: movimento, caminho e modo/causa podem ser embalados de várias maneiras na maioria das línguas por uma variedade de razões, incluindo contato e empréstimo. Beavers, Levin e Tham argumentam que complexidade de expressão e vieses nos inventários lexicais das línguas levaram às preferências que Talmy e outros depois dele identificaram. Esse tipo de codificação lexical tem sido pouco estudado de uma perspectiva diacrônica e não será explorado neste livro (mas cf. sugestões em SLOBIN, 2004, e, para estudos específicos, cf. STOLOVA, 2008; 2015; FANEGO, 2012a).

Na literatura histórica, o termo 'lexicalização' foi usado por um tempo para se referir a supostos contraexemplos de gramaticalização ('degramaticalização'), especificamente o uso de expressões gramaticais, tais como *up*/subir como verbos completos ou *if*/se, *and*/e e *but*/mas como nomes em *ifs*, *ands* and *buts* (cf. RAMAT, 1992; CAMPBELL, 2001; VAN DER AUWERA, 2002). Conforme discutido na seção 4.9, esses não são mais considerados contraexemplos de gramaticalização (cf., p. ex., LEHMANN, 2004; NORDE, 2009). Em vez disso, eles são instâncias de formação de palavra conhecida como conversão, por meio da qual qualquer elemento linguístico, inclusive um som, pode se tornar um membro de uma categoria de conteúdo maior, em inglês tipicamente um nome ou, algumas vezes, um verbo.

Lexicalização também foi entendida como semelhante a gramaticalização concebida como redução (cf. BRINTON & TRAUGOTT, 2005), uma vez que ela envolve aumento de coalescência, fusão e univerbação (LEHMANN, 2004). Sob essa perspectiva, na lexicalização, 'um lexema complexo uma vez cunhado tende a tornar-se uma única unidade lexical completa' (LIPKA, 2002). Por exemplo:

(28) a. Inglês antigo *god* 'bom' + *spell* 'mensagem' > *gospel*/evangelho

b. Inglês antigo *neah* 'perto' + *gebur* 'habitante' > *neighbour*/vizinho

c. Inglês médio *cup* 'xícara' + *board* 'prateleira' > *cupboard*/espaço de armazenamento

Muito mais desafiadores são exemplos como os de (29):

(29) a. He *curried favour with* the boss   'Ele se insinuou para o chefe'

b. He *paid attention to* the speech   'Ele prestou atenção à palestra'

Aqui não é possível descrever a nova construção como 'uma única unidade lexical completa'; em vez disso, é uma construção complexa, não composicional, e o significado do todo é primeiramente lexical (cf. '*ingratiate oneself with someone*'/buscar as boas graças de alguém). Ainda mais desafiadores são os exemplos em (30):

(30) a. *He had a shower* 'Ele tomou uma chuveirada' (e não 'Ele tinha um chuveiro').

b. *He took a walk*   'Ele andou'.

Conforme Brinton (2008b) argumentou, predicados compostos, tais como os exemplos em (30), exibem propriedades que parecem ser parcialmente lexicais e parcialmente gramaticais. Os verbos leves *give*/dar e *have*/ter + N deverbal em tais exemplos têm um significado idiossincrático e parcialmente lexical, mas eles também parecem ter-se desenvolvido em inglês como marcadores de aspecto télico (orientado para um ponto-final). Nesse sentido, eles são gramaticais. Finalmente, e ainda mais intrincados, são os exemplos como os de (31):

(31) a. He *gave them a talking to*   'Ele os repreendeu'.

b. He *gave them a kicking*   'Ele os atacou'.

Não é simplesmente o caso que *He gave them a talking to* é o equivalente atélico de *He talked to them*/Ele falou com eles, como o *-ing* poderia sugerir. Ao contrário, uma interpretação mais lexical é incorporada nos construtos tais como aqueles em (30), com um sentido geral acrescentado de ataque físico ou punição verbal (TROUSDALE, 2008a). Exemplos complexos como esses são considerados brevemente nos capítulos 4 e 6.

1.6.4 Mecanismos de mudança

Um ponto fundamental na linguística histórica é como os usuários da língua acrescentam representações mentais alternativas para uma expressão ao longo do tempo. A abordagem habitual, esboçada aqui, é referir-se a 'mecanismos' (o 'como') da mudança, contrastados com 'motivações' (o 'por quê' da mudança). 'Motivações' pode ser entendido de várias maneiras, algumas sociolinguísticas, como prestígio. Aqui, referimo-nos a motivações cognitivamente baseadas, tais como pensamento analógico e aquisição, e comunicativas, incluindo o desejo de apresentar-se como, de algum modo, único ou notório (ou como um membro de um grupo). 'Mecanismos de mudança são processos que ocorrem enquanto a língua está sendo usada, e esses são os processos que criam a língua' (BYBEE, 2010, p. 190). A busca tem sido por um pequeno conjunto de tais mecanismos:

> Ao postular um conjunto finito de mecanismos atribuíveis às habilidades humanas neuromotoras, perceptuais e cognitivas, as quais interagem com a substância linguística na aquisição e no uso da língua, um leque de estruturas e unidades linguísticas possíveis emergirá (BYBEE, 2001, p. 190).

O mecanismo de mudança primário discutido na literatura sobre gramaticalização tem sido 'reanálise' (nossa 'neoanálise'), em que o foco está na diferença com base na origem. Mais recentemente, tem-se prestado atenção à 'analogia', em que o foco recai sobre a compatibilidade da fonte original com alguma construção existente que é considerada semelhante em algum aspecto e é tratada como um exemplar[32]. Explicamos abaixo por que preferimos o termo 'neoanálise' a 'reanálise' e 'analogização' a 'analogia'. Retornaremos ao 'como' e 'por quê' da mudança no capítulo 2, com um conjunto de hipóteses mais refinado sobre processos envolvidos na mudança.

1.6.4.1 Neoanálise ('reanálise')

Em seu conhecido artigo de 1912, em que introduz o termo *gramaticalização*, Meillet celebremente diz:

> Tandis que l'analogie peut renouveler le détail des formes, mais laisse le plus solvente intact de plan d'ensemble du système existant, la 'grammaticalisation' de certains mots crée des formes neuves, introduit des catégories qui n'avaient pas d'expression linguistique, transforme l'ensemble du système. 'Embora a analogia possa renovar detalhes das formas, mas geralmente deixa a estrutura do sistema existente intacta, a 'gramaticalização' de certas palavras cria novas formas, introduz categorias que não tinham expressão linguística de antemão, transforma o sistema como um todo' (MEILLET, 1958b [1912], p. 133).

Meillet não usou a palavra *reanálise*. Esse é um termo desenvolvido nos anos de 1970. Uma definição dada por Langacker para a reanálise na mudança morfossintática provou ser fundacional: 'mudança na estrutura de uma expressão ou classe de expressões que não envolve qualquer modificação imediata ou intrínseca de sua manifestação superficial' (LANGACKER, 1977, p. 58). Um exemplo de tal mudança que não se manifesta em uma modificação maior da manifestação superficial é a mudança Núcleo + Modificador > Modificador + Núcleo proposta para os partitivos binominais > quantificadores binominais discutida em 1.5.1 acima[33].

---

32. Harris e Campbell (1995) citam o empréstimo como um terceiro mecanismo, além da reanálise e da analogia, na mudança morfossintática. Embora seja importante a questão do contato na mudança linguística e, especialmente, na gramaticalização (cf. HEINE & KUTEVA, 2005; SCHNEIDER, 2012), não vamos tratar disso aqui. Bybee (2003) aborda a frequência como um mecanismo. Do nosso ponto de vista, ela não é um mecanismo, mas um epifenômeno de rotinização e esquematização etc.

33. Como ela pode não se manifestar é demonstrado pela visão de Francis e Yuasa (2008), mencionada na nota 25, de que somente ocorreu uma mudança semântica.

Harris e Campbell (1995, p. 50) interpretam 'estrutura' na caracterização de Langacker como 'estrutura subjacente' e dizem que isso inclui 'ao menos (i) constituência, (ii) estrutura hierárquica, (iii) rótulos de categorias e (iv) relações gramaticais'. A passagem do latim *cantare habeo* para o francês *chanterai* (25a), que representa estágios distanciados e, portanto, exibe manifestação superficial das reanálises, ilustra mudança na constituência (um sintagma se torna uma palavra) e mudanças nos rótulos de categoria (o verbo principal de posse *habe-* se torna um afixo de futuro). Desde Langacker (1977), a noção de reanálise tem sido estendida da mudança morfossintática para a semântica e fonológica (cf., p. ex., ECKARDT, 2006; BERMÚDEZ-OTERO, 2006, respectivamente).

Há, entretanto, alguns problemas com 'reanálise'. Um é terminológico. Se um usuário da língua que ainda não internalizou a construção em questão interpreta a construção de um modo diferente do falante, não ocorreu uma 're'-análise, apenas uma análise 'diferente'. Estritamente falando, não se pode 're'-analisar uma estrutura que não se 'tem'. É por isso que preferimos seguir Andersen (2001) e usar o termo 'neoanálise'. Um outro problema com reanálise é que ela não se manifesta exceto quando novas distribuições são modeladas com base na nova análise não revelada (HARRIS & CAMPBELL, 1995; HOPPER & TRAUGOTT, 2003; FISHER, 2007). Ou seja, não podemos saber que a *lot of* foi neoanalisado sem evidência de exemplos como (18), em que N2 não pode literalmente ser dividido em partes concretas, ou (20), em que a concordância é com N2, não com SN1.

Na literatura sobre gramaticalização tem havido considerável discussão sobre se a gramaticalização é reanálise, como proposto por Roberts (1993), por exemplo. Heine e Reh (1984), Haspelmath (1998) e muitos outros defendem que não. Grande parte do argumento é baseado na ideia de que a reanálise envolve mudanças de larga escala (cf. LIGHTFOOT, 1999, p. 87-91 sobre mudança 'catastrófica') e não é relevante à discussão sobre construcionalização neste capítulo. O leitor é encaminhado para capítulos posteriores, especialmente a seção 2.6, em que há considerações sobre questões relacionadas que dizem respeito à gradualidade (entendida como micro-mudança em propriedades linguísticas). Aqui, basta dizer que consideramos a neoanálise como um micropasso em uma mudança construcional. Mudanças de micropassos, quer de forma quer de significado, podem ser particularmente bem captadas em modelos de gramática de construções que usam características (p. ex., modelos de Head Driven Phrase Structure Grammar (HPSG), como exemplificados em FRIED & ÖSTMAN, 2004a, ou modelos SBCG, como exemplificados por SAG, 2012). Repetindo, o desenvolvimento do quantificador *a lot of/lots of* envolve uma neoanálise de micropassos de uma característica pragmática, capturando a implicatura de quantidade do significado de *parte* para a característica semântica *grande quantidade*, que caracteriza o significado de quantificador. Para os falantes que usam essa análise, mudanças semânticas construcionais levaram a um partitivo binominal e a um quantificador binominal, ambos com *lot* na posição de SN1. É isso que Eckardt (2006) chamaria de 'reanálise semântica' (cf. tb. NØRGÅRD-SØRENSEN; HELTOFT & SCHØSLER, 2011). Quando esse significado de quantificador se tornou convencionalizado, uma neoanálise de micropasso posterior levou a uma mudança do núcleo semântico conforme ilustrado em (18), em que uma interpretação partitiva é implausível; isso foi uma mudança construcional. Evidência da ausência de concordância entre *a lot of* e o verbo seguinte (20) sugere uma neoanálise construcional posterior envolvendo mudança sintática de núcleo. O resultado foi uma construcionalização.

1.6.4.2 Analogização ('analogia')

Na época em que Meillet escreveu sobre gramaticalização, o conceito de analogia era muito diferente do que é hoje. Era largamente restrito à compatibilidade de padrões baseados no exemplar específico e não era conceitualizado como extensão generalizada de regras (KIPARSKY, 1968) ou restrições (KIPARSKY, 2012). O papel da analogia na gramaticalização há muito foi reconhecido. Contudo, como enquadres teóricos para explicar a gramaticalização estavam sendo desenvolvidos na última parte do século XX, a analogia foi considerada como muito não restritiva para que pudesse ser útil em uma hipótese restritiva sobre a mudança (cf., p. ex., GIVÓN, 1991). Ela foi aceita com relutância em alguns trabalhos sobre gramaticalização. Por exemplo, seguindo Haspelmath (1998), Lehmann (2004) explicitamente distingue o que ele chama 'gramaticalização pura sem analogia' de gramaticalização com analogia. Exemplos de 'gramaticalização pura' dados por ele incluem i) numeral *one* > artigo indefinido, e ii) demonstrativo > artigo definido nas línguas germânicas e românicas, iii) preposição espacial > marcador de agente da passiva no grego antigo e iv) pronomes pessoais > marcadores pré-verbais de referência cruzada em variedades coloquiais das línguas românicas (LEHMANN, 2004, p. 161). No entanto, no caso do latim *cantare habeo*, que é atestado em várias ordenações, a maioria delas com *habe-* precedendo o infinitivo, por exemplo, *habeo cantare*, assume-se que a ordem de palavras com *habe-* seguindo o infinitivo deve ter se fixado antes do desenvolvimento do futuro flexionado. Lehmann reconhece que é provável que essa fixação deveu-se à analogia com o futuro flexionado já existente, por exemplo, *cantabo*/cantarei. Ele diz também que 'gramaticalização analogicamente orientada ainda assim é um tipo de gramaticalização', mas conclui 'o próprio (a natureza específica) da gramaticalização revela-se somente na gramaticalização pura' (LEHMANN, 2004, p. 162).

O papel da analogia na gramaticalização é reavaliado no livro de Fischer (2007), que defende a importância da analogia na mudança. Fischer recorre à 'grade analógica' de Anttilla (2003) e argumenta que ela opera tanto na dimensão paradigmática (icônica) quanto na sintagmática (indexical). A autora focaliza o processamento *online* em vez das propriedades estruturais do uso da língua, e argumenta que a analogia, mas não a reanálise, é o principal mecanismo na gramaticalização (cf. tb. DE SMET, 2009). Na literatura sobre gramaticalização, a atenção se voltou das trajetórias de expressões individuais, tais como *cantare habeo* > *chanterai*, e dos contínuos abstratos, tais como verbo principal > auxiliar > clítico > flexão, para os modos em que os itens em gramaticalização podem se tornar alinhados dentro de uma categoria ou construção (o trabalho tipológico de Heine e seus colegas é especialmente importante aqui). Isso é consistente como a atenção a conjuntos e redes na gramática de construções. Conforme será elaborado no capítulo 3, assumimos a posição de que é importante distinguir o processo de pensamento analógico do mecanismo de analogia, melhor chamado 'analogização', para evitar ambiguidade entre pensamento (uma motivação) e mudança baseada na compatibilidade de um padrão (um mecanismo) (cf. TRAUGOTT & TROUSDALE, 2010a). O pensamento analógico combina aspectos de forma e significado; ele possibilita a mudança, mas pode ou não ter a mudança como resultado. Por contraste, analogização é um mecanismo ou processo de mudança que resulta em pareamentos de significado e forma que não existiam antes. Do mesmo modo, é importante distinguir o processo de análise, que pode possibilitar (ou 'motivar') análises diferentes daquelas que já são correntes, do mecanismo de neoanálise, que resulta em novas estruturas. As distinções são sumarizadas no Quadro 1.2:

Quadro 1.2 Motivação *vs.* mecanismo

Processo que possibilita a mudança	Mecanismo
Pensamento analógico	Analogização
Análise	Neoanálise

A maioria das discussões sobre analogização é baseada no exemplar, por exemplo, 'precisamos compreender a gramática com base em construções, com uma representação exemplar em que instâncias específicas de uso afetam a representação' (BYBEE, 2006, p. 714; cf. tb. BYBEE & McCLELLAND, 2005). Uma perspectiva construcional da mudança corrobora seriamente a ideia de que compatibilidade de padrões é um fator importante na mudança, porque a gramática de construções enfatiza associação de conjuntos. Conforme vimos, ao discutir bitransitivas, Goldberg não está interessada em construções que envolvem somente transferência intencional (p. ex., *give*/dar, *pass*/passar, *hand*/entregar, *feed*/alimentar), mas também em muitos outros tipos de padrão que têm pareamentos de forma-significado semelhantes, tais como criação e transferência pretendida (p. ex., *bake*/assar, *build*/construir, *pour* (*a drink*)/servir (uma bebida)) e comunicação (p. ex., *tell*/contar, *ask*/perguntar, *quote*/citar), e as diferenças sutis entre eles. De uma perspectiva histórica, é natural perguntar como tais conjuntos surgiram ou se perderam. O pensamento analógico e a analogização são essenciais para responder essa pergunta. Revisitamos esse ponto na seção 2.3 em conexão com o papel das redes na inovação e na mudança.

1.6.5 Trabalhos sobre a gramática de construções diacrônica

O que chamamos aqui 'gramática de construções diacrônica' (para tomar emprestado um termo de NOËL, 2007) são os trabalhos que tratam da mudança histórica sob a perspectiva de um dos modelos de gramática de construções, com foco no fato de que *construção* deve ser entendido como um pareamento de forma-significado. Como observa Noël, nos termos da gramática de construções, embora muito dos trabalhos realizados tenham abordado a mudança gramatical, a gramática de construções também abrange a mudança lexical. A gramática de construções tem sido largamente aplicada à linguística histórica ou esta tem sido aplicada àquela, e novos conhecimentos têm, consequentemente, surgido. Porém, nenhuma visão abrangente de mudança construcional foi proposta nesses trabalhos, nem foi dada uma explicação do tipo especial de mudança que chamamos construcionalização. Tentaremos preencher essa lacuna.

A gramática de construções diacrônica é um campo que tem vivido uma dramática explosão de interesse desde meados de 1990, e apenas umas poucas tendências e referências podem ser mencionadas aqui. Israel (1996) é um exemplo inicial de pesquisa que aplicou princípios da gramática de construções cognitiva de Goldberg à mudança morfossintática, ilustrando alguns estágios através dos quais a construção com *way* do inglês se desenvolveu. Bergs e Diewald (2008) é o primeiro volume dedicado ao desenvolvimento de um arcabouço teórico para conjugar gramática de construções e mudança morfossintática. Trabalho histórico consistente com a visão de gramática de construções de Goldberg (2006) pode ser encontrado em artigos de Bergs e Diewald (2008; 2009b), ao passo que Colleman e De Clerck (2011) consideram especialização na evolução semântica da construção bitransitiva na história recente do inglês. Uma abordagem da gramática de construções radical sobre o desenvolvimento dos causativos perifrásticos do inglês é desenvolvida em Hollmann (2003). Um grande número de trabalhos busca combinar gramática de construções com gramaticalização. Representantes dessa tendência incluem Noël (2007) e muitos artigos em Bergs e Diewald (2008; 2009). Brems (2011) associa gramaticalização diacrônica e gramática de construções em seu estudo sobre o desenvolvimento de expressões de medida binominais. Assim como Patten (2012), em sua explicação do desenvolvimento das clivadas do inglês. Particularmente importante nessa área é o trabalho de Fried (2008; 2010; 2013). Ela está interessada no papel do contexto na mudança construcional, uma questão à qual voltaremos no capítulo 5. A linguista adota uma notação da HPSG de Fillmore para modelar a relação entre as propriedades internas das partes constituintes de uma construção e as propriedades externas da própria construção, à medida que a gramaticalização opera de micropasso a macropasso. Como é o caso no presente trabalho, a pesquisa de Fried sobre mudança construcional faz uma distinção entre construções como 'peças da gramática' (KAY & FILLMORE, 1999, p. 2) e construtos, os enunciados que constituem o *locus* de inovação. Aspectos da abordagem da construcionalização desenvolvida aqui aparecem em Traugott (2007; 2008a; 2008b), Trousdale (2008a; 2008b; 2008c; 2010) e Verveckken (2012).

Embora muitos dos trabalhos em gramática de construções diacrônica tenham sido sobre mudanças no inglês (p. ex., ISRAEL, 1996; HOLLMANN, 2003; TRAUGOTT, 2007; 2008a; PATTEN, 2010; 2012; COLLEMANN &

DE CLERCK, 2011; GISBORNE, 2011), algumas pesquisas em gramática de construções diacrônica têm sido conduzidas sobre outras línguas, tais como o antigo eslávico eclesiástico (FRIED, 2008; 2010) e línguas do continente leste e sudeste da Ásia (BISANG, 2009; 2010; HORIE, 2011; ZHAN, 2012). Verveckken (2012) investiga o desenvolvimento dos quantificadores binominais do espanhol de uma perspectiva da construcionalização, e Verroens (2011) discute a gramaticalização do francês *se mettre à*, em parte sob esse ponto de vista. Nørgård-Sørensen, Heltoft, Schøsler (2011) focalizam mudanças em dinamarquês, francês e russo. Nesse trabalho, como no de Croft e no de Goldberg, as construções são concebidas como pareamentos de forma-significado específicos à língua e baseados no uso dentro de uma teoria de gramática não modular. O arcabouço de Nørgård-Sørensen, Heltoft, Schøsler, o qual recorre extensivamente ao trabalho de Andersen (p. ex., 2001; 2008), é distinto no foco sobre as maneiras em que as construções participam dos paradigmas, ou conjuntos sintagmáticos e semânticos, quer morfológico (p. ex., caso) quer sintático (p. ex., ordenação vocabular).

Outros tipos de trabalho construcional histórico incluem estudos comparativos sobre o desenvolvimento de construções particulares em diferentes línguas, por exemplo, Noël e Collemann (2010) sobre verbos acusativo e infinitivo e nominativo evidencial e infinitivo tanto no inglês como no holandês. Reconstrução comparativa histórica também foi abordada sob uma perspectiva de gramática de construções (cf., p. ex., GILDEA, 1997; 2000 sobre as línguas cariban da Amazônia, e BARÐDAL, 2013; BARÐDAL & EYTHORSSON, 2012 sobre o islandês). Uma vez que nas abordagens construcionais à língua as unidades do morfema até a oração são tratadas igualmente como pareamentos de forma-significado, argumenta-se que a abordagem comparativa dos itens lexicais e morfológicos pode ser estendida para a sintaxe: cognatos no âmbito do *constructicon*, de itens lexicais até construções de estrutura argumental. Conforme Barðdal e Eythorsson (2003) e Joseph e Janda (2003a), entre outros, notaram, as estruturas sintáticas tendem a ser mais estáveis ao longo do tempo do que os segmentos fonológicos ou morfemas. Contudo, Barðdal (2013) observa que a noção de um cognato é tão aplicável às construções de estrutura argumental quanto aos morfemas – padrões associados de *frames* de casos de predicados impessoais também se prestam à reconstrução sintática. Além disso, a natureza convencional/arbitrária dos pareamentos de forma-significado no nível oracional no arcabouço construcional sustenta a afirmação de que a reconstrução sintática é tão viável quanto a reconstrução morfológica.

1.7 EVIDÊNCIA

Visto que a linguística histórica é uma disciplina empírica, ela depende de evidência. Porém, conforme discutido em Fisher (2004) e Fitzmaurice e Smith (2012), a noção de evidência tem problemas. Dados para o estudo da variação e da mudança são, em grande parte, indiretos, uma vez que é a representação da língua em documentos escritos. Isso pode fornecer apenas 'pistas do que causa variação e mudança, pistas sobre o mecanismo que desempenha um papel na mudança, pistas sobre o que os falantes fazem' (FISHER, 2004, p. 730-731). Além disso, o registro textual que sobrevive de períodos mais antigos, em muitos casos, sobrevive acidentalmente ou pode ser difícil de interpretar. A maioria dos trabalhos hoje em dia fundamenta-se em base de dados como *corpora* eletrônicos e dicionários, os quais usam manuscritos editados, que podem ser mais ou menos fiéis a seus originais (HOROBIN, 2012). Por exemplo, a maior parte da pontuação anterior ao século XVIII foi acrescentada por editores e, consequentemente, a estrutura sintática pode ter sido prejudicada (cf. PARKES, 1991 sobre práticas de pontuação antes do século XVIII).

Como este é um livro sobre mudança histórica, a maioria dos dados está disponível somente na forma escrita. Para manter a consistência, os dados contemporâneos que usamos também são escritos. Conforme apontado por Kohnen e Mair (2012, p. 275), '[h]istoriadores do inglês tendem a lamentar que eles tiveram que reconstruir a história autêntica do vernáculo a partir da 'segunda melhor' fonte de dados, isto é, literatura e outros registros escritos em vez da perdida e supostamente 'real' língua falada'. Por exemplo, Labov (1994, p. 11) reconhecidamente disse que a linguística histórica essencialmente tem de 'fazer o melhor com dados ruins'. Entretanto essa avaliação tem sido atenuada por uma variedade de observações. Uma delas é que antes da difusão da alfabetização, a maioria dos textos eram escritos para serem lidos em voz alta; logo, o desenho da audiência tem sido uma característica da escrita assim como da fala durante bem mais de mil anos na história do inglês. Uma outra observação é que há uma riqueza de dados escritos que representam ou são próximos dos dados falados, a maioria agora acessível por meio de bases de dados eletrônicas. Uma outra é que nem toda mudança ocorre na fala.

Dados de escrita próximos da fala incluem diários, cartas, dramaturgia, julgamentos na Inglaterra e nos Estados Unidos anteriores ao final dos séculos XVIII e XIX (CULPEPER & KYTÖ, 2010). Antes do século XVIII, julgamentos são particularmente valiosos como dados; já que não havia advogados de defesa, 'promotores' eram tipicamente indivíduos (uma mãe cuja criança foi raptada ou um ourives cuja colher foi roubada) que apresentavam reclamações contra réus (cf., p. ex., ARCHER, 2006; 2007). Transcrições como essas constituem os *Proceedings of Old Bailey 1764-1834* e refletem fatores como redução de *not* para *n't* (HUBER, 2007). Mais recentemente, novas tecnologias, como televisões, computadores e telefones celulares têm levado ao obscurecimento de distinções entre escrita e fala.

Embora pareça razoável supor que a maioria das mudanças surge na fala porque a alfabetização, mesmo não sendo universal, é aprendida, ainda assim algumas mudanças parecem ser baseadas na escrita. Por exemplo, Biber estudou o desenvolvimento de sequências de nomes, tais como *communication protocol*/protocolo de comunicação (cf. BIBER, 2003; BIBER & GRAY, 2012), especialmente em jornais, e as associou a uma tendência crescente, a partir do século XIX em diante, em direção à economia e eficiência da informação. Apesar de tipicamente associado à escrita, esse fenômeno também é atestado na língua falada (p. ex., *blood sports*/esportes sangrentos, *career woman*/mulher de carreira), e, nesse caso, registros escritos podem ter influenciado a fala (LEECH; HUNDT; MAIR & SMITH, 2009, p. 219, nota 22). Além disso, muito embora a escrita seja descontextualizada, não se deve esquecer que ela é interacional, projetada não apenas para afirmar, mas para persuadir, divertir ou de algum modo envolver o leitor. Portanto, textos escritos não são necessariamente 'dados ruins'.

Como pesquisador, deve-se estar consciente de que o registro escrito que chega até nós está num gradiente que vai de proclamação formal até notação informal. A quantidade de escrita informal aumentou com o advento da impressão em papel no final do século XV na Europa. Por ser relativamente barata e facilmente reproduzível, esse meio encorajou a representação e a preservação de comunicação pessoal, mas estilos de fala podem ser encontrados nas peças do final da Idade Média, tais como *York Mystery Plays*, que eram registradas em forma de manuscrito antes de serem impressas (BEADLE, 2009). Nelas, Deus fala em grande estilo, mas vilões como Herodes e satã ou personagens cômicos como a mulher de Noé falam em baixo estilo, com insultos, xingamentos, interjeições e exclamações. Ao longo do tempo tem havido, em inglês, uma tendência consistente em direção à 'coloquialização', tendência de adaptar as normas escritas à fala e isso pode estar em competição com a tendência à economia mencionada acima (LEECH; HUNDT; MAIR & SMITH, 2009, p. 252). Portanto, quando possível, é importante distinguir mudança estrutural na língua de mudança nas práticas letradas, que são baseadas em ideologias culturais. Também é importante estar ciente de distinções entre tipos textuais e sua relevância cultural.

Neste livro usamos um amplo espectro de textos, com atenção para mudanças estruturais em vez de questões de fala *versus* escrita, registro coloquial ou formal, exceto onde esses pareçam ser particularmente relevantes. Recorremos a uma variedade de *corpora* eletrônicos, mais especialmente *The Corpus of Late Modern English Texts (Extended Version)* (CLMETEV, abreviado como CL nas citações; quase quinze milhões de palavras de textos em grande parte literários de 1710-1920), *The Corpus of Historical American English* (COHA, um *corpus* de quatrocentos milhões de palavras do inglês americano de 1810-2009) e *Proceedings of Old Bailey* 1674-1913 (OBP). Do último, entradas para o período de 1674-1843 são as mais valiosas para o trabalho linguístico, já que são as menos afetadas por convenções legais (HUBER, 2007); elas se aproximam de cinquenta e dois milhões de palavras. Exemplos contemporâneos foram extraídos principalmente de *The Corpus of Contemporary American English* (COCA, um *corpus* de quatrocentos e cinquenta milhões de palavras do inglês americano de 1990-2012). Dados mais antigos derivam, principalmente, de *corpora* mais velhos, tais como *The Helsinki Corpus* (HC, aproximadamente um milhão e quinhentas mil palavras de 750-1710), *Early English Books Online* (LION: EEBO, quase novecentos milhões de palavras em 2008) e *The Dictionary of Old English Corpus* (DOEC). Embora *corpora* digitais sejam desenhados para ser representativos de certas variedades de uma língua e fornecer recursos ricos e amplos, ainda assim eles são seletivos. Conforme apontado em Rissanen (2012, p. 213), mesmo os melhores *corpora* 'representam apenas uma fatia da realidade linguística'.

Outras bases de dados a que recorremos mas não são representativas de *corpora* incluem Google, Google Books e dois dicionários históricos maiores de inglês, o *Oxford English Dictionary* (OED) e *The Middle English Dictionary* (MED). Apesar de amplamente usado como ponto de partida para a pesquisa, o OED não fornece contexto suficiente para pesquisa detalhada sobre micromudanças e seus contextos (cf., p. ex., HOFFMANN, 2004; ALLAN, 2012 sobre problemas associados ao uso do OED como um *corpus*, incluindo uso como um recurso para datar mudanças. MAIR, 2004 também discute esses problemas, mas conclui que as vantagens superam as desvantagens se fenômenos gramaticais do nível da oração, tais como o uso de *BE going to*/estar indo a, *begin/start to V/V-ing*/começar a V/V-ndo estão sob discussão). O Google provê documentação inadequada (de colaboradores, fontes textuais etc.), e a autenticidade dos exemplos está frequentemente em questão. No entanto, do lado positivo, é uma excelente fonte para neologismos, fornece evidência para um espectro mais amplo de variedades linguísticas do que os *corpora* tradicionais e é um domínio comunicativo multilinguístico e, assim, pode ser um recurso excepcional para o estudo de mudança em progresso (MAIR, 2012).

Sempre que possível, são fornecidas datas com os exemplos. Contudo, especialmente nos períodos mais antigos, a datação é, na melhor das hipóteses, aproximada. A periodização do inglês é discutível, já que ela se baseia em uma variedade de fatores, linguísticos, políticos (p. ex., a conquista normanda) e tecnológicos (p. ex., impressão). Aqui, usamos as seguintes datas aproximadas tradicionais: inglês antigo, 650-1100; inglês médio, 1100-1500; inglês moderno, 1500-1970, dividido em inglês moderno inicial (1500-1700) e inglês moderno posterior (1700-1970); inglês atual, 1970 até o presente.

1.8 SUMÁRIO E ESBOÇO DO LIVRO

Este capítulo apresentou uma introdução a um grande número de tópicos que serão discutidos mais aprofundadamente nos capítulos seguintes. Em poucas palavras, abordagens em evolução nos últimos cem anos para a observação de que a variação é a origem e o resultado da mudança trouxe-nos de volta ao signo, mas concebido de modo bastante diferente do signo de Saussure. Julgando a variação muito idiossincrática e rejeitando, então, falhas correntes em distinguir mudança de variação, Saussure privilegiou a *langue* sobre a *parole* e buscou o sistema no signo sincrônico, entendido como um pareamento de forma-significado no nível do morfema ou da palavra. Na metade do século XX, Chomsky (1957 em diante) focalizou a língua como um sistema cognitivo e privilegiou a competência sobre o desempenho, língua-I sobre língua-E. Ele buscou o sistema na GU e na sintaxe. Nos anos de 1970, Labov demonstrou que a sistematicidade poderia ser encontrada na variação, especialmente na variação fonológica e na variação ao longo do tempo (cf. WEINREICH; LABOV & HERZOG, 1968). Por volta do início dos anos de 1980, Lehmann (1995) estava demonstrando sistematicidade na gramaticalização, entendida como mudança morfossintática (cf. tb. BYBEE, 1985). O presente interesse na gramática de construções, ao menos no tipo representado pelo trabalho de Goldberg, Croft e Langacker, privilegia o uso e as habilidades cognitivas; a língua é vista como um sistema de signos, entendidos como pareamentos de forma-significado, do morfema até a oração complexa.

A abordagem baseada no uso para a gramática de construções vê a língua como estruturada e variável. Conforme Bybee (2016, p. 17) afirma, a língua é 'um fenômeno que exibe estrutura aparente e regularidade de padrões, enquanto, ao mesmo tempo, mostra variação considerável em todos os níveis'. Essa é uma postura que assumimos por completo. Nosso foco na construcionalização busca apontar os fatores cruciais que conduzem a e acompanham o desenvolvimento de pareamentos de forma$_{nova}$-significado$_{novo}$, isto é, de novas construções.

Neste capítulo, esboçamos algumas das características-chave de uma abordagem construcional da língua e da nossa abordagem à mudança do signo dentro de um arcabouço construcional para a língua. As ideias principais a que retornaremos ao longo deste livro são:

(a) As construções estão ligadas em uma rede, com construções mais esquemáticas sancionando aquelas mais baixas na taxonomia. Quanto mais esquemático o tipo construcional, maiores as generalizações que podem ser feitas. De modo inverso, idiossincrasias são mais típicas nos níveis mais baixos na taxonomia.

(b) Mudanças não são autônomas, mas se relacionam a construções de diferentes modos. Mudanças apenas no significado ou na forma que afetam construções individuais são mudanças construcionais.

(c) Mudanças que resultam em pareamentos de forma$_{nova}$-significado-$_{novo}$ após uma série de mudanças construcionais de micropassos são construcionalizações. Elas são graduais e o foco central deste livro. (Há alguns casos de microconstrucionalizações lexicais instantâneas, discutidos na seção 4.8.)

(d) As construções estão em um gradiente de lexical/de conteúdo para gramatical/procedural.

O capítulo 2 expõe alguns princípios fundamentais do modelo de gramática baseado no uso que utilizaremos. Em particular, retomamos o ponto (a) acima e sugerimos modos pelos quais uma abordagem de rede à língua pode esclarecer a compreensão da mudança. No capítulo 3, fornecemos uma abordagem detalhada da construcionalização gramatical e modos pelos quais ela incorpora e vai além dos trabalhos anteriores sobre gramaticalização. No capítulo 4, as mudanças construcionais que são primariamente lexicais são discutidas, incluindo o desenvolvimento de padrões de formação de palavras. Também damos uma explicação de como uma visão construcional da mudança lexical pode incorporar e ir além dos trabalhos anteriores sobre lexicalização. Um dos maiores fatores na mudança, e especialmente na compreensão da construcionalização, é o contexto. Como pensar sobre o contexto em termos construcionais é o tópico do capítulo 5. O capítulo 6 serve como um sumário de pontos-chave e sugere direções futuras para pesquisa.

2

Uma abordagem da mudança do signo baseada no uso

2.1 INTRODUÇÃO

Neste capítulo, descrevemos o modelo baseado no uso e a noção de que a língua é uma rede de relações entre construções. Em especial, exploramos a importância das redes para dar conta do fato de que mudanças linguísticas estão interligadas e procuramos mostrar como a rede expande e contrai, assumindo um modelo baseado no uso de mudança.

Considerando que nosso foco é a mudança, não será possível abordar, a não ser indiretamente, muitas das questões relevantes relacionadas à teoria das redes em geral. Rice (1996) levanta um conjunto de questões pertinentes sobre alguns trabalhos anteriores que usaram redes semânticas, especialmente a concepção de categorias radiais de Lakoff (1987). Alguns dos questionamentos de Rice são pertinentes ainda nos dias de hoje, uma vez que forma e significado podem ser incompatíveis e ter elos em diferentes direções. Entre os questionamentos levantados estão (RICE, 1996, p. 142-145):

> (a) Considerando que uma rede contribui numa área ou campo multidimensional, qual a extensão dessa área?
> (b) Os elementos podem se aproximar ou se distanciar?
> (c) Como novos nós e elos se desenvolvem?

Posteriormente, Rice (2003) procurou responder (c) em relação à aquisição da linguagem, assim como Goldberg, em sua obra de 2006. Neste capítulo, tentamos abordar todas essas três questões, especialmente (c), em relação à mudança de forma e de significado. Retornaremos especificamente às questões de Rice e ofereceremos um sumário de nossas respostas a elas na seção 2.8.

A maioria dessas questões são pontos comuns na pesquisa psicolinguística e nos trabalhos da psicologia cognitiva. Embora reconheçamos a importância das relações entre a análise sincrônica da língua e a psicolinguística (TOMASELLO, 2003; BENCINI, 2013), a neurolinguística (PULVERMÜLLER; CAPPELLE & SHTYROV, 2013) e a psicologia cognitiva (cf. discussão em SINHA, 2007), questionamos até que ponto essas relações podem ser mais do que sugestivas da mudança entendida como convencionalização de inovações no passado. Assim, apresentamos brevemente apenas um subconjunto pequeno da literatura relevante em psicolinguística.

Adiantando este capítulo, usamos rede como uma forma de falar sobre conhecimento individual (i. e., a representação de um idioleto, reflexo de uma mente individual), conhecimento social (i. e., a representação da estrutura do inglês num dado recorte de tempo) e mudança linguística (i. e., como a estrutura do inglês varia ao longo do tempo), apesar de reconhecermos que esses diferentes aspectos da estrutura das redes não são aplicáveis em todos os casos. Essencialmente, em nossa perspectiva, inovações são características do conhecimento individual, e como tal se manifestam nas redes dos indivíduos, enquanto mudanças devem ser compartilhadas na rede individual de todos em uma comunidade. Retornaremos a esse aspecto em vários pontos das subseções seguintes. Mudanças na rede de uma 'comunidade' se desenvolvem quando pequenos passos inovadores que ocorrem em instâncias individuais da interação falante-ouvinte são compartilhados transversalmente na comunidade, em grande parte pelo processo de neoanálise, incluindo analogização (para um resumo do trabalho sobre o papel do indivíduo na mudança linguística, cf. RAUMOLIN-BRUNBERG & NURMI, 2011). Os tipos de desenvolvimento adicionais que descrevemos para a emergência das construções são compatíveis, de diversas maneiras, com a discussão da mudança sonora proposta por Labov (2007) e com os processos de domínio geral que Bybee (2016, p. 340) propõe 'operar através de repetição em uma escala maciça, em indivíduos e certamente em comunidades'. Como discutido no capítulo 1, inovações podem ser pontuais ou idiossincrasias de um falante ou ouvinte particular, que são manifestadas em redes individuais. Essas não são 'mudanças' no nível da população. Entretanto, se modificações de significado ou de forma são replicadas em dados atestados, podemos concluir que as inovações em questão têm sido adotadas por outros falantes em uma rede social e seu uso ocorre em toda essa rede social; em outras palavras, as inovações em mentes individuais levaram a 'mudanças' convencionalizadas em mais de uma rede mental individual. Como demonstraremos, tais mudanças construcionais envolvem novos elos entre propriedades de um nó da rede, mas não um novo nó na rede (cf. seção 2.3.1, adiante).

Iniciamos discutindo o modelo de gramática de construção baseada no uso adotado neste livro (2.2). Na seção 2.3, detalhamos o conceito de rede no modelo baseado no uso. O tópico de 2.4 é os tipos de elos na rede. Ao longo do capítulo, mostramos como cada tópico pode contribuir com os estudos diacrônicos, mas é em 2.5 que focamos no modo como uma rede pode expandir, se reorganizar e contrair. Em 2.6, discutimos, brevemente, gradualidade e gradiência e, em 2.7, revisitamos o desenvolvimento da construção com *way* para exemplificar essas questões em detalhe. 2. 8 oferece um resumo e levanta alguns questionamentos a partir do entendimento da mudança sob uma perspectiva do uso e das redes.

2.2 MODELOS BASEADOS NO USO

Um importante modelo da língua baseado no uso foi desenvolvido no início do século XX por Paul (cf. especialmente 1920), mas ofuscado na segunda metade do século pela ênfase da gramática gerativa na competência abstrata. Vários fatores levaram à retomada do interesse pelo uso, em perspectivas significativamente diferentes dependendo do domínio de trabalho do pesquisador. Esses domínios incluem a linguística cognitiva (p. ex., BYBEE, 1985; 2016; LANGACKER, 1987; 2008), discurso e comunicação (p. ex., HOPPER, 1987; GIVÓN, 2012; 1995), processamento de línguas naturais (p. ex., HAWKINS, 2004), aquisição (TOMASELLO, 2003) e mudança (p. ex., BYBEE, 2016; DE SMET, 2012)[1]. O avanço das tecnologias de gravação de alta qualidade, de recursos digitais e de técnicas de coleta de dados, no final do século XX, contribuiu para a compilação e análise dos recursos. O pressuposto geral é que o uso da língua é uma atividade complexa e dinâmica.

Bybee argumenta que uso e conhecimento, juntos, são a chave para o entendimento da linguagem, tanto sincronicamente quanto diacronicamente. Em especial, a autora discute que o que os falantes fazem afeta representações mentais: 'central à posição baseada no uso é a hipótese de que circunstâncias do uso impactam a representação cognitiva da língua' (BYBEE, 2016, p. 35). Esse entendimento reforça sua proposta anterior de que a gramática deveria ser pensada como 'a organização cognitiva da experiência linguística' (BYBEE, 2006, p. 730). Taylor entende que, na abordagem da estrutura linguística baseada no uso, o 'conhecimento linguístico é adquirido de modo 'ascendente (*bottom-up*)', tendo como base as experiências com a língua, das quais representações esquemáticas são abstraídas' (TAYLOR, 2002, p. 592). Representações são abstrações e tipos, não idênticos a construtos de frequência e *input*, mas baseadas neles. Assumimos que, para o entendimento da mudança, é necessário reconhecer conhecimento e uso; conhecimento não é rígido e imutável, mas sim a base de onde inovações emergem. Os falantes usam recursos existentes para criar novas expressões (cf. tb. BOAS, 2008).

Em um modelo baseado no uso, pequenos passos de micromudanças são identificados e novas estruturas 'emergem'. Uma vez que o termo é

---

1. Uma visão geral das implicações da abordagem baseada no uso para essas áreas de pesquisa é oferecida na crítica de Diessel (2011) a Bybee (2016). Diessel levanta 'dez teses sobre a abordagem baseada no uso'.

amplamente discutido (cf. AUER & PFÄNDER, 2011a; 2011b para uma visão recente), faremos uma pausa aqui para comentar sobre o uso desse termo e para deixar claro como o adotamos. Hopper (2011) faz uma importante distinção entre vir a existir, 'emergir', 'epigênesis' ou 'desenvolvimento de uma forma a partir de seu contexto' (p. 27) e o que ele chama 'emergência' (cf. HOPPER, 1987; 2008 e demais). O conceito do fenômeno de emergir pressupõe alguma estrutura ou norma a partir da qual novos usos surgem. Na visão de Hopper de fenômeno 'emergente', entretanto, 'uma estrutura gramatical é sempre temporária e efêmera' (HOPPER, 2011, p. 26). Em sua visão, a 'gramática emergente' é provisional, acessória à fala e 'consiste não em sentenças geradas por regras, mas num conjunto sucessivo e linear de fragmentos familiares [...] categorias não existem anteriormente ao contexto comunicativo' (p. 28). Por outro lado, no mesmo volume, Auer e Pfänder (2011a, p. 18) argumentam que, para lidar com a mudança num modelo baseado no uso, é necessário considerar tanto o 'conhecimento linguístico categorizado' quanto os usos que levam à inovação, porque senão a improvisação seria impossível: 'para a improvisação funcionar, falantes e ouvintes devem compartilhar um estoque de expectativas do que deve vir no projeto sintático' (p. 15). Considerando nossa visão de que ambos, conhecimento (flexível) e uso, devem ser levados em conta, quando usamos os termos 'emergir' e 'emergindo' intencionamos vir a existir com base no uso de estruturas e normas existentes, e não 'emergência' no sentido de Hopper.

Nas seções seguintes destacamos brevemente duas importantes questões para os modelos baseados no uso: a) armazenamento e fixação como uma unidade e b) até que ponto um esquema, uma vez formado, sanciona novos construtos e construções.

2.2.1 Armazenamento como uma unidade

Croft e Cruse (2004, p. 292) observam que o modelo baseado no uso se assenta no princípio de que 'propriedades do uso de ocorrências na comunicação também determinam a representação de unidades gramaticais na mente do falante'. Uma vez que as construções são unidades fixadas, armazenadas, como esse armazenamento acontece é importante para o entendimento da construcionalização. A língua é adquirida através da exposição a eventos reais de uso. Generalizações e convergências são estabelecidas a partir de exemplos específicos da língua em uso. Ao mesmo tempo, a frequência com que um falante se depara com uma palavra determina o quanto ela está fixa (ou armazenada como uma unidade), ainda que ela seja decomponível em partes individuais. Um pressuposto em vários estudos linguísticos na segunda metade do século XX previa que, havendo generalização ('regra'), subtipos individuais ('listas') não deveriam ser incluídos na gramática da língua. Langacker (1987, p. 29) rejeitou essa abordagem, assumindo que tal gramática deveria representar o conhecimento linguístico do usuário da língua. Ao chamar a abordagem de 'falácia de lista/regra', ele destaca que o domínio da regra de pluralização do nome, como N + s, não deveria ser excludente com o domínio do plural de um nome particular como *beads*/contas ou *eyes*/olhos; ambos são aspectos do conhecimento do falante. Experiências e uso frequentes da forma de plural podem indicar que ele está fixado como uma unidade, uma construção atômica, e não complexa.

Um dos melhores exemplos de armazenamento de construções morfológicas complexas como unidades vem do comportamento de formas morfológicas irregulares frequentes como *were*/foram-estavam, *had*/teve e *knew*/soube (BYBEE & SLOBIN, 1982; BYBEE, 2016). Essas formas têm se mostrado resistentes à mudança, especialmente à regularização. Por outro lado, formas morfológicas irregulares menos frequentes estão sujeitas à regularização, no sentido de serem neoanalisadas e realinhadas como membros do esquema mais produtivo $[[V_i]ed] \leftrightarrow [SEM_i+past]]$. Isso pode ocorrer inclusive com um conjunto de verbos que têm terminações de radical fonologicamente semelhantes; por exemplo, o passado de verbos frequentes como *bend*/dobrar e *send*/enviar continua irregular (*bent*/dobrou e *sent*/enviou, respectivamente), ao passo que o tempo passado do verbo menos frequente *blend*/misturar teve a forma regularizada de *blent*/misturou para *blended*/misturou.

Evidência para a importância da frequência de ocorrência para determinar o *status* de uma unidade é oferecido em Losiewicz (1992), por exemplo, que demonstrou que a duração do [d] quando funciona como alomorfe de tempo passado é mais longa do que a duração do final monomorfêmico [d] (como na diferença entre a consoante final do complexo *frayed*/desgastou comparado à consoante final do atômico *afraid*/medo); confira também Walsh e Parker (1983) para um padrão similar do [s] em *laps*/voltas *versus lapse*/erro. Essa comparação foi então estendida a dois subconjuntos de verbos que fazem a flexão de tempo passado regular; um conjunto com maior frequência (p. ex., *played*/jogou, *needed*/precisou) e outro com menor frequência (p. ex., *frayed*/desgastou, *kneaded*/amassou). Nesse caso, [d] no primeiro conjunto de palavras era mais curto do que no último. Juntos, esses dois experimentos oferecem evidência de que palavras polimorfêmicas de alta frequência se padronizam como monomorfemas e podem, assim, ser armazenadas de modo semelhante.

Historicamente, parece que o armazenamento das marcas morfológicas de tempo *t/d/ed* tem sido, na maior parte, estável em inglês, daí a composicionalidade contínua tanto de *played*/jogou como de *frayed*/desgastou para os falantes, mas em alguns casos, particularmente dos modais, que são usados com maior frequência do que verbos principais, os tempos passados tornaram-se não composicionais, ao menos em alguns usos. Por exemplo, *might*/poder com significado de 'baixa probabilidade' é fixo como uma unidade e permanece sem alterações no discurso indireto, como em (1). No entanto, quando é usado como correspondente de *may*/poder no discurso indireto, *might* é a forma composicional de tempo passado, como em (2):

(1) I **might** go later. She said she **might** go later.
   [Eu **posso** ir mais tarde. Ela disse que **pode** ir mais tarde.]
(2) I **may** go later. She said she **might** go later.
   [Eu **posso** ir mais tarde. Ela disse que **poderia** ir mais tarde.]

Por outro lado, *must*/dever e *ought* (*to*)/dever são formas de passado completamente fixadas (originalmente *most*- do inglês antigo, tempo passado de *mot*- 'ser capaz de', e *aht*-, tempo passado de *ag*- 'ter, dever'), o que sugere que o significado de *might* no sentido de 'baixa probabilidade', *must*/dever e *ought*/dever foram armazenados como microconstruções atômicas.

2.2.2 Sanção

Na literatura sobre sincronia baseada no uso, uma expressão pode ser considerada 'sancionada' por um tipo ou esquema mais geral (LANGAC-KER, 1987). Neoanálise e realinhamento em um esquema existente mais produtivo, tal como o que foi mencionado acima para *blended*/misturou, serão tratados como 'tornando-se sancionados' por um esquema diferente. Por exemplo, de acordo com o registro textual, antes do início do século XIX, apesar dos exemplos esporádicos de *a lot of* encontrados em contextos que sugerem que ele foi dito ou entendido tanto como um quantificador quanto como um partitivo (cf. 1.5.1), a expressão provavelmente ainda não era convencionalizada como um quantificador até o fim do século XVIII, quando exemplos desse uso começam a proliferar. No que diz respeito a seu uso como quantificador, a expressão tornou-se sancionada pelo esquema de quantificador existente. Este já tinha um membro binominal, *a deal of*/muito, assim como quantificadores como *much*/muito, *many*/muitos, *few*/poucos, *a little*/pouco. O esquema expandiu como resultado da sanção das novas microconstruções *a lot of*/muito, *lots of*/muito e parece ter 'motivado' ou fornecido o modelo para vários outros novos usos de partitivos e expressões de medidas, como quantificadores (BREMS, 2011).

Na literatura sobre Gramática Cognitiva (p. ex., LANGACKER, 1987; 1991), uma importante distinção é feita entre sanção plena e parcial (aproximadamente equivalente à instanciação e extensão). Estas são consideradas dois tipos diferentes de categorização. Sanção plena/instanciação ocorre quando um construto é completamente consistente com a microconstrução da qual é uma instância; sanção parcial/extensão ocorre 'quando o foco da categorização é apenas parcialmente compatível com o esquema sancionador' (BROCCIAS, 2013, p. 195). Sugerimos, posteriormente, neste capítulo e em todo o livro, que no ciclo de vida de uma construção, um fator possibilitador da construcionalização de uma microconstrução é quando sanções parciais resultam da incompatibilidade. Assim, um novo nó da microconstrução pode ser criado na rede de modo a permitir que finalmente essas construções sejam plenamente sancionadas. Sanção parcial pode ocorrer também quando um esquema ou alguns de seus membros ficam obsoletos e parecem se tornar tão marginais para uma microconstrução existente que acabam altamente idiossincráticos.

2.3 REDES EM UM MODELO BASEADO NO USO

A metáfora da rede foi desenvolvida em trabalhos conduzidos por várias teorias linguísticas cognitivas, incluindo o Projeto Berkeley Framenet (FILLMORE & BAKER, 2011; 2010). A noção de rede desempenha um papel relevante nos modelos de gramática desenvolvidos por Goldberg (p. ex., 1995; 2006), Croft (p. ex., 2001) e Langacker (p. ex., 2008), e, especialmente, na (não construcional) Word Grammar de Hudson (p. ex., 2007a; 2007b) e na gramatica estratificacional de Lamb (1998). A ideia de que a língua é uma rede é compatível com a premissa da linguística cognitiva de que outros aspectos da cognição, tais como visão e habilidades musicais, também são estruturados em rede (p. ex., BHARUCHA, 1987; REBUSCHAT; ROHRMEIER; HAWKINS & CROSS, 2012). É consistente com a visão de Bybee (2010, de que padrões linguísticos são parte da nossa capacidade de domínio geral de categorizar, estabelecer relações e operar em nível tanto local quanto global. Também é consistente com a afirmação de Goldberg (1995, p. 5) de que 'conhecimento da língua é conhecimento', em outras palavras, conhecimento da língua é parte de um sistema maior de conhecimento que inclui visão, música e outras capacidades cognitivas.

O modelo de rede é central na linguística cognitiva devido ao entendimento essencial de que a organização da língua não é intrinsecamente diferente da organização de outros aspectos da cognição. Hudson (1984, p. 1) propôs a Premissa da Rede: 'A língua é uma rede conceitual'. Langacker (2008) descreveu a arquitetura de seu modelo de gramática cognitiva como uma rede construcional:

> Podemos descrever a língua como um inventário **estruturado** de unidades linguísticas convencionais. Essa estrutura – a organização das unidades em redes e agrupamentos – está intimamente relacionada ao uso da língua, tanto moldando-o como sendo moldada por ele (LANGACKER, 2008, p. 222, ênfase do original).

Langacker representa as redes cognitivas como na Figura 2.1.

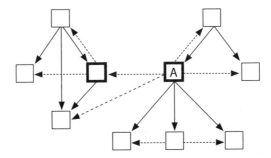

Figura 2.1 Representação de Langacker da rede construcional (2008, p. 226)

No entanto, esse tipo de representação bidimensional não faz justiça a uma rede que é multidimensional (sendo conceitualizada em termos de redes neuronais). Alguns nós na rede representam esquemas, outros, subesquemas e outros, tipos de microconstruções. Por exemplo, ao mesmo tempo em que há elos na rede entre os esquemas de partitivo e de quantificador, também há sub-redes associadas a esses esquemas (quantificadores de grande *versus* pequena quantidade) e elos entre microconstruções que são membros dos subesquemas. Ainda, o fato de que como cada nó representa uma construção de algum grau de abstração, o nó generaliza sobre propriedades de uma construção, também não representado na Figura 2.1. Assim, um nó tem conteúdo de significado e forma (apesar dos vários graus de complexidade e especificidade – alguns podem ser subespecificados) e eles são possíveis em direções múltiplas entre funções semânticas, pragmáticas, discursivas, sintáticas, morfológicas e fonológicas de cada nó. Cada nó é ligado de várias maneiras a outros nós na rede, o que será discutido abaixo em 2.4.

2.3.1 A relação entre redes, processamento de língua e aprendizado de língua

Adotamos uma visão da relação entre estrutura da rede, processamento de língua e aprendizado de língua consideravelmente consistente com a de Langacker e Goldberg, mas adaptada para pensar a mudança. Como já indicado no capítulo anterior, a mudança começa com ocorrências ou construtos. Em 1.4.2.1 definimos construtos como:

> ocorrências empiricamente atestadas (p. ex., *I gave Sarah a book/Eu dei um livro a Sarah, She needed a lot of energy/Ela precisa de muita energia* verificados), instâncias de uso em uma ocasião particular, enunciadas por um falante particular (ou escritas por um escritor particular) com propósitos comunicativos particulares.

Hipotetizamos que, no processamento de um construto, o ouvinte tenta combinar o *input* com os nós de sua rede. Ocasionalmente, pode ocorrer uma combinação total entre o que o falante intenciona e o que o ouvinte entende (cf. seção 2.2.2 acima sobre sanção plena), mas algumas vezes isso não acontece. O ouvinte pode ligar todo ou alguma parte do enunciado a nós diferentes daqueles pretendidos pelo falante. Isso pode ocorrer em casos de ambiguidade já sancionada pelo sistema da língua. Por exemplo, a sentença construída do inglês atual (3) é semanticamente e sintaticamente ambígua. O falante A pode intencionar (3a), enquanto o falante B pode interpretar (3b) ou mesmo (3c). Isso não envolve inovação, uma vez que as três interpretações estão disponíveis há vários séculos, ou seja, há vários esquemas disponíveis, cada qual sancionará plenamente o construto:

(3) I saw a man on the hill with a telescope.

[Eu vi um homem na colina com um telescópio.]

a. Using a telescope I saw a man on the hill.

[Usando um telescópio, eu vi um homem na colina.]

b. I saw a man on the hill and he was using a telescope.

[Eu vi um homem na colina e ele estava usando um telescópio.]

c. I saw a man on the hill that had a telescope on it.

[Eu vi um homem na colina, onde tinha um telescópio.]

Em alguns casos, pode não haver um elo direto disponível e, então, o ouvinte tentará fazer a melhor adaptação com um nó ou propriedade de um nó existente, resultando em sanção parcial. Isso é uma inovação do ouvinte. Construtos inovadores são simbólicos no sentido de que envolvem um pareamento de forma e significado, mas lhes falta convencionalidade (ou seja, eles não são compartilhados por membros de uma rede social) e – ainda mais problemático para o presente objetivo – eles não são unidades, porque não estão (ainda) substancialmente fixados. Eles não se tornam instâncias de mudança até que sejam repetidamente usados e se tornem signos convencionais. Inicialmente, a persistência está na memória do indivíduo, mas em instâncias de mudança, a mudança de construto para construção é produto não apenas da memória, mas do uso repetido à medida que aumenta o número de indivíduos que usam o mesmo tipo de inovação ao longo do tempo.

Como discutido em 2.5.1 abaixo, no estágio inicial, essas instâncias podem estar na 'margem' da rede devido a seu *status* de novo e, potencialmente, não prototípico e, podem, de fato, permanecer na margem. No entanto, ao longo do tempo, é possível que membros marginais de uma categoria se tornem mais centrais e vice-versa.

Como forma de ilustração, podemos imaginar que, em um enunciado como (4), o falante pode ter pretendido se referir a uma coleção de pedras situadas no topo de outra (implicando um tamanho grande), mas o ouvinte pode ter interpretado como sendo sobre a grande quantidade ao invés de um monte, em outras palavras, ele pode ter feito o elo entre o significado associado à construção de quantificador:

(4) He   led   hym   to   a   ***hep***   of   stonys.
    ele   levou   ele   a   um   monte de   pedras
    (1349 Richard Rolle of Hampole [BREMS, 2011, p. 208; IMEPCS].)

A interpretação de (4) pelo ouvinte como referência a uma grande quantidade foi uma inovação no nível do construto ou da ocorrência, especificamente uma neoanálise no nível do significado, resultando numa incompatibilidade entre pragmática e sintaxe. Atribuições repetidas de valor igual ou semelhante a construtos similares, por fim, levou ao desenvolvimento da convencionalização da leitura de quantidade e da construcionalização (neoanálises semântica e morfossintática, resultando na coexistência de tipos de microconstruções, uma de medida e outra de quantificador). O que era inicialmente um elo tênue entre parte de um construto (sua pragmática) e uma parte correspondente de um tipo numa rede construcional existente foi reconfigurado, certamente inconscientemente, ao longo do tempo, pela semântica e posteriormente pela mudança de núcleo sintático, para um novo nó/microconstrução convencionalizado.

No caso de *a hep of*, podemos imaginar que a interpretação foi sancionada não apenas pela semântica do esquema de quantificador, mas também pelo desenvolvimento dos significados de quantificador de várias construções partitivas aproximadamente no mesmo período (segunda fase do inglês moderno), incluindo *a deal of, a bit of* e *a lot of*. Nesse estágio, N_1 era o núcleo sintático em todos os casos, mas o que parece ser uma leitura de quantificador é eventualmente verificada, nos quais o núcleo semântico é N_2. Essa incompatibilidade entre forma e significado foi resolvida posteriormente. *A heap/lot/bit of* eram quantificadores convencionalizados na segunda fase do século XVIII (cf. seção 1.5.1 para uma discussão sobre *a lot of* e BREMS, 2012, para *a heap of, a lot of, lots of*).

Não queremos sugerir, aqui, que, no cenário descrito acima, os processos de interpretação eram idênticos para todos os ouvintes. Como Booij (2010, p. 93) aponta, se todos os usuários da língua usam ou não os mesmos modos de abstração para chegar a novas estruturas é uma questão empírica. Uma vez que estamos preocupados com a mudança, generalizamos a partir de atos individuais (inovações) para explicar a convencionalização e o compartilhamento de novas propriedades. Embora se suponha que mentes individuais operem de modo semelhante, a visão de mudança baseada no uso adotada aqui assume que, nos papéis de falante e ouvinte, os usuários da língua não são reflexos uns dos outros (contrários a SAUSSURE, 1959 [1916] e LANGACKER, 2007, p. ex.). Em qualquer evento de uso da língua, a díade falante/ouvinte é assimétrica. Assim, falantes e ouvintes não processam a língua do mesmo modo, apesar de isso ser possível (cf. QUELLER, 2003). A convencionalização de um tipo reflete 'um estado de coordenação entre membros de uma comunidade que vai além de várias instâncias da interação linguística' (BOYE & HARDER, 2012, p. 8). No entanto, a razão pela qual falantes reproduzem, adotam e convencionalizam novos construtos e elos entre construtos é uma questão para debate[2].

Modelos da aquisição da linguagem baseados no uso inevitavelmente sugerem uma rede linguística um tanto barroca, envolvendo enorme redundância e muita riqueza de detalhes, especialmente no nível do construto ou da ocorrência. Entretanto, entre os complexos detalhes do uso da língua, atuam generalizações regulares, que usuários da língua empregam (inconscientemente) para estruturar a rede. Em outras palavras, há certos 'benefícios' cognitivos tanto em computar abstrações quanto em adquirir instâncias. Falantes e ouvintes usam esquemas que aproximam aqueles pareamentos de forma e significado mais específicos, que os usuários da língua percebem como instanciações de um tipo mais geral. Esses esquemas são úteis para o usuário da língua na medida em que possibilitam

---

2. Cf. Blythe e Croft (2012) para um resumo desse debate.

ao falante/ouvinte estocar informação sobre um conjunto de construtos e construções em um nó tipo.

2.3.2 Expansão da ativação

A abordagem de rede, em oposição a uma abordagem modular, baseada em regras, possibilita a ativação (quase) simultânea de nós intimamente relacionados em eventos particulares de uso, um mecanismo conhecido como 'expansão da ativação' (HUDSON, 2010, p. 95). Esse fenômeno é uma característica do conhecimento individual e, portanto, pode atuar no desenvolvimento de inovações. Entretanto, expansão da ativação não pode ser pensada como uma propriedade de uma 'rede comunitária' ou de uma rede em dois recortes diferentes no tempo (cf. seção 2.1, acima). É um tipo de processo de ligação que tem sido testado em experimentos psicolinguísticos (p. ex., HARLEY, 2008), envolvendo distorções como deslizes da língua ou suas versões deliberadas (spoonerismo como em (5a)) e paronímia (5b). Estes envolvem expansão da ativação lateral e sintagmática:

(5) a. The Kinquering Congs their Titles Take (hymn title attributed to Reverend William Spooner).
[Os reis conquistadores seus títulos conquistam (título do hino atribuído ao Reverendo William Spooner)].
b. Comparisons are odorous
(1600 Shakespeare, *Much Ado about Nothing* III, vol. 18).
Comparações são odorosas.

Esses tipos de ativação são inovações, mas nem spoonerismo nem paronímias parecem levar a algum tipo de mudança natural. No entanto, os efeitos do *priming* assimétrico (p. ex., de espaço para tempo, mas não o contrário, BORODITSKY, 2000), têm sido considerados possíveis mecanismos de replicação linguística que levam à direcionalidade na mudança, especialmente a gramaticalização (JÄGER & ROSENBACH, 2008). *Priming*, a influência de um significado ou forma anterior em uma forma subsequente, envolve (pré)ativação do significado, da morfossintaxe ou da fonologia. Goldberg (2006, p. 124) discute a evidência de experimentos do *priming* de passivas tais como (6a) por uma locativa intransitiva com morfologia compartilhada com a passiva. Por exemplo, (6b) prepara (6a), mas não (6c), já que esta não contém *was* (cf. tb. SNIDER, 2008, sobre o efeito de *priming* na sintaxe):

(6) a. The construction worker was hit by the bulldozer.
     [O construtor foi atingido pela escavadeira.]
   b. The construction worker was digging by the bulldozer.
     [O construtor estava cavando perto da escavadeira.]
   c. The construction worker might dig near the bulldozer.
     [O construtor pode cavar perto da escavadeira.]

A velocidade com que um sujeito de um experimento psicolinguístico consegue recuperar uma forma linguística particular em relação a outras formas que a precedem (ou preparam) (RATCLIFF & McKOON, 1981) pode ser evidência dos efeitos *priming*. No que diz respeito a itens lexicais, por exemplo, podemos criar um experimento para estabelecer se uma palavra como *apple*/maçã é preparada por *pear*/pera (ou por *fish*/peixe ou *honesty*/honestidade e assim por diante) ao verificar a rapidez com a qual a palavra testada é recuperada pelo sujeito do experimento quando ela segue as possíveis palavras-gatilho. A hipótese é que construções que têm relação mais próxima – em nosso modelo, construções que estão mais proximamente ligadas na rede – motivam uma a outra mais rapidamente do que palavras que estão mais distantes na rede. Quanto mais frequentemente um nó ou uma relação é ativado, mais prontamente ele pode ser ativado no futuro (HUDSON, 2007a, p. 53; cf. tb. LANGACKER, 1987; 2008; SCHMID, 2007; BLUMENTHAL-DRAMÉ, 2012 sobre fixação).

Expansão da ativação é central para o processo de aquisição. Se, como sugerido nos modelos baseados no uso de mudança do signo, falantes estão constantemente 'aprendendo' e reconfigurando sua língua, então a mudança do signo deve envolver, igualmente, o processamento de um conjunto de exemplos e a abdução de um padrão mais geral a partir desses exemplos (ANDERSEN, 1973). No entanto, ao mesmo tempo em que usuários da língua aprendem, eles também podem 'esquecer'. Podemos supor que a falta de ativação pode levar à falta de fixação – quanto menor a frequência com que um nó ou relação é ativado, menos prontamente ele se tornará ativado posteriormente. Se um nó particular na rede linguística falha ao ser acionado, esse nó torna-se cada vez mais obsoleto e deixa de funcionar para sancionar instâncias mais específicas. Isso explica a obsolescência e o por fim o não uso de uma construção (cf. 2.5.1.3).

Ativação de expansão e *priming* estão ligados porque o *priming* motiva quais nós em uma rede devem ser 'ativados' em eventos particulares de uso e quais nós devem permanecer inativos (cf. mais em COLLINS & LOFTUS, 1975). Hudson sugere que o objetivo do processamento é:

> encontrar a melhor 'trajetória' forma (conhecida) para o significado (desconhecido), ativando criteriosamente nós intermediários, que recebem a ativação em ambas as direções, e travando a ativação de todos os outros nós (HUDSON, 2007a, p. 40).

A orientação dessa trajetória pode vir tanto do *priming* (ou seja, outras palavras ou construções usadas pelos usuários da língua no discurso) e de implicaturas e inferências feitas e aceitas pelos participantes daquele discurso. Em outras palavras, há tanto fatores cotextuais quanto contextuais que ajudam a moldar a interpretação de enunciados dados, dentre os quais alguns se relacionam com aspectos psicolinguísticos do processamento e alguns mais diretamente com estratégias discursivas de interpretação do significado no contexto. Essencialmente, essas questões dependem de os falantes estabelecerem elos entre forma e significado e, consequentemente, tanto os aspectos de forma e como os de significado do contexto discursivo imediato tendem a desempenhar um papel. Um exemplo é o desenvolvimento de *a deal of*/muito de partitivo para quantificador.

No inglês antigo, *dæl* significava parte (cf. *Teil*/parte no alemão). Os primeiros usos com um modificador nominal são claramente partitivos:

(7) Ic gife   ***þa***   ***twa***   ***dæl***   ***of Witlesmere.***
 I bequeath   those   two   parts   of Witlesmere.
 [Eu deixo   aquelas duas   partes   de Witlesmere.]
 (a1121 *Peterb. Chron.* (LdMisc, 636) [MED *del* n2, 1a].)

Uma parte implica uma quantidade e *dæl* parece ter sido o primeiro partitivo binominal em inglês a ser usado claramente com o significado de quantificador. Esse uso é, em grande parte, restrito a expressões modificadas por um adjetivo de quantificação, tais como *great* e *good* no sentido de 'large'/'grande':

(8) Safroun   &   ***a***   ***gode***   ***dele***   ***Salt.***
 saffron   *and*   *a*   *large*   *amount*   *salt*
 [açafrão   e   uma   grande   porção de   sal]
 (c1430 *Two Cookery Books* 15 [OED *deal* n1, 3].)

Há várias maneiras possíveis para descrever como usuários da semântica de quantificação de *deal* ilustrado acima em (8) podem ter feito essa inovação. Uma sugere ter havido uma mudança metonímica de adjetivo para o nome *deal*/parte. Outra diz que o adjetivo reforça a implicatura de quantidade de 'parte' e, por fim, alguns falantes passaram a associar quantidade com *deal*/parte. Isso pode ser um exemplo de 'absorção de contexto' (KUTEVA, 2001, p. 151), fenômeno de transferência de uma inferência sugerida para uma microconstrução, possibilitando usos posteriores como (9), em que não há adjetivo do qual derivar quantificação:

(9) Jesu Maria what ***a deal of brine***
 Hath washed thy sallow cheeks for Rosaline!
 [Jesu Maria que porção de salmora
 usou nas pálidas maçãs de Rosaline!]
 (1595-1596 Shakespeare, *Romeo and Juliet* II.iii.69.)

Outro modo de pensar esse desenvolvimento seria pela expansão da ativação, assumindo que o modificador *great*/grande ou *good*/grande em

(8) ativou ou motivou o significado de quantificador, que expandiu para o nome.

A validade da expansão da ativação para explicar a mudança lança luz processual em questões de gradiência e gradualidade (cf. 2.6 abaixo) e o pressuposto de que 'representações podem ser ao mesmo tempo discretas e conectadas' (DE SMET, 2010, p. 96). Sincronicamente, as várias propriedades dos construtos são ativadas, sejam elas pragmáticas, semânticas, morfossintáticas ou fonológicas, e os elos com propriedades de outros construtos são permitidos. Isso se associa com a não discretude das categorias, com a imprecisão de limites entre elas e, consequentemente, com gradiência (DENISON, 2006; AARTS, 2007; TRAUGOTT & TROUSDALE, 2010a). Ao longo do tempo, elos com outras propriedades podem ser fortalecidos levando a micromudanças graduais passo a passo.

2.3.3 Implicações para 'analogia'

Grosso modo, inovações linguísticas são interpretações de construtos que são itens 'transitórios' da experiência de falante e ouvinte e são restritas à 'periferia na margem da rede permanente' (HUDSON, 2007a, p. 42). Um falante produz um enunciado ambíguo, ou seja, um que pode ser analisado de mais de uma maneira. Processos *on-line*, como inferência sugerida – ela própria interpretável como um tipo de expansão de ativação – que emergem do uso particular de um construto por um falante, podem possibilitar ao ouvinte analisar o enunciado de um modo particular, que é novo para ele, e para o qual não há construção existente que pode sancionar o construto. O ouvinte, então, cria um nó de ocorrência provisório para o construto, que pode conter grande quantidade de informação sobre o contexto do enunciado, sobre a relação entre falante e ouvinte e sobre o fato de que o enunciado em questão é um signo, ou seja, um pareamento de forma e função. Apesar dessa ocorrência conter detalhes fonéticos e fonológicos, os detalhes morfológicos e sintáticos podem ser menos específicos ou até mesmo ausentes.

Semelhantemente, os detalhes discursivos e pragmáticos do signo podem ser numerosos, mas o ouvinte pode não ser capaz de acessar nenhuma semântica convencional associada. A situação precisa ser resolvida para que o enunciado seja completamente processado, então o ouvinte aplica o princípio que melhor se adequa para encontrar uma construção existente que forneça o alinhamento mais próximo das propriedades discursivas e pragmáticas do construto em questão e do tipo construcional ou (sub)esquema armazenado. Quando o ouvinte tenta associar um construto a uma parte existente de uma rede construcional e falha por não haver uma microconstrução existente que sancione o construto plenamente, ocorre uma incompatibilidade. O melhor que o ouvinte pode fazer é criar um elo para alinhar o significado ou a forma do construto com o significado ou a forma de outro (sub)esquema existente na rede. Isso é feito com base nas propriedades discursivas/pragmáticas associadas com o (novo) construto e o subesquema construcional (existente), e acarreta incompatibilidade entre o significado intencionado e o entendido.

Construtos inovadores são simbólicos uma vez que, apesar de envolverem um pareamento de forma e significado, lhes falta convencionalidade, já que não são compartilhados pelos membros de uma comunidade. No entanto, em alguns casos, eles parecem ser tão naturais e são repetidos com tanta frequência que podem chegar ao grau de consciência ou até mesmo ser retoricamente manipulados. Um caso conhecido é *after*/depois; uma preposição e conjunção temporal com significado de 'a partir do momento em que' que, em alguns momentos, é enriquecida para significar causalidade, ou seja, em alguns contextos, o ouvinte é convidado a fazer um elo com o esquema causal através da ativação de expansão. Esse é um exemplo da falácia lógica conhecida como *post hoc ergo propter hoc* 'depois disso logo por causa disso'. Embora a interpretação causal de *after*/depois esteja disponível desde o inglês antigo, *after*/depois não foi semanticizado como causal, isto é, o item não sofreu uma mudança construcional – a criação de um novo nó de ocorrência de modo algum determina que uma mudança entrará em curso. *After*/depois mostra que implicaturas enriquecidas, mesmo se replicadas e com sobrevida, possibilitam a mudança, mas não a causam. Ao contrário de *after*/depois, *sithenes* do inglês médio, também com significado de 'a partir do momento que, desde', passou por mudança: esse item possui ambas as polissemias temporal e causal (TRAUGOTT & KÖNIG, 1991). O elo causal se tornou substancialmente fixo e uma nova unidade, uma polissemia causal, desenvolveu-se.

Juntos, o entendimento dos processos que possibilitam a mudança e os exemplos discutidos sugerem um modo para refinar ainda mais analogia. Na seção 1.6.4.2 distinguimos pensamento analógico (uma motivação ou fator facilitador) de analogização (um mecanismo de mudança). Também apontamos que muito da discussão sobre analogia em modelos baseados no uso recorre a exemplares. Aqui, consideramos as implicações da abordagem baseada no uso para esses fatores. A habilidade para construir significado ao ligar propriedades em uma rede é, em essência, a habilidade de pensar analogicamente. Pensar analogicamente é a motivação que nos leva à melhor associação para um dado construto temporário. Mais relevante, como já mencionado, a ativação da expansão é um mecanismo associado com o princípio da melhor associação (cf. HUDSON, 2010, p. 95). Pensar analogicamente pode nos levar a uma melhor associação para um dado construto temporário, de modo que a ativação de expansão como um mecanismo neural provavelmente está ligada ao pensamento analógico. Considerando que também está associada à análise, a ativação de expansão também desempenha um papel na neoanálise. Em outras palavras, ativação de expansão como mecanismo neural parece estar ligada a ambos os mecanismos de mudança linguística identificados no Quadro 1.2 do capítulo 1. Tais elos são, em geral, altamente transitórios. No entanto, se são adotados por uma comunidade de falantes, podem levar a mudanças. No caso de *a deal of*/uma parte de, o passo inicial de 'absorção de contexto' da semântica de medida do adjetivo de medida pelo nome *deal*, como em (8), envolveu o pensamento analógico – partes têm medidas. Entretanto, uma vez que não houve exemplar, não houve analogização. Durante o período final do inglês médio, quando vemos evidência dessa absorção de contexto, um grande número de outros binominais e partitivos de medida como *a lot/heap/bit of N* também começou a aparecer com o que parece ser um potencial uso de quantificador. A maioria aparece como nomes nus, sem adjetivos de medida. Possivelmente, o pensamento analógico – nesse caso, ligado à semântica da melhor associação – também esteve operando no início do processo. A coexistência de várias expressões binominais referindo a parte-todo e permitindo a inferência pragmática de quantidade pode ter possibilitado a replicação convencionalizada de usos nos quais a forma continua a ser modificador de núcleo ([a N1 [of N2]]), mas a semântica se tornou incompatível com a estrutura de modificador de núcleo [Quant SEM], uma mudança construcional. Nesse caso, podemos postular que analogizações entre binominais, que permitiram o desenvolvimento do *a deal of*, como em (9). Posteriormente, nos séculos XVIII e XIX, a maioria dos binominais com incompatibilidade entre forma e significado passaram por construcionalização para quantificadores, como exemplificado por *a lot of* na seção 1.5. Nesse estágio, os binominais serviram como exemplares nos termos de pareamentos de forma-significado um para o outro e para desenvolvimentos posteriores, como *shred/iota of* (BREMS, 2011).

A consequência lógica da hipótese apresentada aqui é que nenhuma construção é inteiramente nova (exceto aquelas que são empréstimos e alguns neologismos). Sempre haverá um elo mínimo a uma propriedade de algum nó. Isso questiona a primazia da analogia, como sugerido por Fischer (2007) e De Smet (2009). Como De Smet (2012, p. 629) argumenta, 'primário' é entendido de duas maneiras: como uma noção temporal ('anterior') e como uma noção avaliativa ('mais importante'). O pensamento analógico, que possibilita a melhor associação compatível, é, claramente, temporalmente anterior à maioria das mudanças e primário nesse sentido. Analogização, ao contrário, envolve a reconfiguração de propriedades ou 'dimensões internas' (GISBORNE, 2011, p. 156) de uma construção. Um exemplo é a incompatibilidade entre sintaxe e semântica dos binominais discutida acima. Outro exemplo é a construcionalização subsequente que envolve mudança de núcleo sintático. A analogização, portanto, necessariamente envolve micropassos de mudanças, em outras palavras, neoanálise. Sucessão temporal não é uma questão aqui; analogização é neoanálise. Considerando que toda analogização é neoanálise, mas que pode haver neoanálise sem analogização, mostramos, no capítulo 3, ao discutir a emergência das pseudoclivadas, que a neoanálise, enquanto mecanismo, é, em nossa visão, primária no sentido de 'mais importante' porque cobre mais casos de mudança.

2.4 TIPOS DE ELOS

Até o momento, não distinguimos tipos de elo. Os modelos de gramática de construção baseada no uso e a Word Grammar distinguem dois tipos de elo na rede. O mais discutido em trabalhos de Goldberg e Croft é o de herança, um elo taxonômico[3], o outro é relacional, especificando os tipos de relações entre construções (cf. BOAS, 2013 para uma visão geral adequada). Discutiremos esse último tipo primeiro (2.4.1), já que sua relação à discussão anterior é mais evidente, e então nos voltaremos aos elos de herança (2.4.2).

Reconfiguração de elos, seja entre microconstruções, subesquemas ou esquemas, é de suma relevância para a construcionalização, como será discutido em 2.5.2 abaixo.

2.4.1 Elos relacionais

Os elos relacionais entre construções podem ser de vários tipos. Goldberg (1995) propôs quatro tipos: elo de polissemia, de extensão metafórica, de subparte e de instância.

---

3. Observe que o termo 'herança' não implica, no contexto da gramática de construção, nada sobre origens. Ele se refere estritamente a relações taxonômicas.

Os elos de polissemia descrevem elos semânticos entre o sentido prototípico da construção e suas extensões. Enquanto as especificações sintáticas são as mesmas, as semânticas são diferentes. Goldberg usa o exemplo das construções bitransitivas, que têm a sintaxe [SUJ V OBJ1 OBJ2] e a semântica central [X CAUSA Y RECEBER Z]. Um exemplo típico é (10):

(10) Max gave Edward the robot.
      [Max deu (a) Edward o robô.]

Entretanto, há vários padrões relacionados nos quais o recipiente é restrito de algum modo e que podem ser vistos como extensões polissêmicas, por exemplo:

(11) a. Max refused Edward the robot. [[SUJ V OBJ1 OBJ2] ↔ [X CAUSA Y não RECEBER Z]]
         [Max recusou (a) Edward o robô.]
     b. Max made Edward a robot. [[SUJ V OBJ1 OBJ2] ↔ [X CAUSA Y RECEBER Z]]
         [Max fez (para) Edward um robô.]

Geralmente, tais elos polissêmicos são discutidos no nível do subesquema, e não no nível da microconstrução individual, por exemplo, *refuse*/recusar, em (11a), é um exemplo de uma classe de verbos de recusa, incluindo *deny*/negar, enquanto *make*/fazer, em (11b), é um exemplo de uma classe de verbos de criação, incluindo *bake*/assar.

Antecipando discussão na seção 5.2.1 mais adiante, salientamos aqui que tratamos 'polissemia' como uma noção sincrônica. Por exemplo, *since*/desde como um temporal e um causal são sincronicamente polissêmicos. No entanto, para destacar o fato de que a mudança construcional envolve diferentes elos na rede, quando uma mudança ocorre resultando em um novo significado construcional ou construcionalização, preferimos seguir Lichtenberk (1991) e usar o termo 'heterossímia' para a associação diacrônica entre dois significados. Mudanças no *sithenes* do inglês médio levou à heterossímia, sendo o significado temporal mais antigo que o causal.

Elos de extensão metafórica são aqueles que envolvem um mapeamento metafórico particular. Para explicar a relação entre construções resultativas possíveis e impossíveis, Goldberg (1995, p. 81-89) argumenta que muitas das restrições que se manifestam podem ser explicadas por meio de um elo metafórico. Por exemplo, há um elo metafórico entre movimento e mudança (*The chocolate went from liquid to solid*/O chocolate foi de líquido para sólido) e outro entre locativo e estado (*She went mad*/Ela ficou louca), de tal forma que a mudança de estado pode ser entendida como uma extensão metafórica de mudança de lugar. Esses elos metafóricos mostram que as resultativas são extensões metafóricas de construções de movimento causado. A associação entre as duas construções pode ser exemplificada por (12a) (literal, movimento causado) e (12b) (metafórico, resultativa):

(12) a. Lisa sent him home.
          [Lisa o mandou para casa.]
      b. Lisa sent him wild.
          [Lisa o enfureceu.]

Elos de subparte indicam a relação entre uma construção e outra maior, que existe independentemente e da qual a primeira faz parte. O esquema de movimento intransitivo, como exemplificado por (13a), é uma 'subparte adequada' do esquema de movimento causado, como exemplificado por (13b):

(13) a. The toddler walked to the door.
          [A criança caminhou até a porta.]
      b. She walked the toddler to the door.
          [Ela levou a criança até a porta.]

Finalmente, os elos de instância ocorrem quando uma construção particular é um 'caso especial' (GOLDBERG, 1995, p. 79) de uma outra construção. Por exemplo, quando o verbo *drive*/dirigir (num sentido particular) é usado em uma construção resultativa, o argumento resultado-meta pode ser selecionado apenas de um conjunto limitado de construções: enquanto é possível *to drive someone crazy, nuts,* ou *up the wall*/levar alguém à loucura, normalmente, não é possível *to drive someone happy, delighted,* ou *up the staircaise*/levar alguém à felicidade/ao deleite/escada acima no sentido de afetar seu estado emocional. Em outras palavras, X em *drive someone X*/levar alguém X é comumente associado a uma semântica de orientação negativa (*crazy*/loucura) ou é idiomático (*up the wall*/loucura). Não discutiremos esse tipo de elo exceto quando envolver graus de sanção de um esquema. Uma construção pode ser mais ou menos restrita em diferentes momentos de sua história. Se uma microconstrução é ou não um caso especial vai depender se ela está ou não na margem do esquema construcional (cf. 2.5.1).

Como esses elos se associam à expansão de ativação? Elos relacionais são centrais para certos tipos de *priming*. Elos relacionais existem tipicamente entre dois conceitos relativamente próximos (p. ex., entre movimento intransitivo e movimento causado) e conceitos estreitamente ligados são gatilhos um para o outro em uma rede conceitual (HUDSON, 2010, p. 76).

2.4.2 Elos de herança

O inventário de construções é estruturado e pode ser representado em termos de uma 'REDE TAXONÔMICA' de construções, na qual cada construção é um 'NÓ' na rede (CROFT, 2001, p. 25). Elos de herança são parte central da rede construcional em várias versões da gramática de construções, incluindo aquelas de Goldberg (1995; 2006), Fillmore (1999), Kay e Fillmore (1999), e também na Word Grammar de Hudson (2007a; 2007b). As relações de herança são restrições taxonômicas e permitem categorização em vários níveis de generalização. Goldberg afirma que em seu modelo de gramática de construções:

> Construções formam uma rede e são ligadas por relações de herança que motivam muitas das propriedades de construções particulares. A rede de herança nos permite capturar generalizações ao mesmo tempo em que possibilita sub-regularidades e exceções (GOLDBERG, 1995, p. 67).

Cada nó herda propriedades de seus nós dominantes. Assim, *John runs/ John corre* é um construto da construção intransitiva do inglês, que é membro da construção sujeito-predicado do inglês. A noção de herança permite que a informação seja representada uma única vez, 'no nível mais alto (mais esquemático) possível' (CROFT, 2007b, p. 484).

Para Goldberg, elos de herança mostram que relações entre construções podem ser parcialmente arbitrárias, mas também parcialmente previsíveis. Em outras palavras, elas podem ser parcialmente motivadas e 'influenciar umas às outras mesmo quando não interagem literalmente' (GOLDBERG, 1995, p. 72); em seu modelo, elos de herança são assimétricos: 'a construção A motiva a construção B se e somente se B *herda* de A' (itálico no original). Isso permite sanções parciais no sentido de Langacker (1987): uma construção B herda propriedades de A, mas tem algumas propriedades adicionais específicas dessa construção. Herança explica o fato de que a maioria dos verbos em inglês são formados pelo morfema de tempo passado *-ed*, mas alguns não, do seguinte modo. No nível mais abstrato, verbos podem combinar com o tempo passado e a 'herança *default*' se espalha para microconstruções individuais. No entanto, alguns verbos, como, por exemplo, *ride*/montar e *run*/correr, bloqueiam a herança *default* com uma exceção específica.

Uma característica importante da herança na rede construcional é que expressões tipicamente herdam de várias construções. Isso é chamado de 'herança múltipla' (GOLDBERG, 2003). Por exemplo, (14) herda da construção interrogativa com inversão de sujeito e auxiliar, da negativa, da passiva, da de presente perfeito e da transitiva:

(14) Hasn't the cat been fed yet?
  [O gato não foi alimentado ainda?]

Herança múltipla ocorre nos casos de construções intermediárias, por exemplo, o gerúndio, conhecidamente, apresenta propriedades de ambos nomes (Ns) e verbos (Vs) (p. ex., *having*/tendo em *We were talking about*

Mary having a beautiful garden/Nós estávamos falando sobre Mary ter um belo jardim) (cf. HUDSON, 2007a, capítulo 4, para uma discussão sobre gerúndios e suas relações de herança múltiplas). Quando assumimos uma perspectiva histórica, percebemos que propriedades de uma ou de todas as construções relevantes em uma herança múltipla podem passar por mudança. De fato, em inglês, algumas das propriedades formais das construções interrogativas com inversão de sujeito e auxiliar, das negativas, das passivas, das de passado perfeito e das transitivas passaram por mudança construcional.

Uma vantagem dos elos de herança é que eles 'captam o fato de que todas as informações não conflitantes entre duas construções próximas são compartilhadas' (GOLDBERG, 1995, p. 74-75) e mostram 'formas sistematicamente relacionadas e significados sistematicamente relacionados' (GOLDBERG, 1995, p. 99). Por exemplo, membros da família das bitransitivas herdam do modelo sintático [SUJ V OBJ$_1$ OBJ$_2$] associado ao modelo semântico [X CAUSA Y RECEBER Z]. Entretanto, há alguns problemas com algumas aplicações de herança, confira Croft (2007b), Sag, Boas e Kay (2012) e Sag (2012). Um diz respeito àquelas posições nas quais os elos de herança são em grande parte ligados à forma (p. ex., GOLDBERG, 1995). Elos de herança formais devem ser pensados em conjunto com outros tipos de elos para alcançar um entendimento da rede como um todo. Por exemplo, devido à ausência de forma compartilhada entre bitransitivas de objeto duplo e suas 'paráfrases' – a construção de objeto duplo preposicionado (também conhecida como construção de movimento causado com transferência), por exemplo, *Jane gave Kim a book*/Jane deu Kim um livro e *Jane gave a book to Kim*/Jane deu um livro à Kim – e considerando que elas têm propriedades distribucionais distintas, Goldberg (1995, p. 100) afirma que elas 'não são ligadas por um elo de herança'. Elas são, no entanto, ligadas pelo significado, o que Goldberg (1995, p. 91) explica pelo elo semântico de sinonímia. Perek (2012) usa dados experimentais para sugerir que usuários da língua são capazes de generalizar a partir de construções formalmente distintas tais como a bitransitiva e sua paráfrase preposicionada. Como salientamos a seguir em 2.5.2, parece haver evidência histórica que sustenta esse fato.

2.5 EXPANSÃO, OBSOLESCÊNCIA E RECONFIGURAÇÃO DE REDE

Argumentamos aqui que podem existir mudanças construcionais em microconstruções individuais em uma rede. Essas não criam novos nós de tipo compartilhados pela comunidade de usuários da língua. Esses nós emergem apenas quando a construcionalização ocorre. A expansão da rede e o desenvolvimento de novas famílias de tipos de construções são fenômenos característicos do tipo de rede conceitual que deriva de eventos de uso nos quais é comum a abstração e extensão de construções mais antigas. As famílias de tipos de construção podem se juntar em esquemas, algumas vezes com subesquemas. Entretanto, eventualmente, subesquemas ou alguns de seus membros se tornam obsoletos e os elos na rede podem, inclusive, se romper. Essas mudanças são o tópico desta seção. Em 2.5.1, tratamos da expansão a partir da perspectiva do ciclo de vida das construções, com atenção especial à sua entrada em um esquema nas margens, sua permanência nas margens e a sua obsolescência. Na seção 2.5.2, discutimos a reconfiguração das redes.

2.5.1 O ciclo de vida das construções

Em 2.3.1, falamos que novas construções são normalmente membros marginais de um esquema. Aqui destacamos as implicações da expansão da rede.

2.5.1.1 Expansão nas margens

Até o momento, a expansão na rede tem sido associada, em maior parte, à construcionalização gramatical (GISBORNE, 2011; TROUSDALE,

2012a). Na construcionalização gramatical, uma sucessão de pequenas neoanálises ('mudanças construcionais pré-construcionalização') podem levar à criação de uma nova microconstrução. Um dos exemplos mais citados é o desenvolvimento dos modais em inglês. No inglês antigo havia vários verbos com significado modal (habilidade, desiderativos etc.) e várias combinações de propriedades formais que os tornavam diferentes de outros verbos (p. ex., LIGHTFOOT, 1979; PLANK, 1984; WARNER, 1993). Warner acrescenta (p. 135, 152)[4]:

> (a) subcategorização do infinitivo simples no lugar do infinitivo com *to* (compare *wolde **gan** 'wanted to go'* / queria ir com *He gedyrstlæhte to **ganne** upon ðære sæ 'He thirsted to go upon the sea'* / Ele ansiava ir para o mar),
>
> (b) morfologia do presente do pretérito,
>
> (c) uso de formas do tempo passado sem referência ao passado,
>
> (d) inexistência de formas não finitas (p. ex.. *mot-* 'be able' / ser capaz),
>
> (e) cliticização da negativa (p. ex., *nolde* 'not wanted' / não desejado),
>
> (f) ocorrência em elipse (p. ex., *Deofol us wile ofslean gif he mot 'The devil will kill us if he can'* / O demônio nos matará se ele puder, p. 112),
>
> (g) transparência nas construções impessoais (ou seja, ausência de um sujeito independente nas impessoais (p. ex., *Hit wolde dagian 'It was about to dawn'* (literalmente 'ele queria amanhecer') p. 126).

Nem todos os pré-modais compartilhavam todas essas propriedades, por exemplo *will-*/querer não era presente do pretérito, mas *scul-* 'dever' e *mot* 'ser capaz de' eram. Enquanto os pré-modais eram verbos principais no início, por volta do inglês antigo já estavam nas margens da categoria verbal devido a essas características. Entretanto, em razão de seus significados, eles eram usados com relativa frequência, suficientemente para que, com o passar do tempo, alguns, como *will-* e *sul-* tornaram-se distintos de seus precursores. Por volta do inglês médio, outros começaram a ser usados de modo semelhante. As formas de tempo passado de *must* (fonte *mot-* 'dever') e *ought* (fonte *ag-* 'possuir, ter um débito, dever') tornaram-se fixas e separadas das formas de tempo presente cor-

---

4. Warner observa que os três primeiros também são mencionados por Lightfoot, mas os considera significativamente mais importantes do que considera Lightfoot.

respondentes (*mot-* perdeu-se no inglês padrão, e *owe* não é mais visto como relacionado a *ought*). Esse é um tipo de mudança conhecido como 'divergência' na literatura sobre gramaticalização (HOPPER, 1991). As formas de tempo passado *could/poderia*, *might/poderia* e *should/deveria* tornaram-se formas modais especializadas separadas de *can/pode*, *may/pode* e *shall/deve*. Com o surgimento do auxiliar *do*, esses modais mantiveram padrões sintáticos antigos (p. ex., inversão em interrogativas, *Can I take that one?*/Posso pegar aquela?) e se tornaram ainda mais distintos dos outros verbos do que jamais foram. Finalmente, o conjunto que conhecemos como 'modais centrais' se cristalizou como um subesquema modal de um esquema de auxiliar crescente, em parte devido a mudanças sistemáticas na ordem de palavras.

Mostraremos, no capítulo 4, que a expansão na rede também está associada com o surgimento de alguns padrões de formação de palavras. Por ora, é suficiente destacar o nome *dom*, que no inglês antigo tinha vários significados, incluindo 'perdição, julgamento (como em *Doomsday Book/Livro do Juízo Final*), decreto, comando, estado, condição'. Como nome, ele podia ser modificado, pluralizado e assim por diante. Ele também aparecia em vários nomes compostos abstratos, muitos usados frequentemente, por exemplo, com uma base adjetival, *freodom* 'liberdade (o tipo de composto mais antigo), e com uma base nominal, *martyrdom* 'martírio' (HASELOW, 2011, p. 151-154). Por volta do século XI, fim do período do inglês antigo, *-dom* começou a aparecer com significados desbotados e parece ter sido usado como sufixo derivacional em razão de expansão de tipo e redução fonológica. Isso ilustra a expansão gradual e a construcionalização na rede do esquema lexical [[ADJ/N] + [*dom*] ↔ ['entidade denotando estado abstrato']] (ou, em alguns casos, denotando lugar, cf. *kingdom*/reino)[5]. Marchand (1969, p. 262-264) documenta seu uso contínuo até o momento atual, em muitos casos com uma pragmática sutil humorística ou pejorativa.

---

5. Apresentamos uma representação mais elaborada dos esquemas lexicais no capítulo 4.

2.5.1.2 Permanência nas margens

Por vezes, um esquema pode ser sólido, mas certos membros (microconstruções) não são usados com frequência, talvez restritos em termos de gênero ou grupo de falantes, e, nesse sentido, estão nas margens da categoria por todo seu ciclo de vida. Hoffmann (2005, p. 143) arrola preposições complexas com 100 ou até menos ocorrências na modalidade escrita do BNC. Dentre essas, vinte e cinco ocorrem dez vezes ou menos, entre elas *in presence of*/na presença de, *without breach of*/sem quebra de, *in distinction of*/em distinção a, *at cost of*/à custa de, *by analogy to*/por analogia a. Intuitivamente, um olhar mais aprofundado em certos tipos de texto pode sugerir que algumas dessas preposições poderiam ser encontradas com relativa frequência em certos gêneros (p. ex., *by analogy to* na linguística histórica recente, *at cost of* em discussões sobre preço). E, como Hoffmann demonstra, o que é relativamente frequente em textos escritos, por exemplo, *in spite of*/apesar de, pode não ser na oralidade (p. 106). Contudo, algumas preposições complexas são claramente mais 'centrais' no que diz respeito à frequência e distribuição que outras, por exemplo, *on top of*/em cima de. Hoffmann afirma que *in terms of*/em termos de, que apareceu primeiramente no século XIX, mas não se generalizou até o século XX, é a preposição mais frequente no BNC (mas até mesmo essa expressão complexa é distribuída com restrições, sendo muito rara em textos de prosa imaginativa e em textos de leitura recreativa).

Hoffmann também mostra que *in front of*/em frente a, que concorre com *before*/antes (<*be* 'por' *foran* 'da frente' [OED]), no uso espacial e, principalmente, no temporal, não é raro apenas no inglês médio, quando primeiro surgiu, mas continua a ser menos frequente que *before* no inglês contemporâneo, como demonstra o BNC (p. 150). Entretanto, *in front of*/a frente de tem todas as marcas de gramaticalização: fusão como uma unidade, função como preposição, e perda de significado lexical, mas pouca redução fonológica. Parece que *before*/antes especializou-se principalmente para relações temporais, e *in front of*/à frente de principalmente para as espaciais.

Esses exemplos sugerem que microconstruções em um esquema podem ser bem variáveis em termos de frequência e possibilidades colocacionais e, consequentemente, podem ser variáveis em termos de prototipia. A discussão de Geeraerts (1997) sobre a importância da abordagem dos protótipos para a mudança semântica deve ser expandida para a mudança construcional e, especialmente, para a noção de esquemas e suas sub-redes.

2.5.1.3 Marginalização e perda de uma construção

Quando um esquema já existe, seus membros, e até o próprio esquema, estão potencialmente sujeitos ao enfraquecimento e perda, geralmente depois de um período de expansão. O *cline* de Givón (1979, p. 209), no qual o estágio final é zero, é bastante relevante nos estudos sobre gramaticalização:

(15) discurso > sintaxe > morfologia > morfofonologia > zero

O zero no *cline* representa perda, e pode abrigar tanto a perda completa como a perda eventual da marca de infinitivo *-an* no inglês, como também o desenvolvimento de zeros significativos. Os últimos são elementos num paradigma, por exemplo, o presente habitual geralmente é não marcado, compare *They talk everyday*/Eles se falam todos os dias (presente habitual, marca zero) com *They used to talk every day*/Eles costumavam se falar todos os dias (passado habitual, marca perifrástica). Zeros significativos não precisam ter uma fonte em uma microconstrução evidente, mas podem surgir a partir do 'contexto discursivo e cognitivo' (BYBEE, 1994, p. 241; 2010, p. 177-181). Entretanto, Givón considerou casos que surgem a partir de morfemas anteriores, por exemplo, plural não marcado (zero) como em *They think so*/Eles acham que sim. O plural zero resulta da perda da flexão de plural *-en* do inglês antigo durante o inglês médio.

Givón afirma que (15) caracteriza 'ondas cíclicas', ou seja, haverá 'renovação' (MEILLET, 1958a [1915-1916]). Assim, como apontou Meillet, enquanto algumas categorias estão sujeitas a perda e renovação, por exemplo, conjunções e negação, outras são consideravelmente resistentes: novos membros da categoria podem surgir e coexistir por um longo tempo (princípio da estratificação de HOPPER, 1991). Considerando (15), em um contexto de renovação, podemos nos sentir tentados a pensar no surgimento de uma nova microconstrução como 'compensação' pela perda de outra. Uma versão radical dessa noção é a ideia de que novas categorias gramaticais emergem depois que a anterior se torna zero (se perde), por exemplo, que proposições foram usadas para marcar caso depois da perda da flexão de caso no inglês. Aqui, 'ciclo' é concebido como 'círculo'. Meillet (1958b [1912], p. 142), por exemplo, fala de uma forma desaparecendo e deixando 'une vide', 'um vazio' ou uma lacuna que é, então, preenchido. O autor exemplifica com a perda do pretérito, como em *cecini* 'cantei' e o surgimento do perifrástico *habeo dictum* 'tenho dito' (mais tarde no francês *j'ai dit* 'eu disse'), por sua vez derivado da passiva, por exemplo, *dictum est* 'foi dito'. Entretanto, não há evidência de que uma lacuna seja criada para que então seja necessário preenchê-la. A ideia também não faz muito sentido uma vez que falantes possivelmente não seriam capazes de se comunicar eficientemente se não houvesse um modo de instanciar uma categoria (a não ser que outra variante continuasse a existir). Como Lehmann (1985) afirma, a renovação ocorre simultaneamente à perda; há competição entre a forma mais antiga e a nova, de modo que o 'ciclo' deve ser concebido como um tipo de sucessão paralela de mudanças, e não como um círculo (cf. HASPELMATH, 2000, para uma visão semelhante). Lehmann sugere que a perda de caso no latim e a renovação das preposições no latim-romance estão 'em harmonia mútua' umas com as outras (1985, p. 312).

Um excelente exemplo de coexistência, com significados sutilmente diferentes, de uma microconstrução gramatical mais velha e uma mais nova é dada pelo conhecido futuro do romance que deriva de V + INF + *habe-*. Num estudo da história do frâncico, de Fredegarius Scholasticus, do século VII, a forma *daras* 'darás' com a flexão *-r-* <*dare habes* ('dar terás') ocorre lado a lado com o antigo futuro *dabo* com a flexão *-b-*. Ele aparece em uma narrativa sobre uma suposta razão pela qual uma cidade foi nomeada Daras. Há uma troca entre o rei persa derrotado (*ille* 'ele' na primeira linha de (16)) e o imperador Justino, que demandava certos territórios:

(16) et ille respondebat: non **dabo**
e ele respondeu: neg dar-1SgFUT
Iustinianus dicebat: **daras**
Justinian disse: dar-2SgFUT.
(FLEISCHMAN, 1982, p. 68.)

Dabo e *daras* claramente coexistiam, mas não significavam exatamente a mesma coisa. A forma mais antiga pode ser traduzida como 'Eu não darei', enquanto a mais nova sugere que o sentido de obrigação modal associado com o sintagma *habe-* se mantém: 'Você tem que dar'. Não há evidência de que a forma de futuro *-b-* perdeu-se e só então o futuro com *-r-* a substituiu. Ao contrário, elas competiram e, por fim, os falantes escolheram a forma *-r-* ao invés da forma antiga *-b-*. Ao longo do tempo, o significado de obrigação da forma *-r-* se reduziu em razão de seu uso frequente e o antigo *-b-*, com o qual competia, se perdeu

A renovação é quase sempre restringida de algum modo, e perda e renovação não são reflexo uma da outra. Detalhes de como o futuro no romance substituiu o futuro do latim estão escondidos no tempo. No entanto, exemplos de obsolescência em andamento no inglês são apresentados por Leech, Hundt, Mair e Smith (2009), e nos dão uma visão das coisas que acontecem quando uma construção gramatical se torna marginalizada. Leech, Hundt Mair e Smith discutem o declínio dos modais centrais no inglês padrão do século XX, tais como *will*[6], *would/seria, can/pode, could/poderia, may/pode, might/poderia, shall/deve, should/deveria, must/deve, ought (to)/deve* e o que eles denominam *need(n't)* (para distingui-los do semimodal *need to/deve*,

---

6. Diferentemente dos demais, *will* pode atuar como modal desiderativo e como auxiliar de future [N.T.].

que tem várias propriedades de verbo principal). A respeito dos modais, os autores observam que, no geral, os modais centrais que já eram menos comuns no final do século XIX (*may, must, shall, ought* (*to*), *needn't*), têm diminuído significativamente mais rapidamente do que aqueles que não estavam em declínio. As variedades britânica e americana do inglês apresentam diferentes índices de declínio, mais perceptível na fala do que na escrita. Isso implica que, enquanto membros do esquema (nós na rede) podem diminuir, eles não ocorrem igualmente: assim como se vê microconstruções individuais surgindo para serem incluídas em um esquema ao longo do tempo, também vemos microconstruções individuais caindo em desuso, uma após a outra.

Leech, Hundt, Mair e Smith (2009) questionam até que ponto o declínio dos modais centrais está correlacionado com a emergência dos semimodais tais como *BE going to*/estar indo, *BE able to*/ser capaz de, *HAVE to*/ter que, como se espera considerando a mudança geral de uma sintaxe sintética para uma mais analítica em inglês, discutida, por exemplo, em Krug (2000). Eles mostram que em dados escritos, o aumento de semimodais é muito menor do que a perda de modais centrais. Entretanto, em seus dados mais limitados de *corpora* oral, semimodais têm uma frequência muito mais alta, e um subconjunto: *HAVE to*/ter que, *BE going to*/estar indo e *WANT to*/querer começam a competir com modais centrais em termos de frequência. Do mesmo modo, no final do século XX, como demonstrado por uma variedade de *corpora* eletrônico, modais centrais ainda se sobressaem aos semimodais em 1.8 a 1 mesmo na variedade que passou por uma grande quantidade de mudanças, o inglês americano falado (p. 101). Assim, até o ponto em que há uma correlação entre a expansão de semimodais e a perda de alguns modais centrais mais antigos, ainda tal correlação é insuficiente e observada principalmente no inglês falado. No entanto, há um caso em que um modal central, *dare*/ousar, parece ter sido tão raro que se tornou um híbrido, com algumas propriedades de modais centrais e outras de quase-modais com *to*/marca de infinitivo, por exemplo, a negativa é favorecida sem o auxiliar *do*, mas na interrogativa usa-se o auxiliar (*He dared not go*/Ele não ousou ir, *Did he dare to go?*/Ele ousou ir?) (SCHLÜTER, 2010). Schlüter relaciona essa hibridade à necessidade de evitar o choque de acento: o infinitivo é favorecido se *dare*/ousar for sucedido por um verbo com adjacência de acento (p. ex., sem choque de acento *dáres to spéak* é preferível ao choque de acento em *dáres spéak*).

Da perspectiva da construcionalização, uma questão especialmente interessante destacada em Leech, Hundt, Mair e Smith é que, ao longo do século XX, houve uma tendência de redução da polissemia dos modais, por exemplo, *may*/poder (um modal relativamente frequente) está se tornando restrito a usos epistêmicos ('é possível que') e seu uso como permissão está sendo assumido por *can*/poder (p. 84-85). *Should*/deveria, outro modal relativamente frequente, está enfraquecendo e se tornando uma marca de não factualidade da predicação, ou seja, de modo (p. 86); *must*/dever, no entanto, embora num acentuado declínio, retém ambos seus significados deôntico ('ser obrigado a') e epistêmico (p. 89). A redução de auxiliares mais marginais é discutida em termos de 'enfraquecimento de funcionalidade' e seus sintomas (p. 80). Um sintoma do enfraquecimento da funcionalidade é a 'atrofia paradigmática': *shall* é completamente restrito a sujeitos de primeira pessoa agora. Se ocorre com sujeitos de terceira pessoa, quase sempre é no contexto de atos de fala 'manipulativos', por exemplo (p. 80):

(17) This agreement shall enter into force upon signature.
 [Esse acordo deve entrar em vigor depois da assinatura.]

Outro sintoma do enfraquecimento da funcionalidade é a 'fragmentação distribucional' (p. 81): aumento da restrição a certos gêneros ou até mesmo textos. A perda de elos de polissemia envolve perda de generalidade semântica; perda de liberdade paradigmática e distribucional envolve perda de produtividade. A obsolescência do núcleo marginal dos modais ainda não levou à perda de esquematicidade das construções modais centrais, uma vez que todos os seus membros ainda são usados. No entanto, as trajetórias individuais de cada microconstrução sugerem que o alinhamento em macroenvelopes maiores dos modais centrais está se tornando de fato fraco durante a obsolescência, e que vários modais centrais estão se tornando restritos no sistema. Todas essas são mudanças construcionais.

Até o momento, discutiu-se as restrições formais ou de gênero (escrita *versus* fala) da competição e perda. Restrições também podem ser regionais. Por exemplo, no inglês antigo *oþ* (*þæt*)/até foi substituído com a função de preposição e de subordinador logo na primeira fase do inglês médio por *till* 'até', uma forma encontrada desde o inglês antigo, mas que provavelmente foi reforçada por influência escandinava. Essa substituição parece ter começado nas *East Midlands*[7] (RISSANEN, 2007). No inglês britânico contemporâneo, a negação com o verbo auxiliar *do-* é favorecida com o tempo passado de *have*/ter possessivo (*They didn't have any boots*/Eles não tinham nenhuma bota), mas a regra *default* no norte é a forma antiga *hadn't* (*They hadn't no boots*/Eles não tinham nenhuma bota) (SCHULZ, 2011).

Como representar perda na rede construcional? É interessante observar que os mesmos princípios que adotamos para explicar a expansão podem ser aplicados à obsolescência, embora tenhamos que acrescentar o fator extra da 'competição' na rede construcional. Conforme Hudson (2007a), a mudança de nó-ocorrência para nó-tipo acontece quando o primeiro permanece na memória, como mencionado em 2.3.3. A permanência na memória é possibilitada pelo uso repetido e frequente de ocorrências similares, que permitem que o usuário da língua generalize e, desse modo, uma construção pode ser criada como resultado da exposição contínua a ocorrências semelhantes. Por outro lado, a pouca frequência de uso de uma construção – evidenciada pela pouca frequência com que construtos são sancionados por essa construção – levam ao enfraquecimento dessa parte da rede construcional ao ponto em que esse construto é reinterpretado

---

7. Região leste do centro da Inglaterra [N.T.].

pelos falantes e ouvintes como não sendo sancionado por uma construção mais produtiva. A construção pode ser atribuída a um nicho[8]. No século XIX, por exemplo, -*dom* passou a ser usado principalmente com significado pejorativo, confira *duncedom*/estupidez, *gangdom*/gangues, um significado que persiste até mesmo quando o N não tem uma semântica negativa (*attorneydom*/procuradoria) (MARCHAND, 1969, p. 264); exemplos recentes são *Blairdom* (TROUSDALE, 2008a) e *Obamadom*. Em alguns momentos, um subesquema relativamente produtivo pode obsolescer, como o subesquema da forma [ADJ + *dom*], do qual poucos membros sobraram, por exemplo, *freedom*/liberdade, *wisdom*/sabedoria.

No processo de obsolescência, padrões antigos de produtividade e composicionalidade se tornam idiossincráticos e improdutivos. A generalidade de tipo reduz e o modelo sanciona cada vez menos instâncias. A perda de produtividade resultante disso pode acabar levando ao desuso e quebra do elo entre um subesquema e uma microconstrução. Para exemplificação, considere o seguinte modelo construcional que deriva nomes de adjetivos: [[ADJ + *th*] ↔ ['entidade que denota propriedade do ADJ']][9]. Esse modelo historicamente bastante produtivo permitiu a criação de formas como *warmth*/calor, *health*/saúde, *truth*/verdade, entre outros. Esse padrão era parte de um esquema mais geral de formação de nomes a partir de adjetivos, que inclui subesquemas como as formas [ADJ + *ness*] e [ADJ + *ity*]. Ao longo do tempo, [ADJ + *th*] tornou-se menos produtivo comparado a outros modelos. Posteriormente, o que se fixou não foi o padrão geral, mas suas instanciações, como *stealth*/furto, *truth*/verdade, entre outros. Em

---

8. Atribuição a um nicho não necessariamente envolve obsolescência; no entanto, cf., p. ex., Torres Cacoullos e Walker (2009) sobre o uso de *will* e *BE going to* em nichos complementares no inglês do Quebeque. Blythe e Croft (2012, p. 278) chamam esse processo de mudança de 'realocação'. Esse conceito está relacionado ao tipo de reorganização discutida na próxima seção.

9. Em português, um esquema semelhante seria [[ADJ + -dade] ↔ ['entidade que denota propriedade do ADJ']], como em feliz/felicidade, digno/dignidade [N.T.].

casos como esse, os usuários da língua são cada vez menos expostos à construção mais abstrata, que perde vitalidade e se desvincula cada vez mais das partes mais produtivas da rede morfológica. Os falantes neoanalisaram formas como *wealth*/riqueza, *depth*/profundidade e *breadth*/largura-envergadura como monomorfemas simples, e não como instâncias de um padrão mais geral que associa um sufixo a uma variante morfológica de um adjetivo. Em alguns casos, os tipos mais gerais podem ser reduzidos em termos de generalidade ao ponto de se isolarem tanto que deixam de ser entendidos pelos usuários da língua como instâncias de uma família, por exemplo, em que padrões historicamente produtivos de formação de palavras se perdem e todas as formas originalmente geradas por esse esquema construcional são tratadas como monomorfemas (p. ex., inglês antigo [ADJ/V + -*sum*] > inglês moderno *buxom*/corpulenta, *lissome*/flexível, *winsome*/atrativo). Esses exemplos também demonstram a natureza gradiente da analisabilidade: *buxom* é menos analisável que *tiresome*/cansativo, por exemplo. Observe que essa é uma propriedade de várias microconstruções: *tiresome* é mais analisável porque sua base é reconhecível como um verbo, enquanto *bux-* em *buxom* é, no máximo, um morfema fossilizado (cf. mais adiante no capítulo 4, especialmente seção 4.6), e é tratado como um adjetivo atômico.

A perda de subesquemas pode ser relativamente comum no domínio lexical, mas ocorre por toda a rede construcional, como ilustrado pela perda dos subtipos de construção bitransitiva (cf. 2.5.2 abaixo). Em alguns casos, ocorre uma obsolescência mais radical e todo um conjunto de subesquemas cai em desuso. Considere, como exemplo, a construção impessoal do inglês, um subtipo do esquema transitivo (cf. *Me thirsts*/ tenho sede, *Me likes it*/eu gosto). Havia um grande número de subtipos de construção impessoal no inglês antigo, a depender do tipo de argumento nominal. Direcionando a discussão para verbos com dois argumentos, experimentador e origem, podemos estabelecer três subesquemas, conforme ilustrado no quadro 2.1 (os subtipos são marcados N, I, II seguindo ELMER, 1981 e ALLEN, 1995).

Quadro 2.1 Subtipos de construção impessoal em inglês

Tipo	Caso do Experienciador	Caso de Origem
N	Dativo ou acusativo	Genitivo
I	Dativo	Nominativo
II	Nominativo	Genitivo

Diferentes verbos apareciam em diferentes subesquemas impessoais no inglês antigo. Alguns eram restritos a microconstruções particulares (p. ex., *lystan* 'desejar' aparecia apenas no tipo N, *lapian* 'odiar' aparecia somente com o tipo I e *behofian* 'ter necessidade de' aparecia somente no tipo II), enquanto alguns poderiam ocorrer em dois subesquemas (*sceamian* 'envergonhar' nos tipos II e N) e um em todos os três (*ofhreowan* 'lamentar') (ALLEN, 1995, p. 85). Ao longo do tempo, os subesquemas caíram em desuso à medida que boa parte dos falantes do inglês codificou a relação entre fonte e experienciador com a construção transitiva mais geral, que tinha sujeitos 'nominativos' (p. ex., *I rue my mistakes*/Lamento meus erros, *She loathed him*/Ela detestava ele). A perda desses subesquemas impessoais na rede construcional ocorreu gradualmente: por exemplo, *lician* 'causar/ sentir prazer' parece estar restrito ao subesquema do tipo I no inglês antigo. À medida que a construção transitiva foi se tornando cada vez mais produtiva e mais geral, *lician* começou a ocorrer na construção transitiva com marcas do caso nominativo para sujeito e do oblíquo para objetos, ou seja, essa construção impessoal específica era usada como alternativa à forma transitiva. No entanto, mesmo mais tarde, na primeira fase do inglês moderno, vestígios desse padrão antigo eram encontrados. Essa persistência pode ser observada em exemplos em que o sujeito de *like*/gostar tem papel temático de origem e o objeto de experienciador (18a), e em outros o sujeito é experienciador e o objeto, a origem (18b):

(18) a. these two, trauelingue into east kent, resorted
esses dois viajando para o oeste de Kente foram
vnto an ale house and callinge for a pot
para uma cervejaria e pedindo por uma caneca
of the best ale, sat down at the tables
da melhor cerveja, sentaram à mesa
ende: the *lykor* **liked** *them so* *well,* *that* *they*
e a bebida agradou os tanto, que eles
had *pot* *vpon* *pot.*
tomaram caneco atrás de caneco
(HARMAN, 1567 [HC cefict1a; TROUSDALE, 2008c, p. 310]).

b. *yf my cosin* **like** *it,* I will send him more.
se meu primo gostar, eu vou mandar ele mais
(1627 Meautys to Cornwallis [CEEC Cornwall; TROUSDALE, 2008c, p. 310].)

O processo gradual da perda da construção impessoal correlaciona-se com várias mudanças sistemáticas separadas no inglês moderno, incluindo a perda de caso morfológico e o desenvolvimento do sujeito (morfos)sintático obrigatório, que juntos promovem o desenvolvimento da construção transitiva (para mais detalhes cf. TROUSDALE, 2008c). Sujeitos não nominativos se tornam, gradualmente, cada vez mais atípicos. A construção impessoal e seus subesquemas desapareceram da rede construcional do inglês. Em outras palavras, não há microconstrução cujos argumentos verbais sejam um pronome não nominativo e uma oração. Isso se confirma pela inexistência de construções como *Them rues that* X/Os detestam que X ou *Us likes that* X/Nos gostamos que, e pelo *status* de *methinks*/me parece do inglês contemporâneo. Remanescente da construção impessoal, *methinks* não mais é sancionada por uma construção impessoal produtiva na gramática sincrônica. Ao contrário, essa construção foi neoanalisada como um advérbio epistêmico ou evidencial funcionando como marcador metatextual com o sentido de 'aparentemente' ou 'em minha opinião'.

Muitas construções têm vida longa, por exemplo, *as long as*/desde que com sentido temporal tem sido usada desde a fase inicial do inglês médio. No entanto, algumas vezes, construções são usadas apenas por um curto período de tempo. Exemplos disso incluem o uso de *do* em orações afirmativas na primeira fase do inglês moderno (NEVALAINEN, 2004), de aspectualizadores como *stinten* e *finen*, ambos indicando 'terminar', no inglês médio (BRINTON, 1988), e de *all*/todos como um quotativo no início do século XXI (BUCHSTALLER; RICKFORD; TRAUGOTT & WASOW, 2010). Aparentemente, não há nada intrínseco em uma microconstrução que leve a uma vida longa ou curta. O fator determinante é a convenção por uma comunidade de falantes. Do mesmo jeito, não há nada intrínseco em um esquema que leve a uma vida longa ou curta, a pouca ou muita produtividade.

2.5.2 Reconfiguração de elos

Mudanças na rede ao longo do tempo não estão limitadas a criação e perda. Como resultado do processamento e da neoanálise em tempo real, pode haver mudanças na configuração das famílias de nós relacionados na rede, em outras palavras, de subesquemas e até esquemas.

Um exemplo de mudança nos elos de herança é apresentado por Colleman e De Clerck (2011), que mostram que vários subtipos de bitransitivas que se desenvolveram no século XVIII se perderam, marginalizaram-se ou reduziram-se. O subesquema de verbos de banimento ou exclusão (p. ex., *banish*/banir, *dismiss*/dispensar, *expel*/expulsar, *forbid*/proibir) basicamente se perdeu no inglês britânico padrão. Colleman e De Clerck (2011, p. 194) citam os exemplos em (19):

(19) a. I therefore for the present ***dismiss'd*** him the Quarter deck.
      [Eu portanto para o presente o dispensei (para) o '*Quarter deck*'.]
      (*1771* Cook, *Journal* [CL 1].)
   b. he therefore ***forbade*** her the court.
      [ele, portanto, proibiu-lhe o tribunal.]
      (*1744* Walpole, *Letters* [CL 1].)

Outros subesquemas foram drasticamente reduzidos. Por exemplo, houve perda de alguns verbos de benefício (*water*/aguar, como em *she watered me the plants*/ela molhou as plantas para mim) e comunicação (*repeat*/repetir, como em *repeat you a sentence*/repita a frase). Entretanto, há diferenças em aceitabilidade se o recipiente é um pronome, por exemplo *shouted him the answer*/gritou a resposta para ele[10]. Alguns membros de subtipos que se perderam, especialmente verbos de modo de locução (p. ex., *shout*/gritar, *whisper*/sussurrar), foram recrutados para o que Goldberg (1995, p. 89-91) chama de construção de movimento causado com transferência, ou a 'paráfrase preposicionada' da bitransitiva (*Max gave the robot to him*/Max deu o robô a ele). Historicamente, a relação entre verbos de modo de locução e a construção bitransitiva e a de movimento causado com transferência parece ter sido relativamente próxima a partir do inglês médio em diante, uma vez que alguns verbos, especialmente os de modo de locução, vêm alternando entre ambas por mais de um milênio (cf. SOWKA-PIETRASZEWSKA, 2011). Como falamos em 2.4.2, Goldberg (1995, p. 89-91; 2006, p. 9) argumenta que a construção bitransitiva e a de movimento causado com transferência apresentam apenas similaridade aparente; de fato, 'a bitransitiva e sua paráfrase preposicionada não são ligadas por elo de herança' (GOLDBERG, 1995, p. 100). No entanto, elas aparentam ter um significativo elo de sinonímia ao longo do tempo, o que vai ao encontro da conclusão de Perek (2012) mencionada acima em 2.4.2 de que os usuários da língua podem generalizar sobre alternâncias mesmo quando essas não têm as mesmas propriedades formais.

Um dos estudos mais detalhados sobre reorganização de elos de herança é encontrado em Torrent (2011; 2015), que usa uma análise FrameNet. Torrent discute mudanças nos elos[11] de herança compartilhados pela família

---

10. Também pode haver diferenças entre variedades do inglês. Hoffmann e Mukherjee (2007) identificam vários bitransitivos 'incomuns' no inglês indiano e concluem que, p. ex., *He informed me the story*/Ele me informou a história é uma inovação nessa variedade. Entretanto, Colleman e De Clerck (2011, p. 197-198) incluem *inform*/informar entre um conjunto maior de verbos de comunicação bitransitivos que têm se tornado obsoletos no inglês desde o século XVIII, o que na verdade pode ser resíduo do período colonial.

11. Torrent inclui elos de polissemia relacional, de metáfora e de subparte como herança, de modo que as mudanças são mais complexas do que sugerido aqui.

das construções PARA INFINITIVO no português, da qual um exemplo central atual é ilustrado pelo português brasileiro:

(20) Ela deu mil reais *pra* mim *fazer* o serviço.
    (TORRENT, 2015, p. 179.)

De acordo com Torrent (2015, p. 180), a sintaxe do esquema do qual (20) é um subtipo é [SN$_1$ V SN$_2$ *para* SN$_3$ V$_{INF}$] (DATIVO COM INFINITIVO) e o significado é [Instrumento possibilita Beneficiário/Agente alcançar um Propósito]. Historicamente, o esquema é uma mescla das construções de FINALIDADE, DEÔNTICA e DATIVA POSSESSIVA do latim vulgar. Essa construção é resultado de sucessivas mudanças construcionais por meio das quais uma pequena família de quatro membros de construções de ADJUNTO DE FINALIDADE verificadas no século XIII no português europeu foi reconfigurada a partir do século XV e posteriormente expandida no português brasileiro no século XIX. Atualmente, essa é uma rede maior e multidirecional de uma família que herda propriedades da modalidade epistêmica e de aspecto.

Um exemplo de mudanças em elos de polissemia é discutido por Patten (2010; 2012) em seu estudo sobre os tipos de clivada com *it*. A autora propõe que essa construção era, originalmente, uma construção de foco, na qual o elemento focal pós-cópula é identificado ou especificado (ao invés de ser descrito e predicado) e o relativo é uma oração relativa pressuposta equivalente à do inglês atual:

(21) It was Sally who killed her.
    [Foi Sally quem matou ela.]
    (PATTEN, 2010, p. 226.)

Em (21), Sally é o foco, especificado como único membro de um conjunto (pessoas que a mataram, que é expresso numa relativa pressuposta). Patten afirma que essa clivada especificacional com *it* ocorria com SN focal desde o inglês antigo, mas restrições no *slot* pós-cópula enfraqueceram gradualmente ao longo do tempo, de modo que sintagmas preposicionados, orações com *because*/porque e até adjetivos também podem ser focalizados, como em (22):

(22) a. It's ***in December*** that she's coming.
        [É em dezembro que ela vem.]
     b. It's ***because it is your birthday*** that she is coming.
        [É porque é seu aniversário que ela vem.]
     c. It's not ***sick*** that he was but tired.
        [Não é doente que ele estava, mas cansado.]
        (PATTEN 2010, p. 239, apud KISS, 1998, p. 262.)

Além disso, clivadas com *it* com informação pressuposta, nas quais informação nova é apresentada na oração relativa, também são uma expansão da clivada com *it*. Em (23), a oração relativa não é acessível pelo contexto, ou conhecida pelo ouvinte, mas marca 'UMA PORÇÃO DE INFORMAÇÃO COMO FATO', conhecida por alguns, embora ainda não conhecida pelo ouvinte em questão' (PRINCE, 1978, p. 899-900, destaque do original), como em:

(23) *(start of a lecture)*
        [começo de uma palestra]
        *It was **Cicero who once said, 'Laws are silent at times of war'.***
        [Foi Cícero que uma vez disse: 'Leis são silenciosas em tempos de guerra'.]
        (PATTEN, 2010, p. 222, 234.)

Patten afirma que o desenvolvimento da clivada com *it* com informação pressuposta é uma extensão ligada por polissemia à clivada com *it* focalizadora, e não uma construção distinta, como sugerem Prince (1978) e Ball (1994). Esse entendimento se sustenta no fato de que as clivadas com *it* com informação pressuposta são especificacionais e implicam que a relativa é um fato conhecido (cf. tb. LAMBERCHT, 1994). Os primeiros exemplos disso são encontrados no inglês médio, mas sua frequência não aumenta significativamente até o período moderno.

2.6 CATEGORIAS, GRADIÊNCIA E GRADUALIDADE

Como indicado no capítulo 1, concebemos a rede de construções como não modular. Todo nó é um complexo de estruturas de forma-significado. No nível da microconstrução, algumas são primariamente de conteúdo. Na maioria das línguas, essas são instâncias específicas de tipos construcionais mais gerais, usadas para referir e predicar, frequentemente caracterizadas como nomes, verbos e adjetivos. Prototipicamente, essas são construções 'lexicais' e se referem a entidades, situações e descrições no mundo. Outras construções são primariamente 'procedurais'. Essas construções são gramaticais e vão desde marcadores de caso, tempo, aspecto e modalidade até marcadores de estrutura da informação (tópico e foco) e de atitude do falante em relação ao enunciado (marcadores pragmáticos, orações-comentário). Há uma gradação de construções de conteúdo/lexicais para procedurais/ gramaticais, em que verbos, nomes e adjetivos estão no polo de conteúdo e marcadores abstratos, como os de modo ou tópico, no polo procedural (LEHMANN, 2004; BRINTON & TRAUGOTT, 2005; MUYSKEN, 2008). Um exemplo evidente dessa gradação é a categoria dos advérbios em inglês, que é formada por construções parcialmente lexicais e parcialmente gramaticais. Em inglês, que tem um sistema adverbial extremamente rico, geralmente, advérbios de modo estão no extremo lexical do *continuum*, por exemplo, *foolishly*/estupidamente, *fast*/rapidamente, enquanto advérbios marcadores de foco, por exemplo, *only*/somente, *even*/mesmo, e advérbios de grau, como *very*/muito, *quite*/muito, estão na ponta procedural. Em algumas línguas, com sistema adverbial mais restrito, a maioria dos advérbios está no polo procedural (cf. RAMAT & RICCA, 1994).

As categorias que instanciam material lexical e gramatical são gradientes, no sentido de que algumas são 'mais' representativas do que outras na mesma categoria. Em suma, a ideia é que as categorias não são homogêneas ou discretas. Esse conceito se liga à noção de 'pertinência do exemplar' e 'grau de pertencimento', como desenvolvido na teoria dos protótipos (p. ex., ROSCH, 1973; GEERAERTS, 1997, e nos desenvolvimentos mais recentes da linguística cognitiva como resumido em LEWANDO-WSKA-TOMASZCZYK, 2007). Denison (2010) discute alguns problemas decorrentes do entendimento das categorias como rígidas e idealizadas, tomando *fun*/diversão como exemplo (N com propriedades de ADJ; p. ex., *very fun*/muito divertido, *fun time*/tempo divertido). Aarts (2007) expõe alguns desses problemas mais detalhadamente a partir de casos como *utter*/completo (um membro 'pobre' da categoria ADJ, já que não pode ser usado como predicativo: *The nonsense was utter*, ou como um comparativo em *utterer nonsense*). Bybee (2010, p. 2) discute as maneiras em que 'morfemas lexicais mudam seu significado e sua natureza dependendo do que os acompanha' tomando *go*, que costuma se comportar como um verbo de movimento lexical, mas é menos lexical e mais procedural em, por exemplo, *go wrong*/dar errado, *go ahead (and)*/siga em frente (e), *go boom*/explodir, *let's go have lunch*/vamos almoçar, *go* quotativo (como em *and I go 'What do you mean?'*/e eu falei 'O que você quer dizer?') e *BE going to* (futuro).

Considerando que construções mudam ao longo do tempo e, especialmente, que itens lexicais, em certos contextos, são recrutados pelos falantes para cumprirem funções gramaticais, instâncias que seriam exemplares relativamente 'pertinentes' de suas categorias (e poderiam continuar sendo), geralmente, passam por 'descategorização' e perdem algumas características prototípicas. Por exemplo, o verbo lexical *mag-*/ter poder do inglês antigo podia ser usado como verbo não finito intransitivo com um sintagma preposicional em vários tempos. Quando se rotinizou e foi recrutado para uma construção modal gramatical, os usos não finito e intransitivo se tornaram obsoletos – seu *status* verbal foi descategorizado (PLANK, 1984; WARNER, 1993). Nesse caso, o verbo original *mag-* acabou se perdendo. Quando o quantificador *any* se aglutinou ao substantivo *way* como em *anyway*/de qualquer forma (advérbio e posteriormente um marcador pragmático), o N deixou de ser usado nessa frase fixa para ser usado com modificadores nominais, como adjetivos e determinantes ou no plural – seu *status* nominal foi descategorizado. *Way* acabou se tornando um representante pobre de N nessa construção. Entretanto, o nome original *way* e o quantificador *any* continuam a existir paralelamente à construção *anyway*.

Geralmente, somente uma característica de uma construção muda de cada vez. Isso significa que os passos são pequenos. Uma sucessão de pequenos passos discretos na mudança é um fator crucial para o que se conhece como 'gradualidade' (LICHTENBERK, 1991b). Entendemos 'gradualidade' em referência ao fenômeno da mudança, especificamente micromudanças estruturais discretas e pequenos passos de transmissão através do sistema linguístico (TRAUGOTT & TROUSDALE, 2010a)[12]. Sincronicamente, gradualidade se manifesta numa pequena escala de variação e 'gradiência' ('mudanças sempre se manifestam na variação sincrônica', ANDERSEN, 2001, p. 228). Isso significa que, em qualquer momento no tempo, construções em mudança contribuem para a gradiência no sistema[13]. Uma distinção importante que fazemos a esse respeito é que enquanto a gradualidade (mudança ao longo do tempo) pode ser discreta entre as gerações, a gradiência (variação na gramática sincrônica) não pode. Outro fato importante a se destacar é que, dado o modelo que adotamos, os 'pequenos passos' podem não estar num percurso contínuo unidirecional, mas podem ligar uma propriedade a outra através de nós.

Uma vez que os 'passos' são instantâneos, embora pequenos, e a rede é multidirecional, um questionamento é entender se há mudanças que não sejam graduais no sentido discutido acima. Por exemplo, há mudanças que ocorrem isoladas e não como resultado de uma série de mudanças? Nossa resposta para a última questão é positiva, ao menos no domínio da microconstrucionalização lexical. Exemplos incluem empréstimos e conversões (para a última, cf. seções 1.5.4 e 4.8). Uma segunda questão é saber se há

---

12. Esse entendimento de 'gradualidade' deve ser distinguido do prevalecente na literatura gerativa (p. ex., ROBERTS, 2007), em que 'gradualidade' é usado para se referir à transmissão ou difusão através de uma rede de falantes.

13. Cf. Traugott e Trousdale (2010a; 2010b) para questionamentos sobre o entendimento da intersecção entre gradiência e gradualidade, especialmente no domínio da gramaticalização.

mudanças que sejam bruscas no sentido de serem grandes passos de mudanças. Essa questão tem sido exaustivamente discutida na literatura sobre gramaticalização, em que se discute se a reanálise é abrupta ou não e, se sim, se de fato tem alguma relação com gramaticalização. Por exemplo, Haspelmath (1998) desvincula reanálise de gramaticalização, com base no fato de que a reanálise é abrupta. Lehmann (2004, p. 10) também desvincula reanálise de gramaticalização, tendo em vista que reanálise é um processo de dois passos e não uma série de mudanças, ou seja, porque ela é abrupta Roberts (1993), por outro lado, propõe que a gramaticalização é um subtipo de reanálise. Muito desse debate se sustenta na primazia, atribuída por Lightfoot (1979), das mudanças de larga escala na morfossintaxe que são resultantes da acumulação expressiva de pequenos passos, chamadas de mudanças 'catastróficas' ou 'cataclísmicas'. Nos anos de 1990, os parâmetros da sintaxe gerativa eram macroparâmetros, assim qualquer mudança de parâmetro era necessariamente conceitualizada como de larga escala e abruptas. Já no início do século XXI, muitos sintaticistas gerativos passaram a assumir os microparâmetros em detrimento dos macroparâmetros (e. g., ROBERTS, 2010 & Van GELDEREN, 2011), de modo que a mudança paramétrica foi, necessariamente, repensada como sendo de pequena escala. Assumimos que a reanálise (ou melhor, neoanálise) envolve mudança em micropassos. Esses micropassos podem ou não criar novos nós na rede. Algumas neoanálises são mudanças construcionais; essas não criam novos nós-tipo na rede. Séries de mudanças construcionais podem levar a uma construcionalização. Essa também é uma neoanálise em pequenos passos. Nesse caso, a neoanálise resulta na criação de um nó-tipo de forma$_{nova}$-significado$_{novo}$ na rede. Em alguns casos, a acumulação de construcionalizações em pequena escala pode levar a construcionalizações sistêmicas de larga escala, como Lightfoot (1979) corretamente apontou, mas essas mudanças sistemáticas em si se desenvolvem gradualmente, por exemplo, a generalização das expressões perifrásticas de caso. Não as privilegiamos em relação a pequenas mudanças individuais.

2.7 UM ESTUDO DE CASO: O DESENVOLVIMENTO DA CONSTRUÇÃO COM *WAY* REVISITADO

Nesta seção, mostramos como a abordagem descrita acima, ao distinguir entre mudanças construcionais e construcionalização, identificar a reorganização de subesquemas e considerar as redes entre os esquemas, pode contribuir com o estudo da mudança ao longo de vários séculos. Revisitamos o desenvolvimento do esquema da construção com *way*, que, como se sabe, é o primeiro conjunto de mudanças históricas a ser investigado de uma perspectiva construcional (ISRAEL, 1996) e sugerimos modos de como a análise original pode ser aprimorada.

2.7.1 A construção com *way* no inglês atual

Alguns exemplos da construção com *way* são:

(24) a. After tucking him in, Lindsay **made her way** down the stairs to the kitchen.
[Depois de ajeitar ele na cama, Lindsay saiu descendo as escadas para a cozinha.]
(CLIPSTON, 2012, A Life of Joy [COCA])
b. she **trash-talked her way** into a Strikeforce title shot.
[ela abriu caminho xingando.]
(04/03/2012, Vancouver Sun [Google – Acesso em 04/03/2012].)

Com base em Levin e Rapoport (1988) e Jackendoff (1990), entre outros, Goldberg (1995, p. 199) caracteriza a forma da construção com *way* assim:

(25) [SUJ$_i$ [V POSS$_i$ *way*] OBL]

Seguindo Mondorf (2011), nossa sugestão é que o OBL seja substituído pelo DIR(ecional), já que direção é crucial para essa construção, o que deve ser distinguido de oblíquos, tais como locativos (cf. 2.7.3). A construção com *way* indica que o sujeito referente se move por um caminho, mas nenhum dos verbos que aparecem na construção no inglês atual são, de fato, verbos de movimento, como afirma Goldberg; entre eles estão *make/fazer*, *dig*/cavar e *belch*/arrotar, mas não, por exemplo, *go*/ir, *come*/vir, *run*/correr. A autora sugere que o verbo prototípico dessa construção altamente produtiva é *make*, e que a construção prototípica envolve um modelo com três componentes: 'o criador-tema, a criatura-*way* e o caminho' (GOLDBERG, 1995, p. 207). Em vários casos, há um movimento forçado ante dificuldades externas ou obstáculos (*force one's way*/forçar a saída de alguém), mas não em todos (*whistle one's* way/sair assoviando). A autora associa essa construção a resultativas com 'falso objeto' (p. 215-217), por exemplo:

(26) a. He cried his eyes red.
　　　[Ele chorou até os olhos ficarem vermelhos.]
　　 b. He talked himself hoarse.
　　　[Ele falou até ficar rouco.]

Entretanto, argumenta que elas não são membros de uma mesma construção porque resultativas são mais restritivas. Apesar de concordarmos que a construção com *way* seja diferente da construção resultativa com falso objeto, devemos destacar dois pontos. Um é que alguns membros de um esquema podem ser bem mais restritivos que outros, por exemplo, *a shred of*/um pingo de é mais restritiva que *a bit of*/um pedaço de porque ocorre, preferencialmente, com polaridade negativa (p. ex., *not a shred of hope*/nem um pingo de esperança) e com orientação semântica positiva (esperança e confiança positivas se sobressaem aos semanticamente negativos *desesperança e falsidade*); *a shred of* também é significativamente menos frequente que *a bit of*. Assim, restrição comparativa não é necessariamente uma razão para se pensar em esquemas separados. Uma abordagem de rede permite que algumas construções tenham uma relação mais distante dentro e através dos esquemas do que outras. O segundo ponto é que, uma vez que a construção de modo com *way* ocorre normalmente com um sintagma preposicional, um tipo de resultativa com objeto falso mais relevante seria a subclasse com sintagmas preposicionais, como (29):

(27) He **worked himself** into a frenzy.
      [Ele trabalhou até enlouquecer.]

Em 2.7.5, abaixo, salientamos que há uma razão histórica para a restritividade da resultativa comparada à que se nota na construção de modo com *way*, como aponta Mondorf (2011). Pela perspectiva de rede, pode-se mostrar que as resultativas têm, atualmente, uma relação mais distante na rede – não a 'mesma' construção, mas ainda assim intimamente ligadas.

Jackendoff (2002, p. 174) apresenta uma caracterização mais geral do que Goldberg sobre a construção de modo com *way*, afirmando que a construção indica 'grosso modo 'atravessar o caminho SP enquanto/fazendo V''. O autor observa que o verbo na construção de modo com *way* deve designar um processo: é 'inerentemente um verbo de processo (p. ex., *eat*/comer, *whistle*/assoviar, *roll*/rolar) ou algo que, no máximo, descreve um evento delimitado e repetitivo (p. ex., *belch*/arrotar, *joke*/contar piada, *hammer*/martelar)' (JACKENDOFF, 1990, p. 213). Embora a sequência pareça ser transitiva (*way* parece ser objeto), a construção é transitiva apenas em forma e tem uma 'incompatibilidade profunda com a passiva' (JACKENDOFF, 1990, p. 216). Considerando várias bases de dados e frequência de ocorrência, Golberg conclui que há duas construções polissêmicas, uma mais central ou básica, que ela denomina 'meio' (meio de movimento e criação de um caminho), por exemplo, *make*/fazer, *dig*/cavar, *worm*/rastejar, e outra que é uma 'extensão menos básica', que ela denomina 'modo' (movimento ao longo de um caminho de um certo modo), por exemplo, *clang*/retinir, *clack*/bater (p. 203). A maior parte dessa última refere-se a sons que poderiam acompanhar o movimento ao longo do caminho. Em nossa terminologia, essas duas construções são subesquemas polissêmicos do esquema superordenado da construção com *way*.

Tomando a base de dados do OED, Israel argumenta, assim como Mondorf, que a construção de modo com *way* emerge de várias 'linhas' que se uniram através de um padrão analógico, hipótese com a qual concordamos apenas em parte. Assim como Goldberg, Israel utiliza termos como 'modo' e 'meio', mas as categorizações não são equivalentes. As três primeiras linhas de Israel são, na verdade, subconjuntos da construção de 'meio' de Goldberg.

(a) A linha 'modo'. Envolve 'verbos que codificam forma de caminho, intensidade e modo de movimento' (ISRAEL, 1996, p. 221), como em (28a).

(b) A linha 'aquisição ou manutenção do controle do caminho' (mencionado em nota de rodapé na p. 221), como em (28b).

(c) A linha 'meios'. Envolve verbos que codificam criação de caminho (p. 223), como em (28c).

(d) A linha 'atividade incidental' (p. 224). Essa é amplamente codificada por verbos de sons que podem ser feitos durante um movimento ou criação de um caminho, por exemplo, *whistle*/assoviar, *hem*/pigarrear, *haw*/dar um muxoxo (28d). É o que Goldberg denomina construção de 'modo'.

Ilustramos esses casos com exemplos relativamente recentes de CLME-TEV:

(28) a. therewith he ***winged his way*** into the deep sky.
[Com isso ele bateu asas em direção ao céu azul.]
(1885, Pater, *Marius the Epicurian* [CL 3].).

b. How could she ***find her way*** home? How could she find her way about in Santa Croce?
[Como ela encontrou o caminho de casa? Como ela encontrou o caminho para Santa Croce?]
(1908, Forster, *Room with a View* [CL 3].)

c. before long I was out of sight of the camp, ***plowing my way*** through the mud.
[logo eu estava fora do alcance do campo, arando meu caminho pela lama.]
(1894, Kipling, *Jungle Book* [CL 3].).

d. The steamer ... came at last in sight, ***plashed its way*** forward, stopped, and I was soon on board.
[O vapor ... veio finalmente à vista, jogando água em seu caminho, parou e eu logo embarquei.]
(1842, Borrow, *Bible in Spain* [CL 2].)

Israel identificou uma continuidade no conjunto de verbos disponíveis (exceto para os verbos de movimento absoluto, como *go*) e uma 'consistência de uso' do período do inglês médio em diante (1996, p. 223).

Conforme Israel, (a), acima, que ele chama de linha de 'modo', é o subesquema mais antigo, que aparece desde o século XV num conjunto limitado de colocações tais como de movimento *go*/ir, *run*/correr, *wend*/perambular *one's way*/o caminho de alguém. Mais tarde, verbos como *sweep*/varrer, *scramble*/misturar, *wing*/bater asas, *worm*/rastejar entraram nesse grupo. A linha 'aquisição ou manutenção do caminho', em (b), com verbos como *take*/tomar, *find*/encontrar também são encontrados desde os primeiros usos. A linha 'meios', em (c), emergiu por volta da metade do século XVII com verbos como *cut*/cortar e *smooth*/suavizar. Israel afirma que esses três esquemas se entrelaçaram, levando à construção do inglês atual. A quarta linha 'atividade incidental' (d) desenvolveu-se na metade do século XIX; segundo Israel, muitas 'ainda são inaceitáveis para muitos falantes' (p. 224).

A análise de Israel, assim como a de Goldberg, está embasada na semântica de *frames* e, essencialmente, na explicação de como movimento, caminho, modo e causa combinam-se em itens lexicais (TALMY, 1985). Atua aí a analogia, em que categorias parecem se romper. Apesar da exatidão geral em relação aos períodos em que os tipos de verbo começam a aparecer nos dados de texto investigados, essa análise parece dar mais privilégio à noção de modo. Os primeiros usos de modo são identificados por Israel como verbos de movimento (*run*, *wend*)[14]. Embora *run* tenha algum modo (velocidade) implicado, *wend* é mais complicado. *Wend-* foi originalmente um verbo transitivo com o significado de virar, mas no inglês antigo consta um uso intransitivo com o significado 'ir' desde o século XI. Sua forma de passado *went* se tornou o passado supletivo de *go* durante o inglês médio, substituindo *yede*. A maioria dos exemplos de *wend* parecem envolver o

---

14. Goldberg (1995, p. 204) também considera *wend* como um verbo de modo de movimento. A autora o inclui juntamente a *thread*/enfiar, *weave*/tecer como 'movimento sinuoso metódico' que envolve alguma dificuldade no caminho.

sentido de simples movimento intransitivo, seja tempo passado ou presente, por exemplo:

(29) Eliezer **is went his wei** And haueð hem boden godun dai.
Eliezer has gone his way and has them bidden good day
'Eliezer saiu e lhes desejou bom dia.'
(a1325(c1250) *Gen. & Ex.* [MED dai].)

No que diz respeito à história das construções com way, Israel afirma que:

> Uma questão evidente nessa longa evolução é a consistência de uso ao longo dos séculos. Em todos as fases certos predicados – *go*/ir[15], *make*/fazer, *pursue*/perseguir, *wing*/bater asas – tendem a recorrer e predominar no uso (ISRAEL, 1996, p. 223).

Investigamos quando e como a construção veio a existir e se dados de períodos mais antigos oferecem evidência de construção similar à contemporânea. Abaixo, desenvolvemos duas hipóteses. Uma é a de que, embora se tenha considerável continuidade de forma superficial, houve, de fato, uma neoanálise significativa das relações esquemáticas entre *way* e os verbos com os quais co-ocorre. Especificamente, há pouca ou nenhuma continuidade direta entre o uso de *go* e verbos de modo como *scramble*, *wing* e *worm*. A segunda hipótese é a de que os principais fatores estruturantes são as semânticas causativa e não causativa (cf. criação de caminho e movimento ao longo de um caminho de Goldberg). Para o inglês atual, propomos o esquema em (30), usando a caracterização semântica de Jackendoff (2002, p. 174):

(30) [SUJ$_i$ [V POSS$_i$ *way*] (DIR)] $\leftrightarrow$ ['SEM$_i$ atravessar o caminho SP (enquanto) faz(endo) V'.]

---

15. Isso contradiz a hipótese de Goldberg de que *go* não ocorre no inglês atual. Mostraremos, em 2.7.4, que Israel está correto: *go* ainda é usado (embora relativamente esporádico e apenas em uma construção sem DIR).

Razões para essa caracterização serão discutidas abaixo, assim como os subesquemas desse esquema maior, alguns dos quais são causativos.

2.7.2 Precursores da construção com *way*

O desenvolvimento da construção com *way* mostra como as redes existentes atuam como contextos nos quais mudanças podem ocorrer e também o problema de avaliar quais partes da rede são mais relevantes para a mudança acontecer.

Dois subesquemas da construção contemporânea com *way* favorecem verbos usados nas construções de modo de movimento e nas construções de movimento acompanhadas de som ou de atividade. No entanto, esse não é o modo como a construção com *way* se formou inicialmente. Uma busca por essas construções no inglês médio em nossos *corpora* sugere que havia dois conjuntos distintos de precursores com *wei*: um de movimento intransitivo e um transitivo. MED (*wei* 2b) afirma que 'wei e sintagmas como *on wei* combinam com quase todos os verbos que denotam movimento, progresso em direção a ou algo semelhante'. A amostra no MED inclui passagens com *go*/ir, *wend*/perambular, *fare*/proceder, *flee*/fugir e *ride*/conduzir. Estes são usados em intransitivas inergativas. Dentre essas, apenas *ride* claramente envolve modo. Ao investigar o desenvolvimento dos verbos de modo de movimento intransitivos, Fanego (2012a) relata um aumento acentuado no número de verbos especificando modo de movimento durante o inglês médio e nas fases inicial e final do inglês moderno. Alguns foram emprestados no inglês médio do nórdico antigo (*skip*/pular) e outros do francês (*dance*/dançar); outros eram usos estendidos de verbos existentes no inglês antigo (*glide/deslizar, walk/andar* (<walk- 'rolar')). Parece que, apesar da disponibilidade dos verbos de modo de movimento no inglês médio, é provável que nenhum, exceto *ride*, desempenhou um papel direto no desenvolvimento da construção com *way*.

Além dos intransitivos, dentre os quais poucos podiam ser usados também transitivamente, como *flee* e *ride*, o MED também menciona alguns exemplos de *wei* com verbos transitivos, principalmente os de aquisição *nim-* 'take'/pegar. Israel fala do conjunto de aquisição apenas em nota (ISRAEL, 1996, p. 221), mas considerando que é transitivo e causativo ('causar a alguém ter'), possivelmente esse conjunto desempenhou um papel relevante no desenvolvimento da construção com *way*. Voltando seu interesse principalmente para movimento, modo e causa, embora mencione os verbos em questão, Israel não foca a distinção intransitivo-transitivo. Entretanto, como mostraremos, essa distinção e especialmente a linha aquisição são essenciais para o entendimento do *status* gramatical de *way* no inglês médio e nas fases iniciais do inglês moderno.

Antes de discutir o *status* de *way* no inglês médio, cabe esclarecer que ele pode ser usado com POSS (31a, 31b), mas também aparece com uma preposição, como em (33b), com demonstrativos ou artigos, como em (31c, 31d), e no plural, como em (31d):

(31) a. Þe   kniht   tok   leue   and ***wente his   wei.***
O   cavaleiro   pegou   a saída   e   seguiu seu   caminho.
(1390 St. Greg. 34 [MED *clot*].)

b. ***Ryde on your   wey,***   for   I
Ande em   seu   caminho pois eu
wille not be long   behynde.
não demorarei   atrás.
(1485 Malory Wks [MED *wei* 2b (d)].)

c. And to   him ***þaene wei***   he nam.
E   para ele   aquele caminho ele tomou.
(1300 *SLeg. Becket* 713 [MED *wei* 2b (b)].)

d. And ***went the wayes***   hym by-fore.
E   foi   os caminhos ele   antes.
(c1450 *Parl. 3 Ages 37* [MED *wei* 2b (a)].)

Outra propriedade peculiar dos exemplos, especialmente aqueles com verbos de movimento, é que poucos eram usados com um diretivo:

(32) a. As   he   ***wende his   wei,***
     como   ele   foi   seu   caminho,
     seh   þis   seli   meiden Margarete.
     viu   essa   santa donzela Margarete.
     (c. 1225 St. Marg. [MED *wei* 2b (a)].)
   b. Ah, ***flih, flih þinne wæi***   & burh þine life!
      Ah, fuja fuja seu   caminho e salve sua vida!
      (c. 1275 Layamon, *Brut* 8024 [MED *wei* 2b (d)].)

Uma exceção aparente é o advérbio *forth*/adiante, que frequentemente co-ocorre com um verbo de movimento nos dados do MED. Entretanto, parece ser uma parte móvel de um predicado complexo (intransitivos
como *fare/passar/drive/conduzir (forth/adiante)*) e não necessariamente
um adjunto direcional:

(33) a. Moyses... ***ferde forþ   on   his   weiȝ.***
        Moisés... foi   adiante em seu caminho.
        (c1175 *H. Rood* 4/33 [MED *wei* 2b (a)].)
   b. In the see   she   ***dryueth   forth   hir   weye.***
      No   mar   ela   direciona   adiante seu caminho.
      (c. 1390 Chaucer. CT *Melibee* B. 875 [MED *wei* 2b (b)].)

Uma retrospectiva aos primeiros exemplos, como (32a) e (33b), pode
sugerir a rotinização de *way* como objeto falso nas fases iniciais do inglês
médio, o que Israel (1996, p. 221) chama de construção *go-your-path/
ir-sua-caminho* geral. Entretanto, essa análise não se sustenta, uma vez que
POSS não é exigido e *way* parece não ser o objeto falso que complementa
o verbo. No caso de verbos de movimento inergativos intransitivos, *way*
parecer ter sido usado como parte da classe maior dos adjuntos adverbiais,
dentre os quais alguns são SPs e alguns são morfofonêmicos. Além da ocorrência com um artigo no lugar do POSS (31c e 31d), o uso em um SP (31b e
33a) e o uso no plural (31d), entre outras evidências, mostram que *wei* não
é um complemento do verbo (34). Aqui, *wei* é parte de um SN usado como
um direcional coordenado com outro advérbio direcional:

(34) **Go** we þane narewe pað and **þene** **wei** **grene.**
Vamos nós aquela estreita passagem e aquele caminho verde.
'Vamos pegar a passagem estreita e o caminho verde'
(a1225 *PMor.* 343 [MED grene].)

No caso das transitivas, *way* parece ter sido analisado como um objeto nesse período. Evidências são o uso com um artigo (31c, 35a e 35c), a inversão de objeto (31c e 35a), a separação do verbo (35a e 35b) e o uso com um adjetivo (35c):

35) a. To þe castel med wiþoute toun **Þun** **wei**
Para o castelo bosque fora cidade aquele caminho
sone he **nom.**
breve ele tomou
'Rapidamente ele pegou o caminho para o bosque do castelo fora da cidade'.
(c1325 Glo. Chron A 11255 [MED castel])

b. Turne we to ure drihten on riht bileue and
Viramos nós ao nosso senhor em real crença e
maken **us** **wei** to him.
fazemos nós mesmos caminho a ele.
'Voltemos ao nosso senhor ... e façamos um caminho até ele para nós'.
(a1225 *Trin. Hom.* 129 [MED *neighlechen*].)

c. The God of oure heelthis schal **make**
O Deus de nossa saúde deverá fazer
an **eesie** **wei** to vs.
um fácil caminho até nós.
(a1425 *WBible* Ps. 67.20 [MED eesie].)

Observe que (35b) é uma construção reflexiva (cf. no francês *s'en aller'/ ir, refugiar em si*).

Como já dito, Israel (1996, p. 221) fala de uma construção *go-your-path* geral. O autor também comenta que 'qualquer nome com significado do tipo '*way*' parece ter trabalhado nessa construção' (ISRAEL, 1996, p. 221), mas considera que essa construção é do tipo 'caminho possuído opcional' e não oferece mais detalhes em sua análise. Entre as construções de movimento no inglês médio, Fanego (2012b) encontrou várias instâncias do nome *pas* (passo) no MED, muitas das quais com um possessivo e um verbo transitivo (p. ex., *make, take*), como em (36), e hipotetiza que esses eram o modelo para a construção com *way* (comunicação pessoal).

(36) a. **Toward**   **temes**   **he made his pas**;   & whan þat
em direção ao Tâmisa ele fez   seu caminho; e   quando aquilo
he at temes come ...
ele ao Tâmisa veio.
'Ele caminhou em direção ao Tâmisa; e quando ele veio ao Tâmisa ...'
(c1330 *SMChron.* (Auch) [MED *maken* v.1].)

(36) b. Joseph **anon**   **nom his pas**   And bed
José   imediatamente pegou seu caminho e   pediu
his   bodi vppon þe tre.
seu (de Cristo) corpo na   árvore (cruz).
(c1390 *Dial. Bern. & V.* (2) (Vrn) [MED *nimen*].)

Entretanto, embora esses construtos tenham, sem dúvida, desempenhado um papel no desenvolvimento da construção com *way*, *pas* também ocorre com um artigo indefinido ou um adjetivo com frequência; aparentemente como um objeto. Assim, exemplos com *pas* e *wei* parecem ser instâncias de um subesquema de aquisição de construção transitiva, na qual eles funcionam como objeto espacial:

(37) $[[\text{SUJ}_{\text{anim}} \text{ V}_{\text{TRaquisição}} \{(\text{DET}) \text{ } pas/wei\}\text{OBJ}]^{16} \leftrightarrow [\text{'SEM}_i \text{ seguir um caminho'}]]$

Em suma, a hipótese é que, no inglês médio, não havia um esquema único e produtivo com *way* com um padrão de forma-significado distinto, apenas construtos que eram instâncias de uma construção de movimento

---

16. A notação *{(DET) pas, wei}OBJ* é uma forma abreviada para indicar que apenas aquelas instâncias da construção de aquisição transitiva, que combina com um determinante e um objeto, *pas* ou *wei*, são relevantes.

intransitiva e de uma construção de aquisição transitiva, sendo que algumas dessas incluíam a construção com *wei* lexical/referencial. Uma representação simplificada é formulada na Figura 2.2.

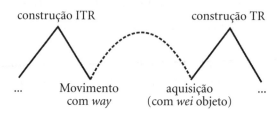

Figura 2.2 Padrões com *way* no início do século XVII

2.7.3 Construcionalização da construção com *way*

Já no início do século XVI, no MED e no *Corpus* de Helsinki (HC), encontramos uma preferência crescente por um padrão inergativo restrito principalmente a verbos de movimento dêitico, como *go* (sem *forþ*, p. ex.), e *come*, POSS ao invés de artigo definido, *wei* ao invés de *ways*, e sem a preposição precedente. Em textos religiosos do HC, no geral *way* não é seguido por um DIR (38).

(38) Iesus saith vnto him, **Go thy way**, thy sonne liueth.
Jesus diz para ele Siga seu caminho seu filho vive
And the man beleeued the word that Iesus
E o homem acreditou na palavra que Jesus
had spoken vnto him, and he **went his way**.
havia dito para ele e ele seguiu seu caminho.
(1611 King James Bible, *New Testament* [HC centest2].)

Entretanto, em outros tipos de texto um direcional é preferido:

(39) a. This poller then sayd to hym **go thy way**
esse ladrão então disse para ele siga seu caminho
streyght to thend of y=t= long entre.
direto para o fim daquela longa entrada.
(1526 *Hundred Merry Tales* [HC cefict1a].)

b. So   wee toke   our   leve   of hyme, and ***came***
então nós tomamos nossa partida dele   e   viemos
our   wayes bake   agayne   to
nossos caminhos de volta novamente para
Huntyngeton.
Huntington
(b1553 Mowntayne, *Autobiography* [HC ceauto1].)

Esses exemplos sugerem que a relativa rotinização da construção de verbo de movimento dêitico + *way* com significado de 'ir por um caminho' com o POSS marcando um sujeito animado estava emergindo como um subesquema da construção intransitiva. Semanticamente, esses exemplos são relativamente composicionais: movimento é expresso pelo verbo e caminho por *way*, mas sintaticamente eles não seguem nenhum padrão adverbial regular. *Way*, que era um membro do padrão DIR, usado com *there*, por exemplo, foi neoanalisado como objeto falso, complemento de um verbo de movimento, provavelmente em analogia com o padrão de aquisição transitivo em (37). Há, portanto, uma incompatibilidade entre a sintaxe e a semântica.

Enquanto o conjunto dos verbos de movimento intransitivos estava se restringindo na fase inicial do inglês moderno, o conjunto dos transitivos estava expandindo com *take*/pegar (que substituiu *nim* nesse período) como o protótipo. Há uma expansão da construção-tipo (classe hospedeira) do *way* com POSS para novos verbos, incluindo *make/fazer* e *pave/pavimentar*, em alguns casos com sujeitos não animados. Estes são causativos (*take* é 'causar receber' e make é 'causar ser'). DIR se torna distintamente preferido. Um fato interessante a esse respeito é um relato sobre o Etna feito pelo conde de Winchilsea, Embaixador da Constantinopla, que estava na Sicília na época da erupção. Depois da erupção, enxurradas de lava destruíram *all things in their way*/tudo pelo seu caminho (uma expressão de obstrução). A enxurrada se dividiu em várias correntes, uma delas descrita em (40a). A continuação da evolução da corrente de lava vulcânica pelos próximos dois dias é descrita em (40b) e (40c):

(40) a. [The fire] on the East part ruin'd the lower part of Mascalucia, and LePlacchi, *taking its way* towards this City.
[[O fogo] na parte leste devastou a parte baixa da Mascalucia e LePlacchi, fazendo seu caminho em direção a essa cidade.]
b. On which day fell abundance of Rain, which abated not the progress of the Fire; which on the East side had from Mascalucia *made its way* to St. Giovanni di Galermo, the lower part whereof it destroy'd.
[No dia em que caiu forte chuva, que não impediu o progresso do fogo; que, na parte leste, seguiu seu caminho desde Mascalucia até St. Giovanni di Galermo, uma parte mais baixa que foi destruída por ele.]
c. The stream of fiery Matter which destroyed the lower part of St. Giovanni di Galermo divided it self into two parts, one of its branches *taking its way* toward Mosterbianco.
[O fluxo de lava que destruiu a parte baixa de St. Giovanni di Galermo dividiu-se em duas partes, uma de suas bifurcações seguiu seu caminho em direção a Mosterbianco.]
(1669 Winchilsea, *Relation of the Earthquake and Eruption of Mt. Ætna* [Lampeter msca1669.sgm].)

É interessante notar aqui o *priming all things in their way*, a aparente alternância entre *take its way* e *make its way*, e o uso da construção com um sujeito não animado. Esses usos parecem ser mudanças construcionais pré-construcionalização que possibilitaram o desenvolvimento da construção com *way*.

Os registros textuais sugerem que a construção com *way* com verbos transitivos emergiu no fim do século XVII. Ela emancipou-se da construção transitiva, e se tornou independente dessa construção, apesar de intimamente ligada a ela na rede, já que os verbos sancionados pela construção com *way* são, nessa época, transitivos:

(41) [[SUJ$_i$ [V$_{TRcausativo}$ POSS$_i$ *way*] (DIR)] ↔ ['SEM$_i$ causar atravessar um caminho']]

Trata-se de uma construcionalização: *way* não mais funciona como um objeto, mas como uma parte fixa de uma construção causativa, que favorece o DIR. Alguns verbos com significado de 'criar um caminho' são encontrados nesse período (o conjunto que Goldberg considera prototípico para o inglês atual). O significado de criação de caminho é frequentemente alcançado por meios específicos, por exemplo, *fight*/lutar, *battle*/batalhar, *force*/forçar, *push*/empurrar, *drag*/arrastar e quase sempre diante de alguma obstrução ou oposição, por exemplo:

(42) Afterwards about a dozen of them went into the Kitchin, ***forcing their way*** against all the Bolts and Locks, making the very Iron Bolts and Wooden Doors to yield to their wicked and bloody Designs.
[Depois, aproximadamente uma dúzia deles foram à cozinha, forçando seu caminho contra todos os parafusos e fechaduras, fazendo os muitos parafusos de ferro e portas de madeira se renderem a seus propósitos perversos e sangrentos.]
(1690 Trial of John Williams et al. [OBP t16900430-8].)

Assim, pode-se propor dois subesquemas da nova construção com *way*: um que envolve verbos de obstrução (p. ex., *dig*/cavar, *push*/empurrar) e outro que não (p. ex., *make*/fazer, *take*/pegar).

Há uma subfórmula de (41) com *made* (*the best of*) POSS *way*/fez (o melhor do) POSS caminho que tem uma implicatura modal. Os exemplos implicam contextos adversos nos quais o agente principal encontrou alguma dificuldade e é compreendido como o que melhor se pode fazer para chegar ao destino.

(43) a. I will answer for it the book shall ***make its way*** in the world, much better than its master has done before it.
[Eu responderei por isso o livro fará seu caminho no mundo, muito melhor que seu mestre antes dele.]
(1759-1767 Sterne, *Tristram Shandy* [CL 1].)
b. With men she is insupportable. I have never understood how that poor woman has ***made her way***. With women she is charming. But she seems to be incapable of not treating men like dogs.
[Com homens ela é insuportável. Nunca entendi como aquela pobre mulher conseguiu. Com mulheres ela é encantadora. Mas ela parece incapaz de não tratar homens como cachorros.]
(1908 Bennett, *Old Wives' Tale* [CL 3].)

Essa construção envolve um locativo opcional (43a), no lugar de um sintagma preposicional direcional, o que confirma que a designação DIR é uma melhor opção que OBL na construção com *way*.

Considerando a não produtividade do esquema intransitivo no século XVII, no que diz respeito à produtividade de tipo (que era muito restrita ao verbo *go*/ir) e à produtividade de ocorrência, podemos pensar que, nesse período, a construção ainda era parte da construção de movimento intransitiva, e por isso ainda não era parte da construção com *way*. Essa última era transitiva, causativa e produtiva em termos de tipo e de ocorrência. Entretanto, semelhanças tanto de forma quanto de significado devem ter possibilitado a proximidade do subesquema intransitivo com a construção com *way* independente na rede. A rede reconfigurada é representada na Figura 2.3.

Figura 2.3 Padrões com *way* no final do século XVII

2.7.4 Expansão adicional da construção com *way*

A partir do final do século XVII, os tipos de verbo que podem aparecer no subesquema de *way* transitivo expandem bastante. A semântica de verbos como *force*/forçar, *fight*/brigar, *dig*/cavar envolve algum modo de ação de acompanhamento implícito, especialmente no caso de *dig*. Um novo subconjunto de verbos de modo de ação – alguns marginalmente causativos ou transitivos – começa a aparecer, incluindo *beg*/implorar, *worm*/rastejar e *elbow*/acotovelar:

(44) a. While ***elbowing my way*** through the unknown multitude that flows between Charing Cross and the Royal Exchange.
[Enquanto abria meu caminho a cotoveladas no meio da multidão desconhecida que flui entre a Charing Cross e o Royal Exchange.]
(1821 Galt, *Ayrshire Legatees* [CL 2].)
b. So I took a towel and crept out on the bank and ***wormed my way*** along onto the branch of a tree that dipped down into the water.
[Então peguei uma toalha e saí detrás da beira e rastejei meu caminho até o galho da árvore que mergulhava na água.]
(1889 Jerome, *Three Men in a Boat* [CL 3].)
c. I saw the ponderous foreleg [of an elephant] ***cleave its way*** through the jungle directly upon me
[Eu vi a pesada pata dianteira [de um elefante] abrir caminho no meio da selva diretamente em cima de mim.]
(1854 Baker, *Rifle and Hound in Ceylon* [CL 3].)

Alguns desses verbos, como *worm* e *elbow*, são derivados de nomes e, em sua maioria, implicam obstrução (*elbow*) ou dificuldade (*worm, beg*). Os verbos lexicais acarretam algum tipo de modo ('pedir humildemente (por comida ou dinheiro'); 'usar o cotovelo' etc.), mas não movimento. A construção, entretanto, impõe um significado de movimento, um fenômeno chamado 'coerção'[17]. Isso fica claro se consideramos *worm*, que em outros construtos desse período e ainda hoje pode significar 'tirar vermes de' – **I wormed quickly toward my servant*/rastejei rapidamente em direção a meu servo não é possível. *He dug through*/Ele cavou por não tem exatamente o mesmo significado de *He dug his way through*/ele cavou seu caminho por; apenas o último implica um obstáculo significativo (compare *He dug a whole*/Ele cavou um buraco). DIR é fortemente preferível nos casos desses verbos e parece quase obrigatório quando o verbo tem pouca ou nenhuma semântica relacionada com movimento[18].

---

17. Cf. seção 5.2.2 para o conceito de 'coerção'.

18. No entanto, como Mondorf (2011) destaca, *persue X's way* é particularmente improvável de ocorrer com DIR.

Os advérbios direcionais *home*/casa, (*in*)*to*/para (dentro), *through*/por, *toward*(*s*)/em direção a são especialmente favorecidos, mas muitos outros também ocorrem, como *up*/acima, *down*/abaixo, *out of*/fora de, *eastwards*/na direção leste, *southwards*/na direção sul. Mais de um direcional pode ser expresso, como em (45). Alguns exemplos mostram advérbios não direcionais entre *way* e DIR, comumente advérbios de modo (*quickly*/rapidamente em (45a) ou companhia (*with my poor outcast child*/com meu pobre e rejeitado filho em (45b)):

(45) a. *I wormed my way* quickly towards my former servant.
      [Rastejei rapidamente na direção do meu antigo servo.]
      (1898 Hope, *Rupert of Hentzau* [CL 3].)
      b. I was banished the county, *begged my way* with my poor outcast child up to Edinburgh.
      [Fui banido do condado, implorando pelo caminho com meu pobre e rejeitado filho até Edimburgo.]
      (1824 Hogg, *Private Memoirs and Confessions of a Justified Sinner* [CL 2].)

A possibilidade de usar um adjunto antes do OBL (nosso DIR) é atestada por Jackendoff (1990, p. 212) para o inglês atual e usada para discutir a existência de uma quebra de constituinte depois de *way*.

O conjunto de verbos em discussão aqui, aqueles que compartilham a semântica de modo em algum grau, parece ter possibilitado a continuidade do desenvolvimento da sub-rede na qual a ação acompanhada é inferida a partir do uso na construção (ISRAEL, 1996, p. 219). Israel (p. 224) observa que, no início do século XIX, alguns verbos novos surgem com semântica de som implicado, por exemplo, *plash*/respingar, como em (28d) acima, repetido aqui como (46b), e os caracteriza como transmissores de 'acompanhamento incidental'. Entretanto, o acompanhamento não é necessariamente incidental, como demonstrado por *shoot*/atirar (46a); nesse caso tiro (nos camponeses) é uma ação de acompanhamento pretendida. Enquanto *plash*, em (46b), é não volitivo e, portanto, intencional, *light splashing* é um acompanhamento inevitável de um vapor em movimento. Por isso, não usamos o restritor 'incidental'.

(46) a. And ***shot my way*** home the next day; having ... equally divided the game between the three.
[E atirei pelo caminho para casa no dia seguinte, tendo ... dividido o jogo igualmente entre os três.]
(1820-1822 Hunt, *Memoirs of Henry Hunt* [CL 2].)
b. The steamer ... ***plashed its way*** forward.
[O vapor abria caminho para a frente respingando água.]
(1842 Borrow, *Bible in Spain* [CL 2].)

A maior parte dos exemplos de romances contemporâneos é, como *shoot* e *plash*, do tipo de acompanhamento não causal (p. ex., *trash-talk*/xingar em (24b), *giggle*). Deve-se destacar duas questões notáveis. Uma é que membros desse novo conjunto de verbos podem ser intransitivos. Verbos como *dig*, que podem ser tanto transitivos quanto intransitivos, podem ter sido tipos intermediários que possibilitaram a verbos de modo intransitivos serem recrutados para a construção. Esses verbos vêm aumentando desde o inglês médio, independentemente de seu uso com *way*, especialmente os verbos de som (FANEGO, 2012b). A segunda questão é que, na construção com *way*, esses verbos são entendidos aspectualmente, como se ocorressem iterativamente. Por exemplo, em (46a), *shot my way home* é entendido como 'atirar repetidamente (nos camponeses) pela duração do meu caminho até em casa'. Esse é o conjunto de verbos que atende aos critérios de iteratividade que Jakendoff (1990, p. 213) sugere para a construção com *way*.

A sub-rede 'acompanhamento' é mais procedural/gramatical do que outras, já que é aspectual e iterativa, resultado de sucessivas mudanças construcionais nas quais verbos são recrutados para o subesquema maior. A maioria dos construtos que expressam esse subesquema são 'únicos' (também chamados de *hápax legómena*). Plag (2006, p. 543) argumenta que casos únicos baseados em um padrão são 'uma importante medida para avaliar a produtividade de um processo morfológico' (cf. tb. BAAYEN & RENOUF, 1996). Embora posicionamentos como esses sejam frequentemente feitos em relação à formação de palavras, no geral, também se aplicam claramente a construções complexas. A ocorrência de *hápax legómena* sugere que o esquema da construção com *way* tornou-se altamente produtivo. É um exemplo de uma construção da qual os membros eram originalmente relativamente de conteúdo e lexicais, mas se expandiram em direção ao polo gramatical/procedural do gradiente conteúdo-procedural. A construção se tornou 'intermediária' entre os dois polos nesse sentido.

Como resultado da expansão dos tipos de verbo disponíveis e do crescimento das sub-redes, parece que houve uma reorganização das expressões com a forma [SUJ$_i$ [V POSS$_i$ *way*] (DIR)] associadas ao significado de movimento na fase inicial do século XIX. Elas se agruparam no esquema contemporâneo, que aparece acima como (30), e é repetido aqui como (47):

(47) [SUJ$_i$ [V POSS$_i$ *way*] (DIR)] ↔ ['SEM$_i$ atravessar o caminho SP (enquanto) faz(endo) V'.]

Essa é uma segunda construcionalização. Uma hipótese que a explica é a expansão da construção com *way* transitiva para incluir verbos intransitivos como *beg* e *worm*. O subesquema com *way* da construção intransitiva foi absorvido pela construção originalmente transitiva por analogia, por isso a construção com *way* tem agora um subesquema de movimento intransitivo. Contudo, esse é um tipo marginal, ainda restrito ao tipo, consideravelmente diferente no que diz respeito à forma, já que DIR se tornou fortemente desfavorecido. Uma busca por *went my/our/her/his/our/their way* no COCA, por exemplo, levou a cinquenta e cinco ocorrências, todas sem DIR, por exemplo:

(48)   Ignoring her thanks, **he went his way.**
       [Ignorando seu agradecimento, ele seguiu seu caminho.]
       (2006 Stroud, The Golom's Way [COCA].)

Isso mostra que a afirmação de Goldberg (1995, p. 199) de que 'nenhum dos itens lexicais envolvidos acarreta movimento' não procede (a não ser que a ausência do DIR seja a questão fundamental aqui). No entanto, comparada a *found*/achou nos mesmos contextos, que apresentou setecentos e cinquenta e seis ocorrências no COCA, a maioria com DIR[19],

---

19. Alguns *found X's way* são usados figurativamente no sentido de 'alcançar sucesso'.

e a *elbowed*/acotovelou, que gerou quarenta e seis ocorrências, todas com DIR, o subesquema de movimento sem DIR é claramente um membro marginal da construção.

O subesquema produtivo da construção com *way* é um esquema de criação de um caminho que está mais restrito a verbos transitivos. Ele tem mais subesquemas: a) um subesquema de criação de caminho causativo (ele próprio com duas sub-redes, uma envolvendo obstrução (p. ex., *force*) e outra não (p. ex., *make*)) e b) um subesquema não causativo, designando 'atividade de acompanhamento com caminho transversal iterativa' (p. ex., *worm, shoot, trash-talk*). O segundo desses é o mais produtivo. No caso do novo subesquema da construção com *way* de atividade de acompanhamento, alguns dos verbos usados são relativamente frequentes (p. ex., *worm, elbow*), outros são casos únicos ou muito raros (p. ex., *shoot, giggle, trash-talk*).

Essa nova organização é apresentada na Figura 2.4.

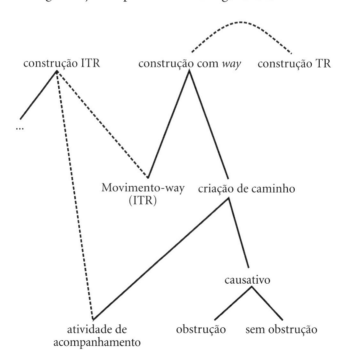

Figura 2.4 Padrões com *way* no final do século XIX

2.7.5 Expansão da construção com *way* na rede

Para Goldberg (1995, p. 218), a construção com *way* 'é a convencionalização da junção de duas construções: a construção de criação e a construção de movimento intransitivo', fato que pode ser confirmado. Isso implica que a construção com *way* é historicamente relacionada às construções intransitiva e transitiva. Contudo, essa junção é uma nuança. Contrariando a posição de Israel e de Goldberg, o tipo intransitivo *go/come* parece ter sido restrito, em grande parte, a um nicho sem DIR e, assim, tem sido relativamente marginal. Uma relação na rede parece ter se desenvolvido no século XVII, independentemente do subesquema *go/come* com intransitivos que denotam modo de movimento (*ride*) e, posteriormente, com intransitivos que denotam som e outros fatores de acompanhamento (*plash*). Esse conjunto de intransitivos cresceu exponencialmente a partir do período do inglês antigo e era usado em construções de movimento, mas a maioria, exceto *ride*, não parece ter sido usada com *way* até bem depois que apareceram no registro textual (FANEGO, 2012a).

Historicamente, a construção com *way* também está ligada em rede com as resultativas de objeto falso. De fato, Mondorf (2011) afirma que a história da construção com *way* não pode ser totalmente compreendida sem referência à construção reflexiva com *-self*, tendo um exemplo da mesma citado em (26b) acima – *He talked himself hoarse/Ele falou tanto que ficou rouco* – com a qual competia. Mondorf propõe que a restrição das resultativas com *self* no inglês atual mencionada por Goldberg é, na verdade, o resultado da competição da resultativa com a construção com *way* nos séculos XVII e XVIII. A autora sugere que, quando surgiu, a construção com *way* alinhou-se às resultativas, especialmente o esquema com *self*. Isso confirma que a construção foi concebida inicialmente como transitiva. Aproximadamente antes de 1700, a resultativa com *self* era usada num conjunto de usos que são, hoje, obsoletos ou no mínimo incomuns, por exemplo, *work/wriggle oneself* + *DIR*/trabalhar/contorcer-se +DIR. Esse é o período em que os verbos denotando obstrução, como *force*, começaram a ser usados com mais frequência com *way* e quando modo de movimento começou a ser empregado (p. ex., *worm*). Mondorf mostra um levantamento estatístico no período de 1700-1800 que aponta queda acentuada de *way* e perda de *-self*. A autora também identifica uma divisão de trabalho, em que as construções *-self* passaram a ser favorecidas com resultativas abstratas no século XX (cf. (49a) com *frenzy*/loucura), enquanto as construções com *way* passaram a ser favorecidas com resultativas concretas (cf. (49b) com *the steep bank*/margem) (MONDORF, 2011, p. 418, ft. 11):

(49)   a. **Worked himself** into a frenzy and gave himself indigestion.
           [Trabalhou loucamente e deu a si mesmo uma indigestão.]
           (BNC wridom1.)
       b. ... he **worked his way** down the steep bank toward the stream.
           [Desceu até a margem em direção ao riacho.]
           (FROWN)

Uma questão que merece estudo é compreender como e até que ponto a construção com *way* está associada e ligada em rede à expansão dos verbos de modo de movimento em inglês descritos por Fanego, especialmente aqueles com som, como *clink*/tilintar[20].

2.7.6 O *status* da construção com *way* no gradiente lexical-gramatical

Antes de finalizar a discussão sobre a construção com *way*, cabe mencionar que há uma falta de consenso no que diz respeito ao lugar da construção no gradiente lexical-gramatical. Por exemplo, Broccias (2012, p. 741) sugere que a construção com *way* esteja 'no lado lexical do *continuum*', uma vez que o sentido de movimento é preservado em construções como *could have spelled his way through a psalm*/poderia ter soletrado um salmo no caminho (MACAULAY (1894). *Hist. Eng.*), mesmo que apenas figurativo.

---

20. Agradecemos a sugestão de Teresa Fanego.

No entanto, Israel (1996) classifica a construção como gramatical e explica através gramaticalização. Mondorf (2011) assume que se trata de um caso de gramaticalização considerando que o nome *way* é desbotado e descategorizado, e o sintagma POSS *way* se torna fixo. Gisborne e Patten (2011) argumentam que a construção com *way* é um caso de construcionalização gramatical, já que envolve aumento de esquematicidade, expansão da classe hospedeira (produtividade com extensiva analogização), e fortalecimento de categoria (a construção expande à medida que adquire subesquemas). A esses argumentos, pode-se acrescentar a observação de que uma fórmula parcialmente composicional *go/take one's way*/seguir o caminho se tornou não composicional quanto ao significado e o subesquema mais recente (criação de caminho com acompanhamento acidental) é o mais distintamente procedural, sendo iterativo. Embora não esteja no ponto-final do polo de construcionalização gramatical, um olhar mais detalhado na história mostra que os falantes têm interpretado a construção de modos cada vez mais procedurais ao longo do tempo. O debate acerca da construção com *way* evidencia ainda o *cline* de construções, que varia entre as de mais conteúdo até as mais procedurais.

2.8 SUMÁRIO E ALGUMAS QUESTÕES

Neste capítulo, sugerimos modos pelos quais uma visão construcional da gramática pode ser adaptada para explicar a inovação e a mudança. Essencial para essa adaptação é uma abordagem baseada no uso, que se sustenta no pressuposto de que a 'língua como um todo é uma rede' (CROFT, 2007b, p. 509). A mudança é, portanto, complexa. Uma questão fundamental aos modelos baseados no uso é o fato de que falantes produzem construtos e, assim, o que ouvintes processam são construtos. Há, claramente, associações entre construtos e tipos mais gerais de construções que são objeto de discussão na mudança de signo. No entanto, a consequência dos fatos de produção e processamento é que o construto é o *locus* da mudança. A maioria das mudanças são mudanças construcionais, ou seja, mudanças convencionalizadas que afetam ou a forma ou o significado de um nó existente na rede. Apenas a construcionalização leva ao desenvolvimento de um novo nó-tipo convencionalizado na rede linguística. Também sugerimos que, para o entendimento das redes, uma distinção deve ser feita entre i) conhecimento individual, o reflexo de uma mente individual, e o *locus* da inovação, ii) conhecimento compartilhado por uma comunidade de falantes, o *locus* da convencionalização, e iii) mudanças nas redes que o linguista vê e identifica como mudança linguística.

Para responder os questionamentos de Rice (1996) sobre como nós e elos se desenvolvem (cf. 2.1), propomos, basicamente, que uma série de vários micropassos leva à construcionalização (construcionalização instantânea é discutida na seção 4.8). Em seguida, exemplificamos com uma situação em que um ouvinte cria uma inovação, mas falantes também podem inovar. Os primeiros passos são:

(a) Inovação: o ouvinte interpreta um construto e o analisa de um modo diferente que não corresponde à análise do falante. Nesse processo, faz-se um ajuste para uma melhor correspondência com alguma propriedade de um nó que é diferente do pretendido pelo falante.

(b) O ouvinte que criou um elo tênue entre o construto e uma parte diferente da rede construcional que foi intencionada torna-se falante e reusa o construto com o novo elo. Nesse estágio, não há microconstrução nova porque não há uso convencionalizado.

Convencionalização é potencialmente possibilitada quando:

(c) Outro ouvinte passa por um processo semelhante (mas não necessariamente o mesmo). Esses processos envolvem, tipicamente, i) uma fraca associação de uma inferência sugerida a partir de um construto com a semântica de uma construção que já existe na rede construcional, ii) preferência pelo uso de partes do construto em um nicho distribucional particular, ou iii) repetição de parte de um construto como um *chunk*. Como resultado das associações repetidas, uma comunidade de falantes concorda tacitamente com a relação convencional entre a forma original e o significado recém-analisado. Esse processo leva a uma incompatibilidade entre a morfossintaxe da construção original e os novos construtos. Devido à convencionalização, podemos dizer que uma mudança construcional ocorreu, mas ainda não há um novo nó na rede. Se a construcionalização acontece posteriormente a uma ou mais mudanças construcionais, podemos chamá-las de mudanças pré-construcionalização.

A construcionalização ocorre apenas

(d) Quando as neoanálises morfossintática e semântica que surgiram no passo (c) foram compartilhadas por uma comunidade de falantes e uma nova unidade simbólica convencional foi criada, portanto uma nova microconstrução (um novo nó-tipo).

Pós-construcionalização, mudanças construcionais posteriores, podem ocorrer, particularmente:

(e) As construções-tipo podem ter se expandido e se reorganizado como subesquemas.

Posteriormente, pode haver:

(f) Redução de forma devido à frequência de ocorrência, ou obsolescência da construção-tipo devido à diminuição do uso.

Assim, construcionalização é, geralmente, o resultado dos falantes da língua fazendo uma sucessão de múltiplos (e não apenas um) elos novos entre construtos e construções ou esquemas feitos pelos usuários da língua. Isso é também uma precondição para uma série de mudanças posteriores.

Na seção 2.3.3, sugerimos que no passo (a) uma melhor associação é feita com uma propriedade existente na rede. Uma consequência importante da abordagem ascendente (*bottom-up*) da emergência das construções em indivíduos discutida neste capítulo é que falantes/ouvintes abstraem minimamente – apenas o suficiente para capturar generalizações relevantes. Eles parecem seguir um princípio de processamento como 'Seja o mais detalhista possível e, ao mesmo tempo, o mais abstrato possível'. Em muitos casos, o pensamento analógico está envolvido nessa abstração. A neoanálise que ocasiona mudanças construcionais convencionalizadas ou construcionalizações são pequenos passos de mudanças abruptas. Se elas têm exemplares, são analogizações (elas próprias um tipo de neoanálise).

Ainda resta determinar a extensão de uma rede (questionamento (a) de Rice), mas é evidente que sua extensão vai além das relações de herança até os elos relacionais, incluindo elos de polissemia, e além de construções que são usadas regularmente como variantes, por exemplo, as construções bitransitiva e preposicionada (cf. 2.4.2). Uma hipótese a ser verificada é se sua extensão pode alcançar qualquer tipo de construção com a qual compartilha algum aspecto de forma ou significado. Evidência da reorganização dos subesquemas demonstra que a resposta ao questionamento (b) de Rice, se elementos podem se aproximar ou distanciar, é afirmativa, como demonstrado pela construção com *way*.

Embora a interpretação apresentada neste capítulo de como novos nós na rede podem ser entendidos a partir de uma perspectiva de mudança, particularmente de como eles se expandem ou se tornam obsolescentes, tenha respondido várias questões, pode ter levantado outras sobre nossa perspectiva de mudança de signo e sobre uma arquitetura mais ampla da gramática. Daremos atenção a duas dessas questões aqui.

Apesar de termos falado em 'melhor associação', 'proximidade' e 'distância' em uma rede e de 'famílias' de construções, reconhecemos que essas noções são intuitivas e metafóricas e levantam questionamentos. Como heurística, assumimos que 'melhor associação' e 'proximidade' podem ser medidos pelo grau de correspondência entre propriedades de forma e de significado – quanto mais próxima a correspondência entre todas as propriedades, e quanto menos variantes, melhor a associação. Por exemplo, *a bit of* mostra uma associação mais próxima com *a lot of* no que diz respeito à forma do que *a lot of* com *a great deal of*, porque o último é preferível com um adjetivo, enquanto o primeiro não. Semanticamente, no inglês atual, *a lot of* e *a great deal of* mostram maior proximidade de associação uma com a outra do que com *a bit of*, já que esta indica porção pequena, enquanto as primeiras indicam porção maior. Pragmaticamente, *a lot of* e *a bit of* são mais próximas uma da outra do que *a bit of* é de *a shred of* porque a última tem polaridade negativa e é preferível com núcleos nominais de orientação positiva, enquanto a primeira tem polaridade neutra (para detalhes históricos, cf. seção 3.3.5). No entanto, todos são membros de uma família de quantificadores de medida porque são usados para expressar quantidade. Noções como essas precisam ser refinadas com referência tanto à pesquisa sincrônica (talvez neurológica) quanto histórica.

Uma questão decorrente é saber em que nível as correspondências ocorrem. Booji (2010, p. 93) sugeriu que usuários da língua podem, às vezes, fazer correspondências com esquemas gerais ao invés de com exemplares individuais. De fato, Israel (1996, p. 222) sugeriu que o mecanismo principal no desenvolvimento do novo subesquema que denominamos 'acompanhamento' é uma analogização altamente produtiva do padrão abstrato da construção com *way*. Entretanto, verbos mais específicos que expressam meio (p. ex., *elbow*, *worm*) parecem ser exemplares diretos mais plausíveis, uma vez que explicam o fato de a expansão pertencer ao modo de movimento, e, em períodos posteriores, mais particularmente a som. Parece plausível pensar que esquemas, sendo abstratos, poderiam servir como modelos. Se isso de fato é histórico ainda é questão a ser explorada em *corpus* com dados mais refinados.

No próximo capítulo, desenvolvemos um tratamento da construcionalização gramatical e dos passos que levam a ela e a seguem, sustentado num modelo de uso desenvolvido neste capítulo.

3

Construcionalização gramatical

3.1 INTRODUÇÃO

Nos próximos capítulos discutimos as mudanças que resultam em construções que são essencialmente de funções procedurais (neste capítulo) ou essencialmente de conteúdo (capítulo 4). Assumimos pontos das teorias da gramaticalização e da lexicalização, uma vez que essas têm sido as duas linhas de investigação especialmente influentes nas últimas décadas, e procuramos mostrar como esses aspectos podem ser, de certa forma, repensados e abrigados numa abordagem construcional. Considerando a arquitetura da gramática de construções, não nos limitamos aos tópicos tradicionalmente tratados nos trabalhos em gramaticalização e lexicalização, apesar de cada capítulo começar com uma apresentação relativamente já conhecida sobre esses tópicos. Especificamente, mostramos como as mudanças podem ocorrer tanto num nível esquemático como num nível substancial, em qualquer ponto do gradiente gramatical-lexical.

Na literatura sobre gramaticalização, anterior ao interesse em gramática de construções, o foco era, principalmente, o desenvolvimento de morfemas individuais ('grams')[1], que geralmente são estruturas simples

---

1. 'Gram' é abreviação de 'morfema gramatical'. O termo foi cunhado por William Pagliuca conforme Bybee, Perkins e Pagliuca (1994, p. 2).

ou 'atômicas' e, na maior parte, específicas ou 'substanciais'. Por exemplo, Heine e Kuteva (2002, p. 7), em seu estudo sobre mudanças conceituais de material lexical para gramatical na perspectiva translinguística, consideram que, apesar de parecer simplista, 'há uma correspondência essencial, de um-para-um entre fonte e alvo'. No entanto, na gramática de construções, construções podem ser atômicas ou complexas e assim, embora algumas mudanças envolvam correspondências um-para-um, tais como casos particulares de partitivos binominais > quantificadores, outras não, tal como o desenvolvimento da construção com *way*. Além disso, na gramática de construções, microconstruções são geralmente consideradas como subtipos de esquemas abstratos. Estudos tipológicos em gramaticalização abordaram mudanças de tipo como ITERATIVO > HABITUAL, MIRATIVO > EVIDENCIAL, COMITATIVO > MODO (cf. esp. HEINE & REH, 1984; HEINE & KUTEVA, 2002; BYBEE; PERKINS & PAGLIUCA, 1994). Nesse caso, o foco tem sido sempre na semântica e em como representações individuais de grams e sua semântica associada se desenvolveram. Na perspectiva da gramática de construções, entretanto, há um interesse em como os próprios esquemas abstratos de forma-significado mudam à medida que seus membros mudam.

Vários conceitos já introduzidos são fundamentais neste capítulo. São eles:

(a) A noção de 'gramática'. Concebida em termos construcionais, 'gramática' refere-se ao sistema de conhecimento linguístico hipotetizado e inclui não apenas morfossintaxe, semântica e fonologia, mas também pragmática e funções discursivas (cf. seção 1.1). Isso significa que o conjunto de construções consideradas instâncias de construcionalização gramatical ou procedural é bastante extenso.

(b) A distinção entre construcionalização e mudanças construcionais, em outras palavras, os passos que levam à construcionalização (pré--construcionalização) e que a sucedem (pós-construcionalização). Embora esse conceito se assemelhe a distinções feitas na literatura sobre gramaticalização, especialmente em Heine (2002) e em Diewald (2002; 2006), ele pertence tanto à construcionalização lexical quanto à gramatical (cf. seção 1.5 e capítulo 4).

(c) A noção de gradualidade e suas intersecções com gradiência (cf. seção 2.6).

O conceito de 'categoria gramatical/procedural' é tão antigo que remonta a distinções feitas nas gramáticas da Europa entre classes lexicais maiores (substantivos, adjetivos, verbos), classes gramaticais menores (artigos, verbos auxiliares) e as secundárias majoritariamente flexionais (caso, tempo). Muitos dos trabalhos iniciais em gramaticalização se ocupavam do desenvolvimento de categorias como tempo, aspecto, modalidade e caso. Essas não precisam ser expressas por grams (p. ex., tempo dêitico pode ser expresso por advérbios com certo conteúdo, como *today*/hoje, *yesterday*/ontem, *tomorrow*/amanhã etc.), mas se são, as unidades gramaticais associadas a elas tendem a ser altamente generalizadas em termos de significado e de frequência de ocorrência no uso. Além disso, elas tendem a se originar a partir dos membros de conteúdo de classes maiores. Embora não ignoremos totalmente esse conjunto de desenvolvimento, estamos mais preocupados, neste capítulo, com exemplos de mudança em dois domínios que têm sido de interesse recente na literatura sobre gramaticalização. Um é o desenvolvimento de partitivos em quantificadores, não apenas no nível substancial de uma construção particular, mas no nível esquemático. O outro é o desenvolvimento de tipos particulares de marcadores de foco associados com a emergência das pseudoclivadas em inglês (p. ex., *What/All I did was go to the store*/O que/Tudo que eu fiz foi ir à loja). Nesses casos, destacamos o modo como os esquemas e suas instâncias substanciais particulares se desenvolvem. A ideia de que mudanças nos esquemas podem ser construídas por meio de gramaticalização foi apresentada por Trousdale (2008c), que discutiu a perda da construção impessoal e seus efeitos na construção transitiva em inglês (cf. seção 2.5.1.3), e em Rostila (2006), como uma hipótese central:

> quanto mais esquemática é uma construção, mais gramaticalizada ela é. Assim, construções completamente esquemáticas como as construções bitransitivas e transitivas do inglês (cf. GOLDBERG, 1995) deveriam representar as construções mais gramaticalizadas de todas (ROSTILA, 2006, p. 53).

Essa visão é muito restritiva. Como demonstraremos no capítulo 4, algumas construções esquemáticas são lexicais, especialmente esquemas de formação de palavras.

Segue a estrutura do capítulo. Começamos, na seção 3.2, detalhando as duas maiores abordagens da gramaticalização atuais, mencionadas na seção 1.6.2: (i) gramaticalização como redução e aumento de dependência, que abreviamos como GR, e (ii) gramaticalização como expansão, que abreviamos como GE. Mostramos como essas perspectivas não são ortogonais, apesar de parecerem à primeira vista, e como ambas precisam ser pensadas no modelo construcional da mudança. Particularmente, mostramos como várias propriedades da GE são consistentes com muitos dos parâmetros de gramaticalização identificados em Lehmann (1995). A GE tem uma afinidade natural com a construcionalização gramatical e estabelece o quadro para a discussão de padrões de compatibilidade exemplar e analogização associadas com a expansão e a formação de famílias de construções em esquemas. Ao mesmo tempo, aspectos da GR precisam ser incorporados a um modelo de construcionalização gramatical, uma vez que muitas mudanças individuais envolvem reduções de diversos tipos. Uma abordagem construcional da direcionalidade é discutida em 3.3 com relação a mudanças na produtividade, esquematicidade e composicionalidade. Sugerimos que a construcionalização gramatical está associada à expansão de produtividade e esquematicidade, mas à redução de composicionalidade. Modos para se repensar certos tipos de degramaticalização em termos de construcionalização são sugeridos na seção 3.4. Na seção 3.5, apresentamos um caso de estudo, o desenvolvimento das pseudoclivadas. A seção 3.6 sumariza o capítulo.

3.2 ABORDAGENS DE GRAMATICALIZAÇÃO

Hopper e Traugott resumem a gramaticalização como um ramo bifurcado da linguística nos seguintes termos (observe que 'construcional' e 'construções' na seguinte citação não indicam o mesmo sentido na presente obra, mas sim um sentido pré-teórico de constituinte e conjunto):

> (i) um modelo de pesquisa para estudar as relações entre material lexical, construcional e gramatical na linguagem, diacrônica e sincronicamente, tanto em línguas particulares como translinguisticamente, e (ii) um termo referente à mudança em que itens lexicais e construções passam a servir funções gramaticais em certos contextos linguísticos e, uma vez gramaticalizados, continuam a desenvolver novas funções gramaticais (HOPPER & TRAUGOTT, 2003, p. 18).

O modelo de pesquisa da gramaticalização claramente tem muito em comum com os objetivos do trabalho desenvolvido nesta obra. No entanto, damos igual atenção ao material lexical e gramatical. A definição (ii) é elaborada do modo mais tradicional entre as duas conceitualizações de gramaticalização que têm sido desenvolvidas na última década, aquela da gramaticalização como redução e aumento de dependência (GR), enquanto a definição em (i) é mais aberta e permite a conceitualização em termos de expansão. Embora se reconheça o perigo da polarização ao se distinguir duas tradições, ainda assim achamos produtivo fazê-lo quando consideramos como a gramaticalização pode ser repensada em termos de construcionalização para mostrar que nas pesquisas sobre gramaticalização, apesar de os pesquisadores sempre estarem atentos a mudanças tanto de forma quanto de significado, ainda assim, muito frequentemente, apenas um desses é foco de atenção, enquanto o outro é tratado em segundo plano em estudos específicos. Como demonstraremos abaixo, expansão e redução estão, de fato, interligadas.

Em uma tradição de estudos sobre gramaticalização, o foco tem sido na forma e mudanças de uma sintaxe relativamente livre através da morfologia a flexões relativamente presas (cf., p. ex., LEHMANN, 1995; HASPELMATH,

1998; 2004). Os exemplos são como os ilustrados em (26) na seção 1.6.2, dos quais os dois primeiros são apresentados aqui por conveniência em (1):

(1) a. Latim *cantare habeo* 'sing:INF ter:1sg' > Francês *chanterai* 'sing:FUT:1sg'.
   b. Húngaro antigo *világ bele* 'núcleo/entranhas do mundo:direcional' > *világbele* 'no mundo' > *világba* (N flexionado *bele* > marcador de caso *ba*).

No latim, *cantare habeo* variava com *habeo cantare*, não apenas a ordem de palavras era variável, um constituinte como um objeto podia intervir entre as duas palavras. Em tese, *cantare habeo* era um sintagma relativamente livre que, rotinizado nessa ordem, passou pelos tipos de mudança em (2):

(2) V não finito > V finito > raiz verbal + clítico finito > raiz verbal + flexão de futuro

Semelhantemente, *vila béle* em (1b) era um sintagma relativamente livre que passou por várias mudanças, entre elas as ilustradas em (3):

(3) N - [substantivo relacional (tripas) + marcador de caso direcional] > substantivo + adposição primária (aglutinada) > substantivo + afixo de caso fusional

Em ambos os casos, a primeira raiz lexical (*cant-*, *vila*) passou por algumas mudanças além das mudanças fonológicas, enquanto a segunda passou por mudanças radicais ao longo dos séculos, incluindo redução e aumento de dependência. A raiz, nesses exemplos, permanece lexical/de conteúdo e no segundo caso torna-se gramatical/procedural.

Generalizações de instâncias particulares, como as ilustradas em (1) e (3), têm sido frequentemente apresentadas de modo a atender a forma do item em gramaticalização. Por exemplo, os *clines* verbal e nominal baseados na forma foram propostos como:

(4) a. Verbo lexical > auxiliar > clítico > afixo.
   (Baseado em HOPPER & TRAUGOTT, 2003, p. 111.)

b. Substantivo relacional > adposição secundária > adposição primária > afixo de caso aglutinativo > afixo de caso fusional.
(LEHMANN, 1985, p. 304.)

O exemplo de Lehmann de cada parte do *cline* em (4b) é um substantivo relacional como *top*/topo entrando em uma 'construção' (entendida como 'constituinte sintático') como *on top of NP*/em cima de SN, em que funciona como uma adposição secundária (cf. tb. HOFFMANN, 2005 sobre construções PSN (preposição + SN)). Nesse caso, *on top of* expressa 'um significado objetivo', ou seja, é lexical. Uma adposição primária é uma expressão gramatical morfologicamente simples, como *of*/de, e uma aglutinativa é como o *-s* genitivo. Um afixo de caso fusional simultaneamente instancia mais de uma categoria morfológica, por exemplo, um marcador de caso do latim como *-bus* (plural ablativo).

Na outra tradição de pesquisas sobre gramaticalização, o foco são as mudanças semânticas e, em alguns casos, pragmáticas (p. ex., HEINE; CLAUDI & HÜNNEMEYER, 1991; BYBEE; PERKINS & PAGLIUCA, 1994). São exemplos desses casos:

(5) a. Latim *habe-* 'possuir' > 'ser obrigado' > 'futuro.
    b. Inglês antigo *scul-* 'dever' > *shall* 'futuro'.

Trajetórias de mudanças semânticas e discursivo-pragmáticas como em (6) também são propostas como generalizações de exemplos como esses em (5), por exemplo:

(6) obrigação > intenção > futuro > propósito.
    (Baseado em BYBEE; PERKINS & PAGLIUCA, 1994, p. 240.)

As escalas em (4) e (6) são generalizações abstratas de linguistas sobre exemplos, línguas, grupos de falantes e tempos múltiplos (ANDERSEN, 2001, p. 241). Elas não estão rigidamente fixas, nem são processos mentais (embora tenham sido interpretados como tais algumas vezes, cf. NEWMEYER, 1998, capítulo 5, 2001). Essas escalas são o resultado de processos cognitivos que incluem pensamento analógico e *parsing*.

Como Kiparsky (2012, p. 18) afirma, representantes das duas perspectivas ilustradas por (4) e (6) propõem diferentes questões e, portanto, destacam diferentes aspectos da gramaticalização. Se o objetivo é saber como a forma muda, uma 'trajetória' como o de verbo auxiliar para o *status* de clítico (p. ex., o do verbo auxiliar *will* > clítico '*ll*) é de interesse central. No entanto, se o que se busca é saber como o significado muda, tal mudança estrutural pode ser apenas de interesse secundário. Ao contrário, uma trajetória como o da mudança de volição (*will* como verbo principal) para modalidade epistêmica (*Boys will be boys*/Garotos serão garotos) até a expressão de futuro (*She will win*/Ela ganhará) será de maior interesse.

Ao contrapor questões de forma ou significado, os dois modelos aparentemente têm sido opostos, mas demonstraremos que, de fato, são amplamente complementares. Um ressalta o aumento de dependência e de redução de vários aspectos formais da expressão original, resultando em gramaticalização, o outro ressalta expansão, geralmente depois que a gramaticalização inicia. Considerando que conciliar essas duas abordagens é fundamental para nossa abordagem nesta obra, desenvolvemos essa distinção mais detalhadamente. Será relevante para essa discussão: i) o grau de atenção às mudanças nos dois eixos que são frequentemente nomeados eixos sintagmático e paradigmático, e ii) a hipótese da unidirecionalidade.

A distinção entre os eixos sintagmático e paradigmático (cf. SAUSSURE, 1959 [1916]), ou seleção e combinação (JAKOBSON, 1960, p. 358), está relacionada a distinções que remontam à Grécia antiga entre combinação e similaridade/escolha, indexação (elo a itens no contexto) e iconicidade (compatibilidade)[2]. Embora não mapeiem diretamente nesses

---

2. Outros pares relacionados ligados à mudança semântica incluem metonímia e metáfora, perspectiva semasiológica e onomasiológica.

eixos, os mecanismos de neoanálise e analogização, e os processos que os possibilitam (ou seja, 'motivam'), *parsing*[3] e pensamento analógico, têm similaridade suficiente para serem agrupados com eles no Quadro 3.1, que ilustra os eixos conceituais em ação na mudança linguística:

Quadro 3.1 Eixos conceituais atuantes na mudança linguística

Domínio	Combinação	Similaridade/escolha
Estrutura	Sintagma	Paradigma
	Index	Ícone
Mecanismo	Neoanálise	Analogização
Motivação	*Parsing*	Pensamento analógico

Inevitavelmente, assim como os eixos, as dimensões também interagem. Se um ícone corresponde ou representa algo, por *default* ele o indica (ou 'indexa') (ANTTILA, 2003, p. 433). Anttila (2003) e Fischer (2007) argumentam que, na verdade, 'analogia', entendida como pensamento analógico e o mecanismo que chamamos de analogização, envolve relações sintagmáticas contextuais e combinatórias tanto quanto compatibilidade paradigmática. A metáfora de Anttila da tecelagem de '*warp and woof*/base' invoca não apenas relações contextuais sintagmáticas (*woof*/trama) e relações paradigmáticas selecionadas (*warp/tecido*), mas também a expressão formulaica e figurativa *warp and woof* 'a estrutura subjacente sobre a qual algo é construído' (*American Heritage Dictionary*, 2011). A intersecção dos dois eixos é discutida em detalhes em Norgård-Sørensen, Heltoft e Schøsler (2011), que desenvolvem uma abordagem da gramaticalização e das construções que privilegia o eixo paradigmático como um conjunto sincrônico e estável de oposições semânticas (p. 109) que resultam das mudanças na valência sintagmática e na ordem de palavras.

---

3. O termo *parsing*/análise sintática será mantido em inglês, uma vez que já é corrente na literatura em língua portuguesa [N.T.].

Estudos no modelo da abordagem GR levam à hipótese da unidirecionalidade da gramaticalização, uma hipótese cuja história remonta a Kurylowicz (1975). Uma discussão aprofundada por ser encontrada em Norde (2009; cf. tb. BÖRJARS & VINCENT, 2011)[4]. O *cline* de mudanças propostas em Givón (1979, p. 209) é especialmente influente no desenvolvimento da hipótese de que há uma direcionalidade previsível para a gramaticalização. Já mencionada na seção 2.5.1.3, é repetida aqui como (7):

(7) discurso > sintaxe > morfologia > morfofonologia > zero

Uma formulação mais recente, enfatizando o tipo estrutural ao invés do nível da gramática, é encontrada no *cline* escala de Dahl (2004, p. 106) em (8):

(8) forma livre > perifrástica > afixada > fusional

O desenvolvimento do *chanterai*/cantarei do francês, *világaba* do húngaro, ou o *BE gonna* do inglês são ótimos exemplos de mudanças ao longo *desse cline*. Embora, algumas vezes, considerações sobre a direcionalidade possam sugerir o contrário (cf., p. ex., os trabalhos em CAMPBELL, 2001), essa direcionalidade observada não é inerente à gramaticalização. Como discutiremos abaixo em 3.3.5, tratamos a direcionalidade como resultado de diversos fatores em uso, tais como repetição, estratégias facilitadoras da articulação etc. (cf. tb. BYBEE, 2010). Esses processos são usados por falantes de todas as gerações. Como Bybee (2010, p. 113) afirma, a direcionalidade é um enigma para uma visão em que a mudança ocorre como resultado de inovações feitas por crianças individuais e entre gerações. No entanto, deixa de ser um enigma se consideramos as razões por trás dos processos

---

4. A obra de Norde apresenta um conjunto de contraexemplos da hipótese da unidirecionalidade, dentre os quais alguns serão discutidos em 3.4.

envolvidos no uso da língua (p. ex., *parsing* e pensamento analógico por falantes de todas as idades). O tipo de *chuncking* que essas mudanças evidenciam emerge porque as formas são usadas repetidamente na mesma ordem, seja por crianças ou por adultos: ('a principal experiência que ativa o *chunking* é a repetição'; cf. BYBEE, 2010, p. 34) e *chunks* repetidos tendem a ser fonologicamente reduzidos.

Como aparecerá nas próximas subseções, uma forte hipótese da unidirecionalidade está mais claramente ligada às abordagens GR da gramaticalização, mas uma visão mais leve também se associa à perspectiva GE. Na construcionalização gramatical (e, como mostraremos no próximo capítulo, na construcionalização lexical), direcionalidade será relevante não apenas para o desenvolvimento de microconstruções, mas também para os esquemas maiores nos quais microconstruções participam.

3.2.1 Gramaticalização como redução e aumento de dependência

O modelo de gramaticalização como redução e aumento de dependência está ligado principalmente a Givón (1979), Heine, Claudi e Hünemeyer (1991), Lehmann (1995; 2004), Bybee, Pagliuca e Perkins (1991) e Haspelmath (2004). Haspelmath (2004, p. 26) define gramaticalização em termos do desenvolvimento de 'dependências internas mais fortes' e Lehmann afirma que:

> Gramaticalização de um signo linguístico é um processo pelo qual se perde autonomia tornando-se mais sujeito a restrições do sistema linguístico (LEHMANN, 2004, p. 155).

O mesmo tipo de ênfase na perda e desgaste pode ser encontrada em estudos semanticamente orientados, por exemplo:

> [Gramaticalização é] uma evolução por meio da qual unidades linguísticas perdem complexidade semântica, significância pragmática, liberdade sintática e substância fonética (HEINE & REH, 1984, p. 15).

Cabe esclarecer que o conceito de gramática adotado por muitos dos fundadores da abordagem GR, com exceção de Givón, era modular, relativamente restrita e, até recentemente, geralmente não abrigava categorias gramaticais como tópico e foco (cf., p. ex., SHIBATANI, 1991 e recentemente LEHMANN, 2008). Também não inclui marcadores pragmáticos, tais como *well/bom, moreover/além disso*, o *tag* britânico *innit/isn't it/né/* não é, o finalizador de oração *but/mas*, ou outros marcadores metatextuais. Esses são, algumas vezes, tratados separadamente no nível do 'discurso' (cf., p. ex., WISCHER, 2000; KALTENBÖCK; HEINE & KUTEVA, 2011). Em um modelo de gramática de construções, entretanto, tais elementos são parte da língua e, portanto, parte do conhecimento construcional do falante.

Atualmente, a hipótese mais explícita sobre gramaticalização como redução e aumento de dependência é o conjunto de fatores correlacionados de Lehmann, representado no Quadro 3.2, a partir de Lehmann (1995, p. 164). A maioria diz respeito a mudanças em um item linguístico, com pouca atenção aos contextos em que esse item é usado. Cabe esclarecer que as colunas que Lehmann nomeia como 'gramaticalização fraca' e 'gramaticalização forte' referem-se às escalas que são, estritamente falando, escalas de gramaticalidade, e não escalas de mudança. Muitos estudiosos da gramaticalização têm assumido que 'gramaticalização fraca' representa um estágio de desenvolvimento pré-gramaticalização (aqueles identificados em DIEWALD, 2002 como 'contextos críticos' e em HEINE, 2002 como 'contextos-ponte'). Entretanto, Lehmann associa mudança com a coluna identificada como 'processo' (cf. LEHMANN, 1995, p. 124). Assim, modificamos o título e a identificação de duas colunas do seu quadro para refletir esses fatos.

Itens em gramaticalização supostamente são reduzidos em termos de complexidade estrutural e têm o grau de vinculação aumentado da esquerda para a direita, ao longo de duas dimensões que se entrecruzam: escolha paradigmática (a-c) e combição sintagmática (d-f). Como Lehmann afirma, em alguns casos, muitos ou todos os parâmetros podem atuar num desenvolvimento particular. Um exemplo é o desenvolvimento do *BE going*

Quadro 3.2 Correlação dos parâmetros de gramaticalidade
(adaptado de LEHMANN, 1995, p. 164)

Parâmetro	Gramaticalização fraca	Processo	Gramaticalização forte
(a) Integridade	Agrupamento de propriedades semânticas; possivelmente polissilábico	Desgaste	Poucas propriedades semânticas; poucos segmentos ou monossegmental
(b) Paradigmaticidade	Item participa fracamente no campo semântico	Paradigmatização	Paradigma pequeno e integrado
(c) Variabilidade paradigmática	Escolha livre de itens de acordo com intenções comunicativas	Obrigatoriedade	Escolha sistematicamente restrita; uso predominantemente obrigatório
(d) Escopo estrutural	Item se liga a constituintes de complexidade arbitrária	Condensação	Item modifica palavra ou radical
(e) Vinculação	Item é justaposto independentemente	Coalescência	Item é afixo ou carrega propriedade fonológica
(f) Variabilidade sintagmática	Item pode ter ordem alterada livremente	Fixação	Item ocupa um *slot* fixo

to de 'verbo de movimento com propósito' > *BE gonna* 'futuro'[5], usado aqui para ilustrar os parâmetros:

(a) Integridade: perda de significado (a noção lexical de movimento é desbotada) e de forma (p. ex., redução de quatro sílabas no *BE going to* para três no *BE gonna* ou menos (registrado na ortografia como *I'ma, Ima*)) em algumas variedades do inglês afro-americano (cf., p. ex., POPLACK & TAGLIAMONTE, 2000; GREEN, 2002, p. 196).

(b) Paradigmaticidade: *BE going to* é recrutado para o conjunto de auxiliares perifrásticos, que, neste momento, tinha as formas *ought to, have to, be to*.

(c) Variabilidade paradigmática; *BE going to* era restrito a nichos do inglês de Quebec (TORRES CACOULLOS & WALKER, 2009). No entanto, restrição

---

5. Aspectos da história do *BE going to* são discutidos abaixo em 3.2.2 e na seção 5.3.4. 'Futuro' aqui e em todos os demais lugares é entendido tanto como 'futuro relativo' quanto como 'futuro dêitico', a não ser que seja especificado de outro modo; esses usos emergem em diferentes épocas, como é discutido na seção 5.3.4.

sobre a variabilidade é fraca – enquanto *BE going to* parece estar em ascendência comparado a *will* e *shall*, ainda não é o caso e talvez nunca se torne o marcador obrigatório de futuro (cf. LEECH; HUNDT; MAIR & SMITH, 2009).

(d) Escopo estrutural: a sequência *BE going to* originalmente era distribuída em duas orações (a primeira envolvendo movimento, a segunda, propósito marcado por *to*) e posteriormente se tornou um auxiliar em uma oração simples.

(e) Vinculação: *to* aglutinou-se com *going* em *gonna*, não permitindo advérbios e sintagmas preposicionais como material interveniente.

(f) Variabilidade sintagmática: a sequência se fixou no *slot* de auxiliar e, como os modais, precede marcas de aspecto e de passividade (*is going to have been cleaned thorougly*/terá que ser lavado minuciosamente).

A maioria dos parâmetros de Lehmann resistiu ao teste de tempo e são centrais na maioria dos trabalhos de gramaticalização. O parâmetro (a), que envolve desbotamento, tem sido fundamental nesses estudos desde o século XIX (p. ex., VON DER GABELENTZ, 1901). Esse parâmetro envolve perda de significado semântico. O parâmetro (f) sustenta muitos dos trabalhos recentes sobre as origens não lexicais da gramaticalização. Embora a gramaticalização seja frequentemente concebida em termos de mudança lexical > gramatical, em seu trabalho de 1912, Meillet refere-se à gramaticalização não apenas de itens lexicais, mas também da mudança da ordem de palavras 'livre' no latim para a ordem 'fixa' no francês (o que agora entendemos como a sintaticização da ordem de palavras orientada para o sujeito). Lehmann (2008) explora o modo como clivadas biorracionais com foco contrastivo podem se tornar fixas e reduzidas a estruturas mono-oracionais. Assumindo Lambrecht (1994), ele propõe que 'A estratégia sintática mais explícita de foco contrastivo é a clivagem de sentenças' (LEHMANN, 2008, p. 211) e sugere que a estrutura com duas orações pode se gramaticalizar ao longo do tempo em uma estrutura de tópico-comentário simples. A gramaticalização da estrutura informacional, segundo o autor, 'implica que as relações pragmáticas perdem sua especificidade' (p. 213), sentenças complexas podem ser reduzidas a uma oração simples ou até mesmo a um sintagma (p. 227). Aí, como em todos os outros lugares, o foco é na perda, nesse caso, da estrutura de informação pragmática.

Os parâmetros demonstraram-se bastante válidos para operacionalizar certas mudanças, entre elas a degramaticalização (NORDE, 2009), no entanto, alguns foram questionados. Um parâmetro tem se mostrado especialmente problemático: (d), o parâmetro do escopo estrutural. Em primeiro lugar, o próprio Lehmann (1995, p. 64) afirmou, erroneamente, que gerúndios nominais (p. ex., *John's constant reading of magazines*/A constante leitura de revistas de John) desenvolveram-se no inglês depois de gerúndios verbais mais complexos (*John's constantly reading magazines*/John está constantemente lendo revistas)[6]. No entanto, gerúndios nominais são atestados no inglês antigo, enquanto os verbais começam a aparecer apenas na fase final do inglês médio e não são comuns até o começo do inglês moderno (RISSANEN, 1999, p. 291-292). Considerando a gramaticalização como redução de escopo e aumento de dependência, o desenvolvimento de conectivos e marcadores pragmáticos parece incomum, já que aumentam tanto seu escopo sintático quanto seu escopo semântico. Uma vez que estão fora da oração central, alguns estudiosos os consideram como fora do âmbito da gramaticalização e como instâncias de pragmaticialização (p. ex., ERMAN & KOTSINAS, 1993; cf. tb. CLARIDGE & ARNOVICK, 2010; DEGAND & SIMON-VANDENBERGEN, 2011; DIEWALD, 2011a, para uma visão geral e posicionamentos diferentes). No entanto, tem havido também expansões de escopo oracional interno, por exemplo, a emergência de predeterminantes como *exactly*/exatamente, *quite*/muito na construção determinante, de modo que expansão de escopo sintático parece ser um fato histórico. Em todo caso, considerando que a gramática de construções é não modular e que construções incluem propriedades pragmáticas, essa questão é discutível em uma perspectiva construcional.

'Obrigatoriedade', o processo que leva a restrições e perda de variabilidade paradigmática (c), é outro conceito que tem sido debatido. Sua

---

6. Como Lehmann afirma (1995, p. 64), gerúndios verbais não são orações completas; mas são, claramente, mais complexos do que os nominais, que, em geral, funcionam como substantivos.

relevância é evidente em línguas com flexão, já que nessas línguas concordância é, geralmente, obrigatória, seja entre verbo e sujeito, como em inglês, francês e alemão, ou entre modificador e substantivo, como em francês e alemão. Em línguas altamente flexionais como o russo, o aumento da obrigatoriedade e a paradigmaticidade morfológica geralmente coincidem. No entanto, em outras como inglês, em que há poucas flexões, tal fato pode não ocorrer. Em línguas como o chinês, (virtualmente) sem flexão, nem obrigatoriedade nem paradigmaticidade no sentido morfológico podem ser particularmente salientes na língua. A obrigatoriedade também tem sido associada com a sintaticização do sujeito, tal como ocorreu nas línguas românicas e no inglês, as quais, em estágios iniciais, tinham ordem de palavras que era restrita pela estrutura informacional ao invés de pela sintaxe. Recentemente, a noção de obrigatoriedade foi expandida para cobrir outras áreas da gramática. Por exemplo, partindo da noção de que 'algo é obrigatório relativo ao contexto' de Lehmann (1995, p. 12), Diewald (2011b) afirma que uma visão da gramaticalização como criação da gramática requer que a obrigatoriedade seja entendido como uma questão de grau, e não apenas estrutural, mas também um fenômeno comunicativo. Ao se comunicarem, falantes do alemão escolhem entre usar um membro da categoria de partículas modais, por exemplo, *ja, eben, ruhig* e *schon*. Essas partículas são essencialmente pragmáticas em termos de função (e muito difíceis de serem traduzidas). Na conversação, elas relacionam a oração em que aparecem a uma unidade pressuposta ou pragmaticamente 'dada'. Por exemplo, (9a) pressupõe um contexto em que aquisição de língua está sendo discutida e (9b) nega a proposição anterior, tal como '*It won't happen*'/Não vai acontecer (DIEWALD & FERRARESI, 2008, p. 79, 84):

(9) a. Deutsch ist **eben** schwer.
    Alemão é realmente difícil.
  b. Es wird **schon** werden.
    Vai dar tudo certo.

Diewald propõe que, considerando que partículas modais em alemão são altamente restritas sintaticamente (à posição depois de um verbo finito), e num *continuum* de funções pragmáticas com várias outras marcas como tempo, aspecto e caso, elas são parte da gramática e, assim, falantes obrigatoriamente tem que escolher quando usá-las. Essa obrigatoriedade não é estruturalmente interna, mas comunicativamente externa. Ela deriva de uma restrição 'Se a intenção x, então a forma y' (DIEWALD, 2011b, p. 369). Essa visão é consistente com uma abordagem construcionalista.

Uma variante recente da abordagem GR é a proposta de Boye e Harder (2012) para quem expressões gramaticais são 'auxiliares e como tal discursivamente secundárias', enquanto expressões lexicais são 'potencialmente primárias em termos de proeminência discursiva' (p. 2). Proeminência discursiva é definida em termos de seu potencial para ser focalizada (p. 9)[7]. A partir dessa perspectiva, gramaticalização é de dois tipos, dependendo se a fonte é lexical ou não lexical. Se a fonte é lexical, gramaticalização 'consiste na AUXILIARIZAÇÃO, uma MUDANÇA EM CONVENÇÕES EXISTENTES NO DISCURSO PROEMINENTE' (BOYE & HARDER, 2012, p. 22, destaque do original). No entanto, se a fonte é não lexical, consiste em:

> CONVENCIONALIZAÇÃO DE UM SIGNIFICADO DISCURSIVAMENTE SECUNDÁRIO como uma propriedade de uma nova expressão linguística: uma expressão linguística – por exemplo ordem de palavras fixa – se torna convencionalmente associada com um significado secundário que era originalmente parte de uma mensagem pragmática completa, mas não associada convencionalmente a nenhuma expressão linguística (BOYE & HARDER, 2012, p. 17; destaque do original).

Nessa visão, gramaticalização se origina da competição por proeminência linguística no fluxo da fala. '*Only losers qualify*'/Apenas perdedores se qualificam, e expressões suscetíveis de serem afetadas são aquelas que são

---

7. Contraste metalinguístico está excluído; p. ex., *I didn't say 'a'*/Eu não disse 'um', *I said 'the'*/Eu não disse 'o'. Nesse caso, a adequação da expressão é o ponto discursivo. Da mesma forma, foco contrastivo está excluído com base nas propriedades pragmáticas que são invocadas (cf. BOYE & HARDER, 2012, p. 17, ex. 35).

usadas com alta frequência em relação a seus usos no *status* primário (p. 27). Embora essa visão de gramaticalização sugira modos para enfrentar vários problemas, entre eles como tratar mudanças sem fontes lexicais, há várias dificuldades das quais mencionamos apenas algumas aqui. Uma é que se requer que um número de expressões gramaticais tradicionais tenha *status* duplo, não apenas pronomes que em algumas línguas têm morfologia 'forte' e 'fraca', por exemplo, do francês, *mois* ('eu' forte, com *stress*) *versus je* ('eu' fraco, clítico, sem *stress*), mas também preposições, palavras interrogativas e assim por diante (p. 21), uma vez que esses são 'tratáveis' em certos contextos discursivos, por exemplo, respostas. Outra questão é que essa visão de gramaticalização é difícil de ser demonstrada em textos históricos, em parte por causa dos discursos disponíveis. Como Boye e Harder afirmam, a gramática de construções representa um desafio porque não há nenhuma distinção rígida entre expressões lexicais e gramaticais (p. 34). Os autores definem construcionalização como 'a mudança abrangente em uma nova construção inteira' (p. 35-36), sem definirem 'construção inteira' e optando por considerar construções como 'o *frame* para a competição em que a palavra gramatical ou o morfema emergente estão no processo de perda' (p. 37). Como essas pequenas citações sugerem, Boye e Harder se valem da visão baseada no uso, mas, ainda assim, muito da discussão é feita como se elementos linguísticos conduzissem os discursos por si sós e nenhuma análise de dados detalhada é oferecida. Essa idealização distante das complexidades torna dicotomias, como as propostas por Boye e Harder, fáceis de se fazer. Além disso, trata o próprio domínio do resultado do desenvolvimento de expressões gramaticais como a 'palavra ou morfema' e não a construção, uma posição rejeitada neste livro.

3.2.2 Gramaticalização como expansão

Na maior parte, a perspectiva GR dá pouca atenção à pragmática (uma notável exceção é Bybee e seus colegas). No entanto, ao se considerar a pragmática, a associação entre gramaticalização e perda se torna questionável, e um modelo de 'perdas e ganhos' parece mais adequado (p. ex., SWEETSER, 1988; BREMS, 2011). No fim dos anos de 1980, várias propostas foram elaboradas de modo a propor desbotamento semântico acompanhado da codificação/'semanticização' de implicaturas pragmáticas quando da gramaticalização. Sweetser (1988) propôs que, apesar de a semântica lexical de movimento se perder no desenvolvimento dos usos de futuro de *go*, o futuro implicado por nossa experiência de tempo é metaforicamente mapeado em eventos e pode ser semanticizado como a semântica abstrata de 'futuro'. Essencialmente, 'o significado do domínio-alvo é *adicionado* ao significado da palavra' (SWEETSER, 1988, p. 400; itálico do original). Na mesma conferência, Traugott (1988) propôs que implicaturas relevantes para a gramaticalização são, geralmente, mais próximas à metonímia (associada à cadeia sintagmática), e a metáfora é o resultado da codificação de implicaturas. Outra vez, a ênfase está no aumento 'na direção da codificação explícita da relevância e informatividade que antes eram apenas discretamente implicadas' (p. 413).

Embora adotem uma abordagem amplamente de GR para fusão morfológica, Bybee, Perkins e Pagliuca (1994, p. 5-10) desenvolvem uma visão de gramaticalização que abrange pragmática e semântica, mudanças metafóricas e metonímicas. Num precursor (parcial) de um modelo de GE, associa-se gramaticalização com generalização, por meio da qual se implica expansão de uso e significado. Generalização de significado é perda de especificidade lexical, em outras palavras, desbotamento, mas nos contextos em que isso ocorre, esse processo resulta em perda colocacional e de outras restrições, consequentemente temos o uso expandido. Por exemplo, como auxiliar, *BE going to* perdeu o 'valor total' de movimento no espaço em direção a uma meta (BYBEE; PERKINS & PAGLIUCA, 1994, p. 3). Em Lehmann, esse é o parâmetro (a). O futuro 'desbotado' pode ser usado num paradigma e restrito a um *slot* fixo (em Lehmann, os parâmetros (b) e (f)), mas não mais está restrito, em termos de colocação, a verbos denotando ações do mesmo modo que os de movimento com propósito estão. Algumas vezes, o valor lexical/de conteúdo original pode se perder totalmente ao longo do tempo (p. ex., *deal*/parte em a *great deal*/boa parte como quantificador perdeu o significado de 'parte'), ou parcialmente (p. ex., *a bit (of)*/um pouco (de) retém o significado 'pequeno', mas não o de *bita* 'pedaço' do inglês antigo do qual derivou). Entretanto, desbotamento de significado lexical é, essencialmente, normalmente associado ao aumento de significado gramatical – outra evidência da perda-e-ganho. As implicaturas pragmáticas que possibilitam a gramaticalização tornaram-se parte da nova semântica que é, agora, mais abstrata, procedural ao invés de lexical. *BE going to* como auxiliar não mais é associado a movimento com um propósito, mas como auxiliar ele indica futuro, *a lot of*/*muito* como um quantificador não mais significa 'um pedaço de', mas como quantificador significa 'muito'. Em ambos, generalização de significado resulta em uso mais amplo[8].

Himmelmann (2004) reúne várias ideias sobre expansão para elaborar um modelo de gramaticalização (e lexicalização, sobre o qual cf. capítulo 4) no qual o foco está na expansão do domínio semântico-pragmático, sintático e colocacional, geralmente depois que a gramaticalização se inicia, modelo que simbolizamos como GE[9]. O foco de Himmelmann é nos contextos em que um item em gramaticalização se espalha. O autor restringe gramaticalização a mudanças que envolvem 'ao menos um elemento em gramaticalização' (p. 34) e exclui ordem de palavras, composição e outros tipos de mudanças mais abstratas. No entanto, baseado em Bybee e Dahl

---

8. Há contraexemplos da hipótese de que significado de conteúdo, literal precede significado procedural. Hoffmann (2005, p. 67-71) cita *by way of*/por meio de, afirmando que a preposição não é encontrada em colocações que evidenciem o significado literal de trajeto, mas, ao contrário, com significados abstratos como 'by means of'/por meio de, mediante (MED traz colocações com '*alms*/esmolas, *reason*/razão, *gentleness*/gentileza, *merchandise*'/ mercadoria). Apenas no final do século XVIII exemplos que evidenciam o significado concreto, direcional de '*on the path of* '/no caminho de aparecem (HOFFMANN, 2005, p. 68).

9. Um dos primeiros proponentes da gramaticalização como um processo primariamente morfológico, Kurylowicz, afirma que 'Gramaticalização consiste no **aumento do alcance** de um morfema avançando de um *status* lexical para gramatical ou de um gramatical para um mais gramatical (KURYLOWICZ, 1975, p. 52; negrito nosso).

(1989) e Bybee, Perkings e Pagliuca (1994), o autor afirma que se concentrar em um item em gramaticalização isolado é errôneo, já que itens jamais se gramaticalizam fora de contexto: 'construções (elementos no contexto)[10], e não itens individuais, são o domínio adequado da gramaticalização' (HIMMELMANN, 2004, p. 31). Para o autor, 'gramaticalização é essencialmente um processo de expansão de contexto' (p. 32). Himmelmann traz exemplos do desenvolvimento do artigo definido do alemão. Os exemplos aqui são nossos:

(a) 'Expansão de classe hospedeira': uma forma em gramaticalização vai aumentar sua extensão de co-ocorrência com membros da parte do discurso relevante (substantivo, adjetivo ou verbo), por exemplo, expansão do *BE going to* de futuro para verbos de estado como 'gostar, saber, querer', que não estavam disponíveis para a construção de propósito original. Esse tipo de expansão leva a novas colocações de um signo.

(b) 'Expansão sintática': extensão para mais contextos sintáticos, por exemplo, do *BE going to* de futuro para construções de alçamento (p. ex., *There is going to be an election*/Haverá uma eleição) ou do sintagma comparativo de medida *as long as* (p. ex., *This plank is as long as that one*/Essa prancha é tão grande quanto aquela) para a periferia da oração em que é usado como conectivo temporal (p. ex., *Hold it in place as long as it is needed*/Segure no lugar enquanto for necessário). Esse tipo de expansão leva a novas configurações (morfo)-sintáticas de signos.

(c) 'Expansão semântico-pragmática': uma forma em gramaticalização desenvolverá novas heterossemias[11] (dois ou mais significados ou funções que são historicamente relacionados, cf. 2.4.1), por exemplo, o conectivo temporal *as long as* passou a ser usado como condicional

---

10. Note-se que não é o uso de 'construção' da gramática de construções.

11. Como discutido na seção 2.4.1, 'heterossemia' é um termo com dois ou mais significados ou funções que são historicamente relacionados.

(p. ex., *As long as you leave by noon you will get there in time*/Desde que você saia até meio-dia, você chegará lá a tempo).

Desses três tipos de expansão, 'a expansão de contexto semântico-pragmático é a propriedade definidora central dos processos de gramaticalização' (HIMMELMANN, 2004, p. 33). Na visão do autor, todos os três tipos co-ocorrem na gramaticalização (HIMMELMANN, 2004, p. 33). Em nossa visão, e como será ilustrado em seguida, certa expansão semântico-pragmática geralmente antecede a construcionalização gramatical e a expansão da classe hospedeira também pode acontecer, porém em menor grau. Expansão (morfos)sintática acompanha construcionalização gramatical (cf. o pareamento forma$_{nova}$ com significado$_{novo}$). Entretanto, todos os tipos de expansão podem continuar depois da construcionalização, especialmente a expansão da classe hospedeira e a sintática.

Considerando que Himmelmann trata gramaticalização como expansão de classes hospedeiras e de propriedades sintáticas e semântico-pragmáticas em contextos sintagmáticos, a direcionalidade com a qual o autor está preocupado não é em direção à redução do signo ou em direção ao aumento de dependência ou obrigatoriedade, mas em direção à expansão de contextos. Expansão de classe hospedeira é expansão colocacional. Expansão sintática envolve aumento nos usos sintáticos disponíveis. O exemplo de *as long as* ilustra a expansão de uma adposição especificando um SN para um subordinador especificando uma oração. É um caso de expansão de escopo sintático (assim como semântico) e corrobora as sugestões de que a unidirecionalidade da redução de escopo (parâmetro (d) de Lehmann no Quadro 3.2) precisa ser repensado. A partir de uma perspectiva construcional sobre mudança, não há problema se um advérbio ou preposição é usado como um subordinador. Considerando que a pragmática é um elemento essencial na gramática de construção, a inclusão do desenvolvimento de marcadores pragmáticos (*well*/bom, *I think*/acho), partículas de modo do alemão (*doch*, *ja*) e de outras expressões, das quais o *status* gramatical tem sido questionado em teorias gramaticais restritivas, é do mesmo modo não problemática. Atualmente, elas são amplamente aceitas como instâncias de gramaticalização, considerando que sua função é procedural, o que indica conectividade e gerenciamento de interação (cf., p. ex., BRINTON, 2008a; DIEWALD, 2011b). Essa aceitação exige, no entanto, uma definição mais ampla de gramática.

Outro tipo de extensão é visto quando múltiplos nós diferentes são criados a partir de uma mesma fonte. Nesse caso, ao invés de unidirecionalidade temos multidirecionalidade, um fenômeno conhecido na literatura sobre gramaticalização como 'poligramaticalização' (CRAIG, 1991; ROBERT, 2005). Craig discute em rama, uma língua chibchan da Nicarágua, o desenvolvimento do verbo *bang*/ir em marcador de meta/propósito, no domínio da estrutura argumental, e em progressivo, desiderativo etc. no domínio de tempo-aspecto-modalidade. Mudanças multidirecionais que resultam em reflexos de uma construção-fonte em mais de um domínio estrutural é ilustrado em menos detalhes na seção 3.2.3, a seguir pelo desenvolvimento de *beside*/ao lado em preposição, subordinador e marcador pragmático, com eventual divergência entre *beside*/ao lado e *besides*/além disso. O modelo em rede deve se mostrar válido ao estudo de mudanças desse tipo levando a elos com e criação de múltiplos nós diferentes de uma mesma fonte.

A abordagem da GE permite redução e aumento de dependência, mas os vê como uma função do tipo de categoria gramatical que está sendo desenvolvida (e como o resultado da articulação natural do signo). Em alguns domínios, como caso e tempo, a gramaticalização envolve aumento de dependência, enquanto no domínio dos conectivos e dos marcadores pragmáticos pode envolver redução de dependência sintática. Uma definição de gramaticalização nessa perspectiva é:

> Gramaticalização é a mudança por meio da qual em certos contextos linguísticos falantes usam partes de uma construção[12] com uma função gramatical. Ao longo do tempo, o item gramatical resultante pode se tornar mais gramatical ao

---

12. Novamente, 'construção' é usada aqui no sentido pré-teórico de cadeia, constituinte.

adquirir mais funções gramaticais e expandir sua classe hospedeira (BRINTON & TRAUGOTT, 2005, p. 99).

3.2.3 A interconexão entre as abordagens GR e GE

As duas perspectivas de concepção da gramaticalização como aumento de redução e dependência (GR) e como expansão (GE) podem parecer, à primeira vista, estar em oposição com relação à direcionalidade. Por exemplo, Kiparsky (2012) propõe que a unidirecionalidade pode ser tratada em termos de uma teoria consistente da analogia como otimização e regularização baseados na GU. O autor conclui que, nessa visão, a unidirecionalidade não tem 'exceções' (p. 49); aparentes contraexemplos são baseados em exemplares. De todo modo, as abordagens GR e GE são amplamente complementares, na medida em que, como a abordagem da forma e significado de Kiparsky (2012) identifica, ambas respondem a diferentes questões. A maioria dos proponentes da GR questiona primariamente sobre o desenvolvimento da forma morfossintática, consequentemente, coalescência, fusão e aumento de dependência estão em primeiro plano. Uma mudança de verbo auxiliar para clítico, tal como *will* 'desejar' > *will* 'futuro' > *'ll*, ou *has* (pretérito perfeito) > *'s* envolve a redução do signo e aumento de dependência, morfologicamente no hospedeiro e sintaticamente em termos de restrições – auxiliares cliticizados não aparecem em perguntas sim-não, ou em respostas, por exemplo:

(10) a. I'll be leaving soon.
    [Vou sair logo.]
  b. Q. *'ll you be leaving soon? A. *I'll.
    [Q. Você vai sair logo? A. Vou.]
  c. She's left.
  d. Q. *'s she left? A. *She's.
    [Q. Ela saiu? A. Saiu.]

Contrariamente, a GE questiona não apenas sobre mudanças em um item, mas também sobre como a gramaticalização ocorre no contexto, muitas vezes depois de a gramaticalização ter iniciado. Muitos aspectos da GE surgem de fatores da GR. Por exemplo, a expansão colocacional de tipo é o resultado lógico dos parâmetros de integridade, paradigmaticidade e variabilidade paradigmática de Lehmann. Se considerarmos não apenas a redução mas também as consequências dessa redução podemos esperar um aumento nas classes hospedeiras: uma forma semanticamente reduzida e com funções paradigmáticas também será usada com frequência de ocorrência maior e em mais contextos. Também estará disponível para um maior número de usos sintáticos e, consequentemente, seus contextos sintáticos podem expandir.

Entretanto, há algumas áreas em que a GE e a GR preveem diferentes resultados da gramaticalização. A maioria diz respeito ao parâmetro d) de escopo estrutural de Lehmann que, como mencionado anteriormente, se mostrou problemático independentemente da GE. No caso de mudanças de advérbio interno de oração (p. ex., *after all*/afinal) ou de orações adverbiais (p. ex., *as you say*/como você diz, *I think*/acho) para vários tipos de funções de marcadores pragmáticos, sempre há mudança de significado de conteúdo para procedural (algumas vezes envolvendo redução de segmentos e fusão), seguida do posicionamento desses itens na periferia da oração como marcador pragmático (expansão de escopo sintático). Uma dessas funções pode ser marcar a avaliação metatextual do falante sobre a relação entre a próxima oração e o que foi dito antes. Chamamos essa função de 'partícula de função discursiva' (cf. FISCHER, 2006). Subcategorias de partículas discursivas incluem aquelas que conectam, anaforicamente, a porção anterior e apontam, cataforicamente, para a próxima, como o inferencial *then*/então, uma classe que Schiffrin (1987) e Fraser (1988 e outros) identificaram como 'marcadores discursivos'. Outros são orações-comentário pragmáticas, por exemplo, *I think*/acho que (BRINTON, 2008a). O uso como uma partícula discursiva não é o resultado lógico da condensação, embora esteja relacionado ao uso expandido. Nesses casos, a forma é geralmente reduzida por meio do congelamento e/ou coalescência já no início. Após ser recrutado para a função de partícula discursiva, sempre há diferenciação prosódica da fonte original (cf. DEHÉ & WICHMANN, 2010 sobre o *I think* 'acho que' em posição inicial de sentença com diferentes funções no inglês atual, e WICHMANN; SIMON-VANDENBERGEN & AIJMER, 2010 sobre *of course*/claro). Esse posicionamento é consistente com descobertas de que expressões de alta frequência são menores em termos de duração e prosodicamente diferentes dos homônimos de baixa frequência (GAHL, 2008).

Um exemplo histórico é o item *beside(s)*/além disso. Tanto no inglês antigo como agora, *side* era um nome designando uma parte do corpo e, por extensão, a superfície longa de um objeto (no OED *side* II.4). Usado originalmente com uma variedade de preposições em sintagmas como *be/on his sidan*/ao seu lado, tornou-se fixa como uma preposição (11a) e um advérbio *besiden/beside(s)* 'ao lado/perto' (11b):

(11) a. Seth wuneda on ana munte ***beside*** paradise.
Seth morava em uma montanha perto do paraíso.
(a1200 Annot Cld.OT 421 [MED paradis(e) 1.a; RISSANEN, 2004: 158].)
b. Arthur teh bi-side; and said to iveres ...
Arthur virou-se de lado; e disse aos seguidores
(c1300 Layamon's *Brut*, Otho C.13, 12982 [MED *beside*(s) 3a; RISSANEN, 2004, p. 161].)

Esse é um caso-padrão de recrutamento de um nome lexical designando parte do corpo para uma função abstrata (cf. HEINE & KUTEVA, 2002). Seu desenvolvimento é um exemplo de mudança no parâmetro a) de Lehmann, integridade, nesse caso, perda do significado de espaço concreto. Também é um caso padrão de aumento de dependência e redução. *Be*/por foi selecionado de um conjunto de preposições incluindo *on*/sobre, *œt*/em, *from*/de, *þurh*/por e aglutinou com o nome *side* (RISSANEN, 2004). Essa é uma mudança de tipo típica do parâmetro e) de Lehmann, vinculação. No entanto, no inglês médio, o advérbio *beside*/além disso e, principalmente, a forma estendida *besides* (com adverbial -es, como em *dæges*/diariamente, *niedes*/necessariamente, *backwards*/ao contrário, cf. KASTOVSKY, 1992, p. 137)[13], sofreram mudanças adicionais, todas associadas com a GE. *Beside(s)* foi expandido para significar 'ademais/além disso' (12), um exemplo da expansão semântico-pragmática de Himmelmann:

(12) He deprived him of a portion of his kingdom, and assessed
     ele o privou de uma parte de seu reino e o condenou
     hym to pay a great summe of mony **besides**.
     a pagar uma grande quantia de dinheiro além disso.
     (1564 N. Haward tr. F. Eutropius, *Briefe Chron.* vi. 52 [OED].)

Na fase média do inglês moderno, a preposição *beside(s)* começou a ser usada para introduzir uma oração-complemento finita com *that*/que, significando *although*/embora (13). Esse uso era bastante restrito aos séculos XVII e XVIII, porém o OED cita um exemplo no século XIX, e muitos aparecem no COHA, incluindo (13c) do final do século XX:

(13) a. Sire **besides that** I am your Graces subject and servant
        Senhor embora eu seja súdito e servo de vossa graça
        ... your Grace hath also shewyd so largely your?
        ... sua graça também mostrou tão generosa sua?
        bounteosnes and liberalite anenst me that ...
        recompensa e liberdade para   comigo ...
        (1517 Tunstall, *Letter* [HC; RISSANEN, 2004, p. 165].)
     b. for **beside that** he died in charity with all, I
        pois embora ele tenha morrido na caridade de toda forma eu?
        never heard that he once reflected o
        nunca ouvi que ele disse qualquer coisa ruim sobre
        his prosecutors.
        seus advogados.
        (1763 Ordinary's Account, OA17630824 [OBP].)

---

13. O -s em um marcador adverbial origina-se da flexão de genitivo encontrada em muitos advérbios do inglês; p. ex., *backwards*. A divisão de função entre a preposição *beside* e o marcador pragmático *besides* é um desenvolvimento relativamente recente.

c. What is so significant about Burle Marx's contribution – ***besides that*** it has
O que é tão significativo sobre a contribuição de Burle Marx – embora tenha
lasted 60 years – is the way it has made an impact on all scales.
durado 60 anos – é o modo como ele impactou todas as escalas.
(1990 Parfit, *Smithsonian* 21 [COHA].)

Na fase média do inglês moderno, *beside(s)* também era usado como partícula discursiva iniciador da oração, significando "*furthermore*'/além disso, em acréscimo ao que estava sendo dito, mas que não era central para o argumento':

(14) a. In terms of choice I am not solely led
By nice direction of a maiden's eyes;
Besides, the lottery of my destiny
Bars me the right of voluntary choosing.
'Em termos de escolha (de um marido) eu não sou guiada unicamente pela orientação delicada dos olhos da senhora, ademais, a loteria do meu destino impede meu direito de escolher voluntariamente.'
(1600 Shakespeare, *Merchant of Venice* II.i.15 [LION: Shakespeare].)
b. And when he lookt for Money to pay his Reckoning, he miss'd his Money, but could not be positive that she took it: and **besides**, several Persons who were present, declared they did not see her touch him.
E quando ele buscou por dinheiro para pagar sua conta, ele deu falta de seu dinheiro, mas não podia estar certo de que ela o tinha pegado e, além disso, várias pessoas que estavam presentes declararam que não tinham visto ela tocá-lo.
(1698 Trial of Eleanor Watson, t16980223-7 [OBP].)

O uso da preposição como um subordinador, como em (13), e do advérbio como partícula discursiva, como em (14), são exemplos de expansão sintática: os novos usos têm escopo sintático e semântico sobre toda a oração. Os itens são, portanto, contraexemplos da redução de escopo de Lehmann (parâmetro (d)). No entanto, são exemplos da expansão sintática e semântico-pragmática de Himmelmann. Em nossa visão, expansão de escopo sintático e semântico-pragmático deriva dos usos com função discursiva para o qual uma construção como *besides* é recrutada. Isso também vale para muitos outros marcadores metatextuais cuja história tem sido investigada, tal como *in fact*/de fato (TRAUGOTT & DASHER, 2002) e *of course*/claro (LEWIS, 2003).

Em suma, integrantes das perspectivas GE e GR veem a direcionalidade como uma característica essencial da gramaticalização, mas diferem quanto a ela estar ou não limitada a aspectos estruturais tradicionais da gramática 'central' e a como os subtipos dos parâmetros de gramaticalização de Lehmann são interpretados (em trabalhos iniciais geralmente fora de contexto). No modelo GR, no geral, direcionalidade é pensada como 'uni'-direcionalidade e está associada, principalmente, com as reduções de signo e semânticas que acompanham mudanças conhecidas como lexical > gramatical, menos abstrato > mais abstrato, menos dependente > mais dependente. Para alguns dos representantes da perspectiva GR, unidirecionalidade é um fator-chave, tão relevante que Haspelmath (1999) sugeriu que a unidirecionalidade da gramaticalização é 'irreversível'. No modelo GE, direcionalidade é, sobretudo, uma hipótese sobre expansão para maior variabilidade de colocações e para mais opções sintáticas, semânticas e pragmáticas; ela responde ao questionamento de como mudanças afetam o uso em contextos (e como contextos possibilitam mudanças).

Os tipos de expansão que Himmelmann identificou e que são fundamentais para a perspectiva GE na mudança gramatical são os tipos de mudança que encontramos na construcionalização gramatical. No entanto, na perspectiva do modelo GE, um problema para a unidirecionalidade é que uma instância particular de gramaticalização ou construcionalização gramatical geralmente não expande indefinidamente, apesar de Kiparsky (2012, p. 48) afirmar que unidirecionalidade não tem exceções, considerando essencialmente uma teoria de analogia como otimização. No 'ciclo de vida' de construções gramaticais, marcadores gramaticais sólidos que passaram por expansões de vários tipos podem se tornar restritos e periféricos, ou até mesmo desaparecer (cf. seção 2.5.1). A conclusão deve ser que a expansão é característica da construcionalização gramatical e de mudanças construcionais subsequentes, ao menos até o momento em que uma nova construção em competição passe a existir, mas não necessariamente depois disso.

3.3 UMA ABORDAGEM CONSTRUCIONAL DA DIRECIONALIDADE

Como discutido na seção 1.4.2, abordagens construcionais conceitualizaram mudança e direcionalidade em termos de mudanças na esquematicidade, produtividade e composicionalidade (incluindo analisabilidade). Por exemplo, Trousdale (2008a; 2010; 2012a) propôs que, na construcionalização gramatical, os dois primeiros aumentam e o terceiro diminui. Como será discutido no capítulo 4, aumento de produtividade e esquematicidade são característicos da construcionalização em geral, e não especificamente da construcionalização gramatical, mas há diferenças nos tipos de esquematicidade e produtividade envolvidas.

O conjunto tripartite de distinções é mais complexo do que às vezes se faz pensar na literatura na gramática de construção, em que esquematicidade e composicionalidade sozinhas podem estar em foco. Por exemplo, Gisborne e Patten (2011, p. 96) e Langacker (2011, p. 82) associam esquematicidade com perda de significado de conteúdo, ou seja, aumento de abstratização, e com o que Langacker denomina representações de 'operações mentais', mas não distinguem produtividade. Gisborne e Patten (2011, p. 97) também associam expansão de classe hospedeira com aumento de esquematicidade e afirmam que construções com aumento de produtividade 'sancionam mais instâncias' (p. 98). Barðdal (2008) distingue produtividade e esquematicidade, enquanto ao mesmo tempo mostra que elas estão intimamente relacionadas. A autora correlaciona produtividade com frequência alta de construção-tipo e alto grau de esquematicidade (ou seja, hierarquias esquemáticas complexas), baixa produtividade com baixa frequência de tipo e alto grau de especificidade (p. 172). Enquanto nós também distinguimos produtividade e esquematicidade, não fazemos do mesmo modo que Barðdal, em parte porque consideramos um amplo conjunto de desenvolvimentos gramaticais, ao passo que ela se ocupa apenas com estrutura argumental, em parte porque buscamos desenvolver uma abordagem que considera o contexto e os três tipos de expansão de Himmelmann (2004). Em seguida, discutimos mudanças na produtividade como expansão de tipos de construção (frequência de tipo) e de construtos (frequência de ocorrência) (3.3.1) e mudanças de esquematicidade tanto como mudança para função procedural e mudanças nos esquemas e sua composição (3.3.2). Em 3.3.3, discutimos a diminuição de composicionalidade como redução de transparência no elo entre significado e forma, reconhecendo que analisabilidade pode ainda persistir em casos em que composionalidade reduz. Sugerimos como os fatores trabalhados nas abordagens sobre gramaticalização da GR e GE se interpõem e, assim, podem somar-se num modelo construcional (3.3.4), e finalmente apresentamos algumas razões ('motivações') para direcionalidade na mudança (3.3.5). Nossos exemplos são principalmente do desenvolvimento de quantificadores binominais e de *BE going to* 'futuro'.

Em nossa visão, a divisão que propusemos entre aumento de produtividade e de esquematicidade, juntamente com redução de composicionalidade, fornece um modelo que unifica aspectos das abordagens GR e GE. Resumidamente, as abordagens GE da gramaticalização são consistentes com a noção de construcionalização gramatical concebida como o desenvolvimento de funções procedurais juntamente com o aumento de produtividade, expansão colocacional e esquematicidade. As abordagens GR da gramaticalização são consistentes com a conceitualização de construcionalização gramatical como redução de composicionalidade.

3.3.1 Aumento na produtividade

Uma afirmação comum nas abordagens baseadas no uso sobre a mudança é que 'novas construções surgem e se espalham gradualmente aumentando sua frequência de uso ao longo do tempo' (BYBEE & McCLELLAND,

2005, p. 387). Na literatura sobre gramaticalização, o aumento na frequência de ocorrência resultante do aumento na frequência de tipo e a expansão colocacional são tratadas com destaque (cf. BYBEE, 2003), em parte porque explica a redução. No entanto, na gramática de construções, frequência de tipo recebe uma atenção particular, em parte porque explica a expansão dos recursos disponíveis num esquema. Por exemplo, Goldberg (1995) observa que a construção com *way* tem uma frequência de ocorrência relativamente baixa, mas um grande número de colocados. A autora explica que 'isso evidencia a ideia de que produtividade não está tão relacionada à frequência de ocorrência, mas mais à frequência de tipo' (1995, p. 137). Embora questões de produtividade de tipo e de ocorrência estejam interligadas, precisam ser mantidas em separado, como Barðdal (2008) destaca. Por exemplo, ao considerar a produtividade do desenvolvimento das expressões binominais em quantificadores, podemos tratar (a) a expansão do número de microconstruções de tipo, por exemplo, a entrada de *a scrap of, a shred of/uma pitada de*, no inventário ou construcionário, (b) a natureza dos colocados, e (c) qual a frequência de ocorrência com que são usados. Como demonstraremos na próxima seção, mudança na esquematicidade, por exemplo, o modo como quantificadores são agrupados em subesquemas, não necessariamente se correlaciona com nenhuma das dimensões da produtividade mencionadas aqui.

Tradicionalmente, é comum pensar em classes gramaticais como classes fechadas ou, no mínimo, pequenas. Essa visão, no entanto, é desafiada quando gramaticalidade é pensada em termos de função procedural. O conjunto de quantificadores do inglês, por exemplo, é relativamente grande, incluindo não apenas os tradicionais como *all*/tudo, *many*/muito, *much*/muito, *some*/algum, *few*/pouco, mas também a *little*/um pouco, e mais recentemente os binominais como *a lot of*/muito, *a heap of*/muito e *a bit of*/um pouco de. Enquanto os itens atômicos e morfofonêmicos são mais antigos, os mais complexos são mais recentes, e sua estrutura, pelo menos no momento em que emergiram, era consistente com o aumento da natureza perifrástica do inglês. Ao longo do tempo, com o uso frequente de ocorrência, eles foram reduzidos fonologicamente (cf. *allota*/muito, mencionado na seção 1.5.3). Do mesmo modo, os modais 'centrais' formam um conjunto pequeno, mas outros têm sido e continuamente são acrescidos ao inventário ao longo do tempo (KRUG, 2000). Estruturalmente, os 'semimodais' mais novos são consistentes com a estrutura perifrástica, entre eles *BE going to*, em algumas variedades *BE fixing to* e, evidenciando uma origem estrutural adjetival diferente, *(had) better* (DENISON & CORT, 2000). Enquanto as categorias dos quantificadores e auxiliares é relativamente pequena, Hoffmann (2005) mostra que a categoria das preposições complexas (p. ex., *in front of*/em frente a, *in terms of*/em termos de) é bastante ampla – superior a cem itens, muitos deles recentes. Em todos os casos, as categorias gramaticais são, de algum modo, abertas, e novas construções-tipo podem se desenvolver.

Considerando que construções procedurais são relacionais e relativamente abstratas, elas podem, ao longo do tempo, passar a ser usadas com maior número de colocados. É o que Himmelmann (2004) chama de expansão da classe hospedeira. Barðdal (2008, p. 31) trata essa questão como a entrada de novos tipos na lista de construções específicas (p. ex., Vs, Ns) a um esquema e evidência da 'extensibilidade' do esquema. Na maioria dos casos de gramaticalização tem-se notado que a mudança começa num conjunto relativamente pequeno do sistema e há um aumento na distribuição do item em gramaticalização ao longo do tempo, por uma trajetória que é minimamente 'intrusiva' (DE SMET, 2012, p. 607). Por exemplo, o *BE going to* futuro era inicialmente usado com verbos de atividade (*make a noose*/laçar, *read*/ler, *lay out*/planejar), como era a noção de movimento com propósito, e apenas posteriormente foi expandido para verbos cada vez menos compatíveis com a noção de movimento, por exemplo, os de estado como *like/gostar, be/ser/estar*. No caso dos quantificadores binominais, *a lot/lots of*, estes foram inicialmente (no século XVIII) usados principalmente com hospedeiros concretos, como os partitivos originais, que geralmente se referiam a grupos (pessoas) (cf. 15a) ou eram pluralizados.

Em outras palavras, eles eram usados em contextos em que eles próprios indicavam quantidade. Exemplos de uso quantificador com colocados abstratos incontáveis aparecem nos dados apenas no século XIX, a maioria em expressões de rotina como *lots of room* ou *lots of time* (15b).

(15) a. There was *a lot of people* round him.
Havia muitas pessoas ao redor dele.
(1822 Trial of William Corbett et al., t18220911-157 [OBP].)
b. The keeper will have lots of time to get round by the ford.
O guardião terá muito tempo para contornar o vau.
(1857 Hughes, Tom Brown's Schooldays [CL 2].)

Nomes abstratos aparecem mais frequentemente depois da metade do século XIX no CLMETEV:

(16) a. He had battled with it like a man, and had *lots of fine Utopian ideas* about the perfectibility of mankind.
Ele lutou com isso como um homem, e tinha várias ideias utópicas sobre a perfeição da humanidade.
(1857 Hughes, *Tom Brown's Schooldays* [CL 2].)
b. She will not pester me with *a lot of nonsensical cant*.
Ela não vai me importunar com um monte de crenças sem sentido.
(1885 Blind, *Tarantella* [CL 3].)
c. He is only young, with *a lot of power*.
Ele só é novo, com muito poder.
(1895 Meredith, *The Amazing Marriage* [CL 3].)

Posteriormente, ocorre com nominais gerundivos:

(17) The horses needed *a lot of driving.*
Os cavalos precisavam de muito direcionamento.
(1901 Malet, *The History of Sir Richard Calmady* [CL 3].)

Essas mudanças na expansão de tipo são mudanças construcionais pós-construcionalização. Mostramos em 3.3.2 que a produtividade da construção-tipo está relacionada à esquematicidade. No que diz respeito à frequência de ocorrência, *corpora* diacrônicos mostram que ela pode ser variável, mas considera-se que seja motivada pelo significado e pela distribuição da fonte e pelos colocados da classe hospedeira. Um exemplo é encontrado em Brems (2011, p. 207; 2012, p. 213), em sua discussão sobre o crescimento de frequência de ocorrência de *of heap*(*s*) e *lot*(*s*), usados em cadeias de SN de SN desde 1110 até 1920. Sincronicamente, a autora encontra a distribuição de uso do quantificador com quatro nomes com a mesma dimensão no *corpus* COBUILD, na figura 3.1 (com um subconjunto de nome de outras dimensões, incluídos nos estudos de Brems):

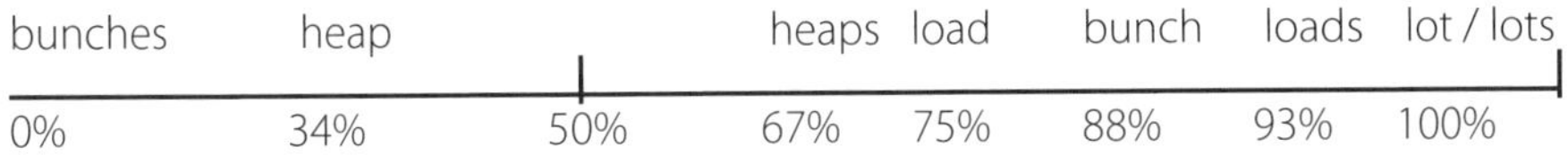

bunches	heap		heaps	load	bunch	loads	lot / lots
0%	34%	50%	67%	75%	88%	93%	100%

Figura 3.1 Uso de quantificador de substantivos de mesma extensão no COBUILD (adaptado de BREMS, 2012, p. 211)

As porcentagens sincrônicas na Figura 3.1 mostram gradiência e refletem mudanças diacrônicas graduais diferenciadas. É relevante destacar aqui que *lot* e *lots* atuam como quantificadores em quase 100% das vezes, mas, no caso de nomes de outras dimensões, há uma diferença significativa entre ocorrências no singular e plural em relação ao uso de quantificadores. No caso de *bunch*/monte, o plural não ocorre com o significado de quantificador no COBUILD, enquanto 88.4% dos usos de *bunch* são de quantificadores (p. ex., *bunch of kids/lies*/um monte de crianças/mentiras). No caso de *heaps*, Brems (2012) afirma que originalmente significava 'constelação, pilha' e, ao contrário de *heap* singular e outros, não tinha uso partitivo.

3.3.2 Aumento na esquematicidade[14]

Ao pensar sobre o aumento na esquematicidade, duas questões devem ser distinguidas. Uma é que, ao longo do tempo, microconstruções podem

---

14. Algumas das discussões sobre o desenvolvimento de *BE going to* nesta seção inspiram-se em Traugott (2015).

se tornar mais esquemáticas ou abstratas ao entrarem para esquemas abstratos, tornando-se membros 'melhorados'. A outra é que os próprios esquemas podem expandir, ou seja, podem abrigar mais membros, como discutido na subseção anterior e como foi demonstrado com o caso da construção com *way* na seção 2.7. Barðdal (2008, p. 31) fala da integração de microconstruções a um esquema como a 'extensibilidade' desse esquema. Ilustramos esses dois tipos de aumento na esquematicidade brevemente e depois nos voltamos à questão de como produtividade e esquematicidade interagem.

Sabe-se que, na literatura sobre gramaticalização, itens lexicais em processo de gramaticalização comumente se decategorizam. Usando nosso exemplo do desenvolvimento dos partitivos em quantificadores, a própria construção partitiva envolve decategorização como substantivo de medida. Por exemplo, *lot* e *bit* são usados como (pseudo)partitivos apenas quando são parte de um SN indefinido e servem como núcleo do um SN indefinido complexo. Os substantivos *lot* e *bit* são decategorizados porque não são livres para ocorrerem com artigo definido. São ainda mais decategorizados quando usados como parte da construção quantificadora, porque atualmente são usados como modificadores e não podem mais sofrer inversão. Por exemplo, em (18), que é um exemplo inicial de *bit* usado como núcleo de um SN complexo, *bit* é um substantivo livre em seu sentido original de conteúdo 'pedaço'. Nesse caso, não foi decategorizado:

(18) þis appyl a bete þerof þou take.
this apple a bite therof thou take
'Tome um pedaço dessa maçã.'
(c1475 *Ludus C* [MED *bite* n.; TRAUGOTT, 2008b, p. 29].)

O uso de *bit* num partitivo é mais esquemático no sentido de abstrato do que como substantivo livre. Seu uso na construção quantificadora é ainda mais esquemático porque os colocados dos quantificadores são mais livres e porque quantificação é escalar. Ao longo do tempo, conforme *a bit/ lot of* tornam-se cada vez mais fortemente fixados como quantificadores e começam a ser usados em outras construções escalares, como a construção de modificador de grau e podem ser usados como advérbios modificadores de adjetivos (*a bit/lot better*/um pouco melhor/bem melhor). Uma análise detalhada do desenvolvimento de *a bit/lot of* como quantificadores e, posteriormente, como modificadores de grau, demonstraria que, ao longo dos dois últimos séculos, eles foram gradualmente adquirindo traços mais prototípicos dos esquemas para os quais foram recrutados. Nesse sentido, tornam-se sujeitos às 'regularidades' do esquema (BARÐDAL, 2008, p. 22). Entretanto, como vimos na seção anterior, substantivos de outras dimensões, como *heap(s)*, que foram recrutados como quantificadores, não estão tão fixados (cf. Figura 3.1). Ainda assim, a maioria passou por aumento da esquematicidade (as exceções são *bunches* e alguns outros como *piece*/parte, que são usados apenas como partitivos e não como quantificadores).

BE going to também é um exemplo de aumento de esquematização de uma microconstrução. Nos primeiros usos no início do século XVII como marcador de tempo, os exemplos sugerem que o item significava tempo relativo '*be about to*'/estar a ponto de (GARRET, 2012). Esse ponto é discutido mais adiante, na seção 5.3.4. Aqui, consideramos a questão de quando sua construcionalização ocorreu. Nos dados, todos têm sujeitos animados antes do século XVIII, exceto dois exemplos que são provavelmente temporais, o que sugere que a expansão do novo uso seguiu uma trajetória com diferenças mínimas (cf. DE SMET, 2012). Os dois exemplos do século XVII com sujeitos não animados, uma distribuição que não estava disponível para construtos expressando movimento com propósito, são:

(19) a. *Bel.* Where's all his money?
        Onde está todo seu dinheiro?
        Orl. Tis put ouer by exchange: his doublet **was going to be** translated ('removed'), but for me.
        Isso foi colocado por troca: seu gibão seria traduzido ('removido'), mas para mim.
        (1630 Thomas Dekker, *The Honest Whore, Part II* [LION & GARRETT, 2012, p. 70].)

b. You hear that there is money yet left, and it *is going to be* layd out in Rattels ... or some such like commodities.
Você fica sabendo que ainda resta dinheiro, e isso será gasto em Rattels ... ou algum produto do tipo.
(1647 Field and Fletcher, *The Honest Man's Fortune* [LION & GARRETT, 2012, p. 70].)

Ambos os exemplos são do início do século XVII, sugerindo que nesse período poucos falantes tinham alinhado *BE going to* parcialmente ao esquema de auxiliar. No entanto, ausência de mais exemplos do tipo mostra que o uso com não animados não estava convencionalizado até o início do século XVIII, quando um conjunto de novos usos aparece no registro textual. Entre eles estão:

(20) a. deposed ... that he thought the whole Front of the House *was going to* fall.
deposto ... que ele pensou que toda a frente da casa fosse cair.
(1716 Trial of John Love et al., t17160906-2 [OBP].)

b. I am afraid there *is going to be* such a calm among us, that ...
Tenho medo de que vai haver uma tal calma entre nós, que ...
(1725 Odingsells, *The Bath Unmask'd* [LION: English Prose Drama].)

O caso (20a) é um exemplo de alçamento. O contexto sintático estava disponível para auxiliares mais antigos bem antes de *BE going to* ser usado como um temporal, conforme (21) mostra:

(21) a. But *there can* be nothyng more conuenient than by litle and litle to trayne and exercise them in spekyng of latyne.
Mas pode não ter nada mais apropriado que pouco a pouco ir treinando e praticando latim com eles.
(1531 Elyot, *The Governor* [HC ceeducia].)

b. I truste *there shal* be no fawte fownd yn me.
I trust there shall be no fault found in me.
'Eu acredito que não haverá nenhuma culpa sobre mim.'
(b1553 Mowntayne, *Auto-biography* [HC ceauto1].)

Considerando que construcionalização envolve mudança tanto de forma como de significado, parece que *BE going to* não foi construcionalizado até o século XVIII, quando era usado com sujeitos não animados e em construções de alçamento como (20). O grau de fixação como um auxiliar começa a aparecer em exemplos como (22), em que o item se coloca com o verbo de movimento *go*:

(22)   I never saw him after, till I ***was going to go*** out.
       Eu nunca o vi depois, até eu estar indo embora.
       (1759 Trial of Terence Shortney et al., t17571207-40 [OBP].)

Considerando que novas construções-tipo (microconstruções), como a *bit/lot of* ou *BE going to*, passam a existir e coexistir com outras mais antigas, os esquemas dos quais elas participam expandem-se. Em alguns casos, falantes podem generalizar e abstratizar sobre tipos individuais e desenvolver esquemas. Vimos que esse é o caso do desenvolvimento da construção com *way*. Na seção 2.7, consideramos que os precursores dessa construção eram construtos de construções intransitivas e transitivas. Durante o século XVII, no entanto, parece que uma construção com *way* independente emergiu e, ao longo do tempo, desenvolveu subesquemas. Esse é o caso de um esquema se desenvolvendo e se tornando mais esquemático ao longo do tempo, no sentido de adquirir subestruturas. A ideia é que, uma vez que um número suficiente de construções-tipo representa uma categoria, essa categoria pode ser pensada como um padrão abstrato que é um atrator[15] para microconstruções-tipo e pode expandir-se como consequência. É, assim, 'extensível' (BARÐDAL, 2008, p. 31) e, portanto, produtivo no nível do esquema. Essa é uma interpretação a partir de uma perspectiva histórica sobre como 'conhecimento de item específico' pode, no tempo, ligar-se ao 'conhecimento generalizado ou esquemático' sobre esse item (GOLDBERG, 2006, p. 98).

No restante dessa subseção, discutimos alguns modos pelos quais aumentos na produtividade (cf. 3.3.1 acima) estão ligados a aumentos na

---

15. *Atrator*: termo emprestado da física/matemática contemporânea, em que é definido como o conjunto de comportamentos característicos para o qual evoluiu um sistema dinâmico independentemente do ponto de partida [N.T.].

esquematicidade. Afirmações de que os mesmos mecanismos que trabalham na expansão e que aumentam a produtividade são relativamente livres aparecem tanto na literatura sobre gramaticalização e sobre gramática de construções histórica. Por exemplo, de acordo com Bybee (2010, p. 95), 'o mecanismo subjacente à produtividade é analogia de item específico. Tal fato pode sugerir que analogia é igualmente provável de ocorrer com construções de frequência de tipo baixa e alta. Por outro lado, Barðdal (2008) propõe que analogia como mecanismo de mudança ('analogização') está associada com baixa frequência de tipo, já que essa baixa frequência é acompanhada de coerência semântica e alta frequência de ocorrência. Isso porque '[c]onstruções com alta frequência de tipo não precisam mostrar alto grau de coerência semântica para serem produtivas, enquanto construções com baixa frequência de tipo devem mostrar alto grau de coerência semântica para serem produtivas' (p. 9). Construções individuais com alta frequência de ocorrência são mais prováveis de serem fixadas e, portanto, disponíveis como modelos. Barðdal trata alta e baixa frequência como polos em um *cline* de produtividade, como representado na Figura 3.2:

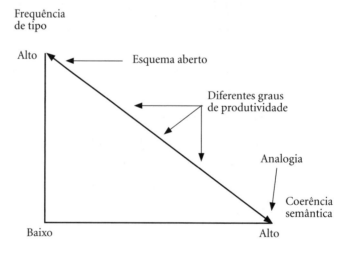

Figura 3.2 O *cline* de produtividade (adaptado de BARÐDAL, 2008, p. 172)

Uma representação como a Figura 3.2 sugere que mesmo se os mecanismos por trás da produtividade alta e baixa não são os mesmos, ainda assim as transições entre baixa e alta produtividade serão discretas. Uma percepção similar pode ser inferida a partir da afirmação citada no começo de 3.3.1: 'novas construções passam a existir e se espalham gradualmente aumentando sua frequência de uso ao longo do tempo' (BYBEE & McCLELLAND, 2005, p. 387).

No entanto, Petré (2012) argumenta que tal discretude nem sempre está em evidência. O autor sugere que, em alguns momentos, a atração para um esquema altamente produtivo já existente pode ser descontínua, com desenvolvimentos iniciais a partir de uma perspectiva de um *cline* discreto idealizado. Seu exemplo é o desenvolvimento do *becum- become*/'tornar-se' do inglês antigo e especialmente *weax- grow*/'crescer, cera' em cópulas na fase inicial do inglês médio:

(23) a. þonne **weaxeð** hraðe feldes blostman.
      then grow fast field.GEN flowers
      'Então as flores do campo crescem rapidamente.'
      (c925 *Meters of Boethius* A6 [DOEC & PETRÉ, 2012, p. 28].)

   b. For loue of vs his wonges **waxeþ** þunne.
      For love of us his cheeks become lean
      'Suas bochechas se tornaram finas pelo nosso amor.'
      (c1325 *Lytel wotyt* (Hrl 2253) [MED *thinne*; PETRÉ, 2012, p. 28].)

Petré afirma que houve uma explosão repentina de frequência de tipo depois que esses verbos foram construcionalizados como cópulas, como em (23b). O crescimento irregular e repentino de *weax-* no inglês médio não é total, ao contrário daquele que se nota na construção com *way*, já que essa se construcionalizou (cf. seção 2.7.4), embora as razões para a falta de discretude sejam muito diferentes. No caso de *becum-* e *weax-*, Petré sugere que elas foram atraídas para uma construção de cópula existente. No caso da construção com *way*, ela tornou-se altamente produtiva quanto ao tipo somente depois de se tornar uma construção independente associada com seu próprio esquema[16].

A abordagem em rede da mudança, apresentada no capítulo 2, auxilia no entendimento de por que a trajetória de mudança (a 'atualização', cf. DE SMET, 2012) nem sempre é uniforme. Redes consistem não apenas de nós de microconstruções, mas também de agrupamentos de nós (esquemas e subesquemas com nós internos). Na construcionalização, um novo nó é criado. Apesar de os passos serem pequenos, mesmo assim são descontínuos. Se, no período de construcionalização, uma microconstrução é atraída para um esquema, ela pode se tornar um membro menos marginal e mais prototípico desse esquema, como ocorreu com *BE going to*. Uma vez que isso ocorre, a microconstrução está sujeita às características do esquema e o uso com um número acentuado de novos colocados é esperado. Consideramos que, seja qual for a trajetória para um esquema fixado, o resultado da esquematização pode ser a expansão rápida de construções-tipo e que, portanto, a direcionalidade da expansão nem sempre mostra uma trajetória regular – de fato, é improvável que isso aconteça; é mais provável revelar uma curva S na expansão (cf. DENISON, 2003, para uma discussão sobre os vários tipos de curva S). Esse é um dos vários modos nos quais os trabalhos em construcionalização é significativamente diferente dos estudos em gramaticalização. Nestes, o foco geralmente é o desenvolvimento em uma única dimensão; naqueles, centra-se no desenvolvimento em duas dimensões: microconstruções específicas e esquemas.

3.3.3 Redução na composicionalidade

Enquanto a construcionalização gramatical, ao menos nos estágios iniciais anteriores à perda de qualquer membro, é caracterizada pelo aumento de produtividade e esquematicidade, ela também se caracteriza pela

---

16. Outra possibilidade para a natureza irregular do desenvolvimento de *waex-* pode ser a escassez de textos no período crucial (Martin Hilpert, comunicação pessoal).

redução de composicionalidade. Na gramática de construções histórica, a redução de composicionalidade é a redução na transparência da compatibilidade entre o significado das partes e a forma/sintaxe. Observe que isso não implica que as subpartes de um esquema serão totalmente não analisáveis. Além disso, redução na composicionalidade geralmente emerge quando há uma incompatibilidade entre a morfossintaxe antiga e um significado mais novo. Nesse caso, não há neoanálise morfossintática, embora alguma rotinização incipiente da ordem sintática possa ocorrer, mas há algumas mudanças pragmáticas e, possivelmente, alguma semanticização e uma expressão idiomática foi criada. Quando a construcionalização ocorre, ao longo do tempo, a incompatibilidade pode ser 'resolvida' assim que a nova construção se alinha ao esquema. A nova construção pode se tornar mais analisável (como um membro de um novo esquema), mas é frequentemente não composicional semanticamente.

No caso do desenvolvimento do partitivo *a bit of*/um pouco de ou *a lot of*/um monte de em um quantificador, o significado lexical era, originalmente, compatível com a sintaxe. *Bit*/pedaço e *lot*/lote eram núcleos da cadeia sintática [SN$_1$ [de SN$_2$]]. Entretanto, como quantificadores, eles modificam o segundo SN, então a estrutura semântica é [Modificador N] (cf. seção 1.5.1). Quando ocorre neoanálise semântica, a microconstrução é internamente não composicional (ou seja, um sintagma idiomático é criado). A distinção emerge quando se considera a não compatibilidade potencial entre significado e forma, como em (24) (exemplo (17) no capítulo 1, repetido aqui):

(24)   Mrs. Furnish at St. James's has ordered **Lots of Fans, and China, and India Pictures** to be set by for her, 'till she can borrow Mony to pay for' em.
A senhora Furnish em St. James encomendou muitos ventiladores, e porcelanas, e pinturas indianas para serem reservadas para ela, até que ela possa pedir dinheiro emprestado para pagar por eles.
(1708 Baker, *Fine Lady Airs* [LION: English Prose Drama].)

Ao ser entendido como referindo-se a 'pacotes' de ventiladores, *lots* é um substancial e tem propriedades lexicais composicionais. Entendido como 'muitos' ventiladores, *lots* não tem propriedades lexicais de conteúdo convencionais de quantidade e é menos composicional semanticamente. De um ponto de vista histórico, a microconstrução partitiva original reduziu em composicionalidade quando o novo significado de quantificador foi convencionalizado (uma mudança construcional). Quando *a lot of/* um monte de foi construcionalizado como um quantificador, no entanto, resultou numa composicionalidade nova e mais abstrata e a incompatibilidade foi 'resolvida' no sentido de tornar significado e sintaxe compatíveis como modificador-núcleo (um fenômeno de perda e ganho). A neoanálise morfossintática serviu para restabelecer o grau de 'analisabilidade' entre a nova microconstrução e o esquema gramatical do qual ela se torna uma parte, especificamente entre a microconstrução *lots of* e o esquema de quantificador do inglês. Entretanto, esse novo quantificador binominal é idiomático e o significado não é estritamente derivável das partes. Uma vez estabelecida, a nova microconstrução torna-se disponível para o usuário da língua utilizar numa variedade de contextos mais amplos (os tipos de expansão que discutimos mais a fundo em capítulos anteriores), aumentando, assim, sua frequência de uso.

A redução na composicionalidade é gradual, como Hay (2001; 2002) e Bybee e McClelland (2005, p. 393) mostram. Bybee e McClelland ilustram a gradiência com o grau de opacidade do prefixo histórico *pre-* na formação de palavras, como exemplificado em *president*/presidente, *prediction*/predição e *predecease*/morrer antes. Mais opaca em *president*, menos em *predecease*, essa diferença na opacidade é refletida em diferentes marcações de *stress*. No domínio gramatical, há diferenças conhecidas no grau e nível de coalescência e fusão (discutido em BYBEE, 2003; 2010 e outros), dependendo da frequência da combinação ou do hospedeiro, que resulta da repetição e rotinização, por exemplo, *I'm*/eu sou é mais frequente que *you're*/ você é e *she's*/ela é, um fenômeno que se correlaciona com a frequência dos pronomes hospedeiros. Ao contrário, a perda de segmentos e a composicionalidade morfológica depende variavelmente da frequência do hospedeiro, assim é provável que o desenvolvimento do futuro do francês a partir do *cantare habeo* do latim ocorreu inicialmente com verbos com maior frequência. Aqui, há uma perda inicial da composicionalidade sintagmática entre o elemento dependente (V-infinitivo) e o núcleo (*habeo*) em razão do *chunking*, então a neoanálise resultante da interpretação de -r- não como um marcador de infinitivo, mas como parte do marcador de futuro, e a redução de *habeo* para -ai, resultando em uma primeira pessoa do futuro composicional e nova. Como Lehmann (2002) afirma, fundamentalmente para gramaticalização, o próprio verbo não foi neoanalisado. Isso é explicado, em termos de construcionalização gramatical, por referência aos expoentes da estrutura de posse/obrigação original sendo recrutada pelo esquema $[[V_i - X_j] \leftrightarrow [SEM_i \, Futuro_j]]$.

Uma vez que a fixação ocorre, a frequência de uso pode afetar a forma. Sequências repetidas tendem a se tornar fonologicamente mais integradas e reduzidas (cf. *BE going to > BE gonna* [gənə]. Entre as rotinas que são frequentemente muito reduzidas está *I don't know*/eu não sei (sobre redução para > *I dunno* [ardəno], cf. BYBEE & SCHEIBMANN, 1999; BYBEE, 2006). Pichler (2013) discute como, em dados coletados de conversas em Berwick em Tweed, no extremo noroeste da Inglaterra, a partícula de clítico negativo -*n't* em *don't know* pode ser reduzida para [ʔ] ou apagada totalmente, com outras formas como [doʔθrŋk], [dʊθrŋk], e *do* pode ser reduzido para [ə] e, algumas vezes, a fricativa inicial de *think*/pensar é omitida completamente, resultando em formas como [doʔĩŋk] ou [dəʔrŋk]. Pichler afirma que uma variante local, escrita *I divn't knaa*, é articulada em ocorrências como [drvṇnɐ̃:] ou [trfṇ'nɐ].

Langacker (2011) trata elementos gramaticais como secundários e, consequentemente, com necessidade de menos recursos processuais (cf. tb. BOYE & HARDER, 2012). Isso, na visão de Langacker, leva à redução: 'Redução de distribuição de tempo, atenção e largura de banda[17] leva não apenas à compressão da manifestação do conteúdo semântico e fonológico, mas a uma real erosão' (2011, p. 83). Do mesmo modo, os efeitos cumulativos de fixação ajudam a explicar por que construções geralmente (e não apenas as gramaticais) mostram alto grau de fixação (GOLDBERG, 2006).

3.3.4 A integração dos fatores da GR e da GE na construcionalização e mudança construcional

A discussão sobre expansão acima e, especialmente, sobre o aumento construcional da produtividade e esquematicidade e a redução da composicionalidade associada, levando em conta a construcionalização gramatical, sugere que as abordagens estão longe de serem ortogonais. Ao contrário, os fatores considerados se entrecruzam na mudança.

A construcionalização é precedida por uma série de pequenos passos de mudança, tais como o aumento da saliência das inferências pragmáticas e rotinização em certos contextos, que podem levar ao *chunking* e, eventualmente, à incompatibilidade entre forma e significado. Essas mudanças podem, por sua vez, levar à redução na composicionalidade no nível de microconstruções existentes. São mudanças construcionais que podem alimentar a construcionalização de uma nova microconstrução, ou seja, o pareamento de forma$_{nova}$-significado$_{novo}$. A resolução de uma incompatibilidade permite sanção plena pelo esquema gramatical, assim a nova microconstrução é composicional em relação ao seu esquema sancionador. No entanto, elos relacionais entre elementos da microconstrução se perdem. A construcionalização gramatical é seguida por aumentos na produtividade-tipo da nova microconstrução, o que, por sua vez, afeta a produtividade do esquema. Geralmente, a construção-fonte continua sendo usada, inclusive nos mesmos contextos.

---

17. Termo emprestado da informática: medida da quantidade de informação que pode ser enviada entre computadores [N.T.].

Esses tipos de mudanças na construcionalização gramatical são, em muitos casos, 'o outro lado da moeda' dos processos que Lehmann identifica a partir de uma perspectiva da GR (cf. Quadro 3.2) (atente que tanto os processos de Lehmann como as características das mudanças construcionais são gradientes). A perspectiva da GR enfatiza o que acontece internamente no item ou no grupo de itens, enquanto a perspectiva da GE foca no que acontece externamente, especialmente na produtividade. Volta-se a atenção às mudanças de sua variabilidade (colocações) e no grau de abstratização do conjunto ou agrupamento de itens (esquematicidade). Os pontos de contato são resumidos no Quadro 3.3:

Quadro 3.3 Compatibilidade do desenvolvimento de uma microconstrução gramatical nova com os processos de gramaticalização de Lehmann[18]

Características do desenvolvimento de uma microconstrução gramatical	Processos de gramaticalização de Lehmann
Incompatibilidade, redução da composicionalidade semântica	Desgaste de propriedades semânticas (a)
Chunking inicial e rotinização	Fixação (f)
Atração para o conjunto	Paradigmatização (b)
Redução de composicionalidade formal interna	Coalescência e desgaste de fonologia (e, a)
Aumento de fixação	Processo de obrigatoriedade (c)

O Quadro 3.3 surpreendentemente mostra que as reduções e expansões que chamamos de GR e GE estão integradas. As duas primeiras características (incompatibilidade e *chunking*) são amplamente associadas com construcionalização pré-gramatical; a terceira (atração a um conjunto) é concomitante à construcionalização gramatical (se um contexto relevante pré-existir) e a quarta e quinta (redução de composicionalidade formal interna e aumento de fixação) são amplamente associadas com constru-

---

18. O parâmetro relevante no Quadro 3.2 é citado depois de cada processo. O processo 'condensação' de Lehmann (parâmetro (d)) não foi incluído pelas razões discutidas na seção 3.2.1.

cionalização pós-gramatical. Em outras palavras, certo desgaste semântico e perda de composicionalidade e fixação morfossintática podem preceder os tipos de expansão associados com a construcionalização, enquanto a redução da composicionalidade formal, que está associada com a redução do signo, e o aumento de fixação, que está associado com o processo de obrigatoriedade, acontecem depois da expansão.

Além disso, o resultado do desgaste de propriedades semânticas é a possibilidade para uso em um conjunto maior de contextos, ou seja, o tipo de expansão de classe hospedeira e de expansão sintática discutidos em Himmelmann (2004).

3.3.5 Possíveis motivações para a direcionalidade da mudança

Até o momento, discutimos de forma sutil as motivações ou possíveis razões para a direcionalidade na mudança. Nos estudos sobre gramaticalização, especialmente entre os proponentes da visão de GR da mudança, uma questão de interesse primordial tem sido por que direcionalidade para função procedural é bem mais comum que a direção inversa para função lexical (BÖRJARS & VINCENT, 2011 resumem um número de respostas a essa questão). Inicialmente, respostas a essa pergunta invocavam os fatores em competição 'seja claro' (para o ouvinte) e 'seja breve' (para o falante), uma proposta que remonta, no mínimo, a von der Gabelentz (1901) e que foi elaborada especialmente na década de 1970 e de 1980 por Langacker (1977), Slobin (1977) e Du Bois (1985). Um problema dessa proposta é que os dois princípios poderiam potencialmente anular um ao outro, e a proposta não explica a assimetria entre mudança de expressões lexicais para gramaticais (frequentemente atestada) e de expressões gramaticais para lexicais (raramente atestada).

Haspelmath propôs que a assimetria pode ser explicada pelo desejo do falante de ser diferente e 'expressivo' (cf. tb. LEHMANN, 1995) ou 'extravagante' (HASPELMATH, 1999). Haspelmath (1999, p. 1.043) define 'extravagância' como 'o uso de formulações explícitas incomuns pelo falante para atrair atenção' e ser socialmente bem-sucedido (p. 1.057). Isso motiva o uso de perífrases ao invés de expressões não perifrásticas velhas. Haspelmath sugere, ainda, que a vantagem a curto prazo para o inovador de usar uma expressão nova e mais explícita desaparece quando a inovação é adotada por outros e se torna desvalorizada pela repetição e uso frequente. A explicação da assimetria como essa repetição e uso frequente (o que chamamos frequência de construto/ocorrência) é válida no sentido de que mostra como o 'efeito macro da gramaticalização' emerge a partir do 'comportamento verbal dos indivíduos no nível micro' (p. 1.063). Os falantes são concebidos como estrategicamente engajados, embora não necessariamente conscientes das escolhas que fazem – Haspelmath baseia-se em Keller (1994) no que diz respeito à 'mão invisível', que determina que a mudança é o subproduto não intencionado do uso ordinário da língua.

No entanto, há problemas na proposta de Haspelmath. Enquanto uma construção procedural recentemente construcionalizada é claramente diferente de sua fonte, sendo um acréscimo ao inventário, essa construção não é um mecanismo óbvio para fazer alguém ser notado ou mesmo para ser expressivo. Considere o desenvolvimento da construção com *way*, discutida em 2.7. Se a hipótese de que um grande número de construtos com *way* estava disponível por volta dos anos de 1600 está correta, mesmo sem muitas das características que se cristalizaram na construção $[[SUJ_i$ $[V_{TRcausativo} \quad POSS_i way]$ (DIR)] $\leftrightarrow$ ['SEM$_i$ causar atravessar um caminho] hipotetizada na seção 2.7.3, o desenvolvimento dessa construção com verbos causativos como *make*/fazer, *take*/pegar (que estavam disponíveis anteriormente) é quase imperceptível. O desenvolvimento do novo subesquema com ação não causativa de acompanhamento, exemplificado pelo uso de *plash*/respingar ou *shoot*/atirar, pode ter sido mais perceptível quando esse novo subesquema passou a existir, mas essa expansão da construção parece algo mais próximo de experimentação com 'diferença' do que com 'extravagância'.

Ao admitir que o uso do termo 'extravagante' pode ser ele próprio extravagante, Haspelmath (2000, p. 796) afirma que:

> O ponto crucial é que para minha teoria funcionar expressões extravagantes e sua interpretação social não precisam ser notáveis – é preciso apenas que sejam reconhecíveis, e deve haver uma assimetria (sem um 'comportamento não extravagante').

No entanto, o autor não afirma como o grupo ideal de discernidores deve ser. Para a mudança ocorrer, eles devem ser discernidores que adotariam a nova expressão. Provavelmente seriam jovens adultos que usam a língua para propósitos de identificação social e marcação de diferença[19].

A citação de Haspelmath parece pressupor que a mudança é, de algum modo, uma marca linguística de percepção social. Isso levaria a mudança a ser mais perceptível na comunidade do que a teoria da mão invisível de Keller – na qual Haspelmath se baseia – pode permitir. Algumas mudanças certamente atraem mais atenção (e não apenas dos puristas), em outras palavras, elas não apenas estão acima do nível de consciência, mas também podem ser tópicos de comentários metalinguísticos. Por exemplo, o uso de *a lot of*/um monte de foi criticado no século XIX por ser muito coloquial para gêneros escritos, e *The American Heritage Dictionary* (5ª ed., 2011) ainda afirma que o quantificador *a lot of* é coloquial. Outro exemplo é o desenvolvimento da passiva progressiva, como em *the house was being built*/a casa estava sendo construída, no final do século XVIII (antes, a passiva progressiva era do tipo *the house was building*/a casa estava construindo). A passiva progressiva era tratada como 'desarmoniosa', 'grosseira', 'um arcaísmo filológico' e 'ilógica, confusa, imprecisa, não idiomática' (WHITE, 1871, p. 334-363, apud MOSSÉ, 1938, p. 157). Entretanto, muitas outras mudanças não evocam comentário; por exemplo, não temos conhecimento de nenhuma atenção voltada ao desenvolvimento de quantifica-

---

19. Deve-se mencionar, entretanto, que as fontes no CLMETEV que ilustram o subesquema novo são, na verdade, homens mais velhos e ambas são cartas. Cf. exemplos (46a) e (46b) Na seção 2.7.4.

dores como *a bit of*/um pouco de, *a shred of*/um pouco de. Outro problema na proposta de Haspelmath é que o autor pressupõe que gramaticalização envolve mudança de *status* lexical para gramatical (HASPELMATH, 1999, p. 1.057). Desse modo, a proposta não é válida para estudar gramaticalização que não tenha uma fonte minimamente lexical. Mais relevante, a proposta se sustenta fortemente na noção de que novas expressões que levam à gramaticalização são perifrásticas (HASPELMATH, 2000), mas esse é o caso apenas se perífrase é uma estratégia gramatical para todo o sistema na linguagem do tempo, como foi o caso do desenvolvimento do *BE going to* de futuro. Além disso, o autor não trata o fato de que apenas certos tipos de expressões são prováveis de serem usadas com função procedural – aquelas que têm semântica/pragmática apropriada e que são relativamente sem conteúdo: 'Não é que apenas repetição seja relevante, mais que isso, o *que* é repetido que determina os caminhos universais' (BYBEE, 2003, p. 622; itálico do original). Assumimos que a principal razão para direcionalidade, seja expansão seja redução, é repetição. Repetição também é central para um novo nó em uma rede adquirir estatuto de unidade (ou seja, fixar-se no sentido de LANGACKER, 1987).

Outra motivação provável para a direcionalidade que tem sido pensada na literatura sobre gramaticalização é o pensamento analógico, processo necessário por trás da analogização (cf. afirmação de BYBEE, 2010, p. 95, citada na seção 3.3.2 acima: 'o mecanismo por trás da produtividade é a analogia ao item específico'). Nos capítulos anteriores, especialmente a seção 2.3.3, distinguimos dois tipos de analogia: analogização (analogia como mecanismo) e pensamento analógico (analogia como motivação). Como Fischer (2007; 2010) argumenta, tem-se dado pouca atenção ao pensamento analógico nos estudos sobre gramaticalização. Considerando que construcionalização gramatical destaca padrões de produtividade e a mudança de papel dos esquemas, pensamento analógico baseado em exemplares deve ser priorizado como provável motivação para mudança. Todavia, até que ponto deve ser restrito não é consensual. Fischer parece promover uma abordagem relativamente 'solta', sem restrição. Por exemplo, a autora argumenta que *BE going to* sofreu analogia em relação ao conjunto de auxiliares perifrásticos que já existiam no tempo (início do século XVII). Esses eram *have to*/ter que, *be to*/dever, *ought to*/dever e, com frequência baixa, *need to*/precisar e *dare to*/ousar. Uma vez que nenhum deles tinha -*ing* e que nenhum deles significava 'futuro', a analogia não é exata com a forma nem com o significado. Na seção 2.3.3, sugerimos que *a deal of*/um tanto de pode ter sido um exemplar para mudanças posteriores de partitivo binominal > quantificador. Mais uma vez, não há uma compatibilidade próxima, já que *a deal of* favorece o adjetivo *great*/ótimo; no entanto, visto que exemplos sem um adjetivo são atestados e o significado é próximo, a associação aqui é relativamente estreita. No outro lado do pensamento analógico restrito está a proposta de Brems (2011, p. 263-269) de que *a bit of*/um pouco de provavelmente não foi o modelo direto para outras mudanças de substantivo de tamanho pequeno > quantificador, como *a whiff/smidgen/ scrap/jot/shred of*, porque *a bit of* estava associado com polaridade neutra no século XIX, período em que *a whiff/smidgen/scrap/jot/shred* estavam se tornando convencionalizados como quantificadores. Diferentemente de *a bit of, a whiff/smidgen of* eram associados com polaridade positiva, e *a scrap/shred/jot of*, com polaridade negativa. O número de verificações em seus dados é, contudo, muito pequeno, então a conclusão é apenas especulativa. Brems garante, no entanto, que pode ter havido modelação indireta. Especificamente, ela sugere que *a bit of* pode ter 'exercido certa atração analógica' junto com quantificadores pequenos mais distantes e gerais, como *few* (p. 266).

A discussão sobre modelos analógicos é frequentemente expressa em termos como 'exercer atração analógica' ou 'conjunto atrator', como se uma construção, ao invés de processos usados pelos usuários da língua motivassem a mudança. A partir de uma visão do uso, esses termos no máximo podem ser pensados como um atalho para a interseção entre pensamento analógico e preferência dos falantes por um padrão que, por alguma razão, provavelmente social, tornou-se saliente para um grupo de falantes, talvez por causa da frequência de repetição. Fatores que parecem relevantes são o modelo da 'melhor associação', conceitualizado como meio-termo entre o 'deixar solto' de Fischer e a 'associação estreita' de Brems, e a proximidade relativa na rede (cf. capítulo 2).

3.4 REPENSANDO A DEGRAMATICALIZAÇÃO EM TERMOS DE CONSTRUCIONALIZAÇÃO

Uma importante questão para qualquer hipótese é o quanto ela é testável e quão sólidas são suas predições. Assim, tem havido um grande debate se há contraexemplos legítimos da unidirecionalidade na gramaticalização como representada nos tipos de mudança que chamamos GR, e, havendo, quão frequentes eles são e como interpretá-los (cf. especialmente CAMPBELL, 2001; NORDE, 2009)[20]. Aqui, discutimos certos aspectos da degramaticalização que podem ser repensados em termos de mudança construcional e construcionalização.

O tipo de contraexemplo de unidirecionalidade mais frequentemente mencionado é a 'reversão' da gramaticalização. Apesar de, no final dos anos de 1990, alguns argumentos fortes terem sido feitos de que contraexemplos de unidirecionalidade não são encontrados, ou, caso sejam, são tão raros e marginais para serem significativos (p. ex., HASPEL-MATH, 1999)[21], há evidência de que alguns casos têm aumentado (HAS-

---

20. Newmeyer (1998, p. 263) afirma que qualquer contraexemplo 'é suficiente para refutar a unidirecionalidade'. Assim, parece assumir que a língua opera por leis científicas como aquelas da física, ao invés daquelas da interação social. Em nossa perspectiva, isso é uma visão muito restrita da gramática, já que a língua é um fenômeno social e, assim, sujeita a mudanças nem sempre previsíveis.

21. Nessa proposta de 'mudança espontânea' baseada em restrições, Kiparsky (2012) propõe que 'gramaticalização é estritamente unidirecional', como mencionado na seção 3.2.3. O autor acrescenta que 'em outras palavras [...] não há degramaticalização' (KIPARSKY, 2012, p. 37). Qualquer instância de degramaticalização é, de acordo com sua hipótese, um caso de analogia baseada em exemplar, ou seja, um caso de mudança idiossincrática, específica à língua, baseada num modelo.

PELMATH, 2004, e especialmente NORDE, 2009), como é de se esperar, considerando que a língua humana está sujeita ao acaso e à manipulação para vários tipos de finalidades sociais. Todos os contraexemplos desafiam a perspectiva GR de gramaticalização. Ramat (1992; 2001) propôs que *up*, *ante*, *ism* e formações similares de morfemas gramaticais ou derivacionais para verbos e substantivos são contraexemplos de gramaticalização, não apenas em termos da mudança percebida de *status* gramatical para de conteúdo (lexical), mas também, especialmente nos casos de exemplos como *ism*, devido à mudança de forma presa para forma não presa (cf. JANDA, 2008). Ramat considera exemplos desse tipo como casos de degramaticalização que podem resultar em lexicalização (retornaremos à questão no capítulo 4).

Em sua obra, *Degrammaticalization*, Norde (2009) usa os parâmetros de Lehmann do Quadro 3.2 para avaliar supostos exemplos de degramaticalização e afirma ela que é mais bem compreendida como um conjunto de fenômenos:

> Degramaticalização é uma mudança multifacetada por meio da qual um *gram* em um contexto específico ganha autonomia ou substância em mais de um nível linguístico (semântica, morfologia, sintaxe ou fonologia) (NORDE, 2009, p. 120).

Mudanças genuínas do tipo discutido como casos de degramaticalização geralmente não apresentam uma característica importante da gramaticalização (e da construcionalização): elas tendem a envolver uma mudança, e não uma série de mudanças, e a ser isoladas: elas não participam em conjuntos de mudanças similares nem servem como modelos para outras mudanças.

Norde distingue vários tipos de degramaticalização: dessas, o processo de desflexionalização e desvinculação (*debonding*) são de relevância direta para a construcionalização gramatical. Esses processos serão discutidos em seguida.

3.4.1 Desflexionalização

Desflexionalização é a reversão de 'gramaticalização secundária' (a mudança de um elemento já gramaticalizado para um mais gramatical, GIVÓN 1991, p. 305). Geralmente, é o processo reverso de uma mudança de flexão para clítico, o que implica que o morfema em degramaticalização continua preso e continua a ter funções gramaticais. Contudo, esses casos podem não ser tão semanticamente abstratos como eram quando associados com flexão. Desflexionalização é desparadigmatização nos termos de Lehmann, ou seja, padrões morfológicos em um *slot* particular são destruídos em uma reversão dos resultados esperados dos parâmetros (b) e (f) de Lehmann (cf. seção 3.2.1).

Um dos casos mais mencionados é a mudança do sufixo genitivo singular -*s* para um clítico possessivo associado a um SN pleno no inglês e no escandinavo continental. Embora esses desenvolvimentos tenham várias similaridades, ainda assim são diferenciados em detalhes (cf., p. ex., NORDE, 2002; 2006)[22]. Em inglês, uma flexão genitiva masculina e neutra associada no inglês antigo a uma subclasse de nominais, -*s* é geralmente pensado como tendo sido neoanalisado como um modificador de um SN pleno e como um determinante. Essa é uma instância de enriquecimento de função gramatical. Apesar de essa mudança ser comumente mencionada em referência ao -*s* genitivo, é de fato um exemplo de uma mudança-tipo (flexão > clítico), não de reversão de ocorrência porque -*s* não era usado com todos os substantivos como uma classe até o surgimento do clítico.

Um exemplo da flexão genitiva do inglês antigo é:

(25) Eanflæd ***Edwines*** dohtor ***cinges***
Eanflæd Edwin.GEN daughter rei.GEN
'Eanflæd filha do Rei Edwin.'
(Chron C 626.1 [DOEC].)

---

22. Andersen (2008, p. 21) considera esse desenvolvimento sob o rótulo '*regrammation*'/ regramação.

Nesse caso há concordância interna. Por volta do inglês médio, a concordância interna do SN já havia sido perdida, e *of*/de passou a substituir -*s* em muitas instâncias, conforme indicado pela tradução livre de (25). O genitivo -*s* foi, no entanto, retido para marcar um possessivo animado, como em:

(26) Hii clupede edwyne þe kinges
Eles called Edwin the king.GEN
sone of norþhomberlond
son of Northumberland
'Eles chamaram Edwin, o filho do rei de Northumberland.'
(c1325(c1300) *Glo.Chron.A* (Clg A.11 [MED *southlond*]).)

Durante o século XVII, passou a ser usado externamente ao SN no que é chamado de 'grupo de genitivo' e, atualmente, é possível usá-lo até na margem direita de um SN modificado por uma oração relativa (geralmente, com relativizador zero ou uma relativa livre)[23], por exemplo:

(27) The student *we were talking about's* assignment is now late.
O trabalho do aluno de quem estávamos falando está atrasado agora.
(2010 Endley, *Linguistic Perspectives on English Grammar* [Google – acesso em 02/02/2012].)

Considerando que o caso morfológico se perdeu em inglês, a perda completa de -*s* podia ser esperada. Sua reutilização como clítico é, assim, surpreendente. Pode ser considerada uma instância do que Lass (1990, 1997) chama de 'exaptação' e Greenberg (1991), de 'regramaticalização': a reutilização de uma forma gramatical em obsolescência com outra funcionalmente mais útil. As razões da desflexionalização de -*s* em inglês e no escandinavo continental são bastante debatidas, mas Norde (2002) e Kiparsky (2012) consideram que esse tipo de mudança está associado a uma

---

23. Para mudanças na função e distribuição do clítico -*s* do inglês, cf. Rosenbach (2002; 2010).

mudança sistêmica maior, nesse contexto perda de caso e, especialmente, perda de concordância no SN.

Embora esse exemplo seja amplamente mencionado, Börjars e Vincent (2011, p. 167) argumentam que a análise flexão unidimensional > clítico é abordada de forma errônea. Quando investigada em detalhes mais específicos, é menos evidente que se trata de um caso de degramaticalização. As mudanças que eles identificam são:

(a) Redução de paradigma de caso para um membro com uma forma -s,

(b) Concordância interna no SN para concordância externa ao SN, resultando em uma marcação única,

(c) Redução no grau de vinculação da forma.

(d) Marcação de núcleo para marcação à margem direita (ou seja, usos do grupo genitivo, em que o item à margem direita não é o núcleo do SN).

Os autores observam que (d) tende a ser evitado na fala se a margem à direita não for núcleo. Em outras palavras, expressões como (27) acima não são frequentes em *corpora* contemporâneos. Denison, Scott e Böjars (2010) sugerem que, tendo em vista critérios distribucionais, o -s pode ainda, de fato, ter muitas das propriedades de flexão na fala do inglês atual (nesse caso, a forma persistiu do inglês antigo até então). Na conversação, como representada no BNC, construções cindidas do tipo em (28) são preferidas em relação ao clítico na margem direita da sua relativa como em (27), e são construtos reminiscentes do inglês médio e da fase inicial do inglês moderno:

(28) We don't know **the gentleman's name with the tape recorder**.
      Não sabemos o nome do senhor com o gravador.
      (BNC FM7 8 [DENISON; SCOTT & BÖRJARS, 2010, p. 548].)

Além disso, exemplos como (29), que são reminiscentes do inglês antigo (25), ocorrem ocasionalmente na fala do inglês atual:

(29) Because he wastes *everybody's else's time.*
      Porque ele desperdiça o tempo de todos.
      (BNC KGB 54 [DENISON; SCOTT & BÖRJARS, 2010, p. 555].)

Ao assumir uma visão construcionalista, Trousdale e Norde (2013) tratam a emergência do clítico genitivo -*s* no inglês (ao menos na língua escrita) como um caso de desflexionalização e defendem que pode ter se tornado mais geral de três modos: primeiro, o clítico pode agora ser usado com qualquer substantivo (cf. BÖRJARS & VINCENT'S (a) acima). Segundo, o clítico deixou de ser governado por verbos, preposições ou adjetivos (p. ex., *brucan* 'aproveitar', que governa um objeto genitivo.). A terceira e mais importante razão para a construção com genitivo ter se tornado consideravelmente geral é a emergência da função de determinante. Ao longo do tempo, conforme os determinantes foram surgindo no inglês (cf. DENISON, 2006; DAVIDSE; BREBAN & VAN LINDEN, 2008), o genitivo -*s* associou-se com o *slot* altamente abstrato e esquemático do 'determinante primário' (o *slot* ocupado por artigos e demonstrativos, cf. *the/that hat*/o/aquele chapéu, *the man's hat*/o chapéu do homem, *John's hat*/o chapéu de John). A construção com determinante primário tem uma função identificadora. No inglês moderno, ela ocorre em um *slot* após os pré-determinantes *all*/todo, *quite*/muito, *exactly*/exatamente, mas antecede pós-determinantes como *several*/muitos, *different*/ diferente e *same*/mesmo (cf. *all the/those different ideas*/todas as/aquelas ideias diferentes). Como determinante primário, o genitivo é sancionado pelo macronível da construção determinante. Considerando a perspectiva construcional, a emergência da construção determinante no inglês (e no sueco) envolve decategorização gradual de um conjunto de diferentes elementos que convergem e se recategorizam em torno da propriedade 'gramatical' central de ancoragem do nominal (negociação entre falante e ouvinte em relação ao referente nominal), afetando, por exemplo, numerais (*an* 'one'/um do inglês antigo > *a*(*n*) 'artigo indefinido' do inglês atual) e demonstrativos (p. ex., þæt 'aquele' do inglês antigo). No sueco,

SN definidos exigem a forma definida ('fraca') de um adjetivo, uma propriedade formal que torna a construção determinante mais coerente em sueco do que em inglês (NORDE, 2009). O genitivo -s, que é um caso de degramaticalização na abordagem GR, pode, então, ser reclassificado como construcionalização gramatical. O item é forma$_{nova}$-significado$_{novo}$ e há aumento na produtividade e esquematicidade.

Trousdale e Norde (2013) propõem que, nos termos de Langacker (2005), como vários membros diferentes juntaram-se à construção macrodeterminante, esta última passou por construcionalização. A construção determinante é agora bastante heterogênea e tem aumentado cada vez mais, sempre que uma nova microconstrução é adicionada, e é, portanto, altamente esquemática. No inglês moderno, houve mudanças adjetivo > determinante resultando em novos quantificadores (p. ex., *certain*/certo, *various*/vários) ou usos dêiticos (p. ex., *old*/antigo como em *my old job*/meu trabalho antigo = '*former job*'/trabalho anterior) (cf. BREBAN, 2010; VAN DE VELDE, 2011). O que torna a construção determinante ligeiramente coerente (e identificável como construção) em inglês é a propriedade funcional de ancoragem do substantivo e a propriedade formal de aparecer antes do nominal. A maioria dos determinantes suecos também antecedem seus núcleos, com a exceção crucial do sufixo de definitude (como em *kungen*/o rei, *barnet*/a criança)[24].

No entanto, como Trousdale e Norde (2013) afirmam, o surgimento do genitivo -s não é um caso prototípico de construcionalização gramatical no nível da microconstrução, uma vez que há aumento de composicionalidade devido ao declínio na vinculação. Isso é, de fato, aumento na analisabilidade (cf. seção 1.4). Quando o genitivo ainda era um sufixo de caso fusional, ele não podia ser separado de sua raiz nominal ou adjetival. Além disso, ele tinha um impacto fonológico na raiz: em inglês, fricativas desvozeadas

---

24. Observe que o sueco tem definitude dupla quando o substantivo é precedido por um adjetivo: **det** *söta barnet* 'a doce criança'.

tornavam-se vozeadas antes do -*es* genitivo; em sueco, vogais longas tornavam-se curtas e consoantes vozeadas se tornavam desvozeadas antes do -*s* genitivo (NORDE, 2009, p. 168). Nesses casos, o genitivo e sua raiz eram inseparáveis e, consequentemente, o significado do todo somente poderia ser derivado do significado das partes com certa dificuldade. No sueco e inglês atuais, entretanto, o SN e o genitivo enclítico são identificáveis como duas entidades distintas, tanto morfologicamente quanto fonologicamente. Um aumento na composicionalidade no micronível é mais evidente no sueco, em que GEN pode ser adicionado a substantivos de qualquer número ou gênero e genitivos de grupo se tornam cada vez mais comuns, de modo que se espera que a composicionalidade nesse nível continue a se expandir.

3.4.2 Desvinculação

Desvinculação (*debonding*) também envolve mudança de afixo para formas menos gramaticais, mas, nesse caso, para morfemas livres e não clíticos. Um exemplo conhecido é o desenvolvimento da partícula afirmativa *ep* 'sim' no estoniano, que anteriormente foi um clítico enfático. Como resultado de mudanças fonológicas, o clítico é reinterpretado como uma partícula independente (CAMPBELL, 1991, p. 291). Outros exemplos são a mudança do sufixo de primeira pessoa do plural '-*muid*' para um pronome livre 'nós' no irlandês de Connemara (DOYLE, 2002) e a decliticização da marca de infinitivo *å* do norueguês (FAARLUND, 2007).

A desvinculação é, como a gramaticalização, gradual no sentido de que se desenvolve em pequenos passos e em contextos específicos. No entanto, diferentemente da gramaticalização e da construcionalização gramatical, aproximadamente todos os casos envolvem apenas um, e não múltiplos passos para o ganho de autonomia ou substância por um item ou construção gramatical. Há, porém, algumas exceções. Por exemplo, na língua fino-úgrica saami, o sufixo de 'caso abessivo' *haga* passou a ser usado como uma posposição (NEVIS, 1986). Essa é uma instância de desflexionalização, mas no dialeto do norte, a posposição, em um segundo passo, começou a ser usada como um advérbio livre, uma instância de desvinculação.

Em relação à desvinculação, a história do irlandês *muid* tem sido debatida (cf. NORDE, 2009, seção 6.6), mas um tratamento plausível é oferecido por Doyle (2002). O autor argumenta que, na fase inicial do irlandês moderno, o sintético -*maid* (primeira pessoa do plural do futuro) era prosodicamente similar à forma analítica da flexão do verbo e foi neoanalisada como um pronome independente *muid*[25] nos paradigmas de futuro em combinação com a obrigatoriedade dos pronomes sujeitos e uma mudança geral para a cliticização de flexões mais antigas. O item *muid* foi generalizado para outros paradigmas verbais e, ao fim, substituiu o pronome da primeira pessoa do plural anterior *sinn*. A partir de uma visão construcional, em um estágio, -*muid* instanciava duas construções (tempo futuro e primeira pessoa do plural). O pronome livre é diferente em forma e distribuição sintática, mas não em significado. Nesse caso, a mudança de desvinculação é morfológica, construcional. No entanto, não é uma instância de construcionalização, que requer mudanças de forma e significado.

3.4.3 Atenção à projeção de usos originais a partir do presente[26]

O fato de que há alguns contraexemplos à redução e ao aumento de dependência e de que trajetórias particulares de expansão não podem ser previstas, como discutido logo acima, deveria servir como medida de cautela a respeito dos vários tipos de afirmações que aparecem na literatura sobre gramaticalização e construção com relação ao que se pode deduzir a partir da variação sincrônica. Uma hipótese é que a variação é dinâmica e geralmente revela gramaticalização em processo. No entanto, tomando como base dados de extensores como *and that*/e que, *or something*/ou algum

---

25. Norde (2009, p. 204, ft. 24) observa que Doyle não encontra significância morfológica na diferença de grafia.

26. Partes desta seção são baseadas em Trousdale (2012b).

outro da região nordeste da Inglaterra, Pichler e Levey (2011) enfatizam que a variação pode ser estável e pode nem sempre refletir uma mudança estrutural dinâmica ou um *continuum* de gramaticalização, como sugerido por Cheshire (2007), entre outros, para extensores (mas em diferentes dialetos do inglês)[27]. Uma segunda questão que às vezes aparece na literatura é que a variabilidade sincrônica é um resultado direto da gramaticalização. Essa afirmação é geralmente fundamentada na análise de Bybee, Pagliuca e Perkins (1991) de que a ocorrência mais frequente e mais presa do *gram* de futuro é a mais antiga, e a hipótese dos autores é de que a história anterior pode ser reconstruída ao se analisar a frequência de ocorrência e o grau de vinculação do *gram*. Uma visão mais radical é aquela que assume que a evolução da língua pode ser reconstruída com base nos princípios da GR (HEINE & KUTEVA, 2007).

Uma proposta semelhante na literatura de gramática de construções é que a construção mais frequentemente usada, mais fixada é a mais velha. Por exemplo, Langacker (2008, p. 226) afirma que 'a unidade mais fixada e mais rapidamente ativada geralmente será a estrutura original, que pode, assim, ser reconhecida como o protótipo da categoria'. De modo semelhante, Jurafsky (1996, p. 572) propõe que categorias radiais sincrônicas podem ser construídas pelo linguista para representar 'a arqueologia do significado de um morfema, modelando as relações históricas que podem atuar como elos associativos'. Embora frequentemente centros sincrônicos possam refletir significados anteriores, as afirmações aqui devem ser tomadas com cuidado. Ambos, Langacker (2008) e Jurafsky (1996), estão preocupados principalmente com significado ao invés do pareamento forma e significado. Considerando que configurações de conjuntos mudam e que significado e forma geralmente não mudam ao mesmo tempo, não se pode assumir uma relação necessariamente estreita entre uma unidade altamente fixada num determinado momento e sua estrutura original. Tal relação deve ser pensada como uma hipótese a ser testada em cada caso.

---

27. No entanto, eles encontram instabilidade nas variáveis sociais.

Considere a história de *what with*/com que, que semanticamente expressa razão e sintaticamente é um adjunto absoluto, estando, assim, semanticamente e sintaticamente no ponto-final gramatical do *continuum*. Pragmaticamente, o item é avaliativo, frequentemente negativo. No COCA, esse item introduz orações não finitas com gerúndio (30a, b) e, às vezes, com particípio passado (30c). Ele também pode introduzir SNs coordenados (30a, 30b).

(30) a. ***What with*** the boyfriend coming back and all the confusion of the paramedics and neighbours, they couldn't find anything.
Com o namorado voltando e toda a confusão de paramédicos e vizinhos, não conseguiram achar nada.
(2003 Becker, *Great American* [COCA].)

b. At first, Uncle Martin hemmed and hawed. Finally, he said that, ***what with*** him still missing Aunt Nonny so much and Grace so far away, the only thing that could really make him feel better was ...
No início, Tio Martin esperou. Finalmente, ele disse que, com ele ainda sentindo falta da Tia Nonny e com a Grace tão longe, a única coisa que poderia fazê-lo realmente se sentir melhor era ...
(2003 Trobaugh, *Good Housekeeping* [COCA].)

c. Winnie was easy to see, ***what with*** the cars all gone. ***What with*** her standing in the middle of the new white concrete, looking betrayed.
Winnie era fácil de enxergar, com todos os carros longe. Com ela em pé no meio do concreto branco novo, parecendo traída.
(2002 Reed, *The Sleeping Woman* [COCA].)

Gerúndios são as colocações mais frequentes de *what with* no COCA, geralmente com sujeitos lógicos diferentes, como em (30a).

Ao assumir que diferentes estruturas emergem historicamente em diferentes momentos, na abordagem da GR, na qual acredita-se que orações complexas se reduzem e sua organização se restringe, pode-se assumir que a construção original era um gerúndio como (30a), com orações com diferentes sujeitos, ou um tipo de particípio (esses, geralmente, têm sujeitos diferentes) e que orações com o mesmo sujeito se desenvolveram depois, com SN coordenados. Isso se deve ao fato de que orações não finitas e principais com sujeitos (controlados) idênticos apresentam uma 'ligação sintática mais forte' (KORTMANN, 1991, p. 5) do que quando a oração principal e a não finita têm sujeitos diferentes. Entretanto, a história da construção é bem diferente (TROUSDALE, 2012b). Trousdale mostra que a construção SN + SN é a mais antiga, sendo atestada no período inicial do inglês médio. A princípio, várias preposições podiam seguir *what*/que, incluindo *for*/ para e *through*/por, assim como *with*/com. Contudo, *what with* se tornou a expressão preferida. Esse é um caso de especialização (HOPPER, 1991) e um exemplo do parâmetro (c) de Lehmann, redução de variabilidade paradigmática[28], como em (31):

(31) So **what with** hepe and **what with** crok,
so what with pruning hook and what with crook
então o que com o gancho de poda e com o cajado
Thei make her maister ofte wine.
They make their master often win
eles fazem seu mestre frequentemente ganhar
'Então seja com o gancho seja com o cajado, eles fazem com que seu mestre sempre ganhe.'
(c1393 Gower, *Confessio Amantis*, 5.2872 [MED].)

Alguns exemplos com gerúndios aparecem no século XVIII no CLME-TEV. A maioria deles não tem sujeito explícito, mas o sujeito implicado é o mesmo da oração principal, como em (32):

(32) The corporal had already, – **what with** *cutting off the ends of my uncle Toby's spouts – hacking and chiseling up the sides of his leaden gutters, – melting down his pewter shaving-bason, – and going at last, like Lewis the Fourteenth, on to the top of the church, for spare ends, &c.* – he had that very campaign brought

---

28. Assim como muitas expressões fixas, a construção *what with* é usada no inglês atual com um advérbio interveniente; p. ex., *what especially with*, *what all with* (cf. *in fact* e *in actual fact*, *anyway* e *any which way*); outras não permitem (*beside*, *indeed*). Esse fato está relacionado ao grau de integração que ocorreu. Como *anyway* mostra, ser escrita como uma única palavra não é uma pista confiável para essas diferenças.

no less than eight new battering cannons, besides three demi-culverins, into the field.

O cabo já tinha – cortando as pontas dos bicos do meu tio Toby – cortando e esculpindo as laterais de suas calhas de chumbo, – derretendo sua base de barbear de estanho – e finalmente indo, como Lewis, o décimo quarto, para o topo da igreja, para fins avulsos etc. – ele fez essa campanha trazer nada menos que oito novos canhões de artilharia, além de três semiculverinas, para o campo. (1759-1767 Sterne, *Tristram Shandy* [CL 1].)

O único exemplo de sujeito diferente nas três partes do *corpus* CLMETEV sem sujeito explícito seguindo *what with* é (33a), do mesmo texto que (32). A estrutura em (33a) pode ser um experimento inicial com diferentes sujeitos ou pode ser resultado de *priming* por uma série de sintagmas com *what* que o antecederam. Todos os outros exemplos com sujeitos diferentes têm um possessivo (sujeito lógico) modificando o gerúndio (33b) ou um sintagma nominal não modificado ao invés de um gerúndio (33c). Quer o sujeito seja correferencial ou não, ao longo do século XVIII construções com *what with* envolvem coordenação, em alguns momentos sem repetir *what with* (33b).

(33) a. Chaste stars! what biting and scratching, and what a racket and a clatter we should make, ***what with*** *breaking of heads, rapping of knuckles, and hitting of sore places* – there would be no such thing as living for us. Estrelas castas! que mordidas e arranhões, e que algazarra e barulho devemos fazer, com quebrar de cabeças, batidas nas juntas e pancadas em lugares doloridos – não haveria vida para nós (1759-1767 Sterne, *Tristram Shandy* [CL 1].)

b. but ***what with*** *the Squire's drinking and swearing, and the young gentleman's extravagance, and her daughter's pride and quarrelling,* she is almost tired out of her life
mas, com o escudeiro bebendo e xingando, e a extravagância do jovem cavalheiro, e o orgulho e as brigas da filha dela, ela está quase cansada da vida. (1783 Kilner, *Life and Perambulations of a Mouse* [CL 2].)

c. I assure you, ***what with*** *the load of business*, and ***what with*** *that business being new to me*, I could scarcely have commanded ten minutes to have spoken to you

Garanto-lhe, com a carga de negócios, e com o fato de que esse negócio é novo para mim, eu mal poderia ter dispensado dez minutos para falar com você.

(1780-1796 Burns, *Letters* [CL 2].)

Não foi encontrado exemplo com o particípio passado no CLMETEV, o que sugere que eles são um desenvolvimento recente.

No final do século XIX, a construção começou a se expandir. Usos de gerúndios como nominais expressando diferentes sujeitos começam a aparecer, como em (34).

(34) a. when she heard from my aunt how the poor things lived in uncleanness and filth, and how, **what with** *many being strangers coming by sea, and others being serfs fled from home*, they were a nameless, masterless sort, ... she devised a fresh foundation to be added to the hospital.

quando ela ouviu da minha tia como as pobres criaturas viviam na imundície e sujeira, e como, com muitos seres estranhos chegando pelo mar, e outros servos fugindo de casa, eram um tipo sem nome e sem mestre ... ela planejou uma fundação nova a ser adicionada ao hospital.
(1870 Yonge, *The Caged Lion* [CL 3].)

b. he always was an ingenious fellow, and **what with** *Rosy helping him with his plans and figures, and so on*, he got an extra good idea of mechanics.

ele sempre foi um sujeito engenhoso e, com Rosy ajudando-o com seus planos e projetos, e assim por diante, ele teve uma boa ideia de mecânica.
(1857 Cummins, *Mabel Vaughan* [COHA].)

Essas são mudanças construcionais, já que não há mudança de significado. Exemplos posteriores do COHA mostram uma mudança construcional a mais, o desenvolvimento do sujeito lógico pronominal em gerúndios verbais no século XX (*him*/ele em (35) e (30b) e *her*/ela em (30c) acima:

(35) I've always thought, **what with him** *fussing about 'grammar,' and 'truth,'* he'd be a hard man to live with.

Eu sempre pensei que, com ele se preocupando com 'gramática' e 'verdade', ele seria um homem difícil de conviver.
(1922 Deland, *The Vehement Flame* [COHA].)

Em suma, na história da construção com *what with* tem havido a expansão gradual depois do estágio inicial da restrição de *with*. A expansão é primeiro de *what with* SN + SN > *what with* SX + SX (em que SX serve para SN e gerúndios) e, finalmente, para *what with* SX (SX). Parece que a presença de um sujeito explícito aumentou ao longo do tempo (TROUSDALE, 2012b). A história é um caso de expansão sintática e de classe hospedeira de nominais nus para gerúndios, e de perda de restrições sintáticas à medida que o padrão de coordenação se torna opcional. A predominância atual de construções *what with* com gerúndios com sujeitos diferentes é um desenvolvimento tardio e não reflete a estrutura original.

3.5 UM ESTUDO DE CASO: O DESENVOLVIMENTO DE PSEUDOCLIVADAS COM *ALL* E *WHAT*

Conforme indicado em 3.2, embora a gramaticalização seja geralmente pensada em termos de mudança lexical > gramatical, em seu artigo inaugural, Meillet (1958b [1912]) mencionava a gramaticalização de elementos não lexicais. O interesse na gramaticalização sem fontes lexicais é bem recente. Uma linha de trabalho é encontrada nos estudos de Diessel (p. ex., 1999; 2012), que apontam que fontes lexicais para demonstrativos são raras, senão impossíveis, de serem encontradas; demonstrativos podem ter surgido independentemente e podem, de fato, precisar ser categorizados separadamente de itens lexicais e gramaticais. Lehmann (2008) fala sobre a interface entre estrutura da informação e sintaxe, com ênfase em tópico e foco contrastivo. Outra linha de estudo é representada pela visão de Norgård-Sorensen, Heltoft e Schøsler (2011), que sugerem que padrões de ordem de palavras são equivalentes a sistemas morfológicos (p. 43) e interagem com (em nossa terminologia, ligam-se a) *frames* ilocucionários, modalidade e coesão textual (p. 230). Outros estudos que destacam modos em que mudanças na organização discursiva podem afetar ou interagir com estruturas sintáticas incluem Hinterhölzl e Petrova (2009) e Meurman-Solin, López-Couso e Los (2012).

Nosso propósito, nesta seção, é ilustrar aspectos da construcionalização gramatical discutidos anteriormente neste capítulo com exemplos estendidos do desenvolvimento de duas microconstruções da estrutura da informação: pseudoclivadas com ALL e WHAT (posteriormente conhecidas como clivadas com WHAT)[29]. Elas são subtipos do que Patten (2010; 2012) caracteriza, no inglês atual, como uma grande família de construções-tipo que incluem as clivadas com IT e as clivadas com TH-, com formas como *The thing/the one that/*A coisa que V BE X. Aqui, traçamos o desenvolvimento das pseudoclivadas como: *All/What I did/said was/*Tudo/O que eu fiz/disse foi X, *All that/What happened was/*Tudo que/O que aconteceu foi X, com atenção particular para clivadas com ALL e WHAT com *do* (cf. TRAUGOTT, 2008c; 2010b, em que o estudo a seguir se baseia).

Análises tradicionais das pseudoclivadas consideram que a principal função dessas estruturas é a organização informacional (especificamente, a marcação de foco). Muitas das características-chave dessas estruturas no inglês moderno são arroladas, incluindo (PRINCE, 1978; HIGGINS, 1979; COLLINS, 1991; LAMBRECHT, 2001; WARD; BIRNER & HUDDLESTON, 2002, entre outros):

> (a) Duas orações, uma delas relativa; a relativa pode ser fundida (*What I did was party* /O que eu fiz foi festejar) ou reduzidas (*All I did was party*/Tudo que eu fiz foi festejar).
>
> (b) Uma parte da construção (geralmente a relativa) é dada ou, no mínimo, recuperável.
>
> (c) O constituinte foco (X seguindo a cópula) é construído como uma lista exaustiva, exclusiva.
>
> (d) *Do*/Auxiliar refere-se ao mesmo evento que V em X (ou seja, *do* é um pro-V, cf. *What she did was leave* / O que ela fez foi partir), assim a temporalidade é compatível entre as orações.
>
> (e) Clivadas com ALL são avaliativas, elas assinalam que o falante / escritor considera o foco como menos do que adequado; *all*/todo ≠ 'everything/tudo' e é substituível por *only*/só.

---

29. Não buscamos oferecer um tratamento completo do desenvolvimento das pseudoclivadas. P. ex., não discutimos o desenvolvimento das clivadas com TH- e, considerando que essas não envolvem *do*, excluímos as 'clivadas reversas' do tipo *A red wool sweater is what I bought*/Um suéter de lã vermelho é o que eu comprei (WARD; BIRNER & HUDDLESTON, 2002, p. 1.414).

Embora clivadas com TH- sejam diferentes de outras pseudoclivadas por terem (pro)nomes definidos, como *the thing / the one /* a coisa / o que, na posição de sujeito, muitos estudiosos têm assumido que pseudoclivadas formam uma categoria: clivadas com WHAT, clivadas com TH- e, se discutido, clivadas com ALL. O argumento é geralmente baseado no entendimento de que pseudoclivadas não têm equivalentes não clivados, dos quais são derivadas. Por exemplo, (36b) é tido como uma derivação de (36a):

(36) a. I went to the river.
Eu fui ao rio.
b. All (that) I did was (to) go to the river.
Tudo que eu fiz foi ir ao rio.

Allerton (1991) defende que pseudoclivadas com WHAT são características do que ele chama de um modo 'mais preciso', em que o inglês falado é estruturado em comparação com a língua escrita. O autor sugere que, no inglês falado, o auxiliar *do* nas clivadas com WHAT foca o verbo em X (37a), enquanto outros verbos focam o SN em X (37b). Seus exemplos incluem (ALLERTON 1991, p. 475):

(37) a. What John did a few days later was readvertise (versão clivada de *John readvertised a few days later /* John reanunciou alguns dias atrás).
O que John fez alguns dias atrás foi reanunciar.
b. What I'd like is a pint of beer (versão clivada de *I'd like a pint of beer /* Eu gostaria de um *pint* de cerveja).
O que eu gostaria é de um *pint* de cerveja.

Uma análise derivacional que assuma que a sentença simples seja a base não é consistente com uma perspectiva construcional não derivacional. Tampouco é consistente com o argumento de Lehmann (2008) de que clivadas contrastivas historicamente precedem orações simples de tópico-comentário. Patten (2012) repensa várias abordagens anteriores das clivadas em geral, e das clivadas com IT em particular, e desenvolve uma perspectiva construcional sobre clivadas propondo uma construção especificacional não derivada com vários subtipos. Significado especificacional envolve a interpretação da relação de cópula como uma 'listagem de um conjunto de membros, e não a atribuição de propriedades a um referente' (PATTEN, 2012, p. 57). A autora destaca que SNs definidos são 'especialmente adequados para possibilitar uma interpretação especificacional', já que a expressão referencial 'é entendida como fornecendo uma lista completa e longa de membros que formam o conjunto restrito' (PATTEN, 2012, p. 57). Ela também argumenta que, apesar do fato de pseudoclivadas serem membros de um esquema especificacional, ainda assim elas não formam uma categoria ou um subesquema unificado. Ao contrário, elas são construções-tipo individuais em um esquema maior de construções especificacionais. As similaridades vêm do fato de elas serem tipos de construções especificacionais.

De acordo com Patten (2012), clivadas com IT emergiram no inglês antigo[30]. Estruturalmente, elas originalmente focalizavam SNs (38a). Várias mudanças estruturais levaram ao alinhamento parcial das clivadas com IT às pseudoclivadas; no inglês médio, elas podiam focalizar sintagmas adverbiais (38b) e, mais importante, no inglês moderno elas eram usadas para focalizar orações como em (38c):

(38) a. þa   cwædon þa   geleafullan,   '*Nis   hit   na   Petrus*
         então   disse   o   fiel,   NEG-é ele NEG Peter
         Þæt   þær   cnucað, ac   is   his ængel'.
         REL   lá   bate   mas   é   seu anjo
         'então, disse o fiel, 'não é Pedro que bate aqui, mas seu anjo".
         (Ælfric, *Catholic Homilies*, I.34: 474 [PATTEN, 2012, p. 172, apud BALL, 1991, p. 39].)
      b. Me troweþ þat *by þe prayers of þis holy   mayde*
         Eu acredito que por as preces   de essa sagrada senhora
         it is þat place was   never   ʒit   destroyed.
         é   que aquele lugar foi   foi   ainda destruído

---

30. Essa análise contrasta com a de Ball (1994), que argumenta que as pseudoclivadas com IT surgiram no inglês médio.

'Eu acho que foi por intercessão da nossa senhora que aquele lugar nunca foi destruído até agora'.

(a1387 John of Trevisa, *Polychronicon* [PATTEN, 2012, p. 197].)

c. ***It is because high or low wages and profit must be paid***, in order to bring a particular commodity to market, that its price is high or low.
'É porque porcentagens e lucros altos ou baixos devem ser pagos, de modo a trazer uma determinada mercadoria ao mercado, cujo preço é alto ou baixo'.

(1766 Smith, *Wealth of Nations* [CL 1].)

Do mesmo modo, houve alinhamento parcial das clivadas com ALL e WHAT com as clivadas com IT já que elas podem agora rapidamente focalizar SNs assim como orações (TRAUGOTT, 2008c; PATTEN, 2012).

As pseudoclivadas emergiram no século XVI, primeiramente as clivadas com TH e com ALL, que surgiram por volta de 1600, e, algumas gerações mais tarde, as clivadas com WHAT. Ambas ocorrem em ambientes de discursos contestadores e implicam uma postura contrária (cf. seção 5.3.6). Inicialmente, o V em clivadas com ALL e WHAT é quase exclusivamente *say*/dizer ou *do*/agir (verbo principal). *Do* é atestado em vários textos do LION: EEBO e frequentemente no CLMETEV, em que é preferido em conversações ou relatórios representados do que foi dito, e em cartas. Surpreendentemente, entretanto, ele não ocorre no OBP, apesar do contexto de julgamentos nos quais o que alguém fez é de crucial importância. No OBP, o V das pseudoclivadas é um verbo de locução.

Discutimos os precursores das clivadas com ALL e WHAT em 3.5.1, os desenvolvimentos anteriores das pseudoclivadas construcionalizadas em 3.5.2 e os desenvolvimentos posteriores em 3.5.3. Em 3.5.4 discutimos que evidências as pseudoclivadas oferecem para algumas das hipóteses desenvolvidas nos trabalhos de gramaticalização e construcionalização.

3.5.1 Precursores das pseudoclivadas com *ALL* e *WHAT*

Textos do século XVI sugerem que um conjunto rico de construtos biorracionais eram produzidos por falantes com características que podem ter possibilitado a criação de novos elos na rede que levou à expansão das pseudoclivadas. Nesse período, havia uma construção que era pragmaticamente especificacional: a clivada com IT, que já existia há um longo tempo (cf. (38a) acima). Considerando que essa construção era usada para focalizar apenas o SN ou o SP (38b), ela não tem a mesma forma que as pseudoclivadas posteriores e parece não ter sido um modelo direto. Uma nova clivada com TH passou a existir. Então, como agora, TH- poderia ser o pronome *that*/aquele ou *the thing*/*o que*, a coisa[31]. Essa construção também era especificacional, mas, outra vez, a forma é diferente das pseudoclivadas. Mais relevante, o elemento TH- poderia ser sujeito, como em (39), ao passo que, como demonstraremos, ALL e WHAT são objetos até o século XIX. Ainda, X poderia ser um nominal, como em (39a).

(39) a. Here stands my son, a banish'd man,
    Aqui está meu irmão, um homem banido,
    And here my brother, weeping at my woes.
    E aqui meu irmão, chorando minhas aflições
    But ***that which gives my soul the greatest spurn***
    Mas aquilo que dá à minha alma o maior desprezo
    Is dear Lavinia, dearer than my soul.
    É a querida Lavinia, mais querida que minha alma.
    (1594 Shakespeare, *Titus Andronicus* III.1.99 [LION: Shakespeare].)

  b. ***The thing which doth amate, and most anoy my mind***,
    O que me desaponta e mais perturba minha mente
    Is that my hard estate, no remedy can finde.
    é que para minha condição difícil, nenhum remédio pode ser encontrado.
    (1580 Gifford, *A Posie of Gilloflowers* [LION: EEBO].)

    Entretanto, a existência de clivadas especificacionais, indubitavelmente, possibilitou o pensamento analógico.

---

31. Clivadas com THAT, no entanto, podem estar relacionadas com as clivadas com THAT demonstrativo, que contêm uma oração relativa extraposta (*That's Susan on the phone* / Essa é Susan no telefone) (PATTEN, comunicação pessoal). Nesses casos, elas são membros de uma construção diferente.

Antes da emergência das pseudoclivadas também havia deslocamentos à esquerda. Esse tipo de estrutura era bastante usado no inglês médio, mas estava em declínio durante o período inicial do inglês moderno (PÉREZ--GUERRA & TIZÓN-COUTO, 2009). Deslocamentos à esquerda podiam ocorrer com qualquer verbo, mas aqueles com BE têm uma similaridade estrutural de superfície com as pseudoclivadas:

(40) a. ***What that he did or seid*** it was to geue us good ensamples.
Que REL ele fez ou disse foi dar nos bons exemplos.
(c1470 Bible F. [MED].)

b. Last of all, ***that that differs from any thing***, that
Último de tudo, aquilo que difere de qualquer coisa que
cannot be the same that is not hit.
pode não ser o mesmo que é não isto.
'Last of all, what differs from something cannot be the same as that thing'.
'Por fim, o que difere de alguma coisa não pode ser o mesmo que a essa coisa'.
(1593 Queen Elizabeth, *Boethius* [HC ceboeth2].)

No entanto, deslocamentos à esquerda não são fontes diretas porque há um pronome referencial, e eles não são especificacionais. Do mesmo modo, exemplos como os em (41) não podem ser fontes diretas porque o predicado em X é indefinido e descritivo (41a), um adjetivo (41b) ou um advérbio (41c) e, consequentemente, não especificacionais.

(41) a. ***That which they outwardly did***, was a token of their mind, and a fruite of their Faith.
'Aquilo que eles fizeram externamente, foi um sinal de sua mente e um fruto de sua fé.
(1600 Abbott, *Exposition* [LION: EEBO]).

b. Though ***all that I can do*** is nothing worth,
Since that my penitence comes after all,
Imploring pardon
'Apesar de que tudo que eu possa fazer não valer nada,

Uma vez que minha penitência vem de todo jeito,
Implorando perdão.'
(1600 Shakespeare, *Henry V*, IV.i.320 [LION: Shakespeare].)
c. since that **all what I am** is in thy sight, I onelie say, that ...
'uma vez que tudo que eu sou é aos seus olhos digo apenas que' ...
(Ainsworth, Henry, 1571-1622? *An epistle sent vnto tuuo daughters of VVarwick* [LION: EEBO].)

Há também alguns exemplos que parecem ter a forma das pseudoclivadas. No entanto, no caso de orações complexas com *do* seguido por *to*, *do* é o verbo principal significando 'executar' seguido de uma oração final em X (42) e, no caso das expressões com ALL (42a), ALL significa '*everything*'/tudo:

(42) a. I loue thee dearer then I doe my life,
And **all I did**, was to aduance thy state,
To sunne bright beames of shining happinesse.
'Eu te amo mais que minha vida,
E tudo que eu fiz foi convencer teu estado,
Para iluminar com raios luminosos de felicidade brilhante.'
(1601 Yarrington, *Two Lamentable Tragedies* [LION: EEBO].)
b. Shal. Will you, upon good dowry, marry her?
Slen. I will do a greater thing than that, upon your request, cousin, in any reason.
Shal. Nay, conceive ['understand'] me, conceive me, sweet coz. **What I do** is to pleasure ['please'] you, coz. Can you love the maid?
(?1597 Shakespeare, *Merry Wives of Windsor* I.i.250 [LION: Shakespeare].)
Shal. Você, com um bom dote, se casará com ela?
Slen. Farei algo maior que isso, a seu pedido, primo, por qualquer razão.
Shal. Não, entenda-me, entenda-me, querido primo. O que eu faço é Para agradar você, primo. Você pode amar a empregada?

Em suma, das construções discutidas nesta seção, apenas as clivadas com IT e as com TH- emergentes tinham significado especificacional, de listagem exaustiva, mas nenhuma tinha as mesmas restrições sintáticas que as pseudoclivadas, que serão discutidas em seguida.

3.5.2 Pseudoclivadas iniciais

No fim do século XVII, há um exemplo em correspondência que parece ser especificacional e ter a estrutura biorracional das pseudoclivadas, a qual passou a ser característica das pseudoclivadas no século XVII: [[SN SN V] [BE X]], em que o SN$_1$ é um objeto relativizado. Diferentemente de *all*/todo nos exemplos em (41b, c) e (42a), *all*/todos em (43) significa *only*/somente e X é factual:

(43)   For it is more then death unto me, that her majestie should be thus ready to interpret allwayes hardly of my service, ... ***All her majestie can laye to my charge ys going a little furder then she gave me commission for.***
Pois é mais que a morte para mim, que sua majestade esteja assim sempre pronta a pensar severamente do meu serviço ... A única coisa que sua majestade pode deixar ao meu encargo é um pouco mais do que ela me paga para fazer.
(1585-1586 Earl of Leicester, *Letter to Walsyngham* [CEECS].)

(43) é de uma carta do Conde de Leicester, um antigo 'favorito' da Rainha Elizabeth, a respeito de sua prisão por traição. Nesse caso, *all* pode ser entendido como 'a única coisa' e X como 'o fato de que eu fui um pouco mais do que ...' Parece ser uma inovação, uma ocorrência de construto. Por hipótese, Leicester estava inconscientemente fazendo um elo com as construções especificacionais, especialmente as clivadas com TH, e com usos de *all* em contextos em que *all* não era adequado (cf. (41b) e a seção 5.3.6 para uma discussão).

Vários exemplos da nova pseudoclivada com ALL aparecem logo depois e, mais tardiamente, das pseudoclivadas com WHAT, principalmente com verbos de locução como *say* ou com *do* (44). Aqui, ALL e WHAT são objetos, *do* é um pró-verbo, X introduzido por *to* é não intencional e X pode ser entendido como exaustivo, especialmente quando *only* está presente, como em (44b):

(44) a. there is no possibilitie of overthrowing the new election ... ***all you can doe is to do some good for the tyme to come***, which if you can doe conveniently, and without much trouble, it wilbe woorth your labour.
'não há possibilidade de derrubar a nova eleição ... tudo o que você pode fazer é fazer algo de bom pelos tempos que virão, que se puder fazê-lo de maneira conveniente e sem muitos problemas, valerá a pena o seu trabalho.'
(1624 Oliver Naylor, *Letter to John Cosin* [CEEC].)

b. thereby to insinuate, ***That what he did, was only to Preach to such, as could not come to our Churches.***
desse modo, para insinuar que o que ele fez foi apenas pregar para os tais, que não poderiam vir às nossas igrejas.
(1661 Stillingfleet, *Unreasonableness of Separation* [CEEC].)

A nova microconstrução pseudoclivada com ALL pode ser formalizada como [[ALL$_i$ SN V] [BE X$_j$] ↔ [Anafórico$_j$, membro$_i$ da classe Especificacional baixo na escala de valor]]. Semelhantemente, a microconstrução pseudoclivada com WHAT pode ser formalizada como [[WHAT$_i$ SN V] [BE X$_j$] ↔ [Anafórico$_j$, membro$_i$ da classe Especificacional]].

Esses exemplos sugerem não apenas a construcionalização de pseudoclivadas individuais, mas que um novo esquema se desenvolveu. O esquema e seus membros são novos no sistema no sentido em que Meillet pensou a gramaticalização. Em termos de função específica e estrutura informacional, elas estão próximas às clivadas com IT e TH na rede construcional. Os exemplos são todos anafóricos ou pelo menos invocam um antecedente recuperável ou pragmaticamente acessível.

No começo, as clivadas com ALL com *do* ocorriam ocasionalmente sem *to*, evidenciando uma mudança construcional posterior: a reestruturação total de *do* como pró-verbo, como em:

(45) What need'st thou woman such a whining keepe?
Thy sonn's as well as anie man ith' lande,
Why ***all he did, was bidd a man but stande,***
And told him coyne he lackt.

'Why, woman, do you need to go on whining so? You son is as well as any man in the land. Why, all he did was tell a man to stand, and told him he lacked Money.'

'Por que, mulher, você precisa continuar chorando tanto? Seu filho está tão bem quanto qualquer homem na terra. Ora, tudo que ele fez foi falar para um homem se levantar, e falou para ele que não tinha dinheiro.'

(1616 Goddard, *A Mastiff Vvhelp* [LION: EEBO].)

3.5.3 A história posterior das pseudoclivadas com *ALL* e *WHAT*

Dados textuais mostram que durante o final do século XVII e o século XVIII o conjunto de verbos usados na oração relativa das pseudoclivadas expandiu a partir de *do*/fazer e *say*/dizer para incluir verbos estativos como *mean*/pretender, *desire*/querer e, algumas vezes, um intransitivo. As pseudoclivadas, contudo, continuaram como predominantemente transitivas até a metade do século XIX. No CLMETEV, o primeiro exemplo de *what happened*/o que houve com WHAT como sujeito e um verbo intransitivo numa pseudoclivada é (46):

(46) Here they again anchored on the 11th. Their reception was, however, very different. No crowd of canoes round the ship; no enthusiastic mass of natives on shore. Everything was silence. **What had happened was that the king had departed**, leaving the bay under 'tabu', i. e., a sacred interdict.
Aqui eles ancoraram novamente no dia 11. Sua recepção foi, no entanto, muito diferente. Nenhuma multidão de canoas ao redor do navio; nenhum punhado de nativos entusiasmados em terra. Tudo estava em silêncio. O que aconteceu foi que o rei partiu, deixando a baía sob 'tabu', ou seja, uma interdição sagrada.
(1768-1771 Captain Cook, *Journal* [CL 1].)

O próximo exemplo ocorre cem anos depois, então (46) parece ser uma inovação. No entanto, entre 1868 e 1914 há cinco exemplos. O primeiro exemplo no OBP aparece só em 1901 (47a), embora julgamentos favoreçam narrativas do que aconteceu. O primeiro exemplo no COHA data de

1913 (47b) e o primeiro exemplo de *all that happened*/tudo o que aconteceu em uma pseudoclivada data de 1920 (47c). Isso sugere que *happen/* acontecer associou-se com a pseudoclivadas em narrativas no fim do século XIX, começo do século XX.

(47) a. I never hit the man at all. ***What happened was that Bignall turned round to me***; he threw his arm up, and I threw my arm up.
'Nunca bati no homem. O que aconteceu foi que Bignall se virou para mim, ele jogou seu braço pra cima, e eu joguei meu braço pra cima.'
(1901 Trial of George Watson, t19010722-545 [OBP].)

b. There was no peace for us even on the Barrier. ***What happened was that the entire feminine population – eleven in number – had thought fit to appear in a condition usually considered 'interesting'.***
Não havia paz para nós nem em Barrier. O que aconteceu foi que a população feminina inteira – onze em número – achou adequado aparecer numa condição comumente considerada 'interessante'.
(1913 Chater, *South Pole* [COHA].)

c. He didn't commit adultery. I don't want you to think that happened. ***All that happened was*** he bit my best girl, Nell Hunter, on the neck.
'Ele não cometeu adultério. Eu não quero que você pense que isso aconteceu. Tudo que aconteceu foi que ele mordeu minha melhor amiga, Nell Hunter, no pescoço.'
(1920 Anderson, *Poor White* [COHA].)

Com o desenvolvimento do uso com verbos intransitivos, na metade do século XIX o modelo sintático era [[WHAT/ALL (SN) V] [BE X]], como o das clivadas com TH, nas quais TH poderia ser sujeito desde o começo, como em (39).

Clivadas com ALL e *do* sem a marca de infinitivo *to* são atestadas desde muito cedo (cf. (45), que data de 1616). No entanto, clivadas com WHAT com uma oração não finita não marcada depois de *do* não ocorrem até o século XX e são raras até o final desse século. Dois exemplos iniciais são[32]:

---

32. Agradecemos a Christian Mair pelos dois exemplos.

(48) a. *what he did was put the items of the program in the order of their newly realized importance.*
'o que ele fez foi pôr os itens do programa na ordem de sua importância recém-percebida.'
(1929 *American Electric Railway Assoc.* [Google Books – acesso em 12/04/2011].)

b. *What Meher Baba did was eat, play ping pong and cricket with his follower.*
O que Meher Baba fez foi comer, jogar ping-pong e cricket com seu seguidor. (25/02/1932, *Time* [TIME].)

Rohdenburg (1998, p. 195) fala de um estudo mostrando porcentagens bem baixas de *to* em clivadas com ALL e *do* (17% no *Guardian* e 7.8% no *Washington Times* de 1991). A porcentagem com *to* é, no entanto, muito mais alta para pseudoclivadas com *all, what, thing(s)* juntas (32.4% no Guardian de 1991), e 50.3% para clivadas com WHAT com *do* no *The Times* e *Sunday Times* de 1994 (ROHDENBURG, 1998, p. 196). Isso sugere que ocorreu uma mudança significativa com clivadas com WHAT na metade final do século XX. Nos primeiros três séculos, as clivadas com WHAT e *do* não eram diretamente compatíveis com ou moldadas por clivadas com ALL e *do*, mas na metade do século XX, à medida que clivadas com WHAT se tornam mais usadas que as clivadas com ALL, *to* nas clivadas com WHAT e *do* foi reduzido, seja por analogização seja por processos gerais de redução, e as clivadas com WHAT se tornaram mais semelhantes às clivadas com ALL.

Ao investigar a conversação contemporânea, Hopper e Thompson (2008, p. 105) sugerem que, nesse registro, clivadas com WHAT moldam a fala em termos de categorias como 'evento, ação e paráfrase' em uma estrutura mono-oracional. Em sua visão, a estrutura não é biorracional e semanticamente/pragmaticamente as clivadas com WHAT não são necessariamente anafóricas ou especificacionais. Hopper e Thompson argumentam que, ao menos no caso de verbos mais frequentes nas clivadas com WHAT (*do*/fazer, *happen*/acontecer, *say*/dizer), a sequência inicial é uma 'fórmula inicial' ou um 'projetor' (também chamado 'iniciador', cf. MASSAM, 1999; ZWICKY,

2007) que 'projeta' um texto que segue imediatamente, ou seja, é catafórico. De acordo com o conceito de projeção (AUER, 2005), os interlocutores têm expectativas sobre o que vai ser dito e escolhem pistas rotinizadas para esse propósito (cf. tb. HOPPER, 2008, p. 281). O *frame* na pseudoclivada é um projetor relativamente fixo do tipo que poderia ser caracterizado, conforme nosso modelo de notação, como [WH (SN) V BE] (observe que BE pertence ao projetor); esse projetor avalia X como significativo para o discurso corrente. Considerando que a sequência inicial serve como pista para o ouvinte de que o falante avalia o que segue como sendo de alguma relevância, uma estrutura clivada é preferida em relação a uma sequência sem um projetor para o anúncio de um evento, uma paráfrase etc.

Os exemplos de Hopper e Thompson são obtidos da conversação. Há alguma evidência para a análise das mono-oracionais na escrita (informal) e em contextos de fala relativamente formal. (49a) é de uma história da revista *Sunday Inquirer*, e (49b) ocorre no contexto de um discurso de inauguração pelo chefe de uma reunião intercultural em uma universidade:

(49) a. Nikki Caine, 19, doesn't want to be a movie star. ***What she hopes to do is be a star on the horse-show circuit.***
'Nikki Caine, 19, não quer ser uma estrela de cinema. O que ela espera ser é uma estrela no circuito de equitação.'.
(10/10/1976 *Today*, p. 44 [Prince, 1978, p. 887].)

b. so ***what I'd like to do is*** *I think it would be very helpful for one of our colleagues to volunteer to as we say in # in Scotland start the ball rolling* cause we really love football
'então o que eu gostaria de fazer é eu acho que seria bem proveitoso para um de nossos colegas se voluntariar para, como falamos na # na Escócia, começar a rolar a bola porque realmente amamos futebol.
(Spencer-Oatey and Stadler, 2009).

Em (49a), *do* é um pró-verbo para *be* em X. Esse *be* deve ser entendido como 'vir a ser'[33] e, consequentemente, não é totalmente estativo. Ainda

---

33. Agradecemos a Eric Smitterberg por essa observação.

assim, o exemplo demonstra não apenas expansão da classe hospedeira do tipo de verbo pelo qual *do* pode ser substituído, mas um enfraquecimento do elo entre a primeira e a segunda parte da pseudoclivada. (48b) é um enunciado altamente cercado no qual não há um elo estrutural direto entre o que *I'd like to do is*/o que eu gostaria de fazer é e o que segue. Há, no entanto, uma implicatura de que X é 'pedir a algum de vocês para se voluntariar', e há uma informação dada acessível no sentido de que se espera que o chefe proponha a agenda.

Ao longo do curso do século XX, *do*/fazer, *happen*/acontecer e *say*/dizer passaram a ser os Vs mais frequentemente usados nas clivadas com WHAT. Hopper (2001) cita 118 ou 66% de *do*, 23 ou 13% de *happen* e 15 ou 8% de *say* no *corpus* COBUILD. Koops e Hilpert (2009) relatam 55 *do*, 17 *happen* e 6 *say* no Santa Barbara Corpus of Spoken American English (SBCSAE) dos anos de 1980. Outros verbos, como *want*/querer e *mean*/pretender, ocorrem com frequência muito baixa[34]. Parece que as mudanças são de uma construção do tipo em (50a) no século XVII para uma do tipo em (50b) no final do século XX (ao menos com os verbos que ocorrem com maior frequência: *do*/fazer, *happen*/acontecer e *say*/dizer):

(50) a. [[ALL/WHAT$_i$ SN V] [BE X$_j$] ↔ [Anafórico$_i$, membro da classe Especificacional$_i$]]

b. [ALL/WHAT (SN) V BE [X$_i$] ↔ [Moldura catafórica – Evento$_i$]]

Se essa análise está correta, podemos observar que há certas características do tipo de redução de estrutura biorracional para mono-oracional que Lehmann (2008) discute (cf. 3.2.1 acima). No entanto, não é o caso de 'relações pragmáticas perderem sua especificidade' (LEHMANN, 2008,

---

34. Considerando que Koops e Hilpert (2009) interpretam as pseudoclivas com WHAT como construções de foco e não as restringem à função discursiva especificacional, eles incluem várias outras expressões com WHAT em seu inventário; p. ex., *what is more/worse/of importance BE X*/o que é mais/pior/de importância SER X. A maioria desses é catafórica.

p. 213); ao contrário, há uma mudança na pragmática. Pragmática 'especificacional' associada com referentes identificáveis de conjuntos abriu caminho para a pragmática de indexação do discurso subsequente. O que antes era uma pragmática subjetiva (o falante identifica referentes e conjuntos) tornou-se mais interacional (o falante dá ao ouvinte pistas metatextuais sobre o que o ouvinte deve perceber), mas nenhum é mais ou menos 'específico' que o outro.

Supostamente, o uso da clivada com WHAT como um projetor pode ter tido dois tipos de fonte. Uma pode ter sido o desenvolvimento de uma fórmula como *What I said was this*: *X*/o que eu disse foi isso: X. Essas fórmulas começam a aparecer no OBP no final do século XVIII (cf. (51a)) e *what happened was this/o que aconteceu foi isso* (51b):

(51) a. he says, as near as he can guess, ***what he said was this***, *that he seized a person's hand near his pocket*, which appeared to be the prisoner, and therefore he believed him to be the person.
'Ele disse, o mais próximo que ele pode pensar, o que ele disse foi isso, que ele pegou a mão de uma pessoa perto do seu bolso, que parecia ser do prisioneiro e assim ele acreditou que ele era a pessoa.'
(1789 Trial of George Barrington, t17891209-18 [OBP].)

b. But I knew at once that he had undone me! ***What happened was this***.
The audience got together, attracted by Governor Gorges's name ...
'Mas eu sabia de cara que ele havia me desfeito! O que aconteceu foi isso. A audiência se reuniu, atraída pelo nome do Governador George' ...
(1868 Hale, If, Yes and Perhaps [COHA].)

No entanto, essas duas fórmulas são tanto anafóricas quanto catafóricas. A fonte mais provável é a expansão da construção pseudoclivada para verbos intransitivos já que isso, particularmente, parece ter possibilitado que a sequência inicial fosse reinterpretada pelo menos por alguns falantes como um marcador de projeção narrativo similar a *so*/então. A perda de *to* nas clivadas com WHAT e *do* é possivelmente sintomática da mudança, sugerindo que ela não ocorreu até a parte final do século XX. Esses desenvolvimentos foram indiretamente influenciados provavelmente pelo desenvolvimento de um grande conjunto de projetores, como *as the fact/problem/point is*/como o fato/problema/ponto é, da metade do século XVIII em diante (CURZAN, 2012), mas essa hipótese precisa ser desenvolvida.

3.5.4 Discussão

O desenvolvimento das clivadas com TH e ALL por volta de 1600 e das clivadas com WHAT logo depois pode ser considerado um excelente exemplo do desenvolvimento de novas microconstruções em contextos de contraste, adversativos. Ao interpretar as pseudoclivadas como marcadores de estrutura informacional, especialmente a função de marcação de foco, Traugott (2008c) mostrou anteriormente que elas são instâncias de gramaticalização já que envolvem fixação de um padrão de estrutura informacional e, no caso de *do*, perda de significado semântico concreto. A autora sugere que o desenvolvimento posterior das clivadas com WHAT (e possivelmente das clivadas com ALL e TH também, apesar de estas ainda precisarem ser investigadas) em estruturas mono-oracionais pode ser interpretado como gramaticalização do tipo que Lehmann (2008) discute: uma construção clivada biorracional, que historicamente ocorre em grande parte em contextos contrastivos e contestadores, acaba sendo reduzida para uma estrutura mono-oracional. As clivadas com WHAT também mostram evidência dos três tipos de expansão de Himmelmann (2004). Há expansão semântico-pragmática com o desenvolvimento das construções que indicam listagem exaustiva além daqueles contextos que são descritivos ou de finalidade, como (39)-(42), e com a atribuição do significado restritivo '*only*/só' para *all*/tudo. No século XX, algumas pseudoclivadas com verbos frequentes começam a ter uma nova função discursiva nas clivadas com WHAT: enquadramento do evento, paráfrase etc. (expansão semântico-pragmática). Há expansão da classe hospedeira já que o conjunto de verbos em V (que no começo eram principalmente *do*/fazer e *say*/dizer) é expandido para incluir *mean*/pretender, *desire*/desejar, *want*/querer, *happen*/acontecer e também é expandido o conjunto de verbos em X depois de *do*/fazer (p. ex., uso de *be 'become'*/tornar-se). E apesar de haver redução na forma, há expansão sintática quando infinitivos nus com *do* começam a ser usados com clivadas com WHAT visto que uma sintaxe alternativa começa a existir. Sugerimos que esses três fatores se aplicam igualmente tanto à gramaticalização quanto à construcionalização gramatical.

No que diz respeito à possível analogia, é surpreendente que inicialmente as clivadas com ALL e WHAT pareçam não ter sido diretamente influenciadas pelas clivadas com TH, pelo menos com relação ao seu uso como sujeito. Além disso, enquanto as clivadas com ALL e *do* não exigiam *to* no X não finito desde as fases iniciais, as clivadas com WHAT e *do* o fizeram por mais de 250 anos. Assim, há pouca evidência de analogização local no sentido de compatibilidade direta com o padrão construcional exemplar. No entanto, não se deve ignorar a relação com a rede maior das clivadas especificacionais em geral, incluindo as clivadas com IT e as com TH. Conforme mencionado em 3.5.1, as clivadas com IT parecem não ter sido um precursor direto das pseudoclivadas. Contudo, ao longo do tempo as clivadas com IT passaram a ter estruturas mais proximamente alinhadas àquelas das pseudoclivadas já que começam a aceitar orações assim como SNs e adverbiais. Do mesmo modo, as clivadas com ALL e WHAT se tornaram mais estreitamente alinhadas com as clivadas com IT visto que seu uso com SNs se expandiu (*What she wanted was his property again*/o que ela queria era sua propriedade de novo). Houve, assim, um alinhamento de estruturas dentro da família das clivadas especificacionais. As formas das clivadas com IT e das pseudoclivadas são muito diferentes dos membros dessa família para pertencerem ao mesmo esquema, se considerarmos o critério proposto por Goldberg de que cada nó herda as propriedades de seus nós dominantes (2.4.2), mas elas estão claramente bem próximas na rede, sendo especificacionais e clivadas.

Finalmente, podemos notar que a complexidade e especificidade das pseudoclivadas evidencia o jogo entre motivações em competição que Goldberg (1995, p. 67-68) caracteriza como o Princípio do Poder Expressivo Maximizado, 'o inventário de construções é maximizado para propósitos comunicativos' e o Princípio da Economia Maximizada, pelo qual 'o número de construções distintas é minimizado ao máximo'. Por um lado, os usuários da língua buscam clareza e especificidade nos detalhes de cada construção individual, o que leva ao aumento no número de construções distintas. Por outro lado, os usuários da língua procuram generalizar sempre que possível, o que leva a um sistema mais simples. Essa inter-relação entre expressividade e economia significa que 'os dois princípios se restringem mutuamente' (GOLDBERG, 1995, p. 69). Sem essa restrição, os usuários da língua no século XVII poderiam ter desenvolvido uma forma esquemática geral, tal como [[ALL SN V] [V X]] ao invés da que foi proposta ([[ALL SN V] [BE X]]). Porém, isso teria generalizado demais (não encontramos exemplos como *All/What Jane did went talk about it*/Tudo/O que Jane fez foi falar sobre isso). Ao contrário, a microconstrução é um esquema parcial com o verbo específico BE como um componente essencial, o único membro do *slot*.

Como as pseudoclivadas mostram, a rede construcional está constantemente passando por mudanças, mas essas mudanças são verificadas por um desses dois princípios: economia leva à expansão das construções esquemáticas (porque elas são mais gerais), enquanto expressividade leva ao desenvolvimento de construções específicas (porque elas oferecem mais detalhes).

3.6 SUMÁRIO

Neste capítulo, focalizamos o desenvolvimento de construções procedurais por meio da construcionalização gramatical e consideramos como uma abordagem construcional pode incorporar e, em alguns casos, ampliar os resultados dos estudos conduzidos sob o paradigma de pesquisa conhecido como gramaticalização. Propusemos que:

(a) Construcionalização gramatical é o desenvolvimento de uma forma$_{nova}$-significado$_{novo}$ por meio de uma série de pequenos passos de mudança que tem (majoritariamente) função procedural. Um signo gramatical dá pistas de como o falante conceitualiza relações entre referentes nas orações, e como o ouvinte deve interpretar as orações. Em muitos casos, a construcionalização gramatical envolve perda de significado lexical, mas as fontes também podem ser não lexicais, como no caso das pseudoclivadas.

(b) Uma perspectiva construcionalista sustenta o modelo de gramaticalização por expansão (GE). Ao mesmo tempo, é compatível com o modelo de gramaticalização por redução e aumento de dependência (GR). Isso porque a construcionalização gramatical envolve expansão das construções-tipo e da variabilidade de uso, de um lado, e *chunking* e fixação da forma, de outro. Expansão é o resultado mais lógico do desgaste resultante de repetição e *chunking*.

(c) Expansão e redução podem estar interligadas, por exemplo, desbotamento (perda de significado lexical) pode levar à expansão de uso, que, por sua vez, tende a levar à redução do signo. A construcionalização gramatical mostra direcionalidade parcial, já que, depois da expansão, as construções podem estar sujeitas à marginalização e obsolescência.

(d) A construcionalização gramatical é o resultado de mudanças, não um processo (cf. tb. JOSEPH (2001; 2004) e outros sobre gramaticalização como resultado).

(e) Degramaticalização, que depende da abordagem GR à gramaticalização, pode ser repensada em termos construcionalistas. Alguns exemplos, como desflexionalização, parecem ser casos de expansão na esquematicidade sob circunstâncias específicas.

(f) Pensamento analógico é um fator importante para o aumento de produtividade e esquematicidade. Analogização explica o alinhamento de novas microconstruções em (sub)esquemas.

(g) Uma vez que a abordagem construcional modela diferentes aspectos de forma e significado distribuídos em diferentes propriedades de uma construção, é possível modelar uma inter-relação passo a passo em ambas as dimensões na criação e na história subsequente de uma construção.

Uma contribuição fundamental da perspectiva construcional para os estudos anteriores sobre gramaticalização é que a arquitetura gramatical demanda conceber forma e significado igualmente. Como resultado, o 'outro lado da equação', que está ao menos implicado, mas frequentemente em segundo plano, no trabalho sobre gramaticalização como mudança da forma ou como mudança do significado, deve ser trazido para o centro. Do mesmo modo, redes entre construções oferecem um modelo para entender o papel do pensamento analógico e da analogização na mudança gramatical.

Gramaticalização como GR foi desenvolvida assumindo uma teoria modular da gramática. Assim também a GE, que assume uma visão menos restritiva da gramática. Os resultados da gramaticalização são e continuarão sendo fundamentais para a construcionalização gramatical, uma vez que oferecem evidência para as micromudanças que levam à e resultam da construcionalização gramatical e para a probabilidade de recrutamento de esquemas. O momento da ocorrência da gramaticalização é essencial para identificar quando o novo pareamento gramatical $forma_{nova}$-significado$_{novo}$ ocorre. O que antecede são mudanças construcionais facilitadoras, o que segue são mudanças construcionais, frequentemente envolvendo expansões analógicas assim como reduções morfofonológicas. Apesar de importante para o entendimento da mudança, a direcionalidade não é um critério para a construcionalização gramatical, visto que o fenômeno da direcionalidade se torna aparente primordialmente de uma perspectiva GR com foco nos itens em desenvolvimento, e não nos contextos, conjuntos e esquemas nos quais os itens se desenvolvem. E enquanto toda mudança, incluindo analogização, é neoanálise, analogização é um fator importante para o desenvolvimento de construções. Uma visão não modular da gramática que privilegia rotinas, *chunks*, conjuntos e esquemas também mostra que mudanças gramaticais são mais amplas do que se pode supor em visões tradicionais de gramaticalização.

4

Construcionalização lexical

4.1 INTRODUÇÃO

Neste capítulo apresentamos nossa visão de construcionalização lexical em detalhe, considerando sua relação com trabalhos anteriores sobre lexicalização. Conforme mostrado no capítulo 3, a abordagem construcional da mudança linguística convida o pesquisador a repensar o desenvolvimento de construções gramaticais em termos de construcionalização esquemática e substantiva. Também convida a repensar o desenvolvimento de construções lexicais em termos similares. O resultado da construcionalização é um novo nó na rede da língua que pode ser em direção ao polo 'de conteúdo' do *continuum* ou mais em direção ao polo 'procedural'. Nosso foco, neste capítulo, é o desenvolvimento de novos signos que são forma$_{nova}$-significado$_{novo}$ nos quais o polo do significado está associado, principalmente, à semântica concreta e o polo da forma às categorias maiores como N, V ou ADJ.

O capítulo está organizado como se segue. Na seção 4.2, introduzimos nossa abordagem sobre as construções lexicais, incluindo esquemas lexicais. Na seção 4.3, consideramos algumas das maneiras em que o termo 'lexicalização' foi usado no passado em trabalhos sobre linguística diacrônica. Iniciamos nossa discussão com os modos como a lexicalização diacrônica foi tratada no passado, focalizando posições em que material 'gramatical' e 'lexical' são vistos como discretos (4.3.1), então passamos para abordagens que incluem ambos os tipos de material em um inventário de expressões específicas (não esquemáticas) (4.3.2) e finalmente apontamos algumas maneiras em que uma abordagem construcional pode reconciliar essas questões (4.3.3). A seção 4.4 diz respeito às características da construcionalização identificadas na seção 1.4.2: mudanças na produtividade, esquematicidade e composicionalidade, com foco na construcionalização lexical. Na seção 3.4, sugerimos que na construcionalização gramatical há um grau de direcionalidade envolvido, uma vez que construções que desenvolvem uma função procedural são tipicamente mais esquemáticas, mais produtivas e menos composicionais. Já que o desenvolvimento de construções lexicais pode envolver tanto expansão quanto esquematicidade, como o das construções gramaticais, esses fatores continuam a ser relevantes; contudo, mostraremos que na construcionalização lexical eles têm menos poder preditivo para a direcionalidade. As principais seções com dados são 4.5 e 4.6, que se distinguem em termos do tipo de resultado. 4.5 discute o desenvolvimento de novos esquemas e microconstruções complexos, tais como padrões de formação de palavras. 4.6 discute o desenvolvimento de novas construções atômicas a partir de construções complexas. Na seção 4.7, tocamos em uma variedade de expressões idiomáticas sintagmáticos e oracionais, incluindo 'snowclones', esquemas que surgem de microconstruções relativamente fixas que geralmente são formulaicas ou clichês (p. ex., *X is the new Y*/X é o novo Y). 4.8 trata a questão da criação de nó-tipo instantânea em que o polo semântico da construção é referencial. Isso inclui o desenvolvimento de formas extragramaticais, como acrônimos, reduções e mesclas. Argumentamos que elas são instâncias de construcionalização lexical, mas, diferentemente de instâncias de construcionalização gramatical, e de muitas outras instâncias de construcionalização lexical, não surgem gradualmemente. Em 4.9, revisitamos questões abordadas na seção 3.4 e consideramos a relação hipotetizada entre degramaticalização e a criação de novas construções lexicais. 4.10 faz um resumo do capítulo.

Embora tenhamos dividido os capítulos 3 e 4 em construcionalização gramatical e lexical para propósitos de apresentação, consideramos que elas são gradientes e interligadas, e não opostas. Conforme indicado na seção 2.7.6, debate-se, por exemplo, se a construção com *way* é lexical ou gramatical. Argumentamos que, apesar de ela não estar em nenhum dos polos do *continuum* lexical-gramatical, ao longo do tempo essa construção tem-se tornado mais procedural, como evidenciado pela iteratividade do subesquema mais recente (acompanhamento acidental). Muitas outras construções parcialmente lexicais, parcialmente gramaticais poderiam ser consideradas, por exemplo, o desenvolvimento de [*give* NP *a* V-*ing*]/[*dar* SN *um* V-*ndo*], como em *give him a talking to*/dar-lhe uma bronca (TROUSDALE, 2008a), [*take* SN e V$_{TR}$ Pronome (Adverbial)]/[pegar SN e V$_{TR}$], como em *take a pair of scissors and cut it off*/pegue uma tesoura e corte-o fora (HOPPER, 2008) e *take prisoner*/aprisionar (BERLAGE, 2012). Neste capítulo, porém, consideramos a construcionalização que envolve o desenvolvimento de expressões principalmente de conteúdo e focalizamos os casos mais prototípicos de construcionalização lexical.

4.2 ALGUMAS CARACTERÍSTICAS DAS CONSTRUÇÕES LEXICAIS

Em abordagens modulares, geralmente se faz uma distinção entre o léxico, como repositório de idiossincrasias, e a gramática, como o sistema combinatório, distinção articulada em Bloomfield (1993, p. 274) como: 'o léxico é de fato um apêndice da gramática, uma lista de irregularidades básicas'. A lista inclui expressões lexicais e gramaticais. Conforme Bloomfield afirma:

> Estritamente falando ... cada morfema de uma língua é uma irregularidade, já que o falante pode usá-lo somente depois de ouvi-lo sendo usado, e o leitor de uma descrição linguística pode saber de sua existência somente se ele lhe for listado (BLOOMFIELD, 1933, p. 274).

Considerando, também, a gramática como associada ao sistema e o léxico a idiossincrasias, Lightfoot (2011, p. 439), recentemente, sugeriu explicitamente que 'o léxico provavelmente inclui todas as palavras e certas partes de palavras, independentemente de elas serem mais gramaticais/sistêmicas ou mais lexicais/idiossincráticas'. Embora isso possa parecer um 'constructicon', não é, já que expressões no 'léxico' são apenas específicas, ao passo que no *constructicon* elas são esquemáticas, assim como específicas.

Conforme discutido ao longo deste livro, a abordagem construcional baseia-se em um arcabouço não modular da língua e a trata como uma rede conceitual hierarquizada. Nesse modelo, o inventário é o *constructicon* (cf. 1.4.1), o qual consiste de construções de vários tamanhos, de afixos (*-ness*/-dade, *-un*/in, *-s* plural) a orações (ISA). Como as entradas no léxico concebidas por Lightfoot (2011), no *constructicon*, as construções podem ser de conteúdo (*twist*/giro, *mature*/maduro, *X is the new Y*/X é o novo Y) ou procedurais (p. ex., número, tempo, alguns subesquemas da construção com *way*). Elas podem ser substantivas (microconstruções) ou (parcialmente) esquemáticas. Entre as construções parcialmente esquemáticas estão os esquemas lexicais de formação de palavras, tais como os esquemas para formar substantivos deverbais (*swimmer*/nadador, *researcher*/pesquisador) e verbos deadjectivais (*lexicalize*/lexicalizar, *grammaticalize*/gramaticalizar), e vários sintagmas e orações (semi)idiomáticos (*not the sharpest tool in the box*/não o mais esperto da turma, *you'll be lucky to*/você terá sorte se). Esses são os principais tópicos deste capítulo.

No capítulo 3, mostramos que as construções gramaticais podem ser esquemas, e que a construcionalização gramatical geralmente leva ao aumento de esquematização. Também mostramos que a construcionalização gramatical envolve redução inicial da composicionalidade no nível microconstrucional, e que mudanças construcionais pós-construcionalização podem ser acompanhadas por aumento na frequência do construto e redução interna à medida que a microconstrução aumenta seu escopo colocacional. Aqui, sugerimos que os esquemas de formação de palavras passam por mudanças semelhantes. A principal diferença entre os esquemas de formação de palavras e os esquemas gramaticais é que aqueles envolvem morfemas presos e estes, morfemas livres (cf. tb. CROFT, 2001, p. 17; BOOIJ, 2010).

Além disso, esquemas de formação de palavras têm, principalmente, significado lexical e abrangem as formas das principais categorias sintáticas (substantivo, verbo, adjetivo), enquanto os esquemas gramaticais sempre têm significado procedural, pelo menos em parte. Porém ambos podem ser produtivos e esquemáticos de maneiras que ainda serão discutidas em 4.4.

Tais como os arranjos sintáticos, as expressões morfológicas também podem ser gradientes, indo das mais substantivas às mais esquemáticas (cf. CROFT, 2007a). Conforme observa Booij (2010; 2013), essa abordagem da morfologia sugere que, como um padrão de regularidade, a formação de palavras é esquemática. Em nossa representação de construções lexicais, seguimos a perspectiva de Booij, a qual, por sua vez, baseia-se, em grande parte, no modelo de Jackendoff (2002; 2013). Visto que falantes do inglês são regularmente expostos a construtos como *fixable*/consertável, *squeezable*/espremível e *washable*/lavável, com os significados 'pode ser consertado', 'pode ser espremido' e 'pode ser lavado', respectivamente, um esquema pode ser abstraído através dessas instâncias de uso, sendo representado como segue (adaptado de BOOIJ, 2013):

(1) $[[V_{TRi}\text{-able}]_{Aj} \leftrightarrow [[\text{pode sofrer o processo denotado por } V_{TRi}]_{PROPRIEDADE}]_j]$

Esse esquema se lê como: o radical de um verbo transitivo (V_{TR}) mais -*able* que juntos formam um adjetivo (A), é associado ao significado 'pode passar pelo processo denotado pelo verbo transitivo'. 'Propriedade' denota o significado típico do esquema lexical atômico que tem a forma A. Nessa e em outras representações adiante, a representação formal não distingue os subcomponentes fonológico e morfossintático da construção.

O esquema em (1) representa um protótipo para essa construção lexical particular. É um esquema de formação de palavras produtivo, verificado em novos construtos como *skypable*/que pode ser transmitido via chamada de vídeo pela internet. Conforme mencionado em capítulos anteriores, um esquema mais produtivo geralmente tem uma frequência de tipo mais alta, possivelmente incluindo um grande número de 'hapax legomena' (BAAYEN, 2003; BAAYEN & RENOUF, 1966; HAY & BAYEN, 2005). Hapax legomena são pontuais, logo construtos, mas eles têm o potencial de tornarem-se convencionalizados como uma construção, conforme foi ilustrado, na seção 2.7.4, com o exemplo de *shoot one's way*/abrir caminho atirando.

Sendo um esquema que generaliza através de um conjunto de subesquemas, (1) sanciona completamente, ou seja, restringe e especifica a boa formação de microconstruções como *fixable, squeezable* e *washable*[1]. Nesses casos, a base não muda sua forma fonológica, e o significado do esquema é elaborado por meio da especificação do significado do verbo em cada instância. Contudo, o esquema sanciona apenas parcialmente microconstruções como *drinkable*/bebível (quando usado para descrever um vinho, p. ex.) e *despicable*/desprezível. No primeiro caso, embora a forma fonológica da base permaneça a mesma (de modo que o construto é totalmente sancionado do lado formal), o significado não é 'pode ser bebido', mas sim 'agradável de beber'. No caso de *despicable*, nem a forma nem o significado são completamente sancionados – o significado não é 'pode ser desprezado', mas sim 'deve ser desprezado'. Embora para alguns falantes possa haver uma alternância fonológica entre a forma livre *despise*/desprezar e a forma presa *despic-*, para outros o grau de opacidade entre as formas livre e presa pode ser tão grande que *despicable* não é tratada como uma unidade composta. Um exemplo dado por Booij (2010, p. 27) é do holandês *werk-baar* ('exequível, viável'), que deriva do verbo intransitivo *werk*/trabalhar; todos os outros adjetivos em *-baar* são derivados de verbos transitivos (cf. BOOIJ, 2013 para uma discussão semelhante). Esses casos especiais são exemplos do que Lakoff chama '*overrides*', exceções a regras gerais que têm de ser aprendidas. Como no caso dos subesquemas gramaticais discutidos no capítulo 3, 'cada nó herda propriedades do seu nó dominante' (BOOIJ, 2010, p. 25). O conceito de *overrides* é crucial para a noção de herança *default*

---

1. Sancionamento total e parcial são discutidos no capítulo 2, seção 2.2.2.

(cf. seção 2.4.2), visto que *overrides* se aplica quando a herança *default* não se aplica (cf. HUDSON, 2010, p. 28-29).

De fato, conforme Booij (2010; 2013) observa, a abordagem da morfologia esboçada aqui sugere que as construções lexicais são hierárquicas e a herança *default* desempenha um papel importante nelas. Podemos, portanto, estabelecer uma hierarquia de herança como representada na Figura 4.1 para algumas instâncias do esquema em (1), em que se faz uma distinção entre sancionamento total (t) e parcial (p):

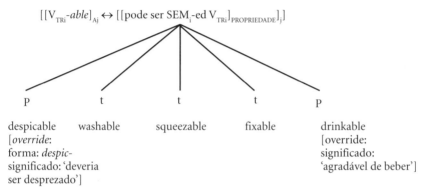

Figura 4.1 Um esquema para algumas construções lexicais terminadas em -*able*

Esquemas podem variar em produtividade. Por exemplo, compostos endocêntricos são mais produtivos do que exocêntricos. Um exemplo de composto VN endocêntrico é *swearword*/palavrão, que é um tipo de palavra (o N é o *determinatum*), e um exemplo de composto VN exocêntrico é *pickpocket*/batedor de carteira, que não é um tipo de *pocket*/bolso (o N não é o *determinatum*) nem um tipo de *picking*/coleta[2]. Retornaremos a essas questões de produtividade e esquematicidade na seção 4.4[3].

---

2. Em um composto, o modificador é chamado 'determinante' e o 'núcleo' que determina a categoria, o 'determinatum' (BOOIJ, 2007, p. 53). Para evitar confusão com o termo sintático 'núcleo', vamos utilizar, como é comum em grande parte da literatura morfológica, 'determinante' e 'determinatum'.

3. No português, são exemplos de compostos endocêntricos *carta comercial* e *mesa-redonda*, e de compostos exocêntricos, *carta branca* e *mesa-redonda* [N.T.].

No nível da microconstrução, Booij (2010; 2013) distingue entre partes de compostos e afixoides. Compostos são formados por duas palavras mais ou menos independentes, porém, como o significado do composto não é inteiramente composicional, ele forma um pareamento forma-significado distinto, mas ainda complexo, de um sintagma constituído de palavras independentes (BAUER, 1983, p. 11). Além disso, em uma língua com flexões morfológicas, o primeiro elemento de um composto geralmente perde essas flexões, e em uma língua de proeminência prosódica, como o inglês, há uma diferença de padrão de acento entre o sintagma livre e o composto (cf. GIEGERICH, 2004; 2005 sobre a relação entre sintagma e composto no inglês). Por exemplo, *black*/negro e *bird*/pássaro são palavras autônomas. Combinadas no composto *blackbird*/melro, elas se referem a um tipo particular de pássaro negro (*blackbird* exclui, p. ex., *crow*/corvo, *raven*/corvo), e têm um padrão de acento diferente (contraste o composto *bláckbird* com o sintagmático *black bírd*). Em alguns casos, pareamentos de forma-significado livres se combinam de tal modo que se atribui a um membro um significado mais abstrato quando ele é usado em compostos particulares. Esse membro é, então, chamado de 'afixoide'. Booij (2010, p. 57) argumenta que afixoides estão em um gradiente entre afixos altamente de conteúdo (p. ex., *bird*) e afixos derivacionais altamente abstratos (p. ex., *-er/*-or):

> Eles ainda não são afixos porque correspondem a lexemas, ou seja, formas livres, mas seu significado difere daquele que eles têm quando usados como lexemas independentes.

Exemplos de afixoides que Booij cita incluem o holandês *reus* 'gigante', seguido por um elemento de ligação (*-e*) em expressões como *reuze-leuk* 'muito legal' (p. 56), em que *reuze* tem uma função intensificadora. Apesar de o argumento de Booij ser essencialmente sincrônico, os princípios são claramente muito importantes para a análise diacrônica. Ele observa:

> tais subesquemas explicam por que partes de compostos podem se desenvolver em afixos autênticos (BOOIJ, 2005): palavras recebem um 'vínculo' especial, frequentemente uma interpretação mais abstrata dentro de compostos (BOOIJ, 2013, p. 260).

Uma das características distintivas de um afixoide é que, como o significado foi generalizado, ele possibilita o desenvolvimento de um padrão de formação de palavras produtivo, o qual forma um subesquema do esquema de composição. Mais tarde, alguns padrões de formação de palavras podem ser emancipados do esquema composto e se fundir com outros esquemas de formação de palavras. Discutiremos tais desenvolvimentos nas seções 4.5 e 4.6.

Para distinguir os três tipos de relação morfológica dentro de esquemas lexicais e as microconstruções que eles sancionam, precisamos de uma notação especial. Versaletes (p. ex., DOM) são usadas em casos em que, para facilidade de exposição, ignoramos distinções entre categorias morfológicas relevantes, tais como 'palavra', 'elemento de composto', 'afixoide' e 'afixo'. Quando precisarmos ser mais explícitos ao descrever questões específicas, particularmente em relação à mudança, usaremos uma linha vertical para separar elementos de um composto (p. ex., *black* | *bird*), inglês antigo *biscop* | *dom* 'bispo | jurisdição'), um hífen para separar um afixoide da sua base (p. ex., holandês *reuze-leuk*, inglês médio *cyning-dom* 'território governado por um rei') e um ponto para separar um afixo da sua base ou raiz (p. ex., inglês atual *mis.trust* 'desconfiar').

O fato de a morfologia derivacional envolvida na formação de palavras ser esquemática pode ser uma das razões pelas quais, às vezes, ela aparece nas discussões sobre gramaticalização (cf. 4.3.3 abaixo). Uma outra razão é o fato de que algumas formações de palavras são mais procedurais do que outras. Embora a formação de palavras seja quase sempre associada a categorias como N, V e ADJ, algumas formações têm características mais tradicionalmente gramaticais do que outras. Por exemplo, afixos derivacionais que derivam substantivos (NESS/DADE, ITY/DADE, ISM/ISMO), verbos (IFY/FICAR, IZE/IZAR), adjetivos (IC/ICO, como em *Milton.ic*, ABLE/ÁVEL, como em *comfort.able*/confortável, com significado modal) e advérbios (LY/MENTE, como em *slow*.ly/vagarosamente, WISE/MENTE, como em *cross.wise/transversalmente*) são mais gramaticais do que UN 'reversão', como em *un.tie*/desatar, ou, mais recentemente, UN 'atípico', como em *un.cola*/que não é cola. Entre esses, afixos derivacionais como *-able*, que tem significado parcialmente modal, estão mais próximos de ter significado procedural.

Um caso particularmente interessante é discutido em Petré e Cuyckens (2008): o do uso, no inglês antigo, da preposição *be* como prefixo verbal em uma construção esquemática [[Suj *be*.V OBJ OBL] ↔ [Suj afeta totalmente Obj por meio de V]]. Aqui, um verbo intransitivo, como *ridan* 'montar', *gan* 'ir', é usado transitivamente e o significado construcional é que uma área foi totalmente coberta ou um objeto foi totalmente afetado (um significado aspectual). Para 'cobertura total', compare (2a) com (2b):

(2) a. Cyneheard ... hine þær **be.rad**   ond þone bur
    Cyneheard ... him there around.rode and the   chamber
    utan   *be.eode*
    from-outside around-went
    'Cyneheard ... sitiou-o lá e rendeu o gabinete de fora.'
    (c890 *ChronA* (Plummer) 755 [PETRÉ & CUYCKENS, 2008, p. 160].)
   b. Her **rad** se here ofer   Mierce innan East Engle.
    Here rode the army through Mercia into East Anglia
    'Este ano o exército cavalgou por Mercia para o leste da Ânglia.'
    (c890 *ChronA* (Plummer) 870 [PETRÉ & CUYCKENS, 2008, p. 160].)

Ao longo do tempo, o significado aspectual télico, 'cobertura total, afetamento' da construção se enfraqueceu e, como a construção se tornou obsoleta[4], algumas formas verbais derivadas tornaram-se construções lexicais atômicas não analisáveis, como por exemplo *befoul*/sujar (cf. seção 4.5.2 para esse tipo de desenvolvimento no domínio dos substantivos).

---

4. No inglês atual, a construção ainda está disponível, embora com baixa produtividade. Ela foi primeiramente estendida para não verbos, comumente com o significado generalizado de 'dotado de' (p. ex., *bespouse*/casar), e em neologismos contemporâneos é frequentemente usada, de uma maneira bem-humorada, como formas de particípio de verbos apenas e, assim, têm distribuição limitada (*I bespectacled my son this morning*/*Eu usei óculos para ver meu filho esta manhã).

Em sua proposição de que a gramaticalização é o desenvolvimento de funções secundárias, Boye e Harder (2012, p. 19) revisitam brevemente a questão de se a morfologia derivacional é gramatical e concluem que é, fundamentados no fato de que, como a morfologia gramatical, a derivacional tem a função secundária de 'uma expressão acompanhante' (p. 28). Os autores rejeitam tentativas de distinção entre derivação mais lexical e derivação mais gramatical (cf. HOPPER & TRAUGOTT, 2003, p. 5) com base no fato de que a diferença é de significado (p. 19). Consistentes com nossa visão de um gradiente entre construções lexicais e gramaticais e com nossa tentativa de criar uma visão abrangente de mudança construcional, distinguimos morfologia lexical de gramatical, com base na função de conteúdo *versus* procedural. Consequentemente, distinguimos morfologia derivacional, tais como NESS ou DOM, que têm principalmente função lexical, do prefixo BE, que tem função principalmente procedural.

Com esse arcabouço em mente, agora mudamos o foco para a evolução diacrônica de formação de palavras lexical. Mas primeiro, à guisa de introdução, revisamos, brevemente, trabalhos sobre o fenômeno de lexicalização (para discussão mais extensa, cf. BRINTON & TRAUGOTT, 2005).

4.3 ALGUMAS ABORDAGENS DA LEXICALIZAÇÃO

Até hoje, os trabalhos sobre lexicalização têm sido conduzidos principalmente sob a perspectiva da redução. Essa perspectiva é semelhante à perspectiva da GR nos trabalhos sobre gramaticalização e, por analogia parcial, nós a chamamos 'lexicalização como redução ampliada' (LR)[5]. Revendo várias abordagens à lexicalização, Blank (2001, p. 1.603) sumariza diferentes posições, das quais focalizamos duas, a primeira mais geral, a segunda mais restrita, como segue:

---

5. Em grande parte, a literatura sobre lexicalização, em oposição à gramaticalização, não trata de dependência crescente ou sustenta que ela é reduzida (cf. seção 4.3.1). Portanto, não é totalmente paralela a GR.

Lexicalização$_1$ é um processo pelo qual formações de palavras complexas e outras construções sintagmáticas tornam-se sintática e semanticamente entradas fixas do léxico mental.

Lexicalização$_3$ é um processo pelo qual palavras complexas tornam-se palavras simples.

Um exemplo que Blank cita de lexicalização$_1$ é o composto *bullet* | *hole*/ buraco de bala (p. 1.599). Assim como *black* | *bird* discutido acima, esse composto tem uma ordem fixa, acento em *bullet*, e não em *hole*, e é semanticamente restrito já que significa apenas um buraco feito por uma bala e não colocar uma bala em um buraco (compare com *button* | *hole*/ casa de botão). Um exemplo de lexicalização$_3$ é o inglês moderno *barn*/celeiro, do inglês antigo *bere* 'barley'/cevada + *ærn*/lugar (BRINTON & TRAUGOTT, 2005, p. 97).

Em alguns casos, a principal questão de pesquisa tem sido como distinguir lexicalização de gramaticalização, assumindo que ambas envolvem redução. Uma linha de investigação tem sido uma tentativa de mostrar que elas são essencialmente complementares (LEHMANN, 1989, 2002), uma outra, de que há áreas de sobreposição, mas também de diferença (WISCHER, 2000; BRINTON & TRAUGOTT, 2005), porém, em todos os casos, redução de complexo para simples é um tema comum. Consideramos, primeiramente, o posicionamento de que material 'gramatical' e 'lexical' são distintos e, de fato, discretos, e então consideramos modos nos quais eles são similares.

4.3.1 Supostos resultados discretos de lexicalização e gramaticalização

O posicionamento extremo de que o resultado de lexicalização e gramaticalização é discreto se identifica com o que Himmelmann (2004, p. 21) denomina '(metáfora ou) abordagem de caixa', em que dois aspectos da língua – o material que o falante tem de aprender (o léxico) e as possibilidades combinatórias de uma língua (a gramática) – estão contidos em diferentes 'caixas', das quais e para as quais vários itens linguísticos se movem. Himmelmann cita Lehmann (1989) como um exemplo dessa abordagem, embora Lehmann conceitualize a gramática como um *continuum* com polos lexical e gramatical (cf. esse modelo, p. ex., em LEHMANN, 1989, p. 16-17; 2002, p. 3), e de fato afirma que morfemas gramaticais e lexicais são 'ambos membros do *morfemicom*' (LEHMANN, 2002, p. 4).

Pode-se inferir que Lehmann assume uma abordagem de 'caixa' apesar do seu foco em um *continuum* e a postulação de um único *morfemicom*, por causa da distinção rígida que ele procura estabelecer entre os dois resultados. Esse autor diz que tanto a gramaticalização quanto a lexicalização devem ser consideradas em termos não do seu ponto de partida (*Start-punkt*), mas do seu ponto-final (*Zielpunkt*), uma posição com a qual nós concordamos. Mas ele acrescenta:

> Alles, was eine Einheit in die Grammatik zieht, ist Grammaticalisierung; alles, was eine Einheit ins Lexicon zieht, ist Lexikalisierung.
> 'Tudo o que puxa uma unidade para a gramática é gramaticalização; tudo o que puxa uma unidade para o léxico é lexicalização' (LEHMANN, 1989, p. 15).

Isso sugere que ele vê o resultado prototípico da lexicalização e da gramaticalização como unidades (*Einheit* 'unidade') e considera os polos 'gramática' e 'léxico' como se fossem de fato caixas de armazenagem discretas nas quais o usuário da língua deposita itens linguísticos de diferentes tipos.

Uma abordagem da gramática de construções para o desenvolvimento de novos signos é inconsistente com o posicionamento de que há duas 'caixas'. Primeiro, a construcionalização põe em primeiro plano a gradação entre construções lexicais e gramaticais, em vez de discretude. Se o conhecimento da língua é conhecimento de construções (ou seja, unidades simbólicas convencionais), a questão de em que 'caixa' alguma coisa entra torna-se vazia. Além disso, como os esquemas tipicamente envolvem alguma combinação de significado procedural e referencial, é difícil compartimentalizar. Ao contrário, o que observamos em instâncias em que pareamentos forma$_{\text{nova-}}$significado$_{\text{novo}}$ surgem é que a nova unidade desenvolveu ou uma função procedural (no caso da construcionalização gramatical), ou uma função de conteúdo (no caso da construcionalização lexical), ou uma combinação de ambas. Lightfoot (2011, p. 439-440) cita a sugestão bem conhecida de Meillet (1958b [1912], p. 139) de que o sintagma reconstruído *hiu tagu* 'este dia, hoje' foi gramaticalizado como o antigo alto alemão *hiutu*, o alemão *heute*, como um exemplo do problema de distinguir gramaticalização de lexicalização. Em nossa perspectiva, *heute* 'hoje', sendo um advérbio, é parcialmente procedural, mas também de conteúdo; em outras palavras, é tanto procedural quanto de conteúdo, como muitos outros advérbios[6].

Um dos problemas com a citação de Lehmann acima é o que ele entende por 'unidade'. Um argumento importante em Lehmann (1989, 2002) é que 'somente unidades complexas podem ser lexicalizadas' (2002, p. 13). Sob o ponto de vista de Lehmann, quando a lexicalização ocorre, uma unidade complexa do tipo $[XY]_z$ deixa de ser complexa e é acessada como uma unidade: Z como um todo é afetado, e a relação de dependência entre X e Y é eliminada. De modo semelhante, Brinton e Traugott (2005, p. 96) focalizam a 'perda de constituência interna'. A unidade complexa, consequentemente, torna-se não composicional. Em termos de construcionalização, a importante percepção de Lehmann pode ser reformulada como um tipo de diminuição na composicionalidade. Por exemplo, no desenvolvimento de CUPBOARD/ARMÁRIO, o que historicamente eram dois nós na rede (CUP e BOARD) formaram um *chunk* mediante uso repetido. Os dois pareamentos forma-significado individuais em algum momento passaram a ser percebidos pelo usuário da língua como uma sequência não composicional – um único nó, o produto de neoanálises morfossintática

---

6. Em nossa visão, advérbios são uma categoria intermediária no gradiente entre construções lexicais e gramaticais. Alguns são primariamente de conteúdo (p. ex., *quickly*/rapidamente) e outros, principalmente procedurais (p. ex., *even*/mesmo, *only*/somente como marcadores de foco). Recentemente, Giegerich (2012) argumentou que advérbios são adjetivos flexionados, o que sugeriria que eles são de conteúdo. O estatuto de muitos esquemas adverbiais é tópico para pesquisa posterior.

e morfofonológica, CUPBOARD, com nova semântica de conteúdo. Isso é evidenciado pela mudança do significado convencional, de uma peça de madeira em que se colocam xícaras para uma unidade de armazenamento coberta onde se guardam coisas em uma casa, e pela mudança na forma para /kʌbəd/.

Lehmann contrasta 'rejeição de [...] análise interna' (LEHMANN, 2002, p. 13) na lexicalização com retenção de complexidade interna na gramaticalização, e afirma que 'as relações internas de Z tornam-se mais rígidas e restringidas'. Isso é um exemplo da hipótese de GR. Nosso exemplo de *cantare habeo* é um caso em questão: a raiz (*cant-*) foi mantida e o restante tornou-se um afixo atômico, uma forma presa atômica, e não uma forma livre parcialmente complexa (*habeo* podia ocorrer em várias posições na oração; cf. seção 1.6.4.2). Porém o problema é que a distinção de Lehmann levada à sua conclusão lógica exige que ele argumente que 'a coalescência de dois morfemas gramaticais deve ser chamada lexicalização' (LEHMANN, 2002, p. 13). Os exemplos que ele cita são originalmente construções gramaticais, como *himself*/se (< pronome *him* + pronome *self*) e latim vulgar *de ex de* 'para fora de' (uma sequência de três preposições) > espanhol castelhano *desde* (p. 13). Lehmann contrasta *wanna* com *gonna*. Sobre *wanna* ele diz 'a combinação de um morfema lexical (*want*) com um gramatical (*to*) se lexicaliza como um modal', e de *gonna*, 'a combinação de *going* semigramaticalizado com um morfema gramatical é lexicalizado e depois gramaticalizado' (2002, p. 16). Isso diferencia em excesso um par que é frequentemente visto como em um gradiente de gramaticalização; por exemplo, Krug (2000) inclui *want to*/*wanna* (e também *going to*/*gonna* e *got to*/*gotta*) entre modais emergentes e em gramaticalização[7]. Concluímos que, se fôssemos usar a análise de Lehmann, encontraríamos os tipos de mudança no Quadro 4.1 (Lxn e Gzn são abreviações para lexicalização e gramaticalização, respectivamente). Dizer que uma sequência de elementos gramaticais se lexicaliza-

---

7. Lehmann e Krug ignoram *BE* em *BE going to*.

ram e depois se gramaticalizaram é antieconômico quando 'univerbação' (processo diacrônico de fixação como uma única unidade no nível da palavra) deveria ser suficiente.

Lindström (2004) atribui a confusão entre gramaticalização e lexicalização, conforme ilustrado no Quadro 4.1, a dois fenômenos separados. O primeiro é a confusão do 'exemplo'. Nesses casos, o mesmo exemplo pode mostrar sinais de gramaticalização e de lexicalização. O segundo é a confusão do 'processo', pelo qual a lexicalização foi equacionada a certas mudanças formais, apesar de essas mudanças também serem características da gramaticalização (cf. BRINTON & TRAUGOTT, 2005, p. 110 para um resumo de tendências similares e diferentes, tendo em vista uma abordagem de redução aumentada tanto para a lexicalização quanto para a gramaticalização, mas incluindo fatores semânticos).

Quadro 4.1 Lexicalização, gramaticalização ou ambas?

Exemplo	Uma análise de modelo de caixa
AAVE *BE fixing to* > *finna* (RICKFORD, 1999, p. 6)	Lxn, depois Gzn
Latim *ad ipsum* 'para si-ACU > italiano *adesso* 'agora' (RAMAT, 1998, p. 122)	Lzn, depois Gzn'
Inglês *going to* > *gonna*	Lzn, depois Gzn
Latim vulgar *de ex de* 'para fora de' > castelhano antigo *des de* > castelhano moderno *desde*	Lzn, depois Gzn
Inglês *want to* > *wanna*	Lzn
Inglês *shall I, shall I* > *shilly-shally* 'vacilar'	Lzn
Latim *cantare habeo* > francês *chanterai*	Gzn

Outro problema da definição de Lehmann de lexicalização como o processo pelo qual alguma coisa se torna lexical no sentido de se tornar uma unidade, e a referência à obliteração da relação de dependência entre X e Y, é que há casos claros em que novos esquemas construcionais surgem onde a relação de dependência entre X e Y se desenvolve (como no caso da composição) ou muda, mas não é obliterada. Lightfoot (2011, p. 447) aponta que há gradiência na redução das fronteiras nos compostos lexicais, daí na lexicalização a unidade inteira pode não mudar do mesmo modo. Por exemplo, nos compostos germânicos com *man*, o segundo constituinte passa por maior redução do que o primeiro (cf. *marksman*, p. 448). Em termos das distinções de Booij, -*man* aqui é um afixoide (cf. 4.2 acima).

Uma outra perspectiva que assume a redução lexical é expressa por Lipka, quando diz que lexicalização é:

> o fenômeno pelo qual um lexema complexo, uma vez cunhado, tende a se tornar uma única unidade lexical completa. Através desse processo, ele perde o caráter de um sintagma em maior ou menor grau (LIPKA, 2002, p. 11).

Essa perspectiva de que a lexicalização envolve a perda de propriedades sintagmáticas 'em maior ou menor grau' é particularmente interessante de um ponto de vista construcionalista. Certamente, alguns sintagmas desenvolvem mais propriedades de unidade. Por exemplo, *over the hill* com o significado de 'velho' é idiomático e não composicional; formalmente, não possibilita variação interna (p. ex., *over many hills 'realmente velho'). Mas variação interna é possível em alguns casos, como *mother-in-law*/sogra, que é pluralizado de dois modos, *mothers-in-law* e *mother-in-laws*. O primeiro desses padrões flexionais trata a expressão como menos semelhante a uma unidade, e mais analisável, do que o segundo. Isso é verdadeiro em muitos outros casos em que certas expressões desenvolvem novas variantes, incluindo a criação de expressões idiomáticas e *snowclones* (cf. seção 4.7).

Enquanto Lehmann (2002) distingue resultados de gramaticalização e de lexicalização em termos de forma, Wischer (2000) sugere que a diferença é semântica: um novo componente semântico é acrescentado na lexicalização. Usando o exemplo de *methinks*/penso, que se especializou como um marcador pragmático quando a construção impessoal tornou-se obsoleta, ela afirma:

> Quando uma colocação livre ou uma formação de palavras comum é lexicalizada, um componente semântico é acrescentado, de modo que o novo significado lexical difere do primeiro significado composicional... Quando um termo

linguístico é gramaticalizado, componentes semânticos específicos perdem-se e um significado categorial ou operacional implicado é posto em primeiro plano (WISCHER, 2000, p. 364-365).

Da nossa perspectiva, *methinks* é uma relíquia congelada de um esquema impessoal obsoleto. Ela foi recrutada para a classe dos advérbios epistêmicos e depois para a função de marcador pragmático. Visto que esse item é adverbial, nós o consideramos uma mudança em direção ao estatuto mais procedural e, portanto, gramatical.

4.3.2 Lexicalização como entrada no inventário

Na seção anterior, focamos nas tentativas de distinguir, de modo bastante preciso, lexicalização de gramaticalização, mesmo se as similaridades ou mesmo um *continuum* entre elas também são considerados. Se a ideia de Lehmann de um inventário ou 'morfemicom' com morfemas lexicais e gramaticais for realmente considerada, então a lexicalização pode ser concebida (juntamente com a gramaticalização) como 'adoção ao inventário (BRINTON & TRAUGOTT, 2005, p. 90). Nesse caso, o inventário incluiria uma mistura de itens específicos tais como ilustrados em (3):

(3) a. IA LICE 'corpo' > LY (sufixo formador de adjetivo ou advérbio)
   b. IA A (GE)LIC 'sempre como' > *cada*
   c. IA *gar* | *leac* 'alho | lança' > *garlic*/alho
   d. [[mother]$_N$ [[in]$_P$ [law]$_N$]$_{SP}$]$_N$ > [*mother-in-law*]$_N$/sogra
   e. IA *hand geweorc* 'hand worked' > *handiwork*/artesanato

Nessa abordagem, todas as expressões (semi)lexicais que têm de ser aprendidas – independentemente de como elas surgiram e de sua estrutura – podem ser descritas, igualmente, como produto de lexicalização. Isso inclui tipos regulares de formação de palavras tais como composição (p. ex., *black* | *bird*) ou formação com afixoides como -*able*, e também tipos relativamente aleatórios de processos de formação de palavras que serão discutidos em 4.8, como reduções (*tude* < *attitude*) na lexicalização concebida como contraevidência à gramaticalização (cf. 4.9 abaixo). Norde exclui formação de palavras derivacional produtiva de lexicalização, iniciais (*BBC*) e acrônimos (*NASA*). Demonstraremos que novas reduções, iniciais, acrônimos etc., também são construcionalizações lexicais, mas do tipo que surgem instantaneamente, não gradualmente[8].

A abordagem também reúne formas que são produto de fusão (como *cupboard*/armário e *hussy*/vadia) e formas que são produto de separação (como *ex*/ex e *ology*/logia). Por exemplo, Norde (2009, p. 11) propõe que entrada no inventário (quer por processos de formação de palavras imprevisíveis quer via fusão) deve ser considerada lexicalização: 'a razão para isso é que mudanças como reduções e conversões resultam em novos lexemas, cujo significado não é totalmente previsível da (parte da) palavra da qual eles evoluíram, nem da natureza do processo de formação de palavras que os formou. Entretanto, talvez em parte porque, conforme argumentamos em 4.5, nos termos da gramática de construções, o *constructicon* é um inventário, mas diferentemente do inventário proposto acima, ele é hierárquico (cf. FLICKINGER, 1987; BOOIJ, 2010; SAG, 2012). Logo, abarca tanto microconstruções específicas como esquemas, os quais incluem padrões de formação de palavras. Tais padrões incluem métodos composicionais produtivos de criação de novos itens lexicais, tais como composição endocêntrica (*text*│*book*/livro didático) ou exocêntrica (*high*│*ball*/um tipo de bebida) e afixação, por prefixação (*en.slave*/escravizar) ou sufixação (*slave.ry*/escravidão). Considerando não apenas as mudanças formais mas as funções que são atribuídas a novos signos, sugerimos que a criação de esquemas de formação de palavras derivacional é um tipo de construcionalização.

---

8. Reconhecemos que mesclas (p. ex., *smoke*/fumaça + *fog*/neblina > *smog*) são bastante diferentes de outros processos aleatórios de formação de palavras. Discutimos essa questão em 4.8.

4.3.3 Para repensar a lexicalização à luz da construcionalização lexical

Conforme Cowie (1995) e, mais recentemente, Lightfoot (2011, p. 448) apontam, na discussão sobre lexicalização e gramaticalização o papel da derivação é ignorado, embora frequentemente mencionado. Quando a derivação é mencionada, é quase sempre associada à gramaticalização: por razões que detalhamos neste capítulo, rejeitamos essa abordagem, já que é inconsistente com o arcabouço construcional que adotamos. Kurylowicz definiu gramaticalização como:

> o aumento do escopo de um morfema que avança de um *status* lexical para um gramatical ou de um menos gramatical para um mais gramatical, p. ex., **de um formante derivativo para um flexional** (KURYLOWICZ, 1975 [1965], p. 69; negrito acrescentado),

citando as '[n]umerosas instâncias' da 'evolução *coletiva* (*derivativa*) > *plural* (*flexional*)' (KURYLOWICZ, 1975 [1965], p. 52; itálico do original). Etapas no desenvolvimento da morfologia derivacional são frequentemente consideradas como instâncias de gramaticalização porque morfemas derivacionais são mais abstratos do que os itens de conteúdo dos quais eles derivam e evidenciam regularidade paradigmática. Por exemplo, Lehmann (1989) considera a redução do antigo alto alemão *haidus* 'forma' para o morfema derivacional *-heit* que forma substantivos abstratos (cf. *-hood*) como um caso de gramaticalização. Haselow (2011) descreve o desenvolvimento de DOM e Booij (2010), de afixoides mais comumente como instâncias de gramaticalização. Booij escreve:

> Esse surgimento de morfemas derivacionais se qualifica corretamente como gramaticalização (AIKHENVALD, 2007, p. 58), visto que esses morfemas [incluindo DOM, MENT e $LY_{T\&T}$] tornaram-se afixos. Se situados no ponto-final de gramaticalização, esses morfemas têm propriedades gramaticais abstratas, mas tais morfemas presos podem ainda ter um significado bastante específico [...]. Então, parece que há um *cline* para tais morfemas presos que vai de um significado mais lexical para um mais gramatical, um padrão característico de gramaticalização (BOOIJ, 2010, p. 75).

Em uma linha semelhante, Haselow sugere que, como DOM não tinha ainda atingido o *status* completo de sufixo nos períodos iniciais da língua inglesa, as baixas frequências de tipo podem ser explicadas pelo fato de que '-*dom* estava apenas no início do processo de gramaticalização' (HASELOW, 2011, p. 154). Mais recentemente, Boye e Harder (2012, p. 19) correlacionam a morfologia derivacional com estatuto gramatical; contudo, eles não relacionam derivação com *status* de composição.

No entanto, como mostra a definição de lexicalização de Blank (2001) citada na seção 4.3 acima, a formação de palavras também tem sido associada a lexicalização ('Lexicalização$_1$ é um processo pelo qual formações de palavras complexas [...] tornam-se sintática e semanticamente entradas fixas'). Adotamos essa abordagem no arcabouço da construcionalização para resultados de formação de palavras, conforme demonstrado nas seções 4.4 e 4.5 abaixo (cf. tb. o estudo de TRIPS (2009) sobre -*hood*, -*dom* e -*ship*)[9].

Outros modos de pensar sobre tipos de mudança lexical incluem a proposta de Bauer (1983) que divide a lexicalização em tipos, dependendo dos níveis linguísticos (fonologia, morfologia e sintaxe). Bauer sugere que a lexicalização fonológica pode envolver uma mudança em padrões de acentuação (*black* | *board*) ou redução de uma sílaba (cf. redução de *fam* em *infamous*/infame *vs. famous*/famoso). O desenvolvimento de elementos de ligação (p. ex., *s* em *catseye*/olho de gato, *kinsman*/parente) pode ser tomado como diagnóstico de lexicalização morfológica. Padrões sintáticos atípicos (observados, p. ex., no desenvolvimento de compostos exocêntricos como *pick* | *pocket*) servem como instâncias de lexicalização sintática[10]. Porém, Bauer (1983) diz também que há muitos casos de 'lexicalizações mistas', que envolvem mudanças fonológicas e morfológicas, e resultam em desmotivação e desenvolvimento de itens lexicais atômicos, como *husband*/

---

9. Agradecemos a Martin Hilpert por chamar nossa atenção para essa referência.

10. Embora a sintaxe seja típica com relação à tipologia de ordenação VO do inglês atual, com respeito à formação de palavras ela é atípica (contraste os padrões OV mais regulares em *manhunt*/caçada humana, *watchmaker*/relojoeiro, *skyscraper*/arranha-céu).

marido (cf. tb. WISCHER, 2000). Tais padrões mistos são característicos do tipo de construcionalização lexical que produz construções atômicas, conforme discutido na seção 4.6 abaixo.

Uma vez que uma abordagem construcional não se funda em uma visão de mudança como redução, a lexicalização pode, assim como a gramaticalização, ser repensada e incorporada em um projeto mais amplo de construcionalização e mudanças construcionais. Como um primeiro passo, a questão central não é um elemento ser lexical ou gramatical, mas se o resultado da mudança é primariamente esquemático ou específico, complexo ou atômico, de conteúdo ou procedural. Além disso, deve-se reconhecer gradiência entre todos esses pares. Concordamos com Lehmann que o desenvolvimento de novas construções de conteúdo pode envolver a obliteração de uma relação de dependência entre X e Y, mas consideramos que essa é uma característica de outros tipos de construcionalização também. Ademais, salientamos que tanto itens gramaticais quanto lexicais podem ser complexos (*BE going to* [mesmo quando reduzido a *BE gonna*] e *strawberry*/morango, *moveable*/móvel) ou atômicos (cf. *-s* 'plural', *must*/dever, *lord*/lorde, *garlic*/alho). Conforme mencionado na seção anterior, a noção de um 'inventário' tem afinidades com a de *constructicon*. Mas o *constructicon* não é uma lista imprecisa. Ao contrário, é uma rede de pareamentos de forma-significado hierarquizados, alguns deles esquemáticos, alguns atômicos, alguns com características principalmente procedurais, gramaticais, e alguns com características de conteúdo, lexicais.

Um dos mais importantes aspectos da abordagem construcional para a mudança lexical é que, por abrigar esquemas assim como microconstruções, ela nos possibilita considerar a formação de palavras e a criação de expressões idiomáticas e, assim, prestar atenção a padrões esquemáticos, e não apenas a aspectos idiossincráticos do desenvolvimento de expressões de conteúdo. O surgimento, persistência e perda de padrões esquemáticos de formação de palavras envolve mudanças em produtividade, esquematicidade e composicionalidade. Essas propriedades serão discutidas na próxima seção.

4.4 A MUDANÇA EM PRODUTIVIDADE, ESQUEMATICIDADE E COMPOSICIONALIDADE NA CONSTRUCIONALIZAÇÃO LEXICAL

Conforme discutido na seção 3.3, a direcionalidade na mudança construcional foi concebida em termos de variação na produtividade, esquematicidade e composicionalidade de uma construção. Em seu artigo de 2004 sobre lexicalização e gramaticalização e os pontos em comum que elas compartilham (ambas têm início em combinações espontâneas e produtivas e são processos similares de convencionalização), Himmelmann (2004, p. 43) reconhece que pode haver expansão na lexicalização, especificamente extensão metafórica do significado. Porém, como o autor vê a lexicalização principalmente como univerbação, ele identifica redução na classe hospedeira e perda de generalidade no significado (especificação de significado) como típico da lexicalização (p. 35-36). Com base em Himmelmann (2004) e Brinton e Traugott (2005), os quais conceitualizam lexicalização como redução, em trabalho anterior sobre construcionalização, Trousdale (2008b; 2008c; 2010; 2012a) sugeriu as seguintes diferenças entre construcionalização gramatical e lexical:

> (a) Construcionalização gramatical envolve aumento em produtividade e esquematicidade, mas redução em composicionalidade.
> (b) Construcionalização lexical envolve redução em todas as três áreas.

Conforme mostraremos no restante deste capítulo, a postura anterior de Trousdale estava correta para lexicalização definida como redução (LR), mas incorreta para construcionalização lexical no modelo de mudança que discutimos aqui. Particularmente, conforme aludido na seção 4.2, em que a noção de esquemas morfológicos foi introduzida, é importante reconhecer que a construcionalização de esquemas lexicais envolve aumento na esquematicidade e na produtividade. Quando padrões de formação de palavras emergem, há aumento de esquematicidade. Esses padrões podem exibir produtividade alta ou baixa, mas, à medida que eles continuam a ser usados como esquemas em que novas palavras são criadas, sempre há também produtividade e expansão lexical. Essa expansão ocorre em formação de palavras no nível do esquema. Perda de composicionalidade é um problema em casos em que membros particulares de um esquema perdem a associação com esse esquema e sofrem redução de várias espécies, especialmente a perda de fronteira entre morfemas. LR ocorre no nível de construções individuais. Nesta seção, expomos as questões centrais com relação à direcionalidade na criação de construções lexicais, e nas seções 4.5 e 4.6 examinamos, em maior detalhe, o desenvolvimento de construções esquemáticas, atômicas e lexicais.

4.4.1 Produtividade

A questão da produtividade no desenvolvimento de construções lexicais é possivelmente uma das maneiras mais claras em que a abordagem construcional adotada neste livro difere das abordagens tradicionais de lexicalização. Bauer e Huddleston (2002, p. 1.629) veem a lexicalização sincrônica como o 'oposto' da produtividade porque consideram palavras lexicalizadas como formas congeladas que já foram analisáveis, porém não o são mais. Nossa abordagem construcional focaliza a mudança não sincrônica e reconhece que algumas microconstruções lexicais novas podem ser agrupadas em esquemas (cf. próxima seção) e podem ser o resultado de novos esquemas produtivos em diferentes graus.

Considere, primeiramente, o caso da composição e a criação de novas construções lexicais nominais (referenciais). Compostos endocêntricos são organizados em termos de uma rede de herança *default*. Por exemplo, uma *linguistics | society/* 'sociedade linguística' é um tipo de sociedade; uma *student | linguistics | society* 'sociedade linguística de estudante' é um tipo de sociedade linguística, um *black | board* 'quadro-negro' é um tipo de quadro, um *bullet | hole* 'buraco de bala' é um tipo de buraco, uma *rattle | snake* 'cascavel' é um tipo de cobra, e assim por diante (cf. seção 4.2 acima)[11]. Em

---

11. A ortografia inglesa é notoriamente inconsistente com respeito a tratar compostos como palavras separadas, hifenadas ou únicas. As diferenças podem refletir duração de uso, prescritivismo ou outros fatores, mas independem de pareamentos de forma-significado.

cada caso, o elemento modificador acrescenta maior especificação em relação ao *determinatum*, mas as propriedades gerais são herdadas do conceito mais geral para baixo.

Esse não é o caso com compostos exocêntricos: *dread|nought* não é um tipo de nada ou de medo, mas um tipo de couraçado, e big|head ('pessoa convencida') não é nem uma cabeça, nem grande. As idiossincrasias associadas aos esquemas exocêntricos (o esquema, não as várias instâncias) significam que os esquemas, no inglês atual, não são produtivos no mesmo grau que os esquemas de composição endocêntrica. Pode haver, portanto, diferença considerável em grau de produtividade, dependendo da organização interna do esquema.

Quanto aos afixoides, como *-able*, *-dom*, em um modelo construcional, assim como os esquemas de composição discutidos acima, estes também formam esquemas com um radical. Conforme será mostrado nas seções 4.5 e 4.6, consideramos a noção de esquema morfológico (BOOIJ, 2010; 2013) decisiva para a compreensão do desenvolvimento das construções lexicais complexas e atômicas. Os esquemas nos permitem rastrear o desenvolvimento de uma forma livre para um *determinatum* em um composto, para um afixoide, para um afixo e além.

4.4.2 Esquematicidade

Esquemas podem crescer ou se contrair na construcionalização lexical. Em alguns casos, um novo (sub)esquema de formação de palavras pode surgir como resultado de construcionalização lexical – aqui a esquematicidade aumentou e *slots* desenvolveram-se. Por outro lado, quando um (sub)esquema existente de formação de palavras se torna improdutivo, isolando instâncias particulares, muitas das quais podem cair em desuso, mudanças formais (tais como fusão e coalescência) podem ocorrer. Um exemplo disso é o desenvolvimento, no inglês moderno, de formas tais como *buxom*/curvilínea e *lissome*/esguia, as quais tornaram-se isoladas a partir do esquema menos produtivo [[X-some] ↔ ['caracterizado por X']], e passaram por mudança semântica (*buxom* não é mais associado a curvas (cf. inglês antigo *bugan*)).

No caso de desenvolvimento de um esquema, o esquema de formação de palavras serve como um atrativo para a produção de novas construções de conteúdo e a expansão ocorre. Um exemplo é o desenvolvimento do sufixo .*gate* para se referir a alguma espécie de escândalo (BOOIJ, 2010, p. 90)[12]. A microconstrução original era *Watergate*, e Booij sugere que neologismos iniciais podem ter se baseado nessa forma por analogia. O OED (*gate*, 9. forma comb.) registra formas como *Volgagate*, *Dallasgate* e *Koreagate*, todas se referindo a um escândalo, por volta de 1973. Booij (2010, p. 90) sugere que o estabelecimento de um conjunto de formas relacionadas pode levar o usuário da língua a produzir um (sub) esquema que sanciona mais construções novas. Esse novo esquema é um novo padrão de formação de palavras que serve como um modelo abstrato acima e além da analogização para exemplares particulares. Ele pode ser considerado um caso de construcionalização de um (sub)esquema.

Padrões são não apenas criados, eles também são eliminados ou perdem membros. Descolamento de um (sub)esquema pode resultar na neoanálise de forma e significado. Por exemplo, muitos compostos são formados com um adjetivo como o determinante e um substantivo como o determinado (p. ex., *blackboard* e *bighead*). Um desses adjetivos que tem sido usado como determinante em compostos é *holy*/santo. Em muitos casos, tais compostos são relativamente transparentes, embora convencionais (p. ex., *holy* | *water* 'água-benta'); em outros casos, porém, o esquema não se aplica mais, e as instâncias particulares não são tratadas como compostos, e sim como monomorfemas (p. ex., *halibut* < *halig* | *butte* 'holy | flatfish/alabote'; *holiday* < *halig* | *dæg* 'holy | day/feriado'). Nesses casos, uma segunda construcionalização ocorreu, em que tanto a forma quanto o significado mudam como resultado de LR, conforme será discutido na seção 4.6.

---

12. Em 1972, a administração republicana de Nixon nos Estados Unidos tentou encobrir um arrombamento na sede do Comitê Democrático Nacional no complexo de escritórios de Watergate em Washington, D.C., conhecido como 'o escândalo de Watergate'.

4.4.3 Composicionalidade

O desenvolvimento de esquemas lexicais está estreitamente relacionado não apenas a produtividade e esquematicidade, mas também a composicionalidade. Questões sobre a composicionalidade de cadeias aparentemente sintáticas foram um grande estímulo para o trabalho com construções, remontando aos anos de 1980 (FILLMORE; KAY & O'CONNOR, 1998). Conforme Nunberg, Sag e Wasow (1994) mostraram, certas expressões idiomáticas são não composicionais quanto à distribuição do significado do todo através do significado das partes. Algumas dessas expressões idiomáticas têm uma função procedural (p. ex., *in fact*/de fato, *indeed*/certamente)'; algumas têm semântica de conteúdo (p. ex., *kith and kin*/amigos e parentes (FILLMORE; KAY & O'CONNOR, 1998)). Assim como no trabalho em linguística cognitiva em geral, Taylor sugere que:

> composicionalidade rígida é raramente encontrada, se o for. A maioria das expressões (estou tentado a dizer: *todas* as expressões), quando interpretadas no contexto em que são enunciadas, são não composicionais em algum grau (TAYLOR, 2002, p. 550, ênfase do original).

A existência de uma gradiência é demonstrável considerando-se instâncias do mesmo subesquema. Por exemplo, *spring* | *water* significa 'água de uma fonte', mas *toilet* | *water* pode significar 'líquido perfumado', não 'água de um sanitário'. Problemas de herança e *overrides* (cf. 4.2, acima) entram em jogo aqui. O significado convencional do subesquema [[X | water] ↔ ['água em ou de X']], como em *bath* | *water* 'água de banho', *tap* | *water* 'água da torneira' e *spring* | *water* 'água da fonte', é anulado em casos particulares como *toilet* | *water* 'perfume' e *tonic* | *water* 'bebida gaseificada aromatizada com quinino'. Um caso interessante de graus de composicionalidade é fornecido por [partes de X] e [X-partes]. Tanto *parts of the body*/partes do corpo como *body* | *parts*/membros do corpo existem, mas não significam a mesma coisa. *Parts of the body* é composicional e se refere a entidades que podem ser encontradas por policiais em frigoríficos, depósitos de lixo e matas. Podem ou não ser *body* | *parts*. *Body* | *parts* são nomes de muitas partes do corpo (p. ex., *pernas, braços, cabeça*), mas não todos (p. ex., *cabelo*), quando concebidos como parte de um corpo inteiro. Todavia, algumas partes do corpo que se pode nomear não são (geralmente) mencionadas como *body | parts* (p. ex., *under | arm* 'axila') (ZWICKY, 2012). *Body | parts/* membros do corpo é, portanto, menos composicional do que *parts of the body*/partes do corpo. Uma situação diferente ocorre no caso de *parts of speech*/partes do discurso. Esse é um sintagma com a estrutura [*parts of* X], mas com um significado consideravelmente menos composicional do que *parts of the body*, já que o discurso não é obviamente dividido em, por exemplo, substantivos, verbos, adjetivos. Nesse caso, não há **speech | parts* equivalente[13]. A assimetria entre os dois exemplos aqui pode ter, em parte, surgido porque *parts of speech* é um termo metalinguístico usado e fixado principalmente entre usuários da língua interessados em gramáticas e pesquisa linguística. *Speech | parts* usado em referência a expressões que pertencem a certas categorias gramaticais parece cômico porque assume que o referente é familiar e bem conhecido. A marca *SpeechParts* para programas educacionais que apresentam instrução em literatura e língua presumivelmente vale-se dessa implicatura de familiaridade e reconhecimento.

Consistente com outros aspectos da mudança construcional defendida neste livro, propomos que a gradiência sincrônica da composicionalidade é uma consequência da gradualidade no desenvolvimento de novos esquemas e microconstruções, muito embora as próprias micromudanças sejam discretas.

Há alguns casos de construcionalização lexical nos quais a composicionalidade diminui inequivocamente. São casos em que a microconstrução *simplex*/atômica é criada como resultado de uma série de neoanálises, de modo que o novo nó não é mais associado ao esquema complexo. Isso é discutido detalhadamente na seção 4.6 abaixo; aqui simplesmente observamos que enquanto um composto como *gar | leac*, 'spear | leek' do inglês antigo,

---

13. Agradecemos Francesca Masini por esse exemplo.

pode ser, pelo menos parcialmente, motivado no sentido de Saussure (1959 [1916]) em virtude de estar associado ao subesquema [[X | *leac*] ↔ ['alho com características associadas a X']], tal motivação não existe para *garlic/* alho. Para falantes contemporâneos da língua, *garlic*, como *paper*/papel e *dog*/cão, deve ser aprendido como uma unidade não composicional. Sugerimos que, quando a construcionalização lexical pode ser conceitualizada como LR, a composicionalidade diminui.

A questão da composicionalidade também é relevante em casos de criação instantânea de nó-tipo, como formações de palavra com conversões, por exemplo, *to window* (recorrendo a um esquema que 'converte' um substantivo em um verbo ou um verbo em um substantivo etc.; cf. seção 4.8). Conforme Clark e Clark (1979) observaram, no caso de conversões, a existência de um esquema (com um significado convencional, apesar de geral) é insuficiente para fornecer o significado da recém-criada microconstrução. Assim, o verbo *dust* pode significar 'remover poeira' (*he dusted the bookshelf*/ele espanou a estante) ou 'adicionar algo parecido com pó' (*he dusted the birthday cake*/ele polvilhou o bolo de aniversário, *she dusted for fingerprints*/ela colocou o pó para obter impressões digitais); o verbo *google* significa 'buscar alguma coisa na *internet*, tipicamente, embora não necessariamente, via Google:

(4) This cartoon was one of the first hits when I **Googled** 'hegemony' on Yahoo.
   Esse desenho animado foi um dos primeiros acessos quando eu googleei 'hegemonia' no Yahoo.
   [Disponível em http://bcbrooks.blogspot.co.uk/2010_10_01archive.html – Acesso em 20/11/2012.]

Por outro lado, o verbo *facebook* significa 'contactar alguém via facebook'. Novas microconstruções como essas são de conteúdo e denotam processos de evento. Assim, elas são microconstruções lexicais. Mas qualquer significado composicional que possamos inferir em casos como esses deriva das estruturas das quais ele herda.

Nas próximas duas seções, mostramos como (sub)esquemas lexicais podem surgir, especificamente as estratégias de formação de palavras para a criação de nominais abstratos (4.5). Isso é um exemplo de como a formação de palavras derivacional pode ser vista como construcionalização e expansão construcional. Em seguida, mostramos como construções lexicais atômicas podem surgir de formação de palavras derivacionais e compostos (4.6). Muitas dessas também são construcionalizações, mas, diferente do primeiro conjunto de mudanças, elas envolvem perda. A emergência de construções lexicais atômicas a partir de construções complexas é tradicionalmente conhecido como lexicalização.

4.5 O DESENVOLVIMENTO DE (SUB)ESQUEMAS LEXICAIS

Aqui, consideramos a emergência de subesquemas de compostos e seu desenvolvimento subsequente. Dado que um esquema geral para a composição tem sido atestado desde a época dos primeiros documentos em inglês, não discutiremos o desenvolvimento da composição.

Na poesia do inglês antigo, encontram-se compostos substantivo-substantivo de vários graus de composicionalidade. Todos diferem do uso sintagmal porque não há caso morfológico que mostre a relação entre os dois substantivos, e geralmente eles parecem ter um significado mais restrito do que o sintagma mais livre, embora isso seja mais difícil de avaliar. Há vários exemplos de compostos no *Cædmon's Hymn*, um poema aparentemente composto no fim do século VII e citado por Bede em seu *Ecclesiastical History* (datado de 731). Bede traduziu o poema para o latim, mas há várias versões manuscritas em inglês antigo. Entre os compostos estão: *heofon | ric* '*heaven | kingdom, heavenly kingdom*' (reino do céu, reino celestial), *wuldor | fæder* '*glory | father, God*' (pai da glória, Deus), *monn | cynn* '*man | kin, mankind*' (parente do homem, humanidade). Em cada caso, o primeiro N na versão sintagmal teria sido marcado pelo caso genitivo em um sintagma (*heofen.es rice, wuldr.es fæder, monn.es cynn*), assim, sabemos que *heofonric, wuldorfæder* e *monncynn* são formalmente compostos; eles também parecem ter um significado mais particularizado. Em alguns casos, tanto o sintagma quanto um composto podem aparecer no mesmo texto. Por exemplo, Broz (2011, p. 116) cita *eorl.a gestreon* 'earls.GEN *treasure*' (condes.GEN tesouro) e *eorl│gestreon* 'earl│treasure' em *Beowulf*, linhas 3.163 e 24.244, respectivamente. Esses compostos nominais são endocêntricos e, em cada caso, N_1 especifica N_2. São construções baseadas em um esquema do tipo em (5), em que R significa 'relação' (com base em BOOIJ, 2010, p. 17)[14]:

(5) $[[[N]_{Nk} [N]_i]_{Nj} \leftrightarrow [[SEM_i$ com tipo-R para $SEM_k]_{ENTIDADE}]_j]$

Em outros compostos, o significado pode ser totalmente não composicional e figurado (tais compostos são conhecidos como '*kennings*'[15])[16]. Exemplos bem conhecidos de *Beowulf* são *ban│hus* 'bone│house, body' (osso│casa, corpo) (linha 2.508), *guð│wine* 'war│friend, sword' (guerra│amigo, espada) (linha 1.810), *woruld│candel* 'world│lantern, sun' (mundo│lanterna, sol) (linha 1.965). Muitos dos exemplos são *hapax legomena*. Como esses compostos eram convencionalizados, eles ilustram construcionalização de microconstruções.

Podemos concluir que, nesses casos, havia um esquema muito geral de composição NN sem subesquemas claramente identificáveis que consistiam de várias construções-tipo relacionadas. Contudo, em outros casos podemos observar o surgimento de subesquemas a partir de microconstruções compostas: o segundo substantivo torna-se o hospedeiro para um conjunto produtivo de radicais. O que possibilita essa mudança de uma microconstrução composta individual, por exemplo *martyr│dom* 'martírio', para um (sub)esquema produtivo é um aumento na frequência de tipo

---

14. Deve ser lido como: um composto formal $N_k + N_i$ (onde k, i são indexados ao significado) é associado à semântica SEM_i de N_i ao qual a SEM_k de N_k está relacionada.

15. *Kennings* combinam duas palavras para criar um mundo alternativo sugestivo e imaginário [N.T.].

16. Broz (2011) analisa *kennings* em termos da abordagem de Geeraerts (2002) a aspectos sintagmáticos e paradigmáticos de forma e significado em compostos e expressões idiomáticas.

correlacionado a generalização semântica (TRIPS, 2009, p. 245) e afixação. Uma vez que um (sub)esquema complexo forma$_{nova}$-significado$_{novo}$ surgiu por meio de uma série de mudanças, isso é construcionalização lexical no nível esquemático. A história posterior do elemento fixado (anteriormente o segundo substantivo, p. ex., *dom* 'julgamento, condição', *had* 'posição, condição') em tais subesquemas varia de relativamente alta produtividade com relação ao radical (p. ex., *-hood*) a obsolescência. Algumas vezes há retenção do item lexical original: por exemplo, *doom* ainda é uma palavra independente em inglês, com um significado mais restrito do que em épocas anteriores ('bad fate'/destino ruim, em vez de 'judgment'/julgamento). Em outros casos, não há retenção: por exemplo, no inglês antigo *had* 'condição' não sobreviveu como um item lexical independente[17].

HOOD e DOM vieram a ser usados produtivamente a ponto de serem considerados formações de palavras derivacionais afixoidais no inglês médio, os quais retêm um pouco do seu significado. Lembre-se que afixoides

> tornaram-se semelhantes a afixos por terem um significado especializado quando incorporados a compostos. Eles ainda não são afixos porque correspondem a lexemas, isto é, formas não presas, mas seu significado difere daquele que eles têm quando usados como lexemas independentes (BOOIJ, 2010, p. 57).

A mudança de significado é mínima, e uma vez que o grau de ligação não parece mudar, consideramos a afixoidização como uma mudança construcional lexical pós-construcionalização no nível microconstrucional. No entanto, quando um novo (sub)esquema de formação de palavras surge, ativado pela generalização do significado, há construcionalização no nível do esquema.

Em que momento exatamente um elemento particular em uma microconstrução composta torna-se um afixoide e em que momento um afixoide torna-se um sufixo é frequentemente discutível. Por exemplo, ao escrever sobre formas derivacionais do inglês antigo, Kastovsky (1992, p. 386-387)

---

17. 'Hood' é uma *redução* de *neighborhood* com o afixo *.hood*.

chama a atenção para argumentos sobre se o substantivo *had* 'estado, posição, condição' do inglês antigo forma um composto ou um sufixo. Neste capítulo, não tentamos identificar pontos exatos em que as mudanças ocorreram – isso seria impossível dada a escassez de dados. Os dados e a explicação diacrônica dos dados nesta seção generalizam a partir de detalhes e recorrem fortemente a Haselow (2011) para o inglês antigo e o primeiro período do inglês médio, e a Dalton-Puffer (1996) para todo o inglês médio. Detalhes de proporções de tipos para ocorrências nos bancos de dados que eles usaram são fornecidos por ambos os autores[18]. Reformulamos aspectos da discussão na literatura em termos construcionais. Nesses termos, evidência para a construcionalização de um (sub)esquema é fornecida pela comprovação de aumentos significativos em construções-tipo.

4.5.1 *DOM* no inglês antigo

Nosso primeiro exemplo diz respeito ao uso da microconstrução lexical do inglês antigo [[*dom*] ↔ ['destino, julgamento, autoridade para julgar']] em compostos e sua história posterior. Conforme Haselow (2011) observa, a história de *DOM* no inglês é complexa. Sua complexidade ilustra muito bem as propriedades gradientes de construções em estágios sincrônicos particulares, a natureza gradual do desenvolvimento de novos padrões e o fato de que a construcionalização pode ocorrer nos níveis das microconstruções e dos esquemas.

Historicamente um substantivo com uma vogal longa, mesmo no período do inglês antigo *dom* regularmente ocorria como o elemento à direita (*determinatum*) de um composto, e

> progressivamente mudou seu *status* para o de um sufixo, adotando um significado mais abstrato, categórico e passando por redução fonológica. É, portanto,

---

18. Um recurso adicional importante é Trips (2009), que lamentavelmente chegou a nosso conhecimento tarde demais para ser incorporado completamente. O estudo de Trips abrange o inglês moderno assim como períodos anteriores.

difícil determinar um ponto de corte que separe formações com *dom* que são compostas daquelas que são genuinamente derivadas (HASELOW, 2011, p. 112).

Os exemplos seguintes ilustram *dom* usado como um substantivo (6a) e como um *determinatum* em um composto (6b):

(6) a. for ðam ðe   hit is Godes   ***dom***
       for that that it is God.GEN law.NOM
       'porque é a lei de Deus.'
       (Deut (C1000 inglês antigo Heptateuch) B 8. 1.4.5 [DOEC].)
    b. for ðan þe he æfter cristes   þrowunge ærest ***martyr | dom***
       for that that he after Christ.GEN suffering first martyr | dom
       geðrowade
       suffered
       'porque ele foi o primeiro a sofrer martírio depois do sofrimento de Cristo.' (C1000 *ÆCHom* I.3 [DOEC].)

Há, claramente, uma relação de dependência entre X e DOM nesses exemplos. Em (6a), a relação é sintática (cf. *.es* genitivo) e em (6b), é uma dependência determinante-*determinatum* de formação de palavras (não há caso). Entretanto, em um exemplo como (7), não é possível dizer qual o *status* de DOM já que *freo* não teria caso explícito em um sintagma aqui; não obstante, parece plausível que haja uma relação de dependência também.

(7) Ðæt is se ***freodom***   ðætte mon   mot   don   ðæt
    that is the freedom.NOM   that   man.NOM may.3S do.INF that
    he wile.
    he want.3Pres
    'Isso é liberdade, que um homem possa fazer como ele queira' (c890 *Boethius* B.9.3.2 [DOEC].)

Postulamos que cada nova microconstrução composta com DOM deve ser considerada uma construcionalização. Embora tenhamos pouco acesso à fonologia, dada sua história posterior, é provável que alotrópicos fonológicos[19] tenham surgido entre uma forma independente com uma vogal (longa) acentuada, a origem de *doom* do inglês moderno, e uma vogal menos acentuada a qual, no período do inglês médio, foi reduzida a *schwa*, a origem de *.dom* do inglês moderno. Podemos notar que o desenvolvimento final de *Christendom*[20]e *freedom* são exemplos do que Lehmann (2002) presumivelmente chamaria de lexicalização, mas eles não exibem 'obliteração de fronteiras', já que *.dom* e os radicais ainda são analisáveis.

Como os exemplos mostram, o primeiro elemento de um composto com DOM do inglês antigo podia ser ou um adjetivo (*freodom*) ou um substantivo (*martyrdom*). Dietz (2007) sugere que as funções 'parecidas com sufixo' (o que chamamos 'parecidas com afixoides') de -*dom* são atestadas com adjetivos por volta do ano 900, e uns cinquenta anos depois com substantivos denotando atributos de pessoas, por exemplo, *martyr-dom* 'martírio', *þeow-dom* servidão'. Ele nota que cerca de duas mil ocorrências do substantivo *dom* aparecem no inglês antigo, e cerca de cinquenta tipos com -*dom* 'afixal' (nosso 'afixoidal'). Desses, *wis-dom* é o mais frequente (mais de novecentas ocorrências). Em um *corpus* do inglês antigo mais restrito, Haselow (2011, p. 154) encontrou vinte e dois tipos. Comparados aos duzentos e vinte tipos com o afixo *.ness* 'qualidade de' que ele encontrou no mesmo *corpus* (p. 161), Haselow considera esse resultado como baixa frequência de tipo e conclui que um esquema com DOM não estava especialmente bem fixado. Ao contrário, a alta frequência de ocorrência está relacionada a microconstruções individuais como *wisdom* 'sabedoria', *cristedom* 'cristianismo' e *martyrdom* 'martírio': 'a ocorrência de -*dom* como o segundo elemento em compostos estava restrita a um pequeno número de formações altamente frequentes' (HASELOW, 2011, p. 152).

---

19. Alotrópicos fonológicos são formas diferentes que se originam a partir de uma mesma unidade [N.T.].

20. *Christendom* é agora compreendido como um termo geopolítico; no inglês antigo, referia-se principalmente ao cristianismo, ou seja, a uma crença. A mudança é uma mudança construcional semântica.

Embora o substantivo *dom* no inglês antigo tenha um leque de significados, incluindo, mas não limitado a, 'destino', 'dignidade', 'poder' e 'escolha', o significado central em termos do desenvolvimento do esquema afixoidal (e posteriormente o afixo) é 'estado' ou 'condição', como em (8):

(8) Hi   on dryhtlicestum   ***dome***   lifdon.
     they in lord-like.SUPER.DAT condition.DAT lived
     'Eles viveram em uma condição mais senhorial.'
     (*Seafarer* 85 [DOEC & HASELOW, 2011, p. 75].)

Aqui, é relevante que o significado mais geral é aquele que é central para a afixoidização e para o desenvolvimento do esquema de formação de palavras. Compare (8), em que *dome* significa 'condição', com (6a), em que significa 'lei'.

Essa expansão distribucional é típica de desenvolvimentos graduais. Membros desse subconjunto têm morfologia afixoidal [X-*dom*] e o significado é restrito (a 'condição', com nominais, e a 'qualidade', com adjetivos; cf. DALTON-PUFFER, 1996, p. 77). Generalizando sobre mudanças graduais e limitando-nos a construções nominais, sugerimos que, em torno do fim do século X, surgiu um subesquema afixoidal de construção composta, como em (9):

(9) $[[[X]_{Nk} [\text{-dom}]_i]_{Nj} \leftrightarrow [[\text{condição}_i \text{ com relação R para SEM}_k]\text{ENTIDADE}]_j]$

Note que o desenvolvimento de um padrão esquemático com o afixoide -*dom* é considerado uma construcionalização no nível esquemático resultante da generalização, pelos falantes, sobre microconstruções individuais e da abdução de um padrão[21].

Conforme mencionado em 4.3.3, Haselow e Booij sugeriram que o desenvolvimento de DOM é um caso de gramaticalização. Contudo, parece não

---

21. 'Abdução' refere-se à inferência lógica a partir da interpretação de dados para uma hipótese que explica os dados. Foi introduzida da lógica para a linguística histórica por Andersen (1973).

haver desenvolvimento de qualquer função procedural ou dêitica; ao contrário, vemos a criação de semântica abstrata, mas de conteúdo, associada a construções referenciais, apesar de abstratas. Crucialmente, a construção resultante – o esquema lexical – é precisamente este, um esquema que sanciona construções referenciais novas, e não construções procedurais novas.

Na história posterior de DOM, observamos padrões adicionais que são consistentes com mudanças construcionais pós-construcionalização, nesse caso, a reorganização dos esquemas à medida que -*dom* tornou-se semanticamente generalizado e fonologicamente reduzido, dando surgimento, por fim, ao afixo .*dom*. O estatuto afixal de .*dom* possibilitou que o esquema fosse reorganizado e associado a esquemas derivacionais nominais. Na história posterior de DOM, houve também perda de membros do esquema. Dalton-Puffer encontra um pequeno

> leque de expressões relativamente fixas em uso frequente sem muita produtividade espontânea em qualquer outra parte ... Tanto para formações denominais quanto de adjetivais o quadro é de estagnação e eventual declínio (DALTON--PUFFER, 1996, p. 76).

Isso é redução da classe hospedeira e obsolescência, ambas mudanças construcionais (cf. 4.6). Parte da razão para essa redução da classe hospedeira, conforme veremos em 4.5.3, é provavelmente o conjunto relativamente grande de escolhas em uma parte vizinha da rede com outras expressões que estavam se desenvolvendo como afixoides e sufixos que também tinham um significado similar a 'estado ou condição'. Por exemplo, Haselow (2011, p. 152) diz que, no inglês antigo, radicais com -*dom* frequentemente tinham 'formas paralelas' ou variantes com HAD, SCIPE e NESS, geralmente com pequenas diferenças de significado[22]. Uma exceção é *woh*|*dom*

---

22. .*ness* não é etimologicamente um substantivo e parece ter sido um afixo do inglês antigo em diante. O tipo de variação postulada nesse período entre elementos que são afixoides (-*dom*) ou afixos (.*ness*) sugere que os falantes podem ter tido pouca consciência das distinções finas feitas aqui entre afixoidização e afixação.

'avaliação errada' ~ *woh.ness* 'perfídia'. Além disso, seu poder gerativo fraco (a baixa frequência de tipo que Haselow observa (p. 154) durante todo o período) pode ter contribuído para que a frequência de tipo permanecesse constante nos subperíodos do inglês antigo e médio.

4.5.2 *RÆDEN* no inglês antigo

Havia duas outras microconstruções no inglês antigo com o significado 'condição', como *dom: scipe* e *ræden*. SCIPE (originalmente um substantivo significando 'condição, estado, função', mas aparecendo apenas como um afixoide/sufixo no inglês antigo, cf. OED e BOSWORTH-TOLLER) era mais estável como uma parte produtiva de um padrão de formação de palavras do que DOM ou RÆDEN. Embora Haselow (2011, p. 166) considere SCIPE um sufixo em palavras como *freondscipe* 'amizade', nós a consideramos um afixoide. A forma atende o critério de Booij para *status* afixoidal porque há um verbo lexical cognato correspondente *scyppan* 'criar' (cf. *schaffen* 'moldar, criar' no alemão). O esquema ocorre com um punhado de bases adjetivais, mas prototipicamente é nominal, como em (10):

(10) $[[[X]_{Nk} [\text{-scipe}]_i]_{Nj} \leftrightarrow [[\text{condição}_i \text{ com relação R para SEM}_k] \text{ ENTIDADE}]_j]$

Por contraste, *RÆDEN* não era um afixoide no inglês antigo, mas sim formava compostos que se referiam à esfera judicial ou a relações sociais particulares. Exemplos fornecidos por Haselow (2011, p. 165) para a esfera judicial incluem *burh | ræden* 'civil | right'/civil | direito e *mann | ræden* 'man | contract, service'/homem | contrato, serviço, e para relações sociais *feond | ræden* 'inimizade', *freond | ræden* 'amizade'.

Como um item lexical independente, *ræden* é muito raro, usado principalmente como uma glosa para *conditio*/condição do latim, embora alguns outros exemplos sejam atestados, como em (11):

(11) hæfdon ... sume mid aþum gefæstnod, þæt hi   on hyre
     had ...   some with oaths secured,   that they in their
     rædenne beon woldon.
     service be   would
     'tinha feito alguns jurarem que eles estariam a serviço deles' (918 *Chron C*
     [DOEC]).

Mais crítico para essa discussão, a existência de formas derivadas, como
un.ræden 'ação mal-aconselhada' e *sam.ræden* 'vivendo harmoniosamente
juntos', confirma a existência de um item lexical independente, já que sufixos não podem ser a base para derivação (DIETZ, 2007, p. 142).

Assim, no período do inglês antigo, existia uma forma independente *ræden* com um leque de significados, tais como 'condição, estimativa, regra'
(HASELOW, 2011, p. 164), e um *determinatum* em um composto. Quando
microconstruções compostas com |*ræden* se desenvolveram, essas foram
construcionalizações: ainda há composicionalidade semântica, mas um
grau de convencionalidade é associado ao uso do esquema para se referir a
questões judiciais. Dietz (2007, p. 143, 146) sugere que o desenvolvimento
de compostos com radicais que se referem a relações sociais pode ter sido o
ponto de entrada para 'sufixação', com generalização posterior do significado. Provavelmente, esse foi um breve estágio de afixoidização que permitiu
a construcionalização de um subesquema da construção composta, uma vez
que todo o composto é abstrato. O novo esquema é representado em (12):

(12) $[[[X]_{Nk} [-ræden]_i]_{Nj} \leftrightarrow [[condição_i \text{ com relação R para } SEM_k] ENTIDADE]_j]$

Os novos afixoides derivacionais sancionados pelo esquema em (12)
têm fortes sobreposições funcionais com *-scipe* e *.ness*. Este último é exemplificado em:

(13) Do eac swa se   cristena   mann beo him   unscæðþig &
     do also as   the Christian man be he.DAT unharming and
     bylewite &   lufige an.nysse &   *broðor-rædene*
     humble and love   oneness and brotherhood

'Faça também como o homem cristão, seja inofensivo para ele, e humilde e unido no amor e fraternidade.'
(c1000 *ÆCHom* I.xi. [DOEC][23].)

Nesse ponto, temos expansão da classe hospedeira, mas a produtividade do esquema é fraca, possivelmente por causa do número de outros esquemas na rede com significado semelhante, conforme discutido na próxima seção. De fato, no inglês médio *-rede* (< *-ræden*) é extremamente limitado (DALTON-PUFFER (1996) encontrou apenas quatro tipos nos dados de Helsinki). A obsolescência de (12) como um esquema de formação de palavras isolou microconstruções particulares, e no inglês atual há agora somente duas relíquias: *kindred*/parentesco e *hatred*/ódio.

A discussão sobre o uso de *-dom* e *-ræden* como afixoides focalizou o desenvolvimento de esquemas lexicais. Nos casos discutidos, propusemos que:

(a) Construtos inicialmente compostos são convencionalizados e construcionalizados como tipos de microconstruções (p. ex., *freodom*/liberdade, *martyrdom*/martírio, *freondræden*/amizade).

(b) Gradualmente, o segundo elemento do composto pode se tornar um afixoide com significado desbotado e abstrato; e surge um modelo abduzido por generalização sobre tipos de microconstruções. Isso é construcionalização de um subesquema, que é seguida por acréscimo produtivo de compostos ao subesquema.

Conforme mostramos na seção 4.6, microconstruções afixodais sancionadas por um subesquema podem ser reduzidas a microconstruções atômicas; isso é uma mudança construcional formal. Além disso, como argumentamos em 4.8, as microconstruções específicas que são sancionadas pelo surgimento de esquemas, tais como o esquema de afixoidização e os subesquemas *-dom* e *-ræden*, ocorrem instantaneamente assim que um (sub)esquema emerge, p. ex., ADJ *wis*/sábio + *dom* foi presumivelmente

---

23. DOEC registra vários marcadores prosódicos nessa passagem. Eles foram suprimidos para evitar confusão com a notação morfológica.

criado instantaneamente como um N pleno, do mesmo modo que *blog* + *er* recentemente tornou-se um N que se refere a alguém que tem um *blog*, instantaneamente, sem mudanças graduais. Contudo, os próprios (sub)esquemas surgem gradualmente.

Na próxima seção, mostramos como modelos com os afixoides *-dom* e *-ræden*, que sancionam formação de palavras de nominais com o significado abstrato 'condição', eram apenas parte de um conjunto de esquemas com significado similar. A riqueza de escolhas pode ter resultado em mudanças na produtividade dos subesquemas.

4.5.3 Escolhas entre afixoides nominais no inglês antigo e médio

Conforme amplamente discutido por Dalton-Puffer (1996), Trips (2009) e, até certo ponto, por Haselow (2011), as histórias de afixos derivacionais não podem ser entendidas por si mesmas. No inglês antigo, *-dom* era apenas um de um conjunto maior de afixoides derivacionais nominais abstratos. Outros eram *-scipe*, *-had* e *-lac*. Havia também sufixos sem origem lexical, tais como *.ness*, *.th* e *.ung*. No inglês médio, havia, também, *-rede* (< *-ræden*) e empréstimos do francês. Dalton-Puffer discute, entre outros, *.(a)cioun*, *.acy*, *.age*, *.aunce*, *.erie*, *.ite*, *.ment*, todos eles usados com diferentes graus de produtividade e com diferentes bases para formar substantivos abstratos, por exemplo, *devotion*/devoção, *conspiracy*/conspiração, *marriage*/casamento, *vengeance*/vingança, *robbery*/roubo, *curiosity*/curiosidade e *commencement*/começo (em sua grafia moderna), respectivamente.

As principais escolhas[24] no inglês médio entre afixoides nominais abstratos parecem ter sido entre *-dom*, *-rede*, *-ship* (< *-scipe*) e *-had* (*-hede* no inglês médio). Todos eram originalmente substantivos relacionais (TRIPS, 2009, p. 201) referindo-se a função, posição, estado ou condição da base

---

24. Preferimos o termo *escolha* ao termo mais usado *competição*, com base no fato de que *escolha* é um conceito baseado no uso, ao passo que *competição* sugere que as construções têm vida própria, independente dos falantes.

X. Ao longo do tempo, eles ficaram restritos a bases nominais 'que predominantemente denotavam pessoas' (p. 204), como *frend* 'amigo'. Esses afixoides tinham afinidades variáveis com bases adjetivais também. Dalton-Puffer (1996, p. 257-258) mostra que somente esses afixoides (e o empréstimo *-ite* '-ity', que não é discutido aqui já que tinha principalmente bases adjetivais) mapeavam em coletivos com o significado 'entidade denotando um estado ou uma condição, ser ou essência'. Considerando sua baixa frequência de tipo, *-rede* parece ter sido o primeiro a diminuir. A trajetória é típica: um subesquema com baixa frequência de tipo e baixa frequência de ocorrência é substituído por sufixos mais produtivos. Por exemplo, *brother-redde*, que já alternava com *-scipe* no inglês antigo, como em *broþor-ræden ~ broþor-scipe* 'fraternidade', foi substituído por *brother-hood*/fraternidade; *freond-ræden*, que alternava com *freond-scipe*, foi substituído por este (HASELOW, 2011, p. 165).

A origem de HEDE é discutível. Uma vez que *-hede* é preferido com adjetivos ao passo que *-had*, do inglês antigo, é preferido com substantivos, uma origem direta no substantivo *had* não é universalmente aceita. Entretanto, Dalton-Puffer (1996, p. 78) nota que, enquanto *.ness* ocorre com bases verbais no inglês médio inicial, ele é produtivo quase que exclusivamente com adjetivos por volta do inglês médio posterior. Ela conclui que *-hede* é, certamente, relacionado ao substantivo *had* 'grau, posição, condição, estado' (cf. *-heit* no alemão), posição por nós assumida. No inglês antigo, *-had* alternava com *-dom*, como em *cyne-had ~ cyne-dom* 'domínio, poder do rei'. No inglês médio, encontramos principalmente *-hede*, que aumentou em frequência de tipo ao longo do inglês médio, mas, por fim, foi substituído por *-hood* (*knyght-hede ~ knight-hood, man-hede ~ man-hood*). Apenas algumas formas com *-head* se conservaram. De acordo com o OED (*head*, sufixo *-head*), elas são 'por exemplo, *godhead*/divindade, *maidenhead*/virgindade (distintas de *godhood*/divindade, *maidenhood*/virgindade)'. Embora *-head* tenha caído em desuso, *-hood* tornou-se um afixo muito produtivo:

> Sendo um sufixo ativo, -*hood* pode ser afixado à vontade a quase qualquer pala-
> vra denotando pessoa ou coisa concreta e a muitos adjetivos para expressar con-
> dição ou estado, de modo que o número de derivados é indefinido. Formações
> criadas para uma dada ocasião são numerosas (OED *hood* 5).

SCIPE com bases pessoais significa 'estado, condição', como no inglês antigo *leodscipe* 'um povo, nação', *friendship*/amizade, *kinship*/parentesco. Dalton-Puffer (1996, p. 86-87) nota que esse sufixo permaneceu estável durante todo o inglês médio, e que as formações tendem a ser bastante transparentes (composicionais). Ele é frequentemente usado no inglês atual com designações respeitosas rotinizadas (*your ladyship*/sua senhoria, *Master of Artship*/Mestre das Artes), mas o único uso produtivo (como um afixo no inglês atual) é com bases que denotam um agente profissional (*penman.ship*/calígrafo, *stateman.ship*/estadista) (MARCHAND, 1969, p. 345-346). Como esses exemplos atestam, a base é geralmente complexa, com -*man*.

Quanto a DOM, caiu em frequência de tipo durante o inglês médio, mas ainda está ativo (como um afixo). Marchand (1969, p. 263) observa que ele era usado com 'um caráter pejorativo pronunciado' a partir de 1800. Exemplos incluem *bumble.dom*[25], *gungster.dom*/gangsterismo e *official.dom*/oficialismo. Isso é confirmado por Trips (2009), que fornece evidência de que .*dom*, significando *reino de*, ainda é relativamente produtivo no inglês atual, e cita vários hapaxes do BCN (p. 119), muitos com bases pejorativas, por exemplo, *hack.dom, tramp.dom, slob.dom*[26]. Trips também observa uma tendência recente de combinar formas mais antigas com .*dom* com prefixos como *anti.*/contra, *post.*/pós, *quasi.*/quase, como em *semi.star.dom*/semiestrelato, *quasi.free.dom*/quase-liberdade.

Em suma, se consideramos apenas os quatro afixoides mencionados aqui, ignorando outros morfemas derivacionais disponíveis para formar N

---

25. Sem tradução em português. *Bumble* significa *mover-se desajeitadamente* [N.T.].

26. Sem tradução em português. *Hackdom* se relaciona a *hack*, que significa *invadir e modificar software e hardware de computadores*; *trampdom* é derivado de *tramp*/mendigo e *slobdom* está relacionado a *slob*/pessoa desleixada [N.T.].

abstratos, como *.ness*, assim como o desenvolvimento de Ns abstratos com bases adjetivais, obtemos o Quadro 4.2 de consistência de tipo[27].

Todos, exceto o primeiro, continuam a ser usados como afixos, com *.hood* agora dominante nesse conjunto. Dalton-Puffer (1996, p. 125) sugere que sua cossobrevivência pode ter sido sustentada por uma divisão parcial de trabalho semântico no inglês médio.

Quadro 4.2 Frequência relativa de quatro afixoides

	IA	IM	IMod
-rœden	raro	obs	----
-scipe	mtf	mtf	mtf
-dom	tf	mtf	mtf
-had	mtf	*-hede* mtf	*-hood* mtf

(14) SHIP: 'estatuto social de N'
   DOM: 'jurisdição de um N, território de um N'
   HEDE: 'qualidades abstratas ou internas que constituem um N'

Ao longo do tempo, essas restrições foram afrouxadas.

4.6 O DESENVOLVIMENTO DE CONSTRUÇÕES LEXICAIS ATÔMICAS

Nesta seção, discutimos exemplos particulares de novas construções lexicais atômicas que emergem de microconstruções complexas precedentes. Muitas delas são casos de construcionalizações lexicais no nível microconstrucional envolvendo mudança de significado e de forma (conforme vimos, a construcionalização pode repetir-se), mas umas poucas são mudanças construcionais envolvendo apenas redução de forma. Lembre-se que as construções atômicas são contrastadas com construções complexas já que

---

27. No Quadro 4.2. mtf significa 'tipo moderadamente frequente', tf, 'tipo frequente' e obs, 'obsolescente'.

as primeiras são não composicionais. Contudo, veremos que o desenvolvimento de construções lexicais atômicas é gradual e é sincronicamente gradiente de mais para menos composicional.

Os desenvolvimentos discutidos aqui são do tipo frequentemente citado em explicações tradicionais de lexicalização, em grande parte pelas seguintes razões:

(a) Uma relação de dependência que existia entre dois itens (a base e a derivação) é obliterada (cf. LEHMANN, 2002).

(b) Os dois elementos de uma construção, quer esquemática quer específica, são unidos, e a fronteira fonológica entre eles é apagada, o que leva à fusão de ambos.

(c) Há perda de sentido figurativo acessível.

(d) O resultado do processo é um todo não analisável que tem de ser aprendido independentemente pelo usuário da língua.

Discutimos alguns casos em que palavras que historicamente podem ter sido associadas a um esquema relativamente composicional, como (9) para -*dom* e (12) para -*ræden*, vêm a ser não composicional. Já mencionamos que, com a obsolescência de -*ræden*, somente duas formas etimologicamente originais sobreviveram no inglês atual: *kindred* e *hatred*. Atualmente, essas são microconstruções referenciais atômicas não composicionais, relíquias da perda do subesquema que as sancionou.

A disassociação de um subesquema é tipicamente gradual, no sentido de que um tipo após o outro deixa de ser usado ou é neoanalisado de modo que não mais se combina com *slots* parcialmente abertos do esquema. Dalton-Puffer (1996) aponta que, embora os esquemas denominais com -*dom*, -*hede* e -*scipe* discutidos na seção anterior permaneçam relativamente composicionais (e esquemáticos), alguns dos membros dos esquemas deadjetivais com os mesmos afixos derivacionais estão mais sujeitos à redução, particularmente *wisdom* (não *wisedom*) e *worship* (< worth 'worth$_A$ + -*scipe*). Estes se separaram de seus esquemas, talvez devido ao seu uso frequente.

Em alguns casos, a gradualidade da disassociação histórica de um esquema se reflete na gradiência do inglês atual. Ilustramos isso com o desenvolvimento do sufixo *.lian* do inglês antigo para *.le* na fase inicial do inglês moderno. Em alguns casos, uma base verbal veio a ser usada com *.le* depois do período do inglês antigo (p. ex., *crump*/amassar, *wrig*/contorcer-se), em alguns casos um sufixo foi neoanalisado como parte do radical (acompanhado de mudança no significado) e a relação dentro do esquema se perdeu. Os exemplos em (15) ilustram um gradiente atual de um esquema anteriormente parcialmente composicional (indicado pela estrutura morfológica do inglês antigo *hand.lian*) para microconstruções contemporâneas atômicas e menos composicionais (*nestle*/aninhar, *dazzle*/deslumbrar).

(15) Inglês antigo *hand.lian* 'tocar com as mãos' > *handle*/manusear
      Inglês antigo *twinc.lian* 'brilhar repetidamente com luz intermitente'
      (cf. Inglês antigo **twinc-* 'piscar') > *twinkle*/cintilar
      Inglês moderno anterior **wrig* 'torcer' > *wriggle*/contorcer-se
      Inglês antigo *wræst.lian* 'lutar (repetidamente) para dominar' (cf. inglês
      antigo *wræsttan* 'torcer' > inglês moderno *wrest*/obter) > *wrestle*/lutar
      Inglês moderno anterior *fond.le* 'tratar com afeição' > *fondle*/acariciar
      Inglês moderno **crump* 'enrolar em espiral, esmagar' > *crumple*/amassar
      Inglês antigo *nest.lian* 'fazer um ninho' > *nestle*/aninhar
      Inglês moderno *daze* 'atordoar' > *dazzle*/deslumbrar

Hipotetizamos que, no inglês antigo, um esquema como (16) estava à disposição dos falantes:

(16) $[[[\text{XRADICAL}]_i \ \text{-lian}]_{V_j} \leftrightarrow [[\text{repetidamente SEM}_i] \ \text{PROCESSO}]_j]$

Várias mudanças construcionais sistêmicas afetaram a forma do sufixo, especialmente a redução de vogais átonas no inglês antigo, a perda do *-n* final dos infinitivos no inglês médio etc. Essas foram mudanças construcionais pós-construcionalização que afetaram todos os verbos. Em alguns casos, *.le* reteve seu significado iterativo. Por exemplo, para Marchand

(1969, p. 332) isso denota repetição rápida, veloz de pequenos movimentos, frequentemente associada a um som. Os exemplos em (17) incluem, ao menos, *twinkle* e *wriggle*. Em praticamente todos os casos, o acesso ao radical se perdeu. Como o * mostra, o radical nem sempre é atestado como uma forma independente no inglês antigo. No inglês atual, mesmo se uma forma cognata etimologicamente independente existir, é improvável que os falantes relacionem as formas V.*le* a ela. É improvável que eles relacionem *nestle* /nɛsl/ a *nest* /nɛst/, a menos que eles sejam fortemente influenciados pela ortografia, e menos improvável ainda que relacionem *dazzle* com *daze*. O radical e o sufixo se uniram (uma neoanálise morfossintática com mudanças correspondentes no significado) resultando em uma nova semântica convencional (*nestle*, em um dos seus sentidos, p. ex., em *nestle against*/ aninhar-se contra, não tem sentido iterativo); em outras palavras, houve construcionalização lexical em todos os casos, de modo que tudo precisa ser aprendido.

Pode-se considerar que casos como *twinkle* e *dazzle* podem envolver morfemas '*cranberry*'[28]: morfemas que se combinam com um elemento reconhecível mas que não têm variante livre sincronicamente acessível, como *cran-* em *cranberry*/oxicoco (*cran-* está relacionado ao baixo alemão *Kraan* 'crane'/guindaste). Em muitos casos de morfemas *cranberry*, um composto pode ter sido a fonte. Exemplos de tais desenvolvimentos são dados em (17) (a notação de compostos | é usada apenas para a forma fonte):

(17) Inglês antigo *were* | *wulf* '?man wolf'/homem lobo > Inglês moderno *werewolf*/lobisomem
Inglês médio *bone* | *fyre* 'bone fire' > Inglês moderno *bonfire*/fogueira
Germânico **ahwa* | *land* 'watery land'/terra aguada > Inglês antigo *ig* | *land* > Inglês médio *iland* > Inglês moderno *island*/ilha
Inglês médio *coppe* | *web* 'spider | web'/aranha | teia > Inglês moderno *cobweb*/teia de aranha

---

28. Um morfema *cranberry* é um tipo de morfema preso a que não pode ser atribuído um significado independente ou uma função gramatical, mas serve para distinguir uma palavra de outra. Em português, um exemplo seria zi-, de zilhões, na comparação com milhões, bilhões e trilhões, conforme sugerido por Romerito Silva, a quem agradecemos [N.T.].

Em cada caso em (17), uma microconstrução composta original com a forma [X │N] veio a ser usada como uma combinação de um morfema *cranberry* e um morfema livre; eles são instâncias de redução em composicionalidade em razão da natureza não analisável do morfema preso. Exemplificamos com o desenvolvimento de *bonfire*.

Na fase final do inglês médio, a natureza composicional do composto *bone fire* é clara, como no exemplo seguinte:

(18) In worshyppe of saynte Johan the people waked at
      in worship   of saint   John the people awoke at
      home, &   made iij   maner of fyres. One was clene
      home and made three kinds   of fire. One was clean
      bones and noo woode, and that is called a *bone fyre.*
      bones and no   wood   and that is called a bone fire.
      (1493 *Festyvall* (1515) OED, *bonfire*, n. 1.)
      Em veneração a São João, as pessoas acordavam em casa e faziam três tipos de fogo. Um era de ossos limpos e nenhuma madeira e esse era chamado um fogo de osso.

Na fase inicial do inglês médio, o termo era usado para uma pira funeral, ou para qualquer tipo de fogo celebrativo para uma ocasião particular, não mais envolvendo, necessariamente, a queima de osso:

(19) The doth the ioyfull feast of John the Baptist take his turne, When *bonfiers* great with loftie flame, in euery towne doe burne.
      'Então a alegre festa de João Batista se repete, quando grandes fogueiras com chamas altas queimam em cada vila.'
      (1570 Googe tr. Kirchmeyer, *Popish Kingdome* iv, OED, bonfire, n. 4a.)

Há algumas microconstruções que têm *fire*/fogo como o segundo elemento (p. ex., *log* │*fire*/lareira, *camp* │*fire*/fogueira de acampamento), mas em cada caso a composicionalidade continua a ser maior do que em *bonfire*, em que as mudanças fonológicas do primeiro elemento resultaram em uma forma particular própria desse composto. Cada microconstrução individual é uma instância de um esquema afixoidal construcionalizado do tipo em (20):

(20) $[[X_i\text{-}fire]_{Nj} \leftrightarrow [[\text{fire com relação R a SEM}_i] \text{ ENTIDADE}]_j]$

Contudo, esse esquema quase nunca é bem fixado e é muito diferente em termos da relação R entre o primeiro e o segundo elementos. Por exemplo, em *logfire*/lareira, X é aquilo que é queimado (*log*/lenha); em *campfire*/ fogo de acampamento X é o local do fogo (*camp*/acampamento). Entretanto, a existência do primeiro elemento como um lexema independente reconhecível em outros contextos torna essa construção em particular mais composicional do que *bonfire*.

Nos casos ilustrados em (15) e (17), uma fronteira de morfema tênue pode ainda existir para muitas pessoas. Em outros casos, ainda, um composto original pode ser completamente obscurecido por mudanças fonológicas, de significado e de perda de fronteira. Alguns exemplos na história dos substantivos do inglês que tipificam esse processo aparecem em (21) (novamente, a notação morfológica é usada apenas para as formas mais antigas):

(21) Germânico **alino* 'arm'/braço | **bogon-* 'bending'/dobra > Inglês antigo *elnboga* > Inglês médio *elbow*/cotovelo
Inglês antigo *gar cleac* 'spear leek'/lança alho > Inglês médio *garleke* > Inglês moderno *garlic*/alho
Inglês antigo *daeg.es* | *eage* 'day's eye'/olho do dia > Inglês médio *dayesye* > Inglês moderno *daisy*/margarida
Inglês antigo *nos* | *thyrl* 'nose hole'/buraco do nariz > Inglês médio *nostrelle* > Inglês moderno *nostril*/narina
Inglês antigo *stig* | *rap* 'climb rope'/corda de escalada > Inglês médio *stirope* > Inglês moderno *stirrup*/estribo
Inglês antigo *scir* | *gerefa* 'shire reeve'/oficial do condado > Inglês médio *schirrif* > Inglês moderno *sherrif*/xerife
Inglês antigo *bere* | *œrn* 'barley place'/lugar de cevada > Inglês médio *bern* > Inglês moderno *barn*/celeiro
Inglês médio *gose* | *somer* 'goose summer'/ganso de verão > Inglês moderno *gossamer*/seda de aranha

As entradas em (21) generalizam sobre mudanças graduais que afetam cada microconstrução. Ilustramos com *garlic*/alho.

Uma variedade de construções em que *leac* 'leek'/alho é o segundo elemento é atestada no período do inglês antigo (p. ex., BRADELEAC 'broad leek'/alho grande, HWITLEAC 'white leek'/alho branco, CROPLEAC 'sprout leek'/broto de alho), todas se referindo a variedades de cebola (inglês antigo *leac*; cf. ANDRESON, 2003, p. 394). As diversas relações podem incluir o formato das folhas (no caso de GARLEAC, as folhas afuniladas figurativamente concebidas como semelhantes a lanças) ou sua posição (p. ex., no caso de CROPLEAC). Isso sugere que havia subesquema afixoidal muito pequeno, como no exemplo em (22):

(22) Genim *garleac* þreo   heafdu
     take   garlic   three   heads
     'Pegue três cabeças de alho' (*Leechbook* [DOEC])

Por volta da fase final do inglês médio, encontramos:

(23) Wel loued he garlek (variações: *garleek, garlik, garlike*), onions and
     well loved he garlic,   onions and
     eek leeks.
     also leeks
     'Ele gostava muito de alho, cebolas e também de alho-poró.
     (1390s Chaucer, *C. T. General Prologue* [MED, *garlek*].)

Embora a forma *leac* 'leak' permaneça (como uma espécie específica de planta), compostos em que o segundo elemento é *leac* desapareceram, e o subesquema se perdeu. Além disso, também há perda da microconstrução [[*gar*] ↔ ['spear']]. O que está fixado é a microconstrução [[*garlek*] ↔ ['garlic']] como uma instância não do esquema, mas da construção referencial mais geral (em termos de categorias tradicionais, um substantivo). Parece ter sido construcionalizada com uma forma atômica.

No caso de *garlic*, os seguintes fatores são pós-construcionalizações relevantes:

(a) A forma *gar* parece não ser atestada depois do período do inglês médio (O último uso registrado pelo OED é no começo do século XV).

(b) Outras instâncias do esquema *X-leac* não sobreviveram além do inglês médio.

(c) A variação ortográfica (que potencialmente revela propriedades fonológicas) se reduz ao longo do tempo; a última forma atestada no OED como *garleek* aparece no século XVII.

A construcionalização lexical do tipo discutido nesta seção, conforme observado acima, é, em essência, o que é comumente e tradicionalmente visto como lexicalização. Envolve perda – houve perda de esquematicidade (de fato, perda de um esquema), o que acarretou perda de frequência de tipo no nível do esquema e, assim, perda de produtividade; e houve perda de composicionalidade na medida em que a forma se desenvolve em uma construção atômica substantiva.

Redução da produtividade, uma vez iniciada, nem sempre leva à perda de um esquema. O que parece ter se tornado improdutivo pode ser recuperado. Por exemplo, o esquema formador de substantivo a partir de adjetivo $[ADJ.th]_N \leftrightarrow$ ['entidade abstrata'] historicamente criou as palavras *warmth*/calor, *health*/saúde e *breadth*/amplitude[29]. Esse esquema é opaco (exceto no caso da expressão mais frequente *warmth*) na medida em que é questionável se os usuários da língua o considerariam um esquema produtivo; certamente as bases são todas morfemas *cranberry*. No entanto, formas como *coolth*/frescura (note, o antônimo da forma mais frequente, *warmth*) e *greenth*/verdura são atestadas. Os usuários da língua parecem ser capazes de procurar padrões potenciais, aplicar analisabilidade em um conjunto relativamente não composicional, analogizar sobre esses padrões e hipotetizar um novo esquema.

Em aspectos formais, tais como coalescência, fusão e mudança gradual, há similaridades com mudanças construcionais gramaticais (cf. BRINTON &

---

29. Por questão de brevidade, ignoramos aqui os detalhes da sufixação do Germânico /iθ/ e os efeitos da mutação do *-i* na qualidade da vogal no adjetivo (cf. *broad-breadth*).

TRAUGOTT (2005) sobre similaridades entre lexicalização e gramaticalização com respeito a redução, que aqui chamamos de LR). Da nossa perspectiva, até agora há duas diferenças principais entre construcionalização lexical e gramatical (uma terceira será mencionada na seção 4.8). Mais importante, na construcionalização lexical o resultado é de conteúdo, não procedural. Segundo, quando a construcionalização se repete, geralmente não há mudança na categoria formal. Construções com -*dom* e -*ræden* continuaram a ser substantivos através dos vários estágios de construcionalização. No caso da construcionalização gramatical, contudo, há geralmente uma mudança na função sintática. A preposição *beside(s)*/além de foi construcionalizada como um subordinador e como um marcador pragmático (cf. seção 3.2.3). No caso de pseudoclivadas com *WHAT*, a primeira oração anafórica, especificacional de uma estrutura biorracional, foi neoanalisada como um projetor catafórico em uma estrutura mono-oracional.

4.7 CONSTRUCIONALIZAÇÃO LEXICAL DE ORAÇÕES E SINTAGMAS

Nosso principal objetivo neste capítulo tem sido demonstrar que a construcionalização lexical envolve o desenvolvimento de (sub)esquemas que são produtivos. Somente a deterioração de (sub)esquemas produtivos envolve o que recentemente tem sido identificado como 'lexicalização' na literatura linguística histórica. Aqui, mencionamos brevemente evidência adicional para a construcionalização lexical como expansão produtiva, investigando a construcionalização de orações e sintagmas. Em outras palavras, o desenvolvimento de vários tipos de expressões que têm sido chamadas 'expressões idiomáticas'. Nos primeiros trabalhos sobre a gramática de construções, o foco em idiossincrasias necessariamente significava que as expressões idiomáticas eram bem frequentes entre as construções discutidas. Tem havido extensa discussão sobre como distinguir unidades pré-fabricadas ('prefabs') (cf., p. ex., PAWLEY & SYDER, 1983; ERMAN &

WARREN, 2000; BYBEE & CACOULLOS, 2009), expressões formulaicas (cf. WRAY, 2002; 2006), expressões idiomáticas (cf. NUNBERG; SAG & WASOW, 1994) e construções convencionalizadas (KAY & MICHAELIS, 2012). Não entraremos nesse debate aqui, mas destacamos que, dada a gradiência dos tipos de construção no *constructicon*, as diferenças entre as construções parecem mais bem-pensadas como em um gradiente. A abordagem de Nunberg, Sag e Wasow (1994) para as expressões idiomáticas parece proveitosa: distinções podem ser feitas num *continuum*, conforme os graus de composicionalidade. No lado semântico, o significado é transparente de algum modo e, no lado da forma, a expressão é variável de algum modo? *Spill the beans* 'revelar informação secreta' ou *saw logs* 'dormir' não são semanticamente transparentes, mas no plano da forma elas permitem alguma variação (p. ex., em tempo, aspecto ou modalidade).

Uma propriedade da classe de expressões sob discussão é que elas geralmente são subtipos de expressões livres normalmente composicionais e, portanto, têm sintaxe bem formada. Por contraste, até mesmo padrões de formação de palavras produtivos, tais como os ilustrados por *skyscraper*/arranha-céu, podem ter padrões fossilizados de períodos anteriores da língua (nesse caso, ordenação OV). Uma expressão idiomática recentemente discutida é *X modal be lucky to Y*. Ela implica que o evento na oração complemento (Y) 'mais provavelmente resultará falso', especialmente em um contexto de polaridade negativa (KARTTUNEN, 2013), como em:

(24) In fact you ***will be lucky to*** see any traffic at all.
Na verdade, você terá sorte se vir qualquer tráfico.
(KARTTUNEN, 2013, p. 174.)

Embora *be lucky* seja o protótipo nessa construção, *BE unlucky/(un)fortunate to*/ter azar/ser desafortunado também são possíveis. Em todos os casos, *to Y* pode ser substituído por *if Y*, como em (25):

(25) In fact you ***will be lucky*** if you see any traffic at all.

Embora o modal seja tipicamente *will*, ocasionalmente would/futuro do pretérito e *should*/deveria também aparecem, cf. *You should be so lucky!*/ Você deveria ter tanta sorte (um comentário cético fixo). Formas de presente e passado não modais com um advérbio são literais (p. ex., *be lucky enough*/ser sortudo o bastante) e não idiomáticas (p. ex., *You were lucky (enough) to be born into a musical family*/ Você foi sortudo (o bastante) para ter nascido em uma família musical).

A expressão idiomática *X modal be so lucky to Y* parece datar do início do século XIX:

(26) This measure appeared a death blow to the authority of Philip; when the news was communicated at Versailles, marshal Villars could not refrain from exclaiming, 'Adieu, court of St. Ildefonso; *you **will be lucky to** be assured a regular supply of your daily means!*'
Essa medida pareceu um golpe mortal na autoridade de Philip; quando a notícia foi comunicada em Versalhes, o Marechal Villars não pode deixar de exclamar, 'Adeus, corte de São Ildefonso; você terá sorte de ter assegurado um suprimento regular dos seus meios diários!'
(1813, William Coxe, Memories of the Kings of Spain of the House of Bourbon, Vol. 2, 307 [Google Books; KARTTUNEN, 2013, p. 177].)

Karttunen observa que (26) é uma tradução do francês, que não tem essa expressão, apenas o condicional. O original é: *Elle sera heureuse si son dîner et son souper sont bien assurés* 'Ela será feliz se seu almoço e jantar estiverem bem assegurados'.

Um conjunto de expressões idiomáticas que tem sido de considerável interesse é o que se chama 'snowclones', por exemplo, *X BE the new Y*/X SER o novo Y, o padrão formulaico por trás de *Green is the new Black*/Verde é o novo Preto, o título de um livro de Tamsin Blanchard sobre consumismo ético, publicado em 2007. O termo 'snowclone' foi sugerido por Glen Whitman em resposta à discussão em *Language Log*, em que Geoffrey Pullum pedia um rótulo para um tipo de clichê que é 'um sintagma ou sentença multiuso, customizável, instantaneamente reconhecível, batido, citado ou malcitado que pode ser usado em um arranjo inteiramente aberto de variantes engraçadas por jornalistas ou escritores preguiçosos' (PULLUM, 2003)[30]. Em um *snowclone*, uma expressão fixa específica se torna menos fixa devido à introdução de uma variável (uma mudança formal), enquanto o significado original da microconstrução se generaliza. Por exemplo, *My cup runneth over*/Meu cálice transborda (Sl 23,5) significa 'Eu tenho mais do que eu preciso', enquanto *my X runneth over*/meu X transborda pode simplesmente significar 'X está além da capacidade', 'X é demais' etc. Sempre há pragmática indexical (nesse caso, apontando para uma versão inglesa histórica da Bíblia, não apenas conceitualmente, mas morfologicamente, com *-eth*). *Snowclones* têm variantes limitadas: uma busca no COCA por variantes de *My X runneth over* resultou em 4 acessos de tipos. Eles são o *my cup runneth over* original, com *cup* (10 instâncias) e uma instância cada com *inbox*/caixa de entrada, *DVR*/gravador de vídeo digital e *bowl*/tigela. Outros *snowclones* têm uma variedade maior: uma busca no COCA para variantes de *X BE the new Y* resultou em 11 acessos de tipos, muitos deles cores, mas com algumas outras formas também, como *trust*/confiança, *saving*/poupança e *Jesus*. Uma busca no Google fornece muito mais exemplos, tais como *Fake is the new real*/Falso é o novo real, *Programming is the new literacy*/Programação é a nova alfabetização, *Post-black was the new black*/Pós-negro foi o novo negro[31]. Em tais casos, um construto foi reutilizado, tomado como base de um padrão, 'customizado' para o momento discursivo particular e generalizado de modo que se torne reconhecível.

---

30. O termo '*snowclone*' teve origem em uma piada que lembrava o debate sobre o número de termos para neve em esquimó sobre o qual Pullum tinha escrito. Agora há um banco de dados de *snowclones* informal (O'CONNOR, 2007). Pullum (2004, atualizado várias vezes) aceitou o termo e citou vários tipos de *snowclone* em http://itre.cis.upenn.edu/~myl/languagelog/archives/000350.html

31. O último *snowclone* aparece em um catálogo de uma exposição em 2001 de Thelma Golden, curadora de arte criada pela geração de direitos pós-civis de artistas afro-americanos [Disponível em http://en.wikipedia.org/wiki/Post-black_art; *New York Times*, 30, 2012].

Zwicky (2006) argumenta que *snowclones* surgem em vários estágios:

(a) Um estágio de pré-fórmula em que variações de uma expressão ocorrem, todas entendidas literalmente, sem exigir conhecimento especial (*What one person likes, another person detests*/O que uma pessoa aprecia, outra detesta),

(b) Uma fórmula fixa fácil de lembrar é usada (com significado similar) frequentemente recorrendo a um provérbio, título ou citação (*One's man meat is another man's poison*/A carne de um homem é o veneno de outro),

(c) A expressão fixa pode ser rapidamente estendida com o desenvolvimento de *slots* abertos ou alusão brincalhona a ela, p. ex., via trocadilhos ou outras variações dela (*One man's Mede is another man's Persian*/O Mede de um homem é a Pérsia de outro),

(d) Surgimento do *snowclone*, uma segunda fixação à medida que as variantes se tornam (relativamente) rotinizadas como fórmulas com *slots* abertos (*One man's X is another man's Y*/O X de um homem é o Y de outro).

Com base nessa análise, pode-se dizer que os *snowclones* surgem de construcionalização lexical de um esquema depois de algumas mudanças construcionais.

Uma outra fórmula que serve como *snowclone* é *not the sharpest tool in the box*/não a ferramenta mais afiada da caixa[32]. Nesse caso, a expressão literal *not the ADJest* N1 *in the* N2/não o ADJmais N1 no N2 tornou-se figurado, um *snowclone* se desenvolveu e todas as variantes significam 'estúpido'. As restrições particulares sobre esse *snowclone* são:

(a) A forma é *not the ADJest* N1 *in the* N2.

(b) Um dos significados (figurados) do adjetivo é 'inteligente'; candidatos adequados são *sharp*/esperto, *bright*/brilhante, *quick*/rápido.

(c) N1 é um substantivo cuja semântica lexical denota um conceito com propriedades tipicamente associadas ao uso não figurado do adjetivo.

---

32. Um *snowclone* similar, no português do Brasil, é *A última* N1 *de* N2, como em *A última coca-cola do deserto, A última bolacha do pacote* [N.T.].

Por exemplo, se o adjetivo é *bright* ('inteligente', um uso figurado), então N1 será um substantivo que denota um conceito que tipicamente é brilhante na cor (*not the brightest penny in the purse*/não o centavo mais brilhante na bolsa).

(d) N2 é geralmente um recipiente em que N1 é provavelmente encontrado, p. ex., *box*/caixa, *purse*/bolsa.

Expressões com a forma *not the ADJest* N1 *in the* N2 têm interpretações literais, composicionais (estas não são *snowclones*). Em sua interpretação de *snowclone*, embora não sejam literalmente composicionais, elas ainda assim dependem fortemente de tais fatores como retenção da negativa e reconhecimento, em algum nível, de que o adjetivo pertence à classe caracterizada por uma ambiguidade de qualidade/cognição consistente. Examinamos esse *snowclone* mais adiante na seção 5.3.5.

Está claro que certas microconstruções permitem enorme crescimento mesmo quando o potencial para variação parece reduzido. Por exemplo, *Go ahead and X*/Vá em frente e X tem bem mais do que 500 variantes (COCA). A diferença crítica entre *not the ADJest* N1 *in the* N2 e *Go ahead and X* é que a última é claramente procedural e é uma instância de construcionalização gramatical, enquanto *not the ADJest* N1 *in the* N2 é de conteúdo e é uma instância de construcionalização lexical. Como poderia ser esperado de uma construção lexical, de conteúdo, o *snowclone* também depende crucialmente de evocação, o que não acontece com a construção gramatical.

Tem sido questionado se alguns padrões que foram discutidos aqui são de fato construções. Fillmore (1997) e Kay (2013) tentaram distinguir criatividade baseada em 'padrões de cunhagem' de criatividade baseada em construções estabelecidas como as que são ilustradas por *red ball* (entendida como 'bola que é vermelha', e não a expressão idiomática '*red ball*/ situação de urgência). Kay afirma que *red ball* não tem de ser aprendida como uma microconstrução; é o resultado produtivo de herança *default* da construção modificador-substantivo (contudo, a expressão idiomática presumivelmente tem de ser aprendida em uma abordagem construcionalista baseada no uso). Especificamente, Kay propõe:

> Há muitos padrões que aparecem nos dados linguísticos que não se qualificam como partes de uma gramática [...] porque, diferentemente da construção que licencia *red ball*, esses padrões não são necessários nem suficientes para produzir ou interpretar qualquer conjunto de expressões da língua: cada expressão que exemplifica um desses padrões tem de ser aprendida e lembrada por si só (KAY, 2013, p. 32-33).

Kay compara a produtividade de clivadas com ALL/todos e WHAT/que, que são produtivas, a fórmulas como *dumb as an ox*/burro como uma porta, *flat as a pancake*/completamente liso. Embora haja vários subtipos (cf. comparativos como *deader than a doornail*/mortinho da silva) e haja um padrão que Kay formula como 'A como SN [interpretação: 'muito A']', na perspectiva de Kay 'essa fórmula não constitui uma construção porque não é produtiva' (p. 38). Um problema com essa abordagem é que não se pode saber, sem experimentação, se os falantes de fato aprendem cada sequência individualmente e se eles constroem ou não novas expressões por analogia com esses padrões. Em uma população de falantes, alguns indivíduos provavelmente têm menor e maior habilidade para desenvolver novas variantes. Kay conclui seu artigo questionando se padrões de neologismo podem dar surgimento a construções e sugere que a construção com *way* pode ter sido um caso em questão, que 'se distanciou de uma miscelânea lexical semanticamente heterogênea' (p. 46). Conforme mostrado na seção 2.7, as origens lexicais das construções com *way* não eram miscelâneas. Como é característico da pré-construcionalização, há padrões distintos (nesse caso, grupos em torno de movimento e de aquisição) que, ao longo do tempo, se rotinizaram e parecem ter se reunido em um esquema e, posteriormente, subesquemas se desenvolveram. No caso do padrão contemporâneo [A como SN], seus membros podem ser sincronicamente mais fixos do que a construção com *way*, mas, em nossa visão, da perspectiva de padrões emergentes (e em declínio), a distinção não é entre construção *versus* não construção, e sim de grau de produtividade.

Como diz Liberman (2006), *snowclones* são um pouco como os padrões de neologismo de Kay, porém mais produtivos; acima de tudo, são eficazes 'para evocar um conceito conhecido'. Parece que estamos tratando aqui de um *continuum* com potencial de ativação sincrônica que vai de baixo a alto. Em um artigo que contesta a hipótese de Kay (2013), Gonzálvez-Garcia (2011) mostra que os equivalentes em espanhol do padrão [A como SN] são não apenas mais produtivos do que em inglês mas também se alinham num *continuum* com *snowclones*. O autor conclui que 'os usuários da língua armazenam tanto as partes como os todos e os recuperam quando necessitam deles' (BYBEE & EDDINGTON, 2006; BYBEE, 2010).

4.8 DESENVOLVIMENTO INSTANTÂNEO DE ALGUMAS CONSTRUÇÕES LEXICAIS

O desenvolvimento de esquemas e subesquemas que discutimos envolve uma sucessão de mudanças – o acúmulo de construções-tipo e a cristalização gradual de um (sub)esquema. Vimos como na construcionalização pós-lexical pode haver erosão lenta de um subesquema, à medida que os membros se tornam obsolescentes, e também de microconstruções individuais conforme sua estrutura interna se funde ou se reduz. No entanto, nem todas as microconstruções lexicais emergem gradualmente. Aqui, mencionamos alguns tipos de mudança instantânea. Enquanto um esquema de formação de palavras pode desenvolver-se gradualmente, microconstruções específicas e individuais modeladas pelo esquema claramente não são desenvolvimentos graduais. Há um pareamento forma$_{nova}$-significado$_{novo}$ (p. ex., *dukedom*/ducado), mas esse pareamento não emergiu de uma série de micropassos: é resultado da criação de nó instantânea. Dado o subesquema [[V.*er*] ↔ [pessoa que V]], podemos usar praticamente qualquer verbo de atividade e instantaneamente criar um substantivo agentivo a partir desse subesquema (p. ex., *blogger*/blogueiro) e ele funcionará como um substantivo pleno. Dado o nome de alguma autoridade, podemos instantaneamente criar, por exemplo, *Obamadom* para designar 'a condição de estar em um mundo dominado por Obama'[33]. Do mesmo modo, pode-

---

33. Cf. manchete *Obamadom*! [Disponível em 26/11/2008 em http://sheafrotherdon. dreamwidth.org/303140.html – Acesso em 29/07/2012].

mos combinar (sub)partes de palavras para criar uma microconstrução como *sitcom*/seriado ou um inicialismo como ONG[34]. Há uma gama variada de formas como essas que constituem uma rica fonte de vocabulário e criatividade. Não podemos nos aprofundar nelas aqui, mas apenas mencioná-las para destacar por que as consideramos diferentes de outras instâncias de construcionalização que abordamos neste livro e, em alguns casos, para fornecer informação para a próxima seção, na qual revisitamos alguns exemplos que têm sido considerados como lexicalização e como contraexemplos à gramaticalização.

Um padrão de formação de palavras altamente produtivo e muito regular que tem sido usado desde o período do inglês antigo é 'conversão' ou derivação imprópria, o recrutamento de uma microconstrução existente para uso em uma categoria sintática diferente, como o uso dos substantivos *calendar*/calendário ou *window*/janela como verbos ou, com menor frequência, de um advérbio ou preposição como um verbo (*to up*/aumentar) ou qualquer parte do discurso como um substantivo (*what ifs*/e ses). Mattiello (2013, seção 3.2.1.1) cita o caso de *to diss*/insultar: a conversão para verbo de um prefixo recortado de *disrespect*/desrespeitar. A conversão é um tipo de recategorização, e a microconstrução convertida é potencialmente usada sem sobreposição alguma de quaisquer regras gerais de herança que se aplicam à parte do discurso para a qual ela foi recrutada. Conforme tem sido frequentemente apontado, inicialmente por Clark e Clark (1979), a conversão de um substantivo em um verbo restringe o papel do substantivo na estrutura argumental implicada: *to calendar* é inserir uma data em um calendário preexistente, e não fazer um calendário ou usar um calendário como decoração. *To bicycle* é usar uma bicicleta para locomoção, e assim por diante. Embora haja padrões distintivos que sancionam novas formações, os significados individuais não são completamente composicionais e

---

34. Esse tipo de desenvolvimento instantâneo é geralmente chamado 'neologismo' (embora não no sentido de Kay (2013) discutido anteriormente).

devem ser aprendidos, de modo que o resultado da conversão é uma construção, mas ela não emergiu gradualmente.

A criação de construções lexicais novas inclui a inovação e, assim, a convencionalização de neologismos, novos itens lexicais criados com base nos recursos fonológicos da língua. Algumas vezes a trajetória de mudança pode ser bem indireta. Considere *quark*, que apareceu pela primeira vez em *Finnegans Wake*, de Joyce (1939)[35]:

> Three **quarks** for Muster Mark!
> Sure he hasn't got much of a bark
> And sure any he has it's all beside the mark
> Três quarks para Muster Mark!
> Claro que ele não tem muito de um latido
> E com certeza que qualquer um que ele tenha está ao lado da marca

Murray Gell-Mann adaptou essa palavra em 1964 para referir-se a um grupo de partículas subatômicas e, desde então, ela tem sido associada à física de partículas.

No que diz respeito à citação de Joyce, o OED sugere que a palavra se refere a um pássaro ou a um som feito por um pássaro (s.v. *quawk*, n.)[36]. Vamos supor que o uso original pretendido por Joyce era o som feito pelo pássaro (cf. *three hurrahs for Muster Mark*!/três hurras para Muster Mark!). Isso foi uma inovação em que Joyce usou a parte fonológica do seu sistema para criar um novo signo em sua rede linguística individual. Um novo nó foi criado, mas não através de uma série de micropassos. A reutilização do termo por Gell-Mann, dando a ele uma semântica específica e concreta, também foi instantânea.

Mattiello (2013) elabora um extenso estudo sincrônico e uma classificação de vários tipos de processos de formação de palavras que são geralmente

---

35. Cf. *American Heritage Dictionary* (2011) para essa atribuição e para comentários de Murray Gell-Mann.

36. Imediatamente depois dessa parte do verso em *Finnegan's Wake* (p. 383), encontramos 'Overhoved, shrill-gleescreaming. That song seaswans. The winging ones. Seahawk, seagull, curlew and plover, kestrel and capercallzie'. Overhoved, shrillgleesceando. Essa música cantou seaswans. Os alados. Seahawk, gaivota, maçarico e tarambola, peneireiro e capercallzie.

denominados 'formação de palavras extragramatical', na suposição de que há 'regras' que não são seguidas. Em termos construcionais, são neonálises baseadas em um esquema que não é facilmente definível. Os exemplos que Mattiello cita representam um *continuum* que vai de neologismos com certas propriedades de formação de palavras até outros sem essas propriedades. Mais próximos à formação de palavras regular estão:

(27) fonastemas, p. ex., formas em -*ump* denotando peso ou inabilidade (*clump*/torrão, *dump*/lixão); estas são frequentemente jocosas;
formações redutoras (*edit*/editar < *editor*/editor e *destruct*/destruir < *destruction*/destruição); estas dependem de compatibilidade analógica.

No caso das formações redutoras, um padrão como *swim*/nadar – *swimmer*/nadador foi presumivelmente motivado por *edit* – *editor*, mas no último caso o verbo é derivado de um substantivo, e não vice-versa. Os dois processos são aleatórios e minimamente produtivos. Outros exemplos envolvem condensação de vários tipos que resultam na criação de um novo nome para uma entidade ou evento:

(28) reduções ('*tude*', *attitude*/atitude, (to) *diss* < *disrespect*/desrespeitar)
reduções compostas (*sitcom* < *situation comedy*/comédia do cotidiano)
mesclagem (*motel* < *motor hotel*, *chortle* < *chuckle*/rir e *snort*/grunhir;
mesclagens recentes são *tofurkey* < *tofu*/tofu e *turkey*/peru, *Romnesia* [37] < *Romney* e *amnesia*/amnésia)

Outros exemplos envolvem condensação que, no geral, não resulta em novo significado, mas, ao contrário, indexa expressões existentes. A forma fonológica de inicialismos consiste em ler cada letra separadamente, o que não é o caso com acrônimos:

---

37. Um termo cunhado por David Corn em junho de 2012 para um estado de mudança de posição política [http://www.motherjones.com/politics/2012/06/mitt-rommey-history-problem].

(29) acrônimos (*AIDS* /edz/, '*acquired imune deficiency syndrome*'/síndrome da imunodeficiência adquirida)
inicialismos (*OTT* /o ti/ '*over the top*'/por cima).

Mudanças desse tipo são consideradas extragramaticais porque são minimamente produtivas e maximamente idiossincráticas. Mattiello mostra que elas são, em muitos casos, analógicas (p. ex., *boatel*, modelada com base em *motel*), limitadas por restrições de boa formação na língua, tais como restrições de estrutura silábica e 'surpreendentemente regulares', apesar de sua imprevisibilidade. Acima de tudo, são expressões criativas valiosas, por uma série de razões discursivo-pragmáticas, que vão desde a gíria até o jargão professional.

Embora esses padrões de formação de palavras compartilhem alguns princípios gerais associados a mudanças formais de uma construção existente, a situação, no que se refere ao significado, é bem diferente. Algumas vezes, não há mudança na semântica (*sitcom* e *situation comedy* têm o mesmo significado lexical), e a principal diferença de significado é pragmática, associada ao grau de formalidade do contexto discursivo. Algumas vezes pode parecer haver uma diferença de significado entre a fonte e o neologismo, mas pode acontecer que a mudança semântica, de fato, foi um precursor da mudança formal. Considere o caso de '*tude*'. Essa forma significa 'comportamento ou postura hostil', e pareceria pragmaticamente estranho dizer:

(30) a. !Why does she have such a bad '***tude***' towards her dad?
b. !I've never met anyone with such a positive '***tude***'.
a. !Por que ela tem um mau comportamento hostil com o seu pai?
b. !Nunca encontrei alguém com um comportamento hostil tão positivo.

A primeira seria redundante, a segunda, contraditória (para muitos falantes). A primeira atestação de '*tude* é dos anos de 1970. Aparece como uma redução de *attitude* com o significado pejorativo de 'comportamento agressivo ou não cooperativo; um modo ressentido ou antagônico', citado em uma entrada no OED em 1997 (*attitude* 6a) e atribuída ao início de

1960. Portanto, a redução não envolveu uma mudança de significado, mas sua fonte, sim.

Uma das razões por que expressões desse tipo são consideradas idiossincráticas é que há um grau significativo de imprevisibilidade (e, portanto, variação) no que será exatamente o novo pareamento forma-significado. Considere, por exemplo, a redução da palavra *pornography*/pornografia em inglês. Para alguns falantes, a forma reduzida é um monossílabo (*porn*), para outros, um dissílabo (*porno*). De modo semelhante, a refeição que é uma combinação de *breakfast*/café da manhã e *lunch*/almoço é *brunch*, mas não é totalmente previsível que partes específicas das palavras originais serão retidas quando mesclas são criadas (compare *brunch* com *Spanglish*/espanhol + inglês). Entretanto, há algumas diretrizes gerais às quais os falantes de inglês geralmente aderem quando criam essas formas novas: eles não combinam o núcleo da rima da primeira palavra com a coda da rima da segunda (cf. GRIES, 2004; HILPERT, 2014).

Finalizamos a seção 4.6 com comentários sobre duas diferenças entre construcionalização lexical e gramatical. A presente seção sugeriu uma terceira diferença: a criação de microconstruções lexicais por processos 'extragramaticais' e de formação de palavras é tipicamente instantânea. Não temos conhecimento do desenvolvimento instantâneo de construções gramaticais. As generalizações a seguir podem ser extraídas das seções precedentes: a criação de esquemas lexicais e gramaticais é gradual, assim como a criação de microconstruções gramaticais. As microconstruções lexicais, porém, podem ser criadas instantaneamente. O Quadro 4.3 sumariza esses aspectos.

Quadro 4.3 Construcionalização gradual e instantânea

	Cxzn Lexical	Cxzn Gramatical
Esquema	gradual	gradual
Microconstrução	+/- gradual	gradual

Entre elas estão neologismo, derivação imprópria, redução (abreviação), acronímia (siglagem).

4.9 CONSTRUCIONALIZAÇÃO LEXICAL E DEGRAMATICALIZAÇÃO

Nos anos de 1990 e no início dos anos de 2000, vários estudos que desafiavam a hipótese da unidirecionalidade na gramaticalização sugeriram que algumas espécies de lexicalização são um tipo de degramaticalização (p. ex., RAMAT (1992; 2001), NEWMEYER (1998; 2001), JANDA (2001) VAN DER AUWERA (2002)). Exemplos como o uso de *up* e *down* como verbos, *ante* e *if* como substantivos e de morfemas derivacionais como *.ade* e *.ism* como substantivos, em particular, são frequentemente citados na literatura (RAMAT, 2001). Conforme tem sido repetidamente discutido desde então (cf., p. ex., HASPELMATH, 2004; LEHMANN, 2004), esses não são exemplos de degramaticalização, já que são ou conversões (*up*, *down*, *ante*, *if*) ou reduções (*ade*, *ism*)[38]. Visto que eles não mudam gradualmente, não podem ser reversões da gramaticalização, que é gradual. Na seção anterior, mostramos que esses casos não são instâncias de construcionalização no sentido em que usamos esse termo.

Na seção 3.4, consideramos a relação entre degramaticalização e construcionalização. Nele, o foco recaiu sobre o desenvolvimento de construções gramaticais (como o genitivo *-s* do inglês ou o *muid* do irlandês), e sugerimos que esses casos podem ser vistos como construcionalização gramatical. Aqui, sugerimos que certos tipos de mudança que têm sido consideradas como casos de degramaticalização são, de fato, instâncias legítimas de construcionalização lexical. Nosso exemplo é o que Willis (2007) denomina 'lexicalização sintática' porque surge como neoanálise de usos sintáticos, denominada 'degramaticação' por Norde (2009):

> uma mudança composta por meio da qual uma palavra funcional em um contexto linguístico específico é reanalisada como um membro de uma classe de palavras maior [...] ganhando em substância semântica (NORDE, 2009, p. 135)[39].

---

38. Norde (2009) fornece um sumário e uma avaliação dessas questões.

39. Esse é um uso diferente de 'degramaticização' daquele usado por Andersen (2008, p. 22), que define o termo como '[uma] mudança pela qual uma expressão, através de reanálise, perde conteúdo gramatical'.

Willis argumenta que *yn ol* 'atrás de' > *nôl* 'buscar' no galês se originou da sequência *yn ol* usada em posições em que um sentido verbal de 'buscar' podia ser inferido. Esse é um tipo de paralelo sintático com 'deflexão' (degramaticalização secundária ou mudança de flexão para clítico no sentido de Norde (2009)). Trousdale e Norde (2013) observam que degramaticização difere de casos como *to up*/subir porque envolve neoanálise sintática e contextos-ponte pragmaticamente ambíguos (sobre os quais falaremos no capítulo 5).

No caso do galês *yn ol* 'atrás de' > *nôl* 'buscar', *yn ol* foi muito usado com o significado de 'de acordo com'. O sentido espacial/preposicional foi retido apenas em 'algumas construções *frequentes* (*talvez idiomáticas*), tais como 'ir atrás de' e 'deixar para trás" (WILLIS, 2007, p. 300, ênfase acrescentada). Nesse último uso, *yn ol* começou a ocorrer em posições nas quais um sentido verbal de 'buscar' podia ser inferido, como em (31):

(31) Dos   ***yn ol***   y   marchawc   a   aeth   odyma
       go.imper.2s   yn ol   the   knight   rel   went.3s   from-here
       y'r   weirglawd.
       to.the   meadow
       'Vá trás de/busque o cavaleiro que foi embora daqui para o prado.'
       (Galês médio tardio, século XV [WILLIS, 2007, p. 294][40].)

Esse exemplo é potencialmente ambíguo porque *yn ol* pode ser interpretado ou como a preposição 'atrás de' ('Vá atrás do cavaleiro que foi embora daqui para o prado') ou como um marcador de verbo no infinitivo ('Vá buscar o cavaleiro que foi embora daqui para o prado'). No último caso, houve neoanálise fonológica (*n* foi associado à sílaba seguinte[41]) e neoanálise sintática (*nôl* foi reinterpretado como o núcleo de um SV):

(32) $[[\text{yn ol}]_P$ y marchawc$]_{SPrep}$ 'atrás do cavaleiro' >
       $[\text{y}[[\text{nol}]_V]_{SV}$ y marchawc]   'buscar o cavaleiro'

---

40. A notação na glosa em (31) e (33) é de Willis.

41. Cf. mudanças no inglês tais como *a napron* > *an apron*/um avental e *an eke-name* 'um mesmo- substantivo' > *a nickname*/um apelido.

A neoanálise possibilitou que *nôl* fosse usado como um verbo lexical e recebesse sufixos verbais que marcam, por exemplo, modo imperativo, como em (33). Tais exemplos são evidência de construcionalização:

(33) **Nolwch**   y Brenin i 'w   examino.
     Fetch.imper.2p the King   to 3sm examine.vn
     'Busque o rei para ser interrogado.'
     (Final do século XVII [WILLIS, 2007, p. 297; NORDE, 2009, p. 150].)

Com a construcionalização, houve perda de uma série de polissemias e uma divisão entre o [[yn ol] ↔ ['de acordo com']], que se expandiu e ganhou uma função procedural, e o [[y nol] ↔ [ir atrás de]], que se tornou mais restrito com semântica de conteúdo. Para este último, há queda na produtividade, porque ele é usado com um conjunto de verbos cada vez mais restrito, um caso de redução da classe hospedeira no sentido de Himmelmann (2004). Contudo, *nôl* agora herda da construção transitiva. Há também perda de composicionalidade após a ressegmentação da nasal da palavra seguinte.

4.10 SUMÁRIO

Neste capítulo, consideramos alguns dos modos pelos quais novas construções de conteúdo emergem. Nosso foco recaiu sobre a construcionalização gradual de (sub)esquemas, mas também mencionamos a formação instantânea de novos micronós, sejam eles novas formações de palavras, *snowclones*, reduções ou acrônimos, a partir do desenvolvimento de um (sub)esquema.

Propusemos os seguintes aspectos para a construcionalização lexical gradual:

(a) A construcionalização lexical é de três tipos:

  (i) o desenvolvimento de novas microconstruções complexas, que pode ser gradual, mas geralmente é o recrutamento instantâneo para um esquema;

(ii) o desenvolvimento de esquemas e subesquemas complexos mediante uma série de mudanças construcionais (LE), que é gradual no sentido usado neste livro;

(iii) o desenvolvimento de microconstruções atômicas com base em microconstruções complexas mediante uma série de mudanças construcionais (LR), que também é gradual;

(b) A construcionalização lexical de novos (sub)esquemas complexos é gradual e envolve um período de expansão, ou seja, aumento de produtividade. Em muitos casos, é análoga à expansão da classe hospedeira, mas no caso da formação de palavras a classe hospedeira é sintaticamente muito local, representada pelo radical. Semanticamente, as classes hospedeiras são geralmente estreitamente conectadas na rede (p. ex., compostos com -rœden são associados à esfera judicial, ou a relações sociais particulares).

(c) Alguns esquemas lexicais complexos mantêm-se no tempo, com graus variados de produtividade (compare .hood, produtivo, com .dom, menos produtivo). Mas o crescimento também pode ser efêmero e o esquema pode desaparecer (cf. -rœden), às vezes pela fusão com outro esquema (p. ex., -hede do inglês médio se fundiu com reflexos de -had do inglês antigo).

(d) A redução, como obsolescência de um padrão ou como mudança interna de uma microconstrução (p. ex., kindred), é gradual. Construções lexicais atômicas podem emergir como remanescentes de esquemas anteriores (parcialmente) produtivos (p. ex., maidenhead, hatred, garlic) ou de compostos que não participam de esquemas maiores (p. ex., werewolf).

Com exceção das mudanças instantâneas em (a), os aspectos envolvidos na construcionalização lexical são paralelos aos encontrados na construcionalização gramatical. Contudo, as perdas são mais frequentes na primeira, em parte porque muitas construções lexicais são referenciais: as construções nominais, em particular, estão mais sujeitas à influência de fatores sociais, tais como mudanças por contato e ideológicas do que as construções gramaticais mais abstratas[42].

Há também diferenças significativas entre construcionalização lexical e construcionalização gramatical, das quais a mais importante é a mudança instantânea em (a) e também (e):

(e) O resultado da construcionalização lexical é conteudístico, ao passo que a construcionalização gramatical é procedural e indexical.

(f) A construcionalização lexical tipicamente não envolve expansão sintática, no sentido de poder ser usada em contextos sintáticos novos ou com novas funções sintáticas.

(g) Na construcionalização lexical, há pouco desbotamento semântico, embora o conteúdo possa se tornar mais geral com o tempo (p. ex., *bonfire*).

(h) Na pós-construcionalização, a expansão de um esquema de formação de palavras pode, muitas vezes, ter vida curta. Embora nem todos os casos de construcionalização gramatical tenham vida longa (p. ex., o desenvolvimento recente de *all* de citação e outros exemplos de mudanças efêmeras discutidos em BUCHSTALLER; RICKFORD; TRAUGOTT & WASOW, 2010), na maior parte eles tendem a persistir por vários séculos.

Mostramos que a construcionalização lexical não pode ser pareada à ideia de lexicalização como redução, uma vez que aquela envolve tanto a emergência de esquemas (p. ex., padrões de formação de palavras e *snowclones*) bem como a expansão ou redução de (sub)esquemas. Logo, a afirmação em Trousdale (2008b; 2008c; 2010; 2012a) de que a construcionalização lexical envolve perda de produtividade, perda de generalidade e perda de composicionalidade é forte demais para a construcionalização lexical em geral. Ela se mantém, todavia, para aquelas instâncias de construcionalização lexical que envolvem o desenvolvimento de construções

---

42. Uma exceção no domínio gramatical são os pronomes pessoais, que podem estar sujeitos a valores e mudanças sociais.

atômicas com base em construções complexas. A relação que propusemos pode ser sumarizada no Quadro 4.4.

Quadro 4.4 Esquematicidade, produtividade e composicionalidade na construcionalização lexical e gramatical

	Cxzn Lexical	Cxzn Gramatical
Esquematicidade	crescimento do esquema: aumento	aumento
	perda do esquema: queda	
Produtividade	crescimento do esquema: aumento	aumento
	perda do esquema: queda	
Composicionalidade	queda	queda

A construcionalização lexical não pode ser pareada à ideia de lexicalização como contraevidência à gramaticalização porque:

(i) Algumas instâncias da alegada degramaticalização se qualificam como instâncias de microconstrucionalização lexical (cf. galês *yn ol > y nôl*).

(j) Algumas instâncias da alegada degramaticalização não são instâncias de construcionalização lexical (ou de lexicalização) (p. ex., novos itens lexicais formados por redução (*ade* e *tude*) ou conversão (*down* 'beber rapidamente').

Com respeito à criação instantânea de algumas construções lexicais, mostramos que:

(k) A criação instantânea de uma construção-tipo é limitada a microconstruções.

(l) Os padrões nos quais as criações instantâneas são baseadas podem ser regulares e altamente restritos (p. ex., formação de palavras) ou mais gerais e imprevisíveis (p. ex., mesclas).

No próximo capítulo, abordamos a questão de como o papel das mudanças no contexto linguístico podem ser mais bem entendidas de uma perspectiva construcional.

Contextos para a construcionalização

5.1 INTRODUÇÃO

'Contexto' está presente em muitos trabalhos sobre a gramática de construções. Contudo, como Bergs e Diewald (2009a) destacam em sua introdução para *Contexts and Constructions*, o conceito é maldefinido. Esses autores o restringem a 'a área de sobreposição entre a pragmática e o discurso' (p. 3). Esse conceito é consistente com a discussão de Kay (2004) sobre como se pode interpretar a construção *let alone*/muito menos como em (1):

(1) Fred won't order shrimp, ***let alone*** Louise, squid.
Fred não vai pedir camarão, muito menos Louise, lula.

Kay diz que a interpretação bem-sucedida de (1) pelo interlocutor ocorre:

> se ele pode encontrar na base conversacional comum, ou construir a partir dela, um conjunto de suposições de acordo com o que a vontade de Louise de pedir lula unilateralmente implique a vontade de Fred de pedir camarão (KAY, 2004, p. 676).

Aqui, 'contexto' pode ser entendido como um conjunto estruturado complexo de significados pragmáticos relevantes ocultos, alguns associados a enunciados prévios, mas, especialmente, aqueles evocados pela construção escalar *let alone*. A perspectiva de Kay é sincrônica. No entanto, mesmo em uma abordagem sincrônica, atenção apenas ao contexto pragmático e discursivo não parece adequado para construções entendidas como unidades que combinam forma e significado. Por um lado, há contextos formais que incluem distribuições sintagmáticas específicas, *priming* etc., e, por outro lado, há contextos de rede – nós relacionados que possibilitam o pensamento analógico. Conhecimento de mundo e contextos sociais, tais como *status* do falante-ouvinte, gênero, posição do enunciado, também podem estar incluídos. De uma perspectiva diacrônica, o problema é identificar que construções são convencionalizadas como evocando ou exigindo quais contextos, uma questão que tentamos abordar em 5.3.

O contexto também aparece com frequência em trabalhos sobre gramaticalização. Em uma citação muito frequente, Bybee, Perkins e Pagliuca (1994, p. 297) afirmam: 'Tudo o que acontece com o significado de um *gram* acontece por causa dos contextos em que ele é usado'. Himmelmann (2004) amplia essa afirmação:

> Estritamente falando, nunca é apenas o elemento em processo de gramaticização que se gramaticiza. Em vez disso, é o elemento sob gramaticização *em seu contexto sintagmático* que é gramaticizado. Isto é, a unidade a que a gramaticização adequadamente se aplica são *construções*[1], e não itens lexicais isolados (HIMMELMANN, 2004, p. 31; itálico do original).

Por exemplo, *lot* é neoanalisado como um quantificador somente em contextos binominais indefinidos do tipo *a lot of (a) N*. Mais recentemente, Garret disse:

> Não podemos entender como uma coisa virou outra sem localizar o contexto pivô em que a mudança se originou e entender como as propriedades desse contexto motivaram a mudança (GARRET, 2012, p. 71).

Nós concordamos com esses comentários, observando que, embora ambos os autores escrevam sobre gramaticalização, o que eles dizem é ver-

---

1. Conforme observado na seção 3.2.2, nota de rodapé 10, Himmelmann parece usar 'construção' no sentido de cadeia sintática ou constituinte.

dadeiro para a mudança linguística em geral, incluindo a mudança lexical, apesar de o papel dos contextos sintagmáticos ser claramente bem maior na construcionalização gramatical do que na lexical. Além disso, uma vez que as construções são pareamentos de forma-significado, as mudanças que investigamos em contextos anteriores e posteriores à construcionalização devem, em nosso ponto de vista, envolver significado e forma – o 'pivô' inicial pode ser discursivo-funcional, pragmático ou semântico, assim como formal.

Então, o que é contexto? Catford (1995, p. 31) procurou distinguir 'cotexto – contexto linguístico, entorno textual relevante' de 'contexto de situação – participantes, tipo de interação, p. ex., interação face a face, *status* de espectador, cultura'. Posteriormente, pesquisadores acharam essa distinção difícil de manter já que depende, em parte, da abordagem linguística adotada. Assim, o termo geral 'contexto' é frequentemente usado, como o será aqui. Por 'contexto' queremos dizer cotexto linguístico amplamente concebido como entorno linguístico, incluindo sintaxe, morfologia, fonologia, semântica, inferência pragmática, modalidade (escrita/falada) e, algumas vezes, contextos discursivos e sociolinguísticos mais amplos. A inclusão de modalidade vem da observação de que pode haver diferenças significativas com relação à estrutura linguística, dependendo se a mudança está mais associada à língua falada ou à escrita, e, portanto, a mudança pode ser afetada pela modalidade (BIBER & FINEGAN, 1997).

Contexto, entendido como contexto estritamente definido, tem sido tradicionalmente limitado a restrições selecionais sobre os elementos na sentença. Por exemplo, König e Vezzosi (2004) discutem o desenvolvimento de anáforas reflexivas complexas. No inglês antigo, essas anáforas não eram marcadas, como em (2), mas, como as traduções no inglês atual mostram, elas agora são marcadas por -*self*/se.

(2) *hine*   he   bewerað   mid   wæpnum.
3SG.ACUS 3SG.NOM defender.3SG-PRES com   armas. DAT.PL
o_i ele_i defende   com   armas
'Ele se defende com armas.'
(KÖNIG & VEZZOSI, 2004, p. 228.)

König e Vezzosi definem os contextos iniciais para o desenvolvimento de anáforas com -*self* como 'sentenças com verbos transitivos dirigidos a outros e sujeitos de terceira pessoa do singular'. Do mesmo modo, Lehmann (2008, p. 211) discute clivagem contrastiva como tendo se desenvolvido em uma 'sentença complexa', muito embora ele considere as 'operações de estrutura da informação' como 'relacionadas com a manipulação do universo do discurso'. Contudo, com o crescente interesse em fatores como a mudança na língua falada, *priming* e interfaces entre estrutura da informação e sintaxe, a noção de sentença como contexto está se tornando menos sustentável. A sentença é uma unidade da língua escrita e, portanto, não é adequada para a análise do discurso falado. Aqui, a 'oração' ou, preferivelmente, a 'unidade entonacional' é a principal unidade de análise (CHAFE, 1994). Conforme mencionado na seção 1.7, uma vez que nossos textos históricos, até recentemente, eram apenas escritos, a sentença foi considerada como uma unidade de análise viável. Todavia, antes do século XVII, o conceito de sentença (que originalmente significava 'opinião, julgamento') era menos codificado do que é agora. A pontuação, que é baseada na sentença, foi, em muitos casos, acrescentada por editores modernos. Logo, a sentença é, de fato, uma unidade viável somente para um período relativamente recente na história do inglês. A gramática de construções evita o problema já que 'sentença' não é uma construção. O contexto mais amplo em que a mudança ocorre é tipicamente a rede construcional 'local', ou seja, aquela parte da rede que é mais fortemente afetada pela expansão da ativação. Em casos de construcionalização gramatical, o domínio local pode ser uma oração particular; na construcionalização lexical, o domínio local pode ser um esquema de formação de palavra, um sintagma ou uma oração.

Neste capítulo, visamos mostrar que uma abordagem ideal de contextos e construcionalização requer atenção para os três fatores mencionados em capítulos anteriores:

(a) O fluxo linear da fala e da escrita (o eixo da combinação, das relações sintagmáticas e da indexicalidade).

(b) As alternativas disponíveis (o eixo da similaridade, da escolha, da paradigmaticidade e da iconicidade).

(c) As mudanças mais gerais e sistêmicas que afetam nós e elos na rede linguística em dado momento.

Até recentemente, o fator (a), mudança na distribuição linear, foi o principal foco da maioria dos estudos sobre mudança morfossintática e gramaticalização. O fator (b) era fortemente limitado, até os últimos anos, ao trabalho sobre morfologia flexional ou sobre léxico. Estudos variacionistas multivariados sobre gramaticalização começaram agora a elucidar os contextos em que a covariação no eixo da escolha ('competição') ocorre (cf. resumos de questões em POPLACK, 2011; TORRES CACOULLOS & WALKER, 2009). A análise diacrônica colostrucional, conforme desenvolvida por Hilpert (2008), combina os fatores (a) e (b) e identifica escolhas paradigmáticas sob mudança em colocações lineares. O fator (c), a relação entre mudanças individuais e mudanças sistêmicas mais amplas em uma língua, conforme Fischer (2007) aponta, não tem sido tratado adequadamente, tampouco as conexões entre redes (cf. DE SMET, 2010). Contudo, mais recentemente, Norgård-Sørensen, Heltoft e Schøsler (2011) têm feito progresso, especialmente, na combinação dos fatores (b) e (c), usando um conceito mais restritivo de relações paradigmáticas do que o que adotamos aqui.

Neste capítulo, não buscamos exemplificar análises contextuais ideais em tamanho real, mas apontar alguns dos fatores que as análises de mudanças graduais que possibilitam a construcionalização deveriam incorporar. Desse modo, não discutimos contextos para desenvolvimentos instantâneos do tipo exemplificado na seção 4.8. Começamos esboçando um modelo para a análise de contextos que foi originalmente elaborado para explicar a gramaticalização, mas que modificamos para dar conta da construcionalização em geral (5.2). Em 5.3, ilustramos, brevemente, vários tipos de cenários de mudança que exemplificam o modelo desenvolvido em 5.2, retomando em muitas, mas não em todas, as instâncias, exemplos que já foram introduzidos em capítulos anteriores. Distinguimos contextos que são internos às construções, aqueles que envolvem outras construções na rede, de contextos que são discursivos funcionais amplos, tais como argumentação de contestação. Assim, distinguimos contexto específico à construção (interno) de contexto de rede (os elos entre construções) e os usos discursivos a que as construções servem. 5.4 toca na questão da persistência de contextos favorecedores depois da construcionalização, e 5.5 sumariza.

5.2 UM MODELO PARA PENSAR SOBRE CONTEXTOS

Nos capítulos anteriores, desenvolvemos a proposta de que mudanças construcionais pré-construcionalização possibilitam (mas não preveem) construcionalização, e que mudanças construcionais pós-construcionalização podem possibilitar expansão (aumento de produtividade), assim como redução da nova construção, seja um esquema, seja uma microconstrução. Essa proposta se apoia diretamente em trabalho anterior sobre contextos linguísticos para gramaticalização e lexicalização (p. ex., HEINE, 2002; DIEWALD, 2002; 2006; HIMMELMANN (2004). Consideramos alguns fatores-chave relevantes para a pré-construcionalização em 5.2.1 e para a pós-construcionalização em 5.2.2.

5.2.1 Fatores contextuais-chave na pré-construcionalização

Como foi sugerido nos capítulos anteriores, os fatores contextuais-chave na pré-construcionalização são os seguintes:

(a) A emergência potencial de uma nova construção pode ser identificada em contextos iniciais que são reajustes morfossintáticos pequenos, menores devido a *chunking*, rotinização e seleção repetida de um conjunto particular de construtos, todos eles mostrando evidência de gradualidade.

(b) Esses contextos 'iniciais' incluem pragmática, p. ex., 'inferências sugeridas' (TRAUGOTT & KÖNIG, 1991) ou 'interpretação induzida pelo contexto' (HEINE; CLAUDI & HÜNNEMEYER, 1991); eles surgem no fluxo da fala ou da escrita.

(c) Contextos iniciais são distintos de contextos em que a nova expressão pode ser identificada. Esses últimos são chamados contextos de 'transição' em Heine (2002) e contextos de 'isolamento' em Diewald (2002; 2006).

(d) A consequência de uma série de pequenos ajustes em contextos iniciais pode possibilitar o surgimento da gradiência sincrônica em um sistema (TRAUGOTT & TROUSDALE, 2010b).

Um ponto de debate tem sido se contextos iniciais devem ser ambíguos e, em caso positivo, em que nível da gramática. A ambiguidade tem sido a pedra angular de muita reflexão sobre a neoanálise, conforme exemplificado pela seguinte afirmação sobre reanálise: 'a reanálise depende de um padrão caracterizado por ambiguidade de superfície ou a possibilidade de mais de uma análise' (HARRIS & CAMPBELL, 1995, p. 51). Por outro lado, tanto Heine (2002) como Diewald (2002; 2006) evitam ambiguidade de superfície, estrutural e, em vez disso, enfatizam a ambiguidade pragmática encoberta. Heine se refere a 'contextos-ponte', que ele caracteriza como inferências pragmáticas, e Diewald faz referência a contextos 'atípicos' e, posteriormente, 'críticos', com 'múltiplas ambiguidades estruturais e semânticas' (DIEWALD, 2002, p. 13). Embora o registro textual sugira que muitas instâncias de construcionalização gramatical foram precedidas por ambiguidade (cf. especialmente *BE going to* discutido em 5.3.4), isso nem sempre acontece, de modo que a ambiguidade não pode ser considerada uma exigência para a neoanálise na construcionalização gramatical. No caso da construção com *way*, discutida na seção 2.7, não há evidência óbvia de ambiguidade pragmática, nem está claro o que essa ambiguidade poderia ter sido; aqui, pragmática enriquecida e distribuição morfossintática atípica parecem ter sido chave para o desenvolvimento da construção. Um outro exemplo de ausência de ambiguidade é o desenvolvimento, no século XV, de *like* em um auxiliar modal (atualmente não padrão) *BE like to*/ser como para expressar 'ação evitada por pouco' (KYTÖ & ROMAINE, 2005, discutido em TRAUGOTT, 2012a).

Nesse ponto, pode ser útil esclarecer uma terminologia amplamente usada em análises sincrônicas. A ambiguidade é geralmente pensada como semântica. Ela se refere à disponibilidade de dois ou mais *parsings* separados e estruturalmente diferentes. Se significados distintos não são relacionados de um modo plausível, p. ex., *bill*/bico de um pássaro e *bill*/ conta para pagar, eles são homônimos. Se eles se relacionam, geralmente eles são polissêmicos, especialmente quando eles têm a mesma origem, p. ex., *book*/livro como produto de escrita, *book*/livro como texto para ler e *book*/livro como entidade (PUSTEJOVSKY, 1995). Vagueza se refere a subcasos mesclados, simultaneamente presentes de um significado mais geral, p. ex., *aunt*/tia como irmã da mãe e *aunt*/tia como irmã do pai (TUGGY, 1993; 2007). Na literatura cognitiva, 'vagueza, polissemia e homonímia representam uma escala de esquematicidade decrescente e de saliência de instância crescente' (LEWANDOWSKA-TOMASZCZYK, 2007, p. 158). Em outras palavras, esses conceitos estão num *continuum* e nem sempre é fácil distingui-los em casos particulares, em especial historicamente.

Um quarto conceito, ambiguidade pragmática (HORN, 2001, capítulo 6; SWEETSER, 1990), tem tido importância central em trabalhos sobre a mudança linguística. Conforme definido por Sweetser (1990, p. 76), a ambiguidade pragmática se refere a 'uma semântica única ... pragmaticamente aplicada de modos diferentes de acordo com o contexto pragmático'. Por exemplo, *because*/porque é pragmaticamente, mas não semanticamente, ambíguo (SWEETSER, 1990, p. 77) em exemplos como:

(3) a. John came back because he loved her.
John voltou porque ele a ama.
b. John loved her, because he came back.
John a ama, porque ele voltou.
c. What are you doing tonight, because there's a good movie on.
O que você vai fazer hoje à noite, porque está passando um filme ótimo.

Semanticamente, *because*/porque expressa razão. Em (3a), o conectivo instancia pragmaticamente uma relação do mundo real, a razão de John ter voltado, em (3b), instancia a razão de o falante pensar que 'John a ama' e, em (3c), a razão de o falante perguntar 'O que você vai fazer hoje à noite?' Do mesmo modo, *cousin*/primo expressa uma relação de parentesco, mas em *My cousin married an actress*/Meu primo se casou com uma atriz uma diferença entre primos masculinos e femininos é ativada. Isso é claramente vinculado fortemente ao contexto: em certas culturas, a expectativa prototípica é que a expressão *My cousin married an actress* ativará, na mente do ouvinte, um nó 'primo masculino', em vez de 'primo feminino'. Isso, no entanto, pode ser anulado em sociedades em que o casamento *gay* é permitido, mas exigiria ou conhecimento contextual significativo (em que contexto aqui compreende tudo, desde conhecimento de uma cultura particular até conhecimento do falante e de suas relações pessoais) ou esclarecimento explícito por parte do falante. Os tipos de significados pragmáticos que surgem no contexto, e não são microssentidos inerentes de uma expressão, mas são usados para unificar a interpretação de um enunciado com o resto do enunciado em que ele ocorre são conhecidos como 'modulações contextuais' (HANSEN, 2008, p. 23, seguindo CRUSE, 1986, p. 52). Esses significados são fatores cruciais em muitas mudanças, como demonstraremos abaixo. Contudo, como acontece com vagueza, polissemia e homonímia, nem sempre é possível fazer uma distinção nítida entre 'microssentidos inerentes' e modulação, especialmente em trabalhos históricos. Conforme Bybee (2010, p. 52) observa, não há 'divisão clara entre aspectos do significado que são deriváveis do contexto e aqueles que são inerentes ao item ou construção lexical'.

Uma nova construção que emergiu via construcionalização frequentemente tem semelhanças de significado com a construção antiga. O termo 'polissemia' tem sido amplamente usado na literatura sobre gramática de construções e sobre gramaticalização para se referir a significados compartilhados. Considerando que o termo tem sido usado de modos diferentes, é necessário algum esclarecimento. Conforme discutido na seção 2.4.1, Goldberg estende o termo 'polissemia', que é geralmente usado para semelhanças de significado entre usos de itens lexicais, para se referir a similaridades de significado entre subesquemas sincrônicos e para identificar elos entre construções em uma rede, especificamente uma categoria 'com uma família de sentidos estreitamente relacionados' (GOLDBERG, 1995, p. 31). Na literatura sobre gramaticalização, porém, o termo 'polissemia' tem sido amplamente usado em um nível equivalente à microconstrução específica para se referir a relações diacrônicas entre fonte e alvo[2]. Em modelos de gramaticalização que focam na mudança de significado, um novo elemento gramaticalizado (alvo) é tido como polissêmico com a fonte até que esta se perca ou se separe e se torne um homônimo. Uma hipótese levantada é que, quando a polissemia pragmática é neoanalisada, ela é neoanalisada como polissemia semântica no estágio de transição da gramaticalização. Por exemplo, em uma versão anterior do modelo de contextos para a gramaticalização, Heine, Claudi e Hünnemeyer (1991, p. 73) dizem que, depois da gramaticalização, a forma 'F agora tem duas 'polissemias', A e B, as quais podem se desenvolver, por fim, em 'homófonos'. A polissemia de camadas mais antigas e mais novas de elementos gramaticalizados é tomada como certa em Hopper e Traugott (2003, p. 102), em que itens gramaticais são considerados como 'caracteristicamente polissêmicos'. Mais recentemente, Bybee comentou que:

> Já que novos significados surgem em contextos específicos, eles não substituem significados antigos imediatamente; ao contrário, pode haver longos períodos

---

2. O termo é usado, algumas vezes, em referência a polissemias repetidas entre categorias, p. ex., Givón (1991, p. 292) escreve sobre a 'polissemia sistemática' de grupos de verbos que tomam complemento em hebraico.

de sobreposição ou polissemia em que significados antigos e novos coexistem (BYBEE, 2010, p. 199).

A neoanálise de significado pragmático como significado semântico e codificado é, em nossa perspectiva, um passo importante em muitos casos de construcionalização. Conforme discutido na seção 1.4.2.3, isso resulta em incompatibilidade e, portanto, é necessário um termo para os significados compartilhados entre uma microconstrução1 anterior e uma microconstrução2 posterior. Como mencionado na seção 2.4.1, propomos usar o termo 'heterossemia' para significados compartilhados entre construções mais antigas e mais novas, ou seja, como uma associação diacrônica entre dois significados. Lichtenberk (1991a) atribui o termo a Persson (1988) e argumenta que ele é mais adequado do que polissemia

> em que dois ou mais significados ou funções que são historicamente relacionados, no sentido de derivarem da mesma fonte, nascem de reflexos do elemento fonte comum que pertence a diferentes categorias morfossintáticas (LICHTENBERK, 1991a, p. 476).

Usar os termos 'heterossemia' e 'polissemia' nos possibilita distinguir elos de significado entre construções que são historicamente relacionadas por construcionalização (heterossemia), de elos de significado sincrônicos entre subtipos de uma construção esquemática (polissemia). Por exemplo, há heterossemia entre *a lot of* partitivo e quantificador, mas polissemia entre subtipos da construção de quantificador (p. ex., o conjunto de quantificadores binominais de tamanho grande, como *a lot/load/heap of*/um monte de e o conjunto de quantificadores de tamanho pequeno como *a bit/shred/smidgen of*/um pouco de). Do mesmo modo, há heterossemia entre um composto como *cyning | dom* 'jurisdição do rei' e a formação de palavras por afixo *king.dom* 'território real', mas há polissemia entre os vários subesquemas de formação de substantivos no inglês médio que denotavam um estado ou condição (cf. seção 4.5.3). Por conseguinte, nós modificamos a afirmação de Bybee citada antes como segue:

> Já que novos significados surgem em contextos específicos, eles não substituem significados antigos imediatamente; ao contrário, pode haver longos períodos de sobreposição ou heterossemia em que significados antigos e novos coexistem.

Uma questão que se discute é se os contextos iniciais de mudança deveriam ser considerados fatores de fundo ou de primeiro plano em uma mudança particular. O maior problema aqui deriva do que se entende por 'de fundo' e 'primeiro plano', se são identificados com o uso 'fonte' original ou com o novo uso 'alvo' (esses termos são usados retrospectivamente sobre um estágio anterior à gramaticalização (fonte) e na ou após a gramaticalização (alvo). Por trás da hipótese de inferência sugerida, especificamente de que muito da mudança semântica e gramatical é pragmática no início, está a proposta de que aquilo que inicialmente são implicaturas de fundo vêm a ser enriquecidas e postas no primeiro plano antes da mudança (TRAUGOTT & DASHER, 2002, p. 34-40). Na mesma linha, Heine (2002, p. 86) afirma que o resultado da emergência de contextos-ponte que possibilitam a gramaticalização é que 'o significado-alvo está no primeiro plano'. Terkourafi (2009) levanta uma hipótese um tanto semelhante sobre a colocação em primeiro plano de fatores contextuais, mas inclui contextos não linguísticos na mistura. Seguindo Goodwin e Duranti (1992), ela sugere que a fala em curso envolve um enunciado ('figure'/primeiro plano), um contexto mínimo ('*ground*'/base, incluindo falantes e a situação comunicativa) e um fundo (conhecimento enciclopédico), sendo o *ground* 'simultaneamente restringido e investido de significado pelo *background*' (TERKOURAFI, 2009, p. 34). A autora sugere que 'por meio da aculturação, esses parâmetros contextuais ganham em saliência' (p. 35). Em outras palavras, a repetição de certos usos em certos contextos coloca o contexto em primeiro plano. Um problema é que 'saliência' não é bem compreendido e há questões sobre como interpretar esse conceito em um modelo de mudança inconsciente, tal como o modelo da 'mão invisível' de Keller (1994) (cf. HANSEN (2008) e, para saliência na linguística cognitiva, SCHMID (2007)). Essas interpretações de mudança na gramaticalização sugerem o enriquecimento da pragmática contextual anterior na direção do 'alvo' que emergiu recentemente (cf. discussão em 3.2.2 de desbotamento em termos de um modelo de perdas e ganhos). Em contrapartida, Hansen e Waltereit

(2006) e Hansen (2008) argumentam contra as hipóteses de Heine e de Traugott e Dasher e alegam que aquilo que Heine chama de interpretação-ponte (pragmática enriquecida) é 'ainda fundo com relação ao significado-fonte e somente se move para o primeiro plano' quando o estágio de contextos de transição/isolante é alcançado (HANSEN, 2008, p. 63). A hipótese de Boye e Harder (2012) de que a gramaticalização envolve a atribuição de significado secundário, acessório, de fundo a expressões (cf. seção 3.2.1) também pareceria ser inconsistente com a hipótese de que contextos pragmáticos tornam-se enriquecidos e progressivamente acessíveis a um grupo de falantes. A despeito dessas objeções, sob nosso ponto de vista o contexto pragmático deve, por hipótese, ser posto em primeiro plano para ser adequadamente ativado a fim de possibilitar a mudança. Dados de *corpus* para vários desenvolvimentos sustentam essa visão, conforme demonstraremos na discussão de contextos para o desenvolvimento do quantificador *a lot of* (5.3.2), do quantificador *several*/vários (5.3.3) e do futuro com *BE going to* (5.3.4).

5.2.2 Mudanças contextuais pós-construcionalização

Restrições em contextos depois da gramaticalização são, em grande parte, associadas a 'atualização' ou a difusão de novos elementos através do sistema (cf., p. ex., TIMBERLAKE, 1977; ANDERSEN, 2001; DE SMET, 2012). Aqui vamos comentar três linhas de pensamento e mostrar como elas podem ser adaptadas a um modelo de construcionalização. Uma delas é associada a expansão gradual e analogização, a segunda, a persistência e a terceira, a 'coerção'.

Apesar de Himmelmann (2004) discutir expansão de classe hospedeira, semântico-pragmática e sintática como expansão contextual, pouco se fala sobre a questão de restrições nessa expansão. É recente o interesse por evidência para passos quase imperceptíveis na expansão, uma ideia consistente com micromudança. De Smet (2012, p. 629), ao focalizar evidência para a analogia e a importância de relações de similaridade, sugere que as restrições que guiam a atualização são, 'ao menos em parte, uma função da semelhança que uma dada inovação mantém com padrões existentes já licenciados pela gramática' e que 'novos passos no processo de atualização acontecem mais facilmente se o resultado se assemelha a alguma trajetória de co-ocorrência estabelecida' (p. 625). Um exemplo dado por ele é do *downtoner*[3] *all but*/quase (< 'tudo exceto'). O uso como *downtoner* originalmente aparece com predicados nominais, como em (4a) e depois com predicados adjetivos (4b):

(4) a. Pshaw, pshaw! This is ***all but*** the whining end of a modern novel.
   Hum, hum! Isso é quase o final choroso de um romance moderno.
   (1773 Goldsmith, *She Stoops to Conquer* [CL 1; DE SMET, 2012, p. 611].)
 b. as if the works of nature were not ***all but*** infinite.
   como se as obras da natureza não fossem quase infinitas,
   (1821 *North American Review* [COHA].)

O próximo passo é a expansão para passivas (5a) e, com frequência crescente, para verbos (5b):

(5) a. The boat was now ***all but*** jammed between two vast black bulks.
   O navio estava agora quase preso entre duas grandes massas negras.
   (1851 Melville, *Moby Dick* [COHA].)
 b. He ***all but*** fell down and knocked his head on the table out of sheer helpless astonishment.
   Ele quase caiu e bateu sua cabeça na mesa por pura perplexidade impotente.
   (1948 Allen, Toward Morning [COHA & DE SMET, 2012, p. 612).]

De Smet argumenta que a trajetória de colocação com verbos é de similaridade e que os particípios passados passivos representam o que chamaríamos de um ponto de transição, uma vez que há relações de similaridade

---

3. O termo *downtoner* refere-se a advérbios de grau que reduzem o efeito do item modificado [N.T.].

entre verbos e adjetivos (p. 612). Ele encontra confirmação no fato de que os colocados verbais que são favorecidos nos dados são formas de pretérito perfeito que são idênticas a particípios passados, p. ex., *finished*/terminado, *thought*/pensado (p. 612). Desse modo, *all but* 'pode ser visto como expandido de um ambiente a outro ao longo de uma rede de relações de similaridade que se mantém entre esses ambientes' (p. 616). Um elo semântico adicional, embora distante, na rede nesse caso é, presumivelmente, o uso de *all* com o significado de 'only'/somente como em pseudoclivadas com ALL.

De Smet também discute modos em que distribuições mais antigas podem afetar desenvolvimentos posteriores, mostrando que o surgimento de usos adjetivais de *fun*/divertido e *key*/chave sugerem vínculos com usos anteriores com um substantivo incontável modificador. De acordo com De Smet, embora *fun* seja usado como adjetivo em contextos predicativo e atributivo, *key* é preferido em contextos atributivos pré-adjetivais (6a) desde sua origem, por volta de 1950, até 1980, quando os usos predicativos começam a dominar (6b, 6c).

(6) a. Therefore, we shall start our description of the behaviour of electric charges in motion by summarizing the **key** experimental observations.
   Portanto, começaremos nossa descrição do comportamento de cargas elétricas em movimento resumindo as principais observações experimentais.
   (1961 Sherwin, *Basic Concepts of Physics* [COHA & DE SMET, 2012, p. 623].)
 b. We are totally independente, and that's a very **key** point.
   Nós somos totalmente independentes e isso é um ponto-chave.
   (2002 CBS, *Sixty Minutes* [COHA & DE SMET, 2012, p. 624].)
 c. Oh, absolutely. Cars are very **key**.
   Oh, absolutamente. Carros são muito essenciais.
   (2003 CBS, *Sixty Minutes* [COHA & DE SMET, 2012, p. 624].)

De Smet considera que esse desenvolvimento gradual reflete, em parte, o uso original de *key* como um substantivo contável que pode ocorrer atributivamente como em *a key factor*/um fator-chave, ao passo que *fun* teve sua origem como um substantivo incontável e pode, portanto, ocorrer predicativamente assim como atributivamente (*the fun game*/o jogo divertido, *that's fun*/isso é divertido).

As trajetórias do desenvolvimento de *all but* e *key* discutidas aqui pertencem a 'persistência' ou manutenção de vínculos com distribuições anteriores, um efeito de 'olhar para trás' que é discutido em maior detalhe em 5.4 adiante. De Smet (2012) também procura prever, com base em analogia, o que um item probabilisticamente 'pode selecionar' (p. 609). Diferentemente da persistência, esse é um efeito de 'ir para a frente'. O fato de que novos membros de categorias existentes tendem a ser usados de maneira semelhante à categoria a que eles agora pertencem é teorizado na gramática de construções como 'coerção'. Mencionado em Goldberg (1995) e desenvolvido em Michaelis (2004, p. 25), a coerção é um procedimento ou mudança de tipo inferencial por meio do qual o 'significado do item lexical se adapta ao significado da estrutura na qual está encaixado'. A coerção pressupõe que os substantivos e os verbos lexicais podem ter certa semântica inerente, muito embora eles sejam subespecificados, e que estão sujeitos aos efeitos de construções gramaticais. Por exemplo, de acordo com Michaelis, a construção partitiva prototípica envolve mudança de tipo: o partitivo

> é concebido para alterar o valor ilimitado do (necessariamente subdeterminado) complemento lexical (digamos, *pie*/torta como em *piece of pie*/pedaço de torta) para o valor limitado associado ao núcleo (*piece*/pedaço) [e] **requer** que o complemento nominal do SPrep nucleado por *of*/de denote uma entidade incontável (MICHAELIS, 2003, p. 173; negrito acrescentado).

'Requer' nessa citação merece comentário. Michaelis aqui recorre à ideia de Goldberg de que 'uma construção requer uma interpretação particular que não é independentemente codificada por itens lexicais particulares' (GOLDBERG, 1995, p. 159). Um exemplo bem conhecido é o modo como substantivos contáveis são entendidos como substantivos incontáveis quando usados sem artigo (p. ex., *There's lizard on the road*/Há lagarto na pista, significando que há algum tipo de lagarto-incontável na pista, provavelmente porque um lagarto foi atropelado). Um outro exemplo é o modo como os eventos expressos por verbos de *accomplishment* télicos são entendidos como não tendo sido completados quando usados com o progressivo, p. ex., *Joan was winning when she fell*/Joan estava vencendo quando ela caiu não implica que Joan venceu; em contrapartida, *Joan was running when she fell*/Joan estava correndo quando ela caiu implica que ela correu visto que *run*/correr é um verbo de atividade atélico. Ainda outro exemplo que tem sido mencionado é o da construção com *way*, em que *elbowed*/acotovelou em *She elbowed her way through the room*/ Ela abriu seu caminho pela sala a cotoveladas adquire a implicatura de obstrução e dificuldade e a semântica 'impulsionado por usar X' do significado do padrão construcional.

De um ponto de vista do uso, a coerção tem de ser considerada como o efeito contextual de esquemas e modelos exemplares – usar uma construção lexical no contexto de uma construção gramatical esquemática pode desencadear uma incompatibilidade porque o ouvinte potencialmente alinha – cria um elo – entre um nó em uma rede e um outro, e essa representação não é compartilhada com a representação mental do falante. A composicionalidade *default* é sobreposta e os ouvintes resolvem o conflito semântico em tempo real. A coerção tem sido mencionada, na maioria das vezes, com relação a padrões sincronicamente bem fixados, tais como as incompatibilidades contável/incontável e télico/atélico mencionadas acima. Apesar de tais efeitos parecerem ter validade sincrônica, eles são melhor entendidos como exigências convencionais, normativas e probabilísticas, não absolutas. Caso contrário a mudança não poderia ocorrer, nem ocorreria gradualmente, conforme esboçado acima. Além disso, se a coerção fosse uma força direta e forte 'exigindo' uma interpretação particular, seria de se esperar que microconstruções recrutadas por esquemas existentes correspondessem a esquemas prototípicos, com poucas idiossincrasias e restrições específicas, o que nem sempre acontece. Conforme sugerido nas seções 2.5 e 3.5.1 e mostrado na seção 5.3.4, novos membros de construções existentes são tipicamente membros marginais da categoria no início e se tornam completamente absorvidos pela categoria somente ao longo do tempo.

Ziegeler (2007; 2010) questionou se a coerção é necessária como um mecanismo independente. Traugott (2007) questionou se a coerção é de fato 'exigida', dado que as mudanças ocorrem. Todavia, não há dúvida de que certas colocações são preferidas em épocas particulares na história de uma construção, mas isso pode mudar, como é amplamente atestado pelo trabalho de Hilpert (2008) sobre novas colostruções. Também não há qualquer dúvida de que se um novo verbo é usado na construção com *way*, por exemplo, ele provavelmente se adaptará prontamente ao significado da construção, contanto que tenha alguma compatibilidade semântica plausível com a construção. Se um verbo sem sentido for usado em uma construção bitransitiva, ele provavelmente será entendido como pertencente à categoria *default* (do tipo de *give*/dar), p. ex., *to grung someone something*/ trifar alguma coisa a alguém será provavelmente entendido com significado de transferência e não de transferência pretendida (do tipo de *bake*/ assar). Goldberg (2006, p. 116) discute experimentos em que 60% de falantes nativos de inglês entendem *she mooped him something*/ela napou- -lhe alguma coisa com o significado de ela 'deu'-lhe alguma coisa. Contudo, essa interpretação possivelmente depende em parte do contexto linguístico imediato assim como do esquema *grung Sheilah a degree*/trifar a Sheilah um diploma pode ser entendido diferentemente de *grung Sheilah a cake*/ trifar a Sheilah um bolo, *moop Alex a story*/napar a Alex uma história diferentemente de *moop Alex a ball*/napar a Alex uma bola. Em nossa visão, incompatibilidades resultam inevitavelmente da interação entre produção em tempo real e as escolhas que precisam ser feitas para preencher os *slots* dentro de um esquema complexo, e as relações entre *slots* em um esquema. Ao se deparar com incompatibilidades, os ouvintes tentam encontrar uma interpretação adequada. Algumas incompatibilidades são mais comuns, consequentemente mais prováveis de serem fixadas do que outras. Essas são aquelas que coagem o significado. Mas a habilidade de entender *She was winning when she fell*/ela estava vencendo quando caiu ou *There's lizard on the road*/Há lagarto na pista não é, em princípio, diferente daquela mostrada pelos ouvintes que se deparam com usos inovadores. Como Diewald (2006, p. 10) diz em relação à gramaticalização:

> coerção, entendida como o uso e a reinterpretação de lexemas em construções previamente incompatíveis, se baseia em procedimentos cognitivos e pragmáticos, como extensão metafórica (a qual, também, pode ser tratada como um tipo de transferência analógica) e implicaturas conversacionais no sentido de Grice.

Diewald assinala que tal interpretação pragmaticamente motivada pelos interlocutores é consistente com a caracterização de Michaelis (2004, p. 7) sobre os efeitos da coerção 'desencadeados quando o intérprete deve conciliar o significado de uma construção morfossintática com o significado de um elemento lexical'. Essa é a base da criatividade. Contextos mais antigos para a fonte e mais novos para o alvo emergente estão sempre mudando. No processo, incompatibilidades ocorrem constantemente, e os usuários da língua estão bem equipados para interpretá-las. Concluímos que a coerção não é nem determinística, nem uma propriedade única de construções. O termo e o modo como ela é discutida sugerem efeitos descendentes de esquemas existentes rígidos. Nosso ponto de vista é ascendente (*bottom-up*) e essencialmente consistente com a compatibilidade probabilística de Smet, que se baseia em similaridade percebida.

Apesar de a coerção ser concebida para explicar o fenômeno de incompatibilidade e violação de normas (geralmente com esquemas complexos), o bloqueio (*blocking*) – impedimento (*preemption*) de novas formas e novos padrões por outros já existentes – é responsável pela resistência a sobreposições. Os melhores exemplos de impedimento são lexicais; por exemplo, impedimento de *stealer/roubador por *thief*/ladrão, e morfológicos; por exemplo, impedimento de *mans/homens por *men*/homens (LANGACKER, 2008, p. 235). Ocasionalmente também pode ocorrer bloqueio por homonímia (*a small pig*/um porco pequeno é um *piglet*/leitão, *a small book*/um livro pequeno é um *booklet*/livreto, mas *a small toy*/um brinquedo pequeno não é *toylet*, que é impedido por *toilet*/banheiro, ao passo que *waiter* 'pessoa que serve jantares' bloqueia o item mais transparentemente composicional e geral *waiter* 'pessoa que espera' (GIEGERICH, 2001))[4]. 'Resistência a sobreposições' implica que o bloqueio não é determinístico. Ao contrário, é uma função de frequência (BYBEE, 2006) e de convenção social. Por exemplo, *catched* é impedido por *caught*/capturado no inglês padrão mas não em muitas outras variedades. Langacker sugere que unidades específicas 'têm uma vantagem' sobre unidades mais abstratas. Em outras palavras, os falantes acessam formas existentes mais facilmente. Isso é verdadeiro, mas novas formas podem ser introduzidas porque (sub)esquemas abstratos são acessíveis e o pensamento analógico é facilmente ativado. Não são as formas ou os (sub)esquemas existentes que têm vantagens ou oferecem resistência a novas formas, são as convenções dos falantes que assim o fazem.

5.3 TIPOS DE CONTEXTOS PARA A CONSTRUCIONALIZAÇÃO

Nesta seção, destacamos vários casos de construcionalização que focalizam contextos iniciais anteriores à construcionalização e também discutimos contextos pós-construcionalização. Escolhemos cenários de mudança de acordo com grau hipotetizado em que a localidade imediata da estrutura interna de uma construção serve ou não como o fator que possibilita a construcionalização. Os cenários estão organizados basicamente em uma escala de contextos imediatamente locais até contextos discursivos mais amplos. Contextos internos à construção são aqueles em que um ou mais constituintes de uma construção complexa servem como fator favorecedor. Geralmente há modulação pragmática e algumas restrições ou preferências distribucionais. Essa é a versão construcional de restrições selecionais tradicionais. Mostraremos que as fontes podem ser construções de um grau de complexidade ou nível de esquematicidade diferente do que seus alvos. A maioria dos exemplos foram discutidos em capítulos anteriores, exceto

---

4. Cf. Plag (1999) para discussão de problemas associados ao conceito de bloqueio por homonímia.

dois: o desenvolvimento de *-lac* como um afixoide (em 5.3.1) e o desenvolvimento de *several*/vários como um quantificador (5.3.3).

5.3.1 Contextos para o desenvolvimento de esquemas de formação de palavras: *-dom, -ræden* e *-lac*

Nesta seção, em parte revisitamos o desenvolvimento de compostos nominais em nominais com afixoides derivacionais, incluindo aqueles em *-dom* e *-ræden*, discutidos nas seções 4.5 e 4.6, e também introduzimos o esquema marginalmente produtivo do inglês médio com *-lac*, um afixoide usado na derivação de substantivos abstratos. Apenas uma formação de palavra com *-lac* sobreviveu no inglês moderno: *wedlock*/casamento (originalmente, referia-se aos votos matrimoniais e não ao estado de casado). Em 4.5, apontamos vários fatores relevantes para a construcionalização. Um deles é que o significado mais geral do substantivo, p. ex., *dom*/jurisdição e *ræden*/condição, passaram por mudança. De um ponto de vista contextual, podemos dizer que apenas aqueles compostos dos quais o segundo constituinte era *dom* passou por mudança quando o primeiro constituinte permitia uma interpretação geral de *dom* em vez de os significados mais específicos, como '*doom*'/destino, *dignity*/dignidade, '*power*'/poder, '*choice*'/escolha. Como será explicado a seguir, os primeiros substantivos ('a base') tinham certas propriedades semânticas. De modo semelhante, somente aqueles compostos em que *ræden* era o segundo constituinte passaram por mudança quando a semântica do primeiro possibilitava a interpretação de *ræden* como 'condição', em vez de seus significados mais específicos 'estimativa', 'regra'. No inglês antigo, *lac* como um substantivo significava 'jogo', 'luta', mas, como o segundo constituinte de um composto, significava 'ação, procedimento' (HASELOW, 2011, p. 157). Novamente, podemos dizer que apenas aqueles compostos dos quais o segundo constituinte era *lac* passaram por mudança quando o primeiro permitia uma interpretação geral de *lac* como 'ação ou procedimento', em vez dos significados mais específicos, como 'jogo', 'luta'.

Dalton-Puffer (1996), Dietz (2007), Trips (2009) e Haselow (2011) discutem dois aspectos das formações de palavras em questão. Um é a classe sintática da base (substantivo, adjetivo, verbo), o outro é as restrições sobre a semântica da base. Focalizando estas últimas, os seguintes pontos podem ser notados. DOM parece ter sido interpretado como o segundo elemento de um composto, mais tarde afixoide, se a base denotava um estado caracterizado pelo comportamento de um grupo de indivíduos (*cristen | dom* 'cristianismo', *martyr | dom* 'martírio'), a posição hierárquica de um grupo de indivíduos (*biscop | dom* 'posição de bispo), o resultado abstrato de uma ação (*swic | dom* 'engano' ou um estado definido por uma qualidade particular (*freo | dom* 'liberdade') (baseado em HASELOW, 2011, p. 153). Ao longo do tempo, as restrições semânticas mudaram ou foram suavizadas conforme | *dom* foi neoanalisado como afixoide e, depois, afixo; por exemplo, *biscop | dom* passou a significar a localidade sobre a qual um bispo tinha autoridade, e não o *status* de ser um bispo. Trips identifica 'ter autoridade' como o principal traço semântico de .*dom* no inglês atual. A suavização da restrição semântica na base levou à expansão das bases no inglês médio. No caso de RÆDEN, parece que ele provavelmente foi interpretado como um elemento de composição, mais tarde afixoide, quando o primeiro constituinte era um substantivo que denotava relações judiciais (*mann | rœden* 'serviço, dívidas pagas por inquilino ao proprietário da casa'), e relações sociais (feond | *rœden* 'inimizade'). Conforme discutido na seção 4.5.2, *rœden* era um membro marginal do conjunto de nominais que se tornaram afixos derivacionais. Do mesmo modo, *lac.* Este se desbotou no contexto de bases que se referiam a 'ações com um alto grau de dinâmica e de envolvimento de energia física', por exemplo, *heaðo | lac* 'guerra', *wif | lac* 'relação carnal', *reaf | lac* 'roubo', *bryd | lac* 'celebração de casamento' (HASELOW, 2011, p. 137). Esses contextos semânticos são, em parte, uma função da sintaxe da base. No caso de DOM, 'qualidade' se associava a bases adjetivais (*freodom, wisdom*). No inglês médio, LAC passou a ser associado principalmente a bases adjetivais (talvez sob a influência do cognato *-leikr* do nórdico antigo), possibilitando um período de curta duração de expansão de bases que denotavam estados e condições (*freo* 'livre' – *freolac* 'oferecimento voluntário'; *god* 'bom' – *godlac* 'bondade') (DALTON-PUFFER, 1996, p. 81).

Nos três casos de formação de palavras discutidos aqui, as restrições semânticas na base foram suavizadas ao longo do tempo à medida que o processo de formação de palavras se torna mais produtivo. Isso é um tipo de expansão da classe hospedeira no polo lexical. O significado do segundo constituinte do composto era o mais geral disponibilizado para o nominal de que ele foi derivado, e ao longo do tempo houve outra generalização do significado da construção derivacional, assim como da base. Isso é um caso de ligeira redução semântico-pragmática (desbotamento). Quanto a contextos sintáticos, estes eram essencialmente a base, principalmente adjetival e nominal, mas, em alguns casos, também verbal. Há, claramente, evidência de expansão do tipo sintático das bases usadas com os afixoides *-dom* e *-lac*. No entanto, como é de se esperar com substantivos, não há evidência de expansão para contextos sintáticos maiores, por exemplo, o papel argumental em que a base era usada, ou uso como um marcador pragmático. Em conclusão, a expansão foi muito local, dentro do esquema de formação de palavras.

5.3.2 Contextos partitivos para o desenvolvimento dos quantificadores binominais: *a lot of*

Na subseção anterior, o contexto para a construcionalização foi o composto, um esquema complexo com dependência morfológica, juntamente com a semântica da base. Nesta subseção, revisitamos o desenvolvimento de expressões binominais de parte e tamanho, tais como *a lot of*/muito, em quantificadores. Esse também é um esquema complexo, mas com uma dependência sintática; aqui, a semântica do SN modificador é crucial.

Na literatura sobre gramaticalização, as representações dos partitivos com flexão genitiva no inglês antigo normalmente não seriam incluídas na discussão sobre gramaticalização de quantificadores já que a forma não é preservada. Contudo, de uma perspectiva da construcionalização, a qual considera famílias de construções, esses partitivos são precursores relevantes no nível do esquema geral dentro do qual a pragmática de quantificação do subesquema indefinido ('pseudopartitivo') se tornou saliente.

Um exemplo do inglês antigo com um modificador no caso genitivo é (7):

(7) On Fearnes felda   ge byrað twega manna ***hlot***   ***landes***
in Fearn's field   you extend two   men's parcel land.GEN
em campo de Fearn você expande dois homens porção terra.GEN
in to   Sudwellan
in to   Southwell
em para Southwell
'No campo de Fearn se expande um lote/uma porção de terra grande o suficiente para dois homens ...'
(958 Grant in Birch *Cartul.* Sax. III 230 [OED *lot* n.2.a].)

No inglês antigo não havia artigo indefinido, mas é razoável assumir que entendia-se o substantivo como não anafórico e indefinido. *Ormulum*, escrito por volta de 1200, é um dos textos mais antigos em que *lot* é encontrado com um artigo indefinido e *of*, como em (8). Nele, como o SN2 é '*people*'/pessoas, *lot* pode ser entendido como semelhante a '*group*'/grupo:

(8) tat   tegg   wisslike warenn ***an lott off tatt Judisshenn follc.***
that they   certainly were a part of that Jewish   people
'que eles [fariseus] certamente eram uma parte daquele povo judeu'.
(c. 1200 *Ormulum* 16828 [PPCME & BREMS, 2011, p. 211].)

No mesmo texto, *lot* é usado com um significado próximo de 'tipo':

(9) Ne nan   off þise cullfress þatt sindenn i þiss midderrærd
not none of these doves   that are   in this world
an lott off manne fode.
a   part of man's food
'Nenhum desses que estão na terra parte/tipo de comida do homem.'
(c. 1200 *Ormulum*, 10939 [MED *man* 1a.c].)

Um exemplo posterior, em que *lot* inequivocamente significa 'unidade para venda' encontra-se em (10), mas esse construto não é, estritamente falando, um exemplo da construção 'pseudopartitiva' em discussão (cf. capítulo 1, nota 17) visto que é definido e tem um adjetivo atributivo:

(10) You must tell Edward that my father gives 25s. a piece to Seward for his last lot of sheep, and, in return for this News, my father wishes to receive some of Edward's pigs.
(1798 Austen, *Letter to her Sister* [CL 2].)
Você deve dizer a Edward que meu pai dá 25 xelins por peça a Seward por seu último lote de ovelhas e, em troca dessa notícia, meu pai quer receber alguns dos porcos de Edward.

Esses exemplos mostram 'modulação contextual' – enriquecimento pragmático devido a diferentes colocados, todos dentro da construção partitiva.

Uma parte implica uma quantidade, e um grupo implica uma quantidade razoavelmente grande, como em (11):

(11) a. said he, I understand you sell Lambs at London; I wish I had known it, I would have brought *a Lot of Lambs* for you to have sold for me. He told me he liv'd at Aston-Cliston; I said that was a very pretty Way; but he said ... the Butcher could take but few at a Time, and he wanted to sell them all together.
disse ele, eu vejo que você vende cordeiros em Londres; eu queria ter sabido disso, eu teria trazido um bando de cordeiros para você vender para mim. Ele me disse que ele vivia em Aston-Cliston; eu disse que era um lugar muito bonito; mas ele disse ... o açougueiro só poderia ficar com alguns de cada vez, e ele queria vender todos juntos.
(1746 Trial of John Crips, t17460702-25 [OBP].).
b. and there shall be a warm seat by the hall fire, and honour, and *lots of bottled beer* to-night for him who does his duty in the next half-hour.
e haverá um lugar acolhedor perto da sala da lareira, e honra, e muitas cervejas engarrafadas esta noite para aquele que fizer suas tarefas na próxima meia hora.
(1857 Hughes, *Tom Brown's School Days* [CL 3].)

Nesses exemplos, *a lot of* e *lots of* podem ser entendidos como 'unidades individuais' ou como 'muito, muitos'. Com o plural (*lots of*), as implicaturas de quantidade se tornam particularmente salientes. Especialmente interessante é (11a), em que há discussão sobre vender os cordeiros individualmente (*a few at a time*) ou como uma unidade (*all together*). (11b), contudo, é provavelmente sobre 'muita cerveja vendida em garrafas', embora pudesse ser, plausivelmente, sobre 'embalagens de cerveja engarrafada'. Nesses exemplos, a implicatura de quantidade apareceria no primeiro plano, e não no fundo.

Em (12a), uma leitura de quantidade é mais plausível já que *wasps*/vespas (diferentemente de abelhas) não tendem a voar em unidades ou grupos (uma paráfrase com a *piece/share* (uma porção)/*unit* (unidade)/*group*/ grupo *of wasps*/de vespas é semanticamente incoerente). Da mesma forma, em (12b) uma leitura de quantidade é identificável porque *room*/espaço abstrato não vem em unidades:

(12) a. The next day the people, like ***a lot of wasps***, were up in sundry places.
No dia seguinte, as pessoas, como um monte de vespas, estavam de pé em diversos lugares.
(c. 1575 J. Hooker, *Life Sir P. Carew* (1857) 49 [OED *lot* n. 8.a].)
b. Clear away, my lads, and let's have ***lots of room*** here!
Saiam, meus jovens, e vamos ter muito espaço aqui!
(1843 Dickens, *Christmas Carol* [CL 2].)

Gramáticas recentes consideram o uso quantificador 'informal' (p. ex., QUIRK; GREENBAUM; LEECH & SVARTVIK, 1985, p. 264). Biber, Johansson, Leech, Conrad e Finegan (1999, p. 277) comentam que quantificadores que terminam com *of* são 'recentes' e 'assim, não surpreende que eles sejam relativamente raros e, quando ocorrem, que sejam mais tipicamente encontrados na conversação, ou transmitam forte implicação de fala casual'. Como (12a) demonstra, *a lot of* não é assim tão recente em sua origem, assumindo que a edição de 1857 seja fiel à edição original de 1575. *A lot of*, porém, era raramente usado como um quantificador até o século

XIX. Os dados sugerem que ele surgiu principalmente em textos no polo conversacional do *continuum* oral-letrado, tais como o *Old Bailey Proceedings*. Em gêneros letrados, como a filosofia e muitos romances representados em CLMETEV, *a lot of* é, no entanto, muito mais usado para 'sina' do que para quantidade, como em (13), o que pode ser parte da razão pela qual seu uso foi inicialmente proscrito.

(13) the consciousness of that remaining tie ... could alone have sustained the victim under *a lot* of such unparalleled bitterness.
a percepção daquele vínculo que restou ... podia por si só ter mantido a vítima sob uma sina de amargura incomparável.
(1837 Disraeli, *Venetia* [CL 2].)

Conforme apontado na seção 1.5.3, uma leitura de quantidade é obtida quando a referência anafórica não se dá com *a lot* (a anáfora é com *it*/ele), mas com um SN2 plural (*them*/os, *they*/eles em (14a)). Em (14b), *be*/ser na construção existencial está no plural, concordando com *beasts*/animais, e não no singular, concordando com *a lot*. São esses os tipos de expansão de contextos (morfos)sintáticos que Himmelmann (2004) identifica para a gramaticalização:

(14) a. Q. You bought *a lot of sheep* at Salisbury. – A. Yes. We brought *them* from there to Willsdon to graze; *they* were purchased on the 12th of August
Q. Vocês compraram muitas ovelhas em Salisbury. – A. Sim. Nós as trouxemos de lá para Willsdon para pastar; elas foram compradas no dia 12 de agosto.
(1807 Trial of John King, T18071028-3 [OBP].)
b. and soon got among a whole crowd a half-grown elephants, at which I would not fire; there *were a lot of fine beasts* pushing along in the front, and toward *these* I ran as hard as I could go.
(1855 Baker, Eight Years Wandering in Ceylon [CL 3].)
e logo fiquei entre um bando de elefantes meio crescidos, nos quais eu não atiraria; havia muitos animais empurrando para a frente, e em direção a eles eu corri tanto quanto podia.

As mudanças fornecem evidência de que a construcionalização aconteceu e a incompatibilidade semântico-sintática foi resolvida. Evidência adicional para a construcionalização é a colocação com substantivos abstratos, tais como *fun*/diversão, *hope*/esperança, *truth*/verdade, nenhum dos quais é conceitualizado em partes. Essa é a expansão do contexto semântico-pragmático de Himmelmann.

Como discutido na seção 1.5.2, o uso quantificador mostra não só desgaste semântico ('piece, share'/parte) em direção à quantificação mais abstrata anterior à construcionalização, mas também pós-construcionalização, como redução fonológica e da fronteira do morfema (representada, na escrita não padrão, como *alotta* e *a lotta*, e na fala em tempo real na forma *allot of*). Esse tipo de desgaste pós-construcionalização parece ser motivado pelo uso frequente na fala informal, relativamente rápida, um contexto externo.

Os exemplos apresentados aqui sugerem que o contexto linguístico imediato para a construcionalização do quantificador *a lot of* é o esquema partitivo, especialmente a semântica do N2. No entanto, o desenvolvimento não deve ser considerado independentemente do conjunto partitivo mais amplo > mudanças do quantificador, ou do conjunto medida binominal > mudanças do quantificador discutidas em Brems (2010; 2011), por exemplo, *loads of*/montes de, e do conjunto tipo de binominal > construções aproximadoras (DENISON, 2002; 2011; BREMS, 2011), por exemplo, *a sort*/*kind of*/um tipo de. Este último originalmente significava 'tipo', como em *a sort of moss*/um tipo de musgo e veio a ser usado como um aproximador, como em *a sort of (a) wife*/um tipo de esposa. Cada uma das construções binominais tem suas próprias histórias, mas todas compartilham estruturas semelhantes e semântica de escalonamento que levam à construcionalização, seguida por expansão posterior de colocados.

Conforme mencionado na seção 2.3.2, um precursor e, sem dúvida, um atrator parcial foi *dœl* 'parte' em uma construção partitiva. Em (15a), o gramático Ælfric traduziu a expressão do latim *hoc occiput* 'este lobo occipital' com um sintagma relacional expandido (*back of the head*/parte posterior da cabeça). Em (15b), *of* é presumivelmente usado em seu significado espacial ('*out of*'/fora de, '*from*'/de), mas parece estar desbotado aqui (expressões *of PLACE*/de lugar são um tipo altamente frequente de colocação):

(15) a. *hoc occiput   se æftra   **dœl ðœs   heafdes***
     this occipital lobe that posterior part that.GEN head.GEN
     'este lobo occipital: a parte posterior da cabeça.'
     (c. 1000 *Ælfric's Grammar* 74.6 [DOE].)
   b. Ic gife ***þa twa dœl   of Witlesmere.***
     Eu lego as   duas partes de Witlesmere
     (a1121 *Peterb.Chron* (LdMisc 636) [MED *del* n2, 1a].)

(16) exemplifica ambiguidade pragmática entre *dœl* como unidade e como 'montante/quantidade', já que ambas as instâncias são modificadas por um adjetivo quantitativo (*micel* 'muito' e god 'grande/considerável') e SN2 se refere a um substantivo incontável (*wœter* 'água' e *huniʒ* 'mel').

(16) Micel ***dœl bewylledes wœteres*   on *huniʒes*   *godum***
    great part boiled.GEN water.GEN in   honey.GEN good.DAT
    dœle.
    measure.DAT
    '(Medir) uma grande quantidade de água fervente em uma grande medida de mel.'
    (c.1000 *Sax. Leechd.* II 202 [OED *deal* n1, 3].)

Sintaticamente, contudo, *dœl* é claramente partitivo visto que o primeiro SN2 é modificado por um adjetivo (*bewylled* 'fervente') e 'mel' é anteposto.

A implicatura de quantidade se rotinizou com usos indefinidos de *dœl* especialmente em 'contextos críticos' de adjetivos quantitativos, tais como *micel* 'muito' e *great* 'grande' e substantivos incontáveis, dando surgimento a vários exemplos como estes em (17), ambos pragmaticamente ambíguos:

(17) a. On leches   heo hadde i-spendedet ***Muche del of hire guod.***
     On physicians she had   spent   great part of her health
     'Com médicos ela tinha gasto grande parte do seu patrimônio.'.
     (c. 1300 *SLeg.Kath.* [MED *spenden*].)

b. A smot him on þe helm. ... Wyþ þat stroke a schar away
he smote him on the helmet ... with that stroke he sheared away
a gret del of ys hare.
a great part of his hair
'Ele o espancou no elmo ... com aquele golpe ele cortou uma grande
parte do seu cabelo.'
(c. 1380 *Firumb. (1)* (Ashm 33) [MED cappe].)

O sentido de quantificador é totalmente construcionalizado quando *dœl* se coloca com Ns abstratos, em especial de emoções, como *love*/amor, *sorrow*/tristeza, *whinning*/lamento. O MED não cita exemplos de *a del of* no sentido de quantificador 'grande quantidade'. *A deal of*/uma quantidade de aparece eventualmente como um quantificador sem modificador na fase inicial do inglês moderno, como em (18a), mas é encontrado mais frequentemente com um modificador como *great*/grande (18b):

(18) a. and talk'd *a deal of impudent stuff.*
e falou muitas coisas insolentes.
(1730 Trial Of Margaret Fache, t17320705-27 [OBP].)
b. The prisoner with *a great deal of whinning* denied the thing.
O prisioneiro com uma grande quantidade de lamento negou a coisa.
(1678 Trial of Mary Read, t16781211e-8 [OBP].)

Essa construção, provavelmente, não foi um modelo direto para *a lot of* porque muito poucos exemplos de *a deal of* são atestados sem modificador, como (18a): por volta da fase inicial do inglês moderno, quando o quantificador *a lot of* começou a ser usado, *a great deal of* já tinha se fixado como um sintagma (18b). Outro candidato parcial é *a bit of*/um pouco de (< '*a bite out of* '/uma mordida de), mas aqui o tamanho é pequeno. Este também se desenvolveu no século XVIII, porém, diferentemente de *a lot of*, parece ter sido considerado aceitável no inglês padrão.

Em seu estudo sobre a gramaticalização dos substantivos quantificadores, como *bunch*/monte, em cadeias binominais, Francis e Yuasa (2008,

p. 50) concluem que tem havido desbotamento do sentido original concreto '*bundle*'/pacote para o abstrato 'grande quantidade':

(19) bundle > collection > great quantity
pacote > grupo > grande quantidade

(19) é verdadeiro apenas para o singular já que *bunches* 'só pode ser entendido no sentido de *bundle*' (p. 52). Francis e Yuasa rejeitam a afirmação de Brems (2003) de que *a bunch of* é gramaticalizado e argumentam que não há mudança do núcleo sintático para *a bunch of*, portanto há apenas incompatibilidade semântica. Essas autoras consideram que fenômenos de concordância são variáveis e não decisivos na mudança de núcleo, argumentando ainda que a impossibilidade de substituir *lot* e *bunch* por *much* e *many* nas cadeias binominais mostra que aqueles não são quantificadores comuns (p. 50-51). No entanto, consistente com Brems (2003), Brems (2011) afirma que *a bunch of* é gramaticalizado, embora não tão firmemente como *a lot of* no inglês atual. Isso se dá porque *a bunch of* é produtivo (ocorre em muitas construções-tipo), tem frequência de ocorrência quando não é modificado e passou por mudança de núcleo, como os padrões de concordância evidenciam. *A bunch of* é favorecido com um significado 'valorativo', especificamente com prosódia negativa (BREMS, 2011, p. 182-183)[5]. A posição de Francis e Yuasa (2008) com respeito à impossibilidade de substituir *bunch* por *much* e *many* ignora o fato histórico de que, apesar de quantificadores mais antigos como esses serem mais ou menos equivalentes a modais nucleares na medida em que refletem padrões sintáticos mais antigos, quantificadores em estruturas binominais são produtivos e distribucionalmente coerentes com a sintaxe preposicional perifrástica de modo análogo aos auxiliares perifrásticos. Também ignora evidência quantitativa de que cada binominal está associado (ao menos em certos

---

5. Evidência adicional é fornecida pela redução fonológica, representada na escrita como *buncha* (cf. *Urban Dictionary*).

gêneros) a um perfil de frequência específica, variando de 0% (*bunches of*) a 100% (*a lot of, lots of*) exemplos quantificacionais (BREMS, 2010; 2011; cf. Figura 3.1 na seção 3.3.1). Além disso, a rejeição de Francis e Yuasa à evidência para a resolução da incompatibilidade com base no fato de que coletivos geralmente têm concordância singular e plural é problemática porque o conjunto maior de quantificadores binominais inclui construções como *a bit of*/um pouco de, que não tem semântica de coletivo. Desse modo, o argumento baseado nos coletivos não se mantém. Concluímos que, se um partitivo desenvolveu significado de quantificador e há evidência de mudança de núcleo sintático, como a concordância e os padrões de anáfora atestam, ou se houve redução fonológica do quantificador, ocorreu construcionalização gramatical.

As mudanças acontecem no contexto local da construção partitiva original e no contexto mais amplo do esquema quantificador (que também muda com o acréscimo de cada novo quantificador). A mudança geral na morfossintaxe do inglês em direção à perífrase também é importante. Conforme vimos, no inglês antigo, o substantivo modificador ocorre no caso genitivo; *of* foi, em grande parte, um desenvolvimento do inglês médio. Assim também foi o desenvolvimento do artigo indefinido, de modo que o equivalente de *hlot landes* no inglês antigo agora é *a lot/parcel of land* 'muita terra'. A mudança também faz parte da expansão de tipo de *slots* nos SN descritos na próxima subseção.

5.3.3 Contextos para o desenvolvimento de um adjetivo de diferença em um quantificador: *several*

Aqui, discutimos o desenvolvimento de outro quantificador, *several*/vários, a partir de um adjetivo modificador. Esse desenvolvimento enriqueceu ainda mais o esquema quantificador (mas não participou do desenvolvimento perifrástico). O aumento dos tipos de construção quantificadora faz parte de um conjunto maior de mudanças por que o SN passou durante a história do inglês. Uma dessas mudanças diz respeito ao desenvolvimento, no inglês médio, do *slot* do determinante (DET) e, subsequentemente, daquilo que é comumente chamado de SD (cf. DENISON, 2006) com pre-determinantes como *all*/todos e o quantificador *a lot of* (*all the girls*/todas as meninas, *a lot of the girls*/muitas meninas) e, do fim do século XVIII em diante, um conjunto cada vez maior de opções, variando de *quite*/bastante (*quite a rake*/um ancinho e tanto, *quite the gentleman*/um cavalheiro e tanto) a relativas livres (*what appeared to be a male vampire*/ o que parecia ser um vampiro macho) (cf. VAN DE VELDE, 2011 sobre a expansão da margem esquerda do SN). O segundo maior conjunto de mudanças ocor-reu no inglês moderno e diz respeito a várias mudanças em construções de adjetivo modificador pré-nominal (ADJMOD). De modo especial, houve vários tipos de expansão das possibilidades combinatórias de constru-ções dentro do SN (cf., p. ex., ADAMSON, 2000; BREBAN, 2010; 2011a; 2011b). No inglês atual, geralmente há concordância sobre as categorias dentro do SN (cf. PAYNE & HUDDLESTON, 2002; GONZÁLVEZ-ÁL-VAREZ; MARTÍNEZ-INSUA; PÉREZ-GUERRA & RAMA-MARTINEZ, 2011). Essas categorias emergiram gradualmente e são sincronicamente gradientes (DENISON, 2006). No inglês moderno, ADJMOD se expandiu pelo desenvolvimento de um *slot* de um submodificador para a constru-ção intensificadora semiadverbial, tal como *pretty*/bastante em *a pretty nasty quarrel*/uma briga bastante desagradável, em que *pretty* modifica o adjetivo imediatamente seguinte, não o N. *Pure*/puro e *pretty* começaram a ser usados como semiadvérbios no *slot* de submodificador do esquema ADJMOD. Outros adjetivos passando por desenvolvimento semelhante são *lovely*/adorável (ADAMSON, 2000), intensificadores como *well*/bem, como em *well weird*/bem estranho (p. ex., STENSTRÖM, 2000; MACAU-LAY, 2004), *pure*/puro, como em *pure white sheets*/lençóis brancos puros (VANDEWINKEL & DAVIDSE, 2008) e *pretty*/bonito, como em *pretty ugly*/bastante feio. Um adjetivo desse conjunto, *very* (do francês *verrai* 'verdadeiro') se tornou um submodificador como *pretty* é agora e, mais tarde, foi neoanalisado como um advérbio.

Em alguns outros casos, adjetivos atributivos que denotam diferença ou semelhança foram usados como um pós-determinante e depois como um quantificador em DET, por exemplo, *several*/vários, *sundry*/diversos, *various*/vários, *different*/diferente e *distinct*/distinto (BREBAN, 2008; 2010; 2011a). Vamos considerar brevemente o desenvolvimento de *several* primeiro como um pós-determinante e depois como um determinante quantificador (D-QUANT).

Originalmente, *several* era usado principalmente como atributivo, com o significado de 'separado, distinto', como em (20):

(20) a. Of whech xiii   Defendauntz, iche persone by ye   lawe may
       Of which thirteen defendants   each person by the law   may
       have a **several**   Plee   and   Answere.
       have a separate plea   and   answer
       'Desses treze réus, cada um é autorizado pela lei a submeter uma apelação
       e uma resposta separadas.'
       (1436 *RParl* [MED *defendaunt* (n.).]

   b. All men should marke their cattle with an open **severall**
      all men should mark   their cattle with an open distinctive
      marke upon their flanckes.
      mark   on   their flanks
      'Todos os homens devem marcar seu gado com uma marca distintiva
      exposta em seus flancos.'
      (1596 Spencer, *State Irel.* [OED *several* Adj, A I.i.d; BREBAN, 2010, p. 348].)

O uso em contextos restritos, tais como com substantivos no plural em (21), foi, provavelmente, o contexto crítico para a neoanálise já que pessoas ou objetos no plural implicam mais de um:

(21) All the sommes of the said xth   part ... be   restored
     all the sums   of the said tenth part ... to-be restored
     and repayed to the **severall** payers therof.
     and repaid   to the separate   payers of-it
     'Todas as quantias da referida décima parte ... será restituída e reembolsada
     aos diferentes contribuintes.'
     (1474 *RParl.* [MED *paier(e)* (n.)].)

Several era usado como um pós-determinante indicando pluralidade individualizada, distribuída, como em (22). Este é um tipo de construcionalização envolvendo atribuição ao *slot* de pós-determinante e mudança semântica.

(22) The Psalmist very elegantly expresseth to us the ***several*** gradations by which men at last come to this horrid degree of impiety.
'O salmista muito elegantemente expôs para nós várias gradações pelas quais os homens chegam a esse horrível grau de impiedade.'
(1671 Tillotson, *Sermons* [HC ceserm3a; BREBAN, 2010, p. 325].)

Evidências para essas mudanças incluem aumento da frequência de ocorrência (que nem sempre são indicadores confiáveis), mudanças distribucionais (redução dos SNs singulares e depois também dos SNs plurais definidos) e mudanças de posição relativa a outros elementos na cadeia pré-modificadora. Atualmente, apenas *several open marks*/várias marcas abertas é possível, e não mais *an open several mark* (20b).

Mais tarde, houve uma outra construcionalização, quando *several* era usado como um D-QUANT, como em (23). O novo significado aproxima-se de '*a few*'/alguns (não distribuído). Formalmente, há uma nova distribuição: uso com *thousand*/mil singular em (23), em vez de *thousands* (BREBAN, 2010, p. 327):

(23) We have provided accomodation now for ***several*** thousand of the most helplessly broken-down men in London.
(1890 Booth, *Darkest England* [CL 3; BREBAN, 2010, p. 326].)
Nós oferecemos acomodação agora para vários milhares dos mais desamparadamente falidos homens em Londres.

Como *pure*, *several* era multifuncional desde o começo, e também, como no caso de *pure*, as mudanças são identificáveis principalmente por aumento da frequência de ocorrência. Tais aumentos sugerem que inferências de quantidade estavam no primeiro plano. Contudo, embora a maioria dos outros adjetivos tenha se tornado submodificadores de intensidade ou quantificadores pós-determinantes, o significado original de *several* ('distinto') em usos atributivos, como em (20), se perdeu por volta do final do século XVIII (assim como o uso predicativo), e o uso quantificador passou a ser predominante em torno do século XX (BREBAN, 2010, p. 324).

Alguns exemplos recentes de *several* D-QUANT são atestados com adjetivos enfileirados, como em (24). (24b) ilustra o uso com DET precedendo ADJMOD com o submodificador *pretty*:

(24) a. probably the most visible one of **several unending distinct financial supervision services** there are actually is the credit-based card.
(*Network Technology*, 30/11/2010 [Disponível em http://www.ntkmart.com/network-technology/the-best-thing-to-realize-to-get-a-credit-card – Acesso em 31/05/2011].)
provavelmente o mais visível de vários serviços de supervisão financeira distintos incessantes que há atualmente é o cartão baseado no crédito.

b. I picked up a cheap hard drive camera a month or so ago and have done **several pretty ugly grilling related videos** for my Vimeo channel.
Eu escolhi uma câmera de disco rígido barata mais ou menos um mês atrás e tenho feito vários vídeos bem horríveis relacionados a grelhados para o meu canal Vimeo.
[Disponível em http://vimeo.com/928412 – Acesso em 31/05/2011.]

O enfileiramento de elementos antes do N, como em (24), conhecido como 'densificação' do SN (LEECH, MAIR, HUNDT & SMITH, 2009, capítulo 10), é uma mudança adicional e mais recente do que o desenvolvimento do SD e dos submodificadores *quasi*-adverbiais intensificadores de ADJMOD. É possível considerar essa mudança como relacionada à expansão sistêmica do SN que vem acontecendo há mil anos.

5.3.4 Contextos para o desenvolvimento do futuro *BE going to*

Vários aspectos do desenvolvimento de *BE going to* foram introduzidos no capítulo 3. Aqui, consideramos a questão dos contextos para a mudança de movimento para futuro e como pensar sobre a origem dessa mudança: é uma construção de movimento proposital ou *go*/ir se combina com um conjunto de construções na rede? O que se sabe é que essa construção surgiu como um marcador de futuro 'imediato' ou 'agendado' a partir dos usos 'movimento-com-um-propósito' de *go*. Recentemente, Garret (2012, p. 66-70) desafiou essas duas suposições. Em seu lugar, ele propõe que a construção surgiu de um uso estendido de *go*, que ele denomina 'preparando-se para fazer uma ação' inceptivo (com base no OED go 34a, que inclui 'voltar-se a, comprometer-se com, pôr-se a')[6]. O fato de *BE going to* expressar tempo relativo ('estar a ponto de') e não dêitico ('will') quando ele foi usado como temporal pela primeira vez poderia dar conta das paráfrases do século XVII 'a ponto de' e 'pronto para' ilustradas na nota 7. No entanto, há um problema com essa proposta: o significado estendido de *go* 'voltar-se para/preparar-se para' geralmente introduz um substantivo, e não um verbo. Garret assinala (p. 67) que o substantivo pode ser um gerúndio com *-ing* e cita *goe to writing or reading*/ir escrever ou ler (em um texto de 1577); em tais casos, o substantivo tem propriedades verbais. Na discussão adiante, propomos que os primeiros exemplos sugerem que *BE going to* inicialmente emergiu como um futuro relativo, não dêitico, significando 'mais tarde' (o que é consistente com 'a ponto de'), mas surgiu, de fato, de *go* movimento. Em outras palavras, propomos uma análise desse caso particular de construcionalização gramatical diferente do que já foi sugerido, inclusive pelo primeiro autor deste livro (p. ex., TRAUGOTT, 2012a; 2012b). Traugott (2015), contudo, apresenta uma análise similar a essa aqui.

Na seção 5.2.1, mostramos que a ambiguidade tem sido pensada como um requisito para a neoanálise gramatical. No caso de *BE going to*, pode-se

---

6. Núñez-Pertejo (1999) propôs que *BE going to*, como temporal, originalmente significava 'estar preparado para'. Ela sugere (p. 137) que construções como *purpose to*/ter o propósito de, *be about to*/estar a ponto de, *be about V-ing*/estar a ponto de V-ing, *be upon V-ing*/estar a ponto de V-ing, *be on the point* of/estar a ponto de podem ter pavimentado o caminho para *BE going to*. Eckardt (2006, p. 102) também postula neoanálise da expressão de movimento como 'estar em preparação de ou a ponto de fazer X'.

encontrar evidência, ao longo de um período de cento e trinta e um anos em dados textuais, para o conceito de contextos 'atípicos' e 'críticos' de Diewald, incluindo não só ambiguidade pragmática (atípico) mas também especialização morfossintática (crítico). Duas expressões potencialmente ambíguas aparecem nos dados no final do século XV. O primeiro exemplo (25a) pode ser suspeito, visto que é uma tradução do árabe, mas o segundo exemplo, muito citado, aparece apenas cinco anos depois em um relato de um monge inglês sobre uma revelação (25b) e sugere que estava ocorrendo especialização morfossintática:

(25) a. ther   passed a theef byfore alexandre that **was goyng**
there passed a thief before Alexandre that was going
to be hanged whiche saide ...
to be hanged who   said
'Passou um ladrão na frente de Alexandre que ia ser enforcado o qual disse' ... (1477 Mubashshir ibn Fatik, Abu al-Wafa, século XI; *Dictes or sayengis of the philosophhres* [LION: EEBO; TRAUGOTT, 2012a].)

  b. while this onhappy sowle by the vyctoryse pompys of
while this unhappy soul by the victorius pomps of
her enmye ***was goyng*** to be broughte into helle for the
her enemies was going to be brought into hell for the
synne and onleful   lustus of her body
sin   and unlawful lusts of her body
'Enquanto essa alma infeliz ia ser trazida para o inferno pelas exibições ostensivas vitoriosas de seu inimigo por causa do pecado e das luxúrias proibidas do seu corpo.'
(1482 Monk of Evesham, *Revelation* 43 [OED *go* 47b; ARBER, 1896, p. 43; DANCHEV & KYtÖ, 1994, p. 61].)

Os dois exemplos em (25) provavelmente eram compreendidos pela maioria dos leitores e ouvintes, e essa era a intenção, como envolvendo movimento com um propósito, já que em ambos aparece movimento no espaço em outro lugar da oração: *passed byfore*, em (25a), e *broughte into helle*, em (25b). Para um leitor do século XXI, a ideia de uma alma sendo fisicamente levada pelas ruas é, no mínimo, bizarra, mas nos tempos medievais não era e, de fato, anteriormente no texto, o monge relata ter uma visão da alma sendo levada por um bando de demônios e jogada como uma bola de tênis:

(26) loe after that noyse and creye folowde a cursyd
lo! after that noise and cry followed a cursed
companye of wyckyd spyrytys and a mighty ledyng
company of wicked spirits and a might leading
with hem anone as they hopyde to helle a soule
with them immediately as they hoped to hell a soul
of a woman late departyd fro her body ... Tho
of a woman recently departed from her body ... those
wekyd spyryteys ... castyd that soule amonge hem
wicked spirits ... casted that soul among themselves
as a tenyse balle.
like a tennis ball
'Ei! Atrás daquele barulho e grito seguiu um grande e amaldiçoado grupo de espíritos perversos levando-os imediatamente, eles esperavam, para o inferno, uma alma de uma mulher recentemente separada do seu corpo ... aqueles espíritos perversos ... jogaram aquela alma entre eles como uma bola de tênis.'
(1485 Monk of Evesham, *Revelation* [ARBER, 1869, p. 42].)

No entanto, conhecendo a história posterior de *BE going to*, é plausível pensar que pelo menos alguns leitores podem ter interpretado *was goyng to* em (25a) e (25b) como mais relacionado à intenção com respeito a eventos subsequentes (uma implicação de propósito) do que com movimento porque a passiva demove a agentividade e, assim, demove a ação pelo ladrão em (25a) e pela alma em (25b). Se for esse o caso, (25a, b) exemplificam implicaturas-ponte atípicas, e podemos concluir que para alguns falantes e ouvintes pode ter havido uma modulação contextual que ativou a ambiguidade pragmática entre movimento com um propósito e futuridade. Para esses indivíduos, a pragmática de tempo posterior pode ter sido posta no primeiro plano.

Os dois exemplos em (25) também ilustram contextos morfossintáticos incomuns mas 'críticos' para *go*. É, de fato, a combinação desses contextos críticos que possibilitam a implicatura ambígua. Um dos contextos críticos é o que chamamos de *BE -ing* 'pré-progressivo' (porque, no inglês médio, *BE -ing* era raro e não era um 'indicador aspectual gramaticalizado no sistema verbal até 1700', RISSANEN, 1999, p. 216). Contudo, formas sem *be* (e, em consequência, provavelmente não eram contextos 'críticos') aparecem bastante frequentemente em orações complemento, como em

(27) Vor ij   days ***goyng*** to Cogysbyry ***to*** gete   tymbyr
      for two days going   to Cogsbury to get   timber
      vor the cherche
      for the church.
      'Por dois dias indo a Cogsbury para pegar madeira para a igreja.'
      (1477-8 *Acc. Yatton* em *Som.RS 4* [MED].)

Outro contexto crítico é o uso em uma construção de finalidade. Se isso ocorre, um SPrep geralmente intervém entre *going* e *to* final, como em (27). Significa que o uso de finalidade de *BE going to* com um verbo imediatamente seguinte, como em (25) é altamente incomum. Um terceiro contexto crítico é passiva na oração final, também como em (25)[7]. Além de raros, exemplos de *BE going to V* aparecem em contextos em que movimento não é somente a leitura razoável, mas é, de fato, frequentemente motivado pela menção de movimento ou localização, e poderia ter sido concebido como mais saliente do que futuro relativo, por exemplo:

(28) Than this sir Garses went to delyuer them and as he *wente* sir *Olyuer Clesquyn*
      mette him & demaunded wheder he *went* and *fro whens he came*. I *come* fro
      my lorde the duke of Aniou and ***am goynge to*** delyuer the hostages.
      'Then this Sir Garses went to deliver them (hostages), and as he went, Sir
      Oliver Clesquyn met him and demanded whither he went and from whence

---

7. Contudo, Peter Petré (c.p.) questiona se a passiva é tão importante ou se o progressivo é tão raro como sugerido aqui.

he came. 'I come from my lord the Duke of Anjou and am going to deliver the hostages'.'

Então este Sir Garses foi entregá-los (os reféns) e, à medida que ele ia, Sir Oliver Clesquyn encontrou-o e perguntou para onde ele ia e de onde ele vinha.

'Eu venho do meu senhor o Duque de Anjou e estou indo entregar os reféns.' (1525 Froissart, 3º e 4º *Book of Chronycles of Englande* [LION; EEBO & TRAUGOTT, 2001a].)

Sugerimos, portanto, que em alguns casos os efeitos do contexto podem ser mais bem entendidos como expansão de ativação de conceitos semanticamente relacionados que ocorrem (frequentemente) no discurso adjacente: os participantes no discurso são preparados para focalizar não apenas referência temporal em geral (*sir Garses went*/sir Garses foi, *he wente*/ele foi), mas também contrastes entre pontos no tempo. Isso é estabelecido por *wheder he went*/ para onde ele ia (implicando referência temporal posterior) e *fro whens he came*/ de onde ele vinha (implicando referência temporal passada); isso é paralelo (embora em sentido inverso) a *I come from*/eu venho de (referência passada) e *am goinge to*/estou indo (referência a um tempo posterior). Todos os exemplos citados aqui mostram que o contexto mais amplo do discurso anterior é crucial para entender qualquer construto e para pensar sobre contextos de mudança. Se somente *I ... am goynge to delyuer the hostages*/estou indo entregar os reféns fosse citado, (28) pareceria ser um exemplo provável do 'futuro relativo', ao passo que, se o contexto anterior é incluído, é bem menos provável que seja entendido assim (embora a pragmática temporal do tempo posterior esteja de fato presente por *default* por causa do propósito). Os exemplos também sugerem que, apesar de a inferência de tempo posterior poder ser sobreposta e colocada em segundo plano por contextos de movimento extensivos, como em (28), tal inferência era, na maioria dos casos, posta em primeiro plano, em outras palavras, potencialmente mais facilmente acessível.

Embora não haja discordância sobre o *status* construcional definitivo do *BE going to* relativo e, mais tarde, futuro dêitico, uma questão que surge é se sua fonte era uma construção, conforme implicado pela referência quase onipresente na literatura sobre gramaticalização a 'movimento com um propósito'. Focando na importância de pensar sobre gramaticalização em termos de contexto e de cadeias maiores do que itens lexicais individuais, Bybee diz:

> Na gramaticalização, não apenas novas construções emergem de construções existentes, mas também um passo além é dado na medida em que um item lexical dentro dessa construção ganha um *status* gramatical (BYBEE, 2010, p. 30).

Em Bybee (2006, p. 720), a autora se refere a uma representação cognitiva que é uma construção movimento com um propósito. Essa interpretação da fonte do auxiliar é, em nossa visão, um tanto problemática à luz da perspectiva sobre construcionalização gramatical que estamos defendendo aqui. Precisamos de uma abordagem que selecione os aspectos 'críticos' do uso que possibilitem o desenvolvimento do novo significado e proponha que ele não se originou de uma construção de movimento com propósito. Ao contrário, ele se originou do uso da microconstrução *go* (ou seja, da microconstrução lexical), unindo-se a um conjunto particular de construções, especificamente: PROPÓSITO$_{ITR}$ (abreviatura de propósito com verbo intransitivo), *BE -ing* (o pré-progressivo) e, opcionalmente, PASSIVA. Nessa constelação de construções, PROPÓSITO$_{ITR}$ acarretava intenção de atividade em um tempo posterior (futuro relativo), *BE -ing* indicava atividade em processo e PASSIVA rebaixava o agente do movimento. O uso repetido de *go* no contexto dessa constelação de construções levou à expansão semântica: codificação da pragmática de intenção de agir em um tempo posterior e uso antes de verbos em que movimento era improvável ou desnecessário (expansão da classe hospedeira).

Os exemplos em (29) estão entre os primeiros exemplos plausíveis atestados de *BE going to* usado como verbo temporal, e não de movimento. Em (29a), é improvável que '*he*'/ele esteja indo a algum lugar para fazer um laço com suas ligas, ele apenas precisa se curvar, e em (29b) é improvável que o estudante esteja indo longe para ser açoitado (embora isso não esteja excluído):

(29) a. So, for want of a Cord, he tooke his owne garters off; and as he **was going to** make a nooze ('noose'), I watch'd my time and ranne away.
'Então, necessitando de um cordão, ele tirou suas próprias ligas; e enquanto ele estava indo fazer um laço, eu vi as horas e corri'.
(1611 Tourneur, *The Atheist's Tragedie* [LION & GARRET, 2012, p. 69].)

b. He is fumbling with his purse-strings, as a school-boy with his points when he **is going to** be whipped, till the master weary with long stay forgives him.
'Ele está atrapalhado com as cordas de sua bolsa, como um estudante com seus pontos quando ele vai ser açoitado, até que o mestre, cansado do longo turno, o perdoa'.
(1628 Earle, *Microcosmography* § 19 [apud MOSSÉ, 1938, p. 16; GARRET, 2012, p. 69].)

A afirmação muito citada feita por um gramático chamado Poole em 1646 mostra que *BE going to* estava convencionalizada como temporal e era reconhecida como tal no início do século XVII:

(30) *About to*, ou *going to*, é a marca do particípio do futuro ...: como, *my father when he was about [to] die, gave me this counsell*/meu pai, quando estava para morrer, me deu esse conselho. I *am [about]* or *going* [to] *read*/Eu estou para ou estou indo ler.
(1646 Poole, *Accidence* 26 [DANCHEV & KYTÖ, 1994, p. 67; colchetes do original].)

Evidência relativamente anterior também é fornecida por uma anotação de uma passagem da Bíblia: *And Jakob said, Sell to me this day thy first birthday. And Esau said, Loe I am going to dye: and wherefore servth this first-birthright unto me?*/E Jacó disse, Venda-me neste dia seu primeiro aniversário. E Esaú disse: Eis que vou morrer: e, portanto, esse direito de primogenitura? A anotação se lê:

(31) [going to die] isto é, pronto para ou em perigo de morrer: o que pode significar, tanto em relação à sua fome presente, que não poderia (como ele profanamente pensava) ser satisfeita com o título de sua primogenitura: e do seu perigo diário de ser morto pelas bestas selvagens, no campo onde ele

caçava (1639 Ainsworth, *Annotations upon the five books of Moses, the book of Psalmes and the song of songs* http://books [Google.com/books?id=BAAAAcAAJ; parênteses no original – Acesso em 06/06/2011[8]]).

Embora a anotação de Ainsworth possa ser considerada teológica e não linguística, ela confirma que ele pretendia que *BE going to* tivesse um sentido temporal no texto, e ao menos uma pessoa que não Poole estava ciente do novo uso. Também confirma que naquele tempo esse uso era considerado futuro relativo, em vez de futuro dêitico.

A mudança para futuro dêitico no lugar de futuro relativo parece ter ocorrido no contexto da mudança para o *status* de auxiliar pleno, discutido na seção 3.3.2. Essa mudança se correlaciona com o uso de *BE going to* com *be* e outros estativos e com o uso em construções de alçamento, como em (32). (32a) é (20b) no capítulo 3, repetido aqui por conveniência:

(32) a. I am afraid there ***is going to*** be such a calm among us, that ...
Tenho medo de que vai haver tal calma entre nós, que ...
(1725 Odingsells, *The Bath Unmask'd* [LION; English Prose Drama].)

b. *Burnham*. I should be glad to know what Freedom there was between us.
Bowers. There ***was going to*** be a pretty deal of Freedom, but I lost it in the mean Time.
Burnham. Eu deveria estar contente de saber que havia liberdade entre nós.
Bowers. Iria haver uma boa dose de liberdade, mas eu a perdi nesse meio-tempo.
(1741 Trial of Esther Burnham and Godfrey Nodder, t17411204-5 [OBP].)

Hilpert (2008) discute a expansão de colocação com verbos altamente télicos, como *say*/dizer, *give*/dar, *make*/fazer, *tell*/contar e *marry*/casar, nos períodos anteriores para verbos muito frequentes, como *be*/ser, *have*/ter, *do*/fazer, no século XIX. Tal expansão sugere que, durante o século XVIII, *BE going to* temporal veio a ser interpretado, cada vez menos, como em rede com as múltiplas fontes que o ativaram.

---

8. Agradecimentos a Richard Futrell por essa referência.

Um contexto indireto foi, sem dúvida, o esquema auxiliar existente, que já tinha vários membros. Estes eram organizados em dois subesquemas principais: os modais 'nucleares', com maior frequência de ocorrência e com forma monomorfêmica (*will*, *shall*, *must* etc.), e um conjunto perifrástico (*be to*, *have to*, *ought to*). Embora a forma *BE going to* pareça corresponder parcialmente aos auxiliares perifrásticos, a correspondência não se dá em relação ao significado. Os auxiliares perifrásticos estavam mais associados a obrigação futura e probabilidade do que a 'futuro', quer relativo quer dêitico. Assim, inicialmente *BE going to* correspondia apenas indiretamente a qualquer um dos dois conjuntos.

Apesar de usado com frequência muito menor do que o conjunto 'nuclear', o conjunto perifrástico era, ainda assim, harmônico, com a sintaxe cada vez mais analítica do inglês e foi, presumivelmente, a forma de auxiliar *default* por meio de pensamento analógico. Quando os falantes começaram a usar o futuro relativo *BE going to* no início do século XVII, eles provavelmente o alinharam ao subesquema perifrástico. Na época e no início do século XVIII, a semântica de 'futuro dêitico' é encontrada nos auxiliares nucleares como *will* e *shall* (cf. NESSELHAUF, 2012, que usa o termo 'previsão' para o futuro dêitico). Ao longo do tempo, à medida que a expansão da classe hospedeira e vários tipos de expansão sintática estavam ocorrendo no século XVII, a semântica de *BE going to* se alinhou com a de alguns dos modais nucleares, uma mudança construcional semântica.

A proposta apresentada aqui reconhece que o pensamento analógico esteve provavelmente envolvido no desenvolvimento de *BE going to* futuro, como Fischer (2007; 2010) argumenta. No entanto, a análise é significativamente diferente da dela: o significado é considerado crucial para o desenvolvimento, e somente pensamento analógico, e não analogização, é tido como um fator facilitador. Além disso, tanto os modais perifrásticos como os nucleares são tomados como tendo sido contextos relevantes para a mudança. Conquanto Fischer apresente a adoção de *BE going to* na categoria de auxiliares como instantânea e baseada na analogia com a forma dos auxiliares perifrásticos, os dados mostrados aqui comprovam que a entrada inicial em Aux foi pelas margens – inicialmente era, aparentemente, um futuro relativo incompatível com *go* usado em construções de herança múltipla. Essa é uma característica da gradualidade. De Smet (2012, p. 604) aponta uma expansão semelhante para *about*/sobre aproximativo, de complementos não animados para animados, atribuindo propriedades animadas à construção, como em *about ten people left*/cerca de dez pessoas saíram. Ele diz que *about* 'deixa, por algum tempo, de realizar seu potencial, parecendo estar restrito por uma generalização mais ou menos superficial baseada na similaridade'. De modo semelhante, podemos dizer sobre *BE going to* que os falantes deixam, por algum tempo, de tratá-lo como um auxiliar pleno e usá-lo apenas como um membro marginal dessa construção.

O argumento apresentado acima tem implicações para a suposição tradicional de que havia polissemia entre *BE going to* movimento e futuro. Conforme sugerido em 5.2.1, heterossemia é o conceito mais adequado para significado compartilhado entre uma construção anterior e uma posterior, mas, nesse caso, argumentamos que não havia uma construção anterior de movimento com um propósito, de modo que não havia heterossemia nesse caso. É razoável supor, contudo, que os usuários da língua assumiam alguma conexão entre construtos com base na forma, especialmente se eles eram letrados. Mas também está claro que o acesso a qualquer semelhança ficou cada vez mais fraco ao longo do tempo já que a história de *BE going to* futuro, como sabemos, envolve redução fonológica, na fala, para o que é comumente representado na escrita como *BE gonna*. Os primeiros exemplos aparecem no OED bem no começo do século XX (MAIR, 2004):

(33) Yo're *gonna* get a good lickin'.
'Você vai levar uma boa lambida.'
(1913 C.E. Mulford, *Coming of Cassidy* ix 149 [OED *gonna*].)

Conforme Berglund (2005) mostra, *gonna* é agora a principal variante encontrada no inglês falado contemporâneo.

Embora falantes de inglês contemporâneo saibam que *BE going to V* possa ser em um construto para expressar movimento com um propósito, um fator que não tem sido objeto de discussão na literatura é até que ponto essa expressão é de fato usada desse modo. Traugott (2012b) assinala que é difícil encontrar exemplos, nos primeiros cinquenta anos de *Old Bailey Proceedings* (1674-1723), de construtos dessa forma que, inequivocamente, signifiquem movimento, não apenas antes mas também depois que a mudança semântica para temporalidade ocorreu. Isso parece ter continuado a ocorrer. Uma breve verificação no Google Books produziu o exemplo em (34):

(34) We ***are going to accept*** your kind invitation to visit your city; we ***are going to visit*** the historic battle-fields that surround the city of Richmond; we *are going there* not out of curiosity, but we ***are going to drop a tear*** in memory ...
Nós vamos aceitar seu amável convite para visitar sua cidade; nós vamos visitar os históricos campos de batalha que circundam a cidade de Richmond; nós vamos lá não por curiosidade, mas nós vamos derramar uma lágrima em memória ...
(1904 *The National Engineer*, vol. 8: 11 – Acesso em 12/04/ 2012.)

Os colocados *accept*/aceitar, *drop a tear*/derramar uma lágrima exigem uma leitura de futuro, *visit*/visitar permite, mas não requer, uma leitura de movimento. Somente *are going there*/vamos lá exige, sem dúvida, uma leitura de movimento em (34).

Em suma, sugerimos que o contexto primeiro para o desenvolvimento de *BE going to* futuro é o uso em construtos que herdam de uma constelação de construções.

Outros contextos incluem os auxiliares existentes e a expansão sistêmica de auxiliares, especialmente modais (cf. KRUG, 2000 sobre modais emergentes). Como mencionado na seção 3.3.1, isso continua a possibilitar o recrutamento de novos auxiliares, tais como *be fixing to*/estar se preparando para (muito usado no inglês americano do sul e, presumivelmente, por analogia *BE going to*), *got to*/ter que, *want to*/querer que, e até mesmo auxiliares não verbais, como (*had*) *better*/(é) melhor.

5.3.5 *Slots* como contextos para o desenvolvimento de *snowclones*: *not the ADJest* N1 *in the* N2/não o ADJmais N1 no N2

Condições internas parecem ter sido suficientes para a construcionalização gradual dos subesquemas afixoidais que, mais tarde, sancionaram novas formações de palavras. Além disso, há evidência de agrupamentos semânticos (conjuntos lexicais) na criação de novas microconstruções depois que a construcionalização do esquema lexical ocorreu. Essa forma de agrupamento também é observável no tipo de microconstruções sancionadas por *snowclones*. Aqui, a noção de que contexto inclui 'nós relacionados que possibilitam pensamento analógico' (cf. 5.1) é particularmente importante. Considere, a esse respeito, o *snowclone* discutido na seção 4.7, formulado aqui como [[not the ADJest N1 in the N2] ↔ ['não muito esperto]], para chamar a atenção para o adjetivo. Exemplos desse *snowclone* no COCA incluem:

(35) a. Junior's ***not the sharpest knife in the drawer***.
   'Junior não é a faca mais afiada da gaveta'.
   (1999 Karon, *A New Song* [COCA].)

   b. she's as nutty as a fruitcake, a stuck-up mean girl, and ***not the brightest bulb in the pack***.
   'ela é tão maluca quanto um bolo de frutas, uma garota metida e malvada, e não a lâmpada mais brilhante da embalagem'.
   (2011 Connors, *Kelly's Reality Check* [COCA].)

   c. Poor Bill Frisk ***was not the quickest bunny in the warren***.
   'O pobre Bill Frisk não era o coelho mais rápido do mundo'.
   (2009 Lehner, *Southwst Review* 94 [COCA].)

Nesses casos, o significado do esquema completo tem a ver com a inteligência do referente do SN sujeito. O primeiro adjetivo é polissêmico, em que um significado (metafórico) se relaciona a inteligência, mas a coesão semântica do resto da expressão conta com um significado alternativo (não metafórico). O significado não metafórico é um atributo saliente do substantivo que modifica (facas são conhecidas por terem uma lâmina afiada, coelhos, por serem rápidos no movimento, e assim por diante). Esse aspecto é parte do significado codificado (semântica) do substantivo que preenche o *slot* N1 no esquema. Além de significados semânticos linguísticos, geralmente há significado enciclopédico que é parte do fundo contextual (cf. TERKOURAFI, 2009; 5.2.1 acima). O substantivo no SPrep que segue *not the* ADJ*est* é um contêiner típico para o referente do substantivo modificado (facas são tipicamente encontradas em gavetas, lâmpadas vêm em embalagens etc.). No entanto, o contêiner típico não é uma parte central do significado do substantivo que preenche o *slot* N2 no esquema – não faz parte da semântica de facas que elas sejam guardadas em gavetas, ou de lâmpadas que elas devam ser compradas em embalagens. Assim como é o caso com a maioria dos *snowclones*, essa parte do significado é enciclopédico e culturalmente variável. Os falantes têm de se apoiar em conhecimento enciclopédico para interpretar o *snowclone*. O esquema para o *snowclone* sanciona completamente expressões em que um significado do adjetivo é convencionalmente associado a inteligência, mas o contexto linguístico restante vale-se de significados mais literais associados àquele adjetivo e ao conhecimento enciclopédico sobre a relação do contêiner com o substantivo N2.

Os significados contextuais associados a um *snowclone* são ativados somente se a expressão é acessada como um *snowclone*, e não literalmente. Contudo, sanções parciais também são atestadas. Por exemplo, *sweet*/doce é literalmente associado com percepção de sabor, mas tem uma associação metafórica com temperamento agradável, em vez de inteligência, que é o *default* para *snowclones* com a forma [not the ADJest N1 in the N2]. Isso pode motivar expressões como as em (36):

(36) He's **not the sweetest candy in the box**, but I would be real reluctant to acuse him of this level of lying about Paul's stance.
'Ele não é a bala mais doce na caixa, mas eu realmente relutaria em acusá-lo desse nível de mentira sobre a atitude de Paul.'
[Disponível em http://www.westernjournalism.com/ron-paul-denies-accusation-he-thinks-bush-responsible-for-911/ – Acesso em 29/11/2012.]

De modo semelhante, *hot*/quente é metaforicamente associado a atração sexual, um significado que pode motivar expressões como em (37):

(37) Also, during the story, Steven develops a crush on Renee Albert, who is the hottest girl in eighth grade. The odds of that happening are extremely unlikely. Let's just say he is **not the hottest marshmallow in the fire.**
'Também, durante a história, Steven desenvolve uma queda por Renee Albert, que é a garota mais quente da oitava série. As chances de isso acontecer são extremamente improváveis. Vamos só dizer que ele não é o *marshmallow* mais quente no fogo'.
[Disponível em http://booknook.marbleheadcharter.org/2011/11/10/drums-girls-and-dangerous-pie/ – Acesso em 29/11/2012.]

O grau de convencionalização de tais extensões ainda precisa ser determinado, mas é evidente que, para alguns usuários do inglês contemporâneo, o esquema associado à forma [not the ADJest N_1 in the N_2] se generalizou a partir do significado 'não muito inteligente' para 'não muito ADJ' (em que ADJ é um significado metafórico convencionalmente associado ao adjetivo no polo formal da construção). Em outras palavras, o desenvolvimento desse *snowclone* sugere uma mudança construcional, em particular, generalização de significado.

5.3.6 Contextos para o surgimento de pseudoclivadas

Nos exemplos que discutimos até agora, as construções na rede têm sido os contextos relevantes. Aqui, contemplamos a construcionalização das pseudoclivadas com ALL e WHAT em contextos discursivos mais amplos[9], especificamente aqueles que são contestadores e 'dialógicos' – eles implicam alternativas (cf. SCHWENTER, 2000 sobre dialogicidade; cf. tb. WHITE, 2003; TRAUGOTT, 2010b).

---

9. Cf. Östman (2005) para sugestões sobre como considerar contextos discursivos mais amplos como construções. Contudo, seu foco é o gênero, e não o propósito argumentativo, como aqui.

Conforme indicado na seção 3.5.2, nos precursores das pseudoclivadas com ALL, *all* é interpretado positivamente como 'tudo', por exemplo (38) ((42a) no capítulo 3, repetido aqui):

(38) I loue thee dearer then I doe my life,
And ***all I did***, was to aduance thy state,
To sunne bright beames of shining happinesse.
'Eu te amo mais que minha vida,
E tudo que eu fiz foi convencer teu estado,
Para iluminar com raios luminosos de felicidade brilhante.'
(1601 Yarrington, *Two Lamentable Tragedies* [LION: EEBO].)

Porém há riscos reais de que *all* pode ser considerado inadequado, como afirmado muito claramente em (39) ((41b) no capítulo 3, expandido aqui). Aqui, na batalha de Agincourt, o rei Henry reza, contemplando a morte de Ricardo II pelo seu pai, Henry IV. Ele cita algumas das coisas que ele fez para expiar o crime e promete fazer mais, mas reconhece que, o que quer que ele faça, pode não ser suficiente:

(39) ... More will I do.
Though ***all that I can do*** *is nothing worth*,
Since that my penitence comes after all,
Imploring pardon.
'... Mais eu farei.
Apesar de que tudo que eu possa fazer não valer nada,
Uma vez que minha penitência vem de todo jeito,
Implorando perdão.'
(1600 Shakespeare, *Henry V*, IV.i.320 [LION: Shakespeare].)

Esse tipo de situação conflitante parece ser o contexto discursivo em que as novas clivadas com ALL e WHAT emergiram desde os primeiros exemplos, particularmente aqueles com *do*, ocorrendo em passagens argumentativas em que alternativas são sugeridas e frequentemente rejeitadas. Em alguns casos, como (40b), uma interpretação feita por outros é expressamente rejeitada:

(40) a. Concerning the name of *Picardy*, it is a difficulty beyond my Reading and my conjecture. ***All that I can do** is, to overthrow the less probable* ('plausible, viable') *opinions of other Writers.*
Com relação ao nome Picardy, é uma dificuldade acima da minha compreensão e da minha conjectura. Tudo o que eu posso fazer é derrubar as opiniões menos prováveis ('plausíveis, viáveis') de outros escritores.
(1656 Heylyn, *France Painted* [LION: EEBO].)

b. If it be objected that I preached to separate Congregations; my answer is, That I preach'd only to some many Thousands that cannot come into the Temples, many of which never heard a Sermon of many years. And ***what I did**, was only to preach to such as could not come to our Churches.*
Se se opuser que eu preguei para congregações distintas; minha resposta é, que eu preguei apenas para alguns milhares que não podem vir aos templos, muitos dos quais nunca ouviram um sermão por muitos anos. E o que eu fiz foi apenas pregar para esses que não podem vir a nossas igrejas.
(1697 Baxter, *Mr. Richard Baxter's Last Legacy* [LION: EEBO].)

Em (40a), *all that I can do*/tudo o que eu posso fazer no contexto de *difficulty beyond my reading*/ dificuldade acima da minha compreensão sugere a inferência de que tudo não é suficiente ou não é de valor, portanto a ação especificada na segunda oração é baixa na escala de eficácia; de fato, a única coisa que o escritor pode fazer é derrubar as opiniões menos prováveis de outros. Em (40b), *what I did*/o que eu fiz sugere a inferência de que a ação estava restrita à atividade na segunda oração e não incluía o tipo de ações de que o autor é acusado. Isso se torna explícito por *only*/apenas.

Um exemplo interessante em que duas interpretações potenciais diferentes da mesma ação podem ser vistas na mesma sentença é:

(41) By all which your Honours may perceive, how he [Master Pet Senior] hath falsly traduced the Commissioners of the Navie, ... and ***all he drives at**, is by his unjust aspersions to bring the Parliament and them at ods*, that so he might accomplish his own ends.
Por tudo o que Suas Excelências podem perceber, como ele [Mestre Pet Senior] erradamente traduziu os *Commissioners of the Navie*, ... e tudo o que ele pretende é, por suas aspirações injustas, trazer o parlamento e eles em discordância, para que ele possa realizar suas próprias finalidades.
(1646 mscb [ICAME: Lampeter].)

De acordo com o autor, tudo o que Mestre Pet Senior pretende é causar discórdia, um fator antecipado pelos seus atos. Isso presumivelmente é positivo da perspectiva de Mestre Pet. Da perspectiva do escritor, contudo, é negativo e baixo em uma escala de moralidade – *falsly*/erradamente e *unjust*/injusto se apoiam no escritor, não em *he*/ele, já que Mestre Pet não teria caracterizado seus próprios atos e observações desse modo.

Construções especificacionais excluem alternativas, e parece que, quando alguns falantes usavam as novas pseudoclivadas especificacionais, eles as tornavam, em parte, redundantes (cf. uso de *only* em (40b), assim como *if it be objected*). Em outras palavras, a função discursivo-pragmática torna-se explícita no discurso e no texto, de várias maneiras, e a tarefa do interlocutor é 'encontrar na base comum, ou conceitualizar a partir dela [...] um conjunto de suposições', conforme Kay (2004) sugeriu em relação a *let alone*/muito menos (cf. 5.1). Ao longo do tempo, as propriedades estruturais das clivadas com ALL e WHAT passaram a ser identificadas com listagem especificacional exaustiva, e a pseudoclivada pode ser usada em uma ampla gama de contextos.

Focalizamos nos contextos argumentativos imediatos em que as pseudoclivadas parecem ter surgido. Provavelmente, um contexto sistêmico maior foi a emergência, no inglês moderno inicial, de novos modos de sinalizar as relações de foco (LOS, 2009). Los e Komen (2012), por exemplo, associam a perda da sintaxe de verbo segundo (V_2) no inglês no século XV, e daí a 'perda de uma primeira posição que poderia hospedar constituintes contrastivos' (p. 884), ao aumento da frequência de ocorrência das clivadas com IT e, especialmente, o surgimento de clivadas 'enfáticas', como em (42):

(42) It is **just twenty years** that we had that very happy meeting at dear Coburg...!
Foi só há vinte anos que nós tivemos aquele encontro muito feliz na querida Coburg...!
(186x: 1271.694 Victoria [LOS & KOMEN, 2012, p. 892].)

Quão diretamente esse desenvolvimento está vinculado à emergência das pseudoclivadas; contudo, ainda precisa ser investigado.

5.4 PERSISTÊNCIA DE CONTEXTOS FACILITADORES

Na seção 5.2.2, a questão da persistência foi mencionada em relação à proposta de De Smet (2012) de que a atualização ocorre em pequenos passos que mantêm similaridade com usos anteriores, como no caso de *all but*/quase e *key*/chave. Antes, Breban (2009, p. 80) apontou que 'Um uso emergente recém-desenvolvido por um item tem de 'encaixar' com sua estrutura fonte, a saber, ele é 'sancionado' pela estrutura do uso original e é, em algum modo, estruturalmente modelado por ele'. O autor ilustra com exemplos de adjetivos de diferença, por exemplo, *different*/diferente e *other*/outro. Tanto Breban como De Smet têm uma visão estrutural e sintática de persistência. No entanto, persistência tem sido originalmente discutida principalmente em termos de significado (HOPPER, 1991; BYBEE; PERKINS & PAGLIUCA, 1994). Em ambos os casos, as distribuições originais ou a semântica afetam desenvolvimentos posteriores e exercem uma espécie de efeito de recuo em desenvolvimentos subsequentes, restringindo, desse modo, os contextos em que elementos construcionalizados podem aparecer. Isso significa que rotinas podem sedimentar e manter (ou mesmo reforçar) elos em uma rede. O tópico persistência foi introduzido como um dos 'princípios de gramaticalização' (HOPPER, 1991, p. 22). No entanto, parece ser um fator na mudança em geral.

A discussão de Hopper sobre persistência e a de De Smet sobre atualização em pequenos passos dizem respeito a mudanças específicas ao item. Com relação a implicaturas pragmáticas, essas frequentemente persistem em um novo papel como semântica codificada. Conforme vimos no caso de *BE going to*, a implicatura de 'futuro relativo' do PROPÓSITO$_{ITR}$ foi semanticizada como o significado de *BE going to* (ECKARDT, 2006). Esse é um processo que Kuteva (2001, p. 151) chama de 'absorção contextual' e é uma mudança de pequeno passo na atualização de *go* em contextos específicos como temporal. Do mesmo modo, a implicatura de quantidade com base em partitivos, como *a bit of*/um pouco de, foi semanticizada como uma propriedade de quantificadores binominais. A semântica partitiva original é parcialmente mantida, especialmente, conforme Brems (2011) mostra, no caso de partes de tamanho pequeno (*a bit/shred of*) ou medidas (*an iota/smidgen of*/um bocadinho/um punhado de).

Com relação a contextos morfossintáticos críticos, considere *BE going to* outra vez, em particular o contexto da construção de PROPÓSITO, que exigia um verbo agentivo na oração final. Usando análise colostrucional diacrônica, Hilpert (2008) mostra que significados intencionais, tais como agentividade, transitividade, telicidade, não só foram chave para a escolha do verbo que se coloca com *BE going to* nos séculos XVIII, XIX e início do XX, mas ainda continuam a ser, embora estativos (*be, like*) ocorram e verbos leves (*do, get, have*) agora sejam, de fato, contextos preferidos. Em outras palavras, as classes hospedeiras em expansão são, em parte, consistentes com o contexto original de PROPÓSITO. Ele também ilustra o grau em que a persistência de tais contextos é específica à língua, comparando a história de *BE going to* com a do cognato holandês *gaan* 'ir' + V-infinitivo. Já no século XVII, *gaan* do holandês se coloca com verbos de postura menos ativos, como *zitten* 'sentar' (HILPERT, 2008, p. 114), do que acontece com *BE going to* no século XVII. Ao longo do tempo, no holandês, houve uma mudança para atelicidade e significados menos intencionais, como os que são associados a postura. Além disso, verbos de reação cognitivos são atualmente preferidos (*beminnen* 'amar', *denken* 'pensar'). Isso implica que os falantes de inglês retiveram muito do contexto semântico fonte original (agentividade, intenção associada a propósito) durante os três séculos em que a expansão da classe hospedeira do futuro ocorreu (apesar da divergência do *go* original em contextos construcionais específicos). Por outro lado, falantes de holandês não retiveram os significados agentivos da fonte original, mas expandiram um subconjunto menos orientado para a atividade de colocações disponíveis desde o início[10].

Uma das mudanças específicas ao item discutidas neste capítulo é o desenvolvimento de *several*/vários (5.3.3). Esse caso pode parecer ser diferente de, por exemplo, *a lot of*, *BE going to* e pseudoclivadas porque o uso original de *several* significando 'distinto' se perdeu. Contudo, os passos do desenvolvimento são coerentes com o que De Smet propõe para atualização. Breban discute em vários trabalhos (p. ex., 2009; 2010) que adjetivos de diferença como *different*/diferente e *other*/outro mostram histórias parcialmente similares, sugerindo que suas histórias anteriores podem estar refletidas em distribuições, significados e trajetórias de mudança posteriores. Ela identifica um subesquema de adjetivos de diferença com estrutura interna de SN em que usos posteriores são moldados, em parte, por usos estruturais anteriores.

Conforme a referência a esquemas para usos distintos de adjetivos de diferença sugere, nem toda persistência é uma questão de mudanças de atualização específicas do item. Em sua discussão de contextos morfossintáticos críticos para a gramaticalização, Diewald (2002; 2006) diz que eles não persistem depois da gramaticalização, ao contrário de contextos atípicos (implicaturas), que persistem (2006, p. 4). O exemplo da autora é do desenvolvimento de modais em alemão. Nesse caso, o que se perdeu foi um esquema modal morfológico. Uma abordagem construcional ajuda a distinguir entre atualização específica ao item, em que vínculos com significados e distribuição mais antigos podem, ao menos em algumas circunstâncias, facilitar mudanças assim como também ser mantidos. Quando esquemas desaparecem, esse, obviamente, não é o caso. No entanto, esquemas facilitadores originais não desapareceram no caso de quantificadores

---

10. Uma outra possibilidade é que os usos do holandês *gaan* não eram tão distintamente intencionais como os usos do inglês *BE going to* e se agrupavam principalmente em torno do incoativo ('vir a ser') (cf. OLMEN & MORTELMANS, 2009. Agradecimentos a Martin Hilpert por chamar nossa atenção para essa referência).

binominais [not the ADJest N1 in the N2], *BE going to*, pseudoclivadas ou adjetivos de diferença.

No caso de construcionalização lexical, é difícil determinar persistência de contextos facilitadores. O desenvolvimento específico ao item do galês *nôl* 'buscar', discutido na seção 4.9, parece, de acordo com a análise de Willis (2007), se adaptar ao desenvolvimento passo a passo em que passos posteriores são restringidos por anteriores. Em que grau passos originais que levam a composição modelam inovações posteriores no esquema ainda precisa ser estudado. No caso de *-lac*, como observado na seção 5.3.1, os compostos anteriores do inglês antigo sugeriram um elemento significativo de energia e dinamismo físico, o qual, por sua vez, sugere persistência do significado lexical de *lac* 'jogo, luta'. Em alguns casos, contudo, nem sempre fica claro como uma microconstrução particular no esquema se adapta a essa generalização (cf. *wedlock* 'voto de casamento' e *shendlac* 'desgraça' no inglês médio). Se as bases para outras construções derivacionais, por exemplo, *-dom*, mostram igualmente pouca evidência de restrições para persistência é uma questão para pesquisa futura. Como é de se esperar, se um esquema se perde e a construcionalização subsequente de uma microconstrução atômica se dá (cf. *garlic*, *barn* e *stirrup*), parece não haver persistência tanto de contextos facilitadores/críticos como de atípicos.

Como é o caso com outros aspectos da construcionalização lexical, a persistência de contextos facilitadores parece ser muito mais variável do que no desenvolvimento de construções gramaticais.

5.5 SUMÁRIO

Neste e em capítulos anteriores, mostramos que:

(a) Contexto é um fator crucial na mudança construcional.

(b) Como foi sugerido na literatura sobre gramaticalização, a contribuição do contexto é diferente antes e depois da construcionalização. Reprodução de contextos pragmáticos e morfossintáticos envolve mudanças construcionais que podem levar a um contexto 'de transição/isolante' e construcionalização – o desenvolvimento de uma construção forma$_{nova}$-significado$_{novo}$.

(c) No caso de novas microconstruções gramaticais, antes da construcionalização ocorrem modulação e uso pragmáticos em contextos 'morfossintáticos críticos' preferidos. Pós-construcionalização, as novas microconstruções tendem a ser reforçadas e cristalizadas parcialmente como resultado de vários tipos de expansão do contexto, e parcialmente como resultado de se tornarem membros de um esquema mais amplo. Os tipos de expansão de contexto são aqueles propostos em Himmelmann (2004): colocações expandidas (expansão da classe hospedeira), daí contextos semânticos e modulações pragmáticas expandidos, assim como distribuições sintáticas expandidas. Reduções entram em ação com rotinizações e uso frequente, especialmente nos registros informais e falados. Obsolescência ou restrição a nichos (contextos sintáticos reduzidos) podem se seguir.

(d) No caso de novas construções lexicais esquemáticas, antes da construcionalização, modulação e uso pragmáticos com subclasses lexicais preferidas (conjuntos de classe hospedeira) ocorrem. O contexto, aqui, pode ser entendido como o contexto de rede local, mas as mudanças pré-construcionalização são frequentemente correlatas a gênero ou tipo textual. Pós-construcionalização, novas construções-tipo podem ser formadas com base no modelo esquemático; uso rotinizado e competição entre modelos podem levar à redução estrutural, possivelmente obsolescência das microconstruções e dos esquemas, conforme discutido no capítulo 4.

(e) Construções na rede com significado e forma similares podem ser importantes fatores contextuais e servir de modelo ou atrator.

(f) O contexto mais amplo de mudanças sistêmicas na língua é um fator importante.

(g) Contextos críticos podem persistir no nível específico ao item ou no nível esquemático.

(h) Persistência pode ser estrutural assim como semântica.

Em suma, mudanças individuais em contextos individuais precisam ser entendidas em termos do significado e da forma dos construtos originais em que uma construção é usada, das construções esquemáticas preferidas das quais elas herdam propriedades, da rede dos (sub)esquemas para os quais elas são recrutadas e das mudanças mais amplas relevantes ocorrendo na língua no momento.

Revisão e perspectivas futuras

6.1 INTRODUÇÃO

Neste breve capítulo resumimos os objetivos principais do livro e apresentamos uma sinopse do que nossa pesquisa descobriu à medida que buscamos alcançar esses objetivos (6.2). Sugerimos, então, algumas áreas para pesquisas posteriores (6.3).

6.2 OS OBJETIVOS PRINCIPAIS

Nosso propósito neste livro foi o de explorar modos em que aspectos da mudança linguística podem ser conceitualizados a partir de uma perspectiva da gramática de construções cognitiva, numa concepção ampla. A contribuição-chave de uma perspectiva construcional para repensar estudos anteriores sobre mudança é que o modelo teórico favorece o pensamento sobre mudança de forma e de significado igualmente, assim como a criação e a mudança de elos entre construções em uma rede. É por essa razão que invocamos a noção de língua em rede por todo o livro.

O modelo em rede nos permite considerar, de modo consistente e uniforme, mudanças nos e entre os signos, assim como a criação de novos signos. Tratamos mudanças nos signos como mudanças construcionais: essas são 'internas' a um nó na rede. A criação de uma nova microconstrução lexical pode ser instantânea, por exemplo, um novo nó é criado como resultado de empréstimo de uma construção lexical de outra língua por parte do falante, ou através dos processos de formação de palavra tais como conversão de uma construção lexical de uma categoria para outra. De outro modo, a criação de uma microconstrução nova ou de um esquema novo pode ser resultado de uma série de mudanças construcionais em outro lugar na rede. Essa criação gradual de um novo nó pode resultar na reconfiguração de elos entre nós na rede. Isso é o que descrevemos como construcionalização gradual, o que focalizamos neste livro. A construcionalização se aplica tanto a microconstruções quanto a esquemas.

Ao discutir as implicações dessa abordagem, esperamos ter delineado pontos fundamentais para trabalhos posteriores nesse modelo. Embora individualmente eles sejam em parte reformulações de propostas conhecidas na literatura sobre mudança linguística, o que é relevante em nosso modelo é que, juntos, eles formam um conjunto coerente de pressupostos teóricos em relação à natureza da mudança construcional:

(a) Tanto forma como significado devem ser considerados igualmente no estudo da mudança.

(b) A mudança precisa ser considerada tanto numa perspectiva específica (micro) quanto numa esquemática (macro).

(c) Mudanças devem ser consideradas em termos de hipóteses sobre que tipos de processos ocorrem em que fases da mudança de uma construção, e como uma nova construção passa a existir.

(d) Considerando que mudanças gramaticais e lexicais estão num *continuum*, do polo de conteúdo para o procedural, elas precisam ser vistas como complementares, e não ortogonais.

(e) Mudanças precisam ser pensadas em termos de uso e de redes.

(f) Inovações (ou seja, propriedades de uma rede individual) podem ser reconhecidas como mudanças apenas quando se convencionalizam e são compartilhadas por outros (ou seja, são manifestadas por uma rede populacional).

(g) A mudança geralmente ocorre em pequenos passos discretos (gradualidade ao longo do tempo), resultando em variação (gradiência sincrônica).

(h) Sendo gradientes, padrões convencionais e normas de uso permitem às mudanças emergirem ao longo do tempo.

(i) Analogização e alinhamento a conjuntos são importantes mecanismos de mudança, mas como toda mudança envolve neoanálise, a neoanálise é o tipo de mudança mais inclusivo.

(j) As microconstruções e os esquemas nos quais elas participam têm suas próprias histórias, restringidas e influenciadas por um sistema mais amplo do qual fazem parte.

Nós nos associamos à literatura sobre gramaticalização e lexicalização considerando sua influência nas últimas décadas e como ela tão prontamente pode ser repensada em termos da gramática de construções. Em nossa visão, o 'valor adicional' da abordagem construcional para a mudança da língua que desenvolvemos neste livro é que uma abordagem em rede baseada no uso da mudança dos signos em níveis múltiplos de abstração nos permite repensar modos para tratar algumas das complexidades da mudança da língua. Especificamente:

(a) Construcionalização gramatical e construcionalização lexical não são equivalentes à gramaticalização ou lexicalização. Ao invés, certos aspectos da gramaticalização e da lexicalização podem ser incorporados numa visão mais ampla de mudança linguística como mudança do signo.

(b) Evidência do *continuum* entre os polos de conteúdo e procedural no gradiente construcional mostra que gramaticalização e lexicalização não são desenvolvimentos ortogonais. Isso fica especialmente claro quando desenvolvimentos que mostram a expansão de construções parcialmente de conteúdo e parcialmente procedurais são considerados, e quando casos de degramaticalização são repensados em termos de mudanças específicas *versus* mudanças esquemáticas.

(c) Uma abordagem baseada em pareamentos de forma-significado revela a necessidade de se elaborar interfaces entre os módulos.

(d) A habilidade para ver como redes, esquemas e microconstruções são criados ou expandem e diminuem, assim como a habilidade para investigar o desenvolvimento de padrões em ambos os níveis, permite ao pesquisador ver como cada microconstrução tem sua própria história nas restrições de padrões maiores, de esquemas mais imediatos, mas também em nós da rede mais amplamente relacionados.

(e) Expansão e redução estão interligadas. Assim, a direcionalidade da mudança é mais sutil do que se tem pensado.

Sugerimos algumas áreas da atual gramática de construções cognitiva que podem se beneficiar se repensadas em termos de mudança. Entre elas estão as noções de:

(a) Redes e subgrupos dentro dessas redes.

(b) Composicionalidade. É mais bem-pensada em termos da distinção entre composicionalidade, do lado de significado e analisabilidade, do ponto de vista da forma.

(c) Projeção de usos originais a partir da variação presente (cf. 3.4.3).

(d) Coerção como 'exigindo' interpretações particulares, considerando as incompatibilidades entre significado lexical (de conteúdo) e gramatical (procedural) (cf. 5.2.2). É provável que a coerção não seja necessária como um conceito separado da metonímia e de interpretações mais adequadas.

(e) A distinção entre 'padrões de cunhagem' e construções (4.7).

Como no caso dos pontos fundamentais para trabalhos futuros sobre aspectos da mudança linguística, a maioria dessas questões não são novas. Esperamos que nossa perspectiva tenha chamado atenção para problemas particulares e sugerido algumas maneiras de levar o debate adiante.

6.2.1 Um exemplo resumido: *ISH*

Voltamo-nos agora a um breve exemplo envolvendo construcionalização e mudança construcional que consideramos ilustrar muitos dos temas deste livro. Selecionamos esse exemplo porque acreditamos que ele mostra a natureza do 'valor adicional' de uma abordagem construcional. Nosso exemplo é o ISH do inglês. Essa mudança no inglês tem sido discutida da perspectiva da (anti)gramaticalização por Kusmack (2007), degramaticalização por Norde (2009) e construcionalização por Trousdale (2011). Para os períodos iniciais, no inglês antigo, Kuzmack (2007) distingue dois tipos de afixo derivador de adjetivo:

(1) a. *ish₁*, que é sufixado a substantivos referindo-se a nações ou grupos étnicos (p. ex., *English*/inglês, *Welsh*/galês, *Jewish*/judeu).
   b. *ish₂*, que é sufixado a 'nomes genéricos' para formar adjetivos significando 'da natureza de ou como X'.

Como em ambos os casos a formação de palavras derivacional é denominal e ambos têm semânticas similares, sugerimos que no inglês antigo havia um esquema de formação de palavras do tipo em (2):

(2) Esquema de ISH no inglês antigo
   $[[N_i.isc]_{Aj} \leftrightarrow [\text{ter a característica de SEM}_i] \text{PROPRIEDADE}]_j]$

Esse esquema tinha dois subesquemas, em um dos quais N se refere a nações ou grupos étnicos (ISH étnico):

(3) Subesquema ISH étnico
   $[[N_i.isc]_{Aj} \leftrightarrow [\text{ter a característica do grupo étnico}_i] \text{PROPRIEDADE}]_j]$

Esse subesquema ISH étnico tornou-se recessivo no fim do inglês médio, e não é mais produtivo. Apesar de alguns membros se tornarem morfologicamente mais transparentes (p. ex., *Scott.ish*/escocês, substituindo o *Scytt.isc* do inglês antigo), em vários casos houve desgaste segmental devido ao uso frequente, a estrutura bimorfêmica original se perdeu (p. ex., *Welsh*/galês), e alguns membros, como *Greek.ish*/grego, deixaram de ser usados, um fenômeno típico de reorganização de esquema.

O segundo subesquema (ISH associativo), com substantivos comuns na base, originaram-se no inglês antigo, mas não se tornaram muito produtivos até a fase inicial do inglês moderno. O subesquema nesse caso é:

(4) Subesquema ISH associativo

$$[[N_i.isc]_{Aj} \leftrightarrow [\text{ter a característica da entidade}_i] \text{ PROPRIEDADE}]_j]$$

Exemplos iniciais são *cild.isc*/infantil, que ocorre no inglês antigo, mas não é usado com frequência de ocorrência nos textos que nos restam até o inglês médio, *menn.isc*/humano e *fool.ish*/tolo (uma formação do inglês médio). Como os exemplos sugerem, muitos se tornaram pragmaticamente pejorativos e, mais tarde, as bases tinham frequentemente semântica negativa (MARCHAND 1969, p. 305 menciona vários deles, incluindo *hell.ish*/infernal e *hogg.ish*/egoísta). A extensão pragmática de 'típico de N' para 'típico de e associado a características negativas de N' é uma mudança construcional. O subesquema de ISH associativo continua produtivo, especialmente com pragmática pejorativa.

Em alguns casos, o sufixo *.ish* implicava não apenas 'característico de' mas, mais fracamente 'como/tipo de', como no caso de *water.ish*/aquoso, que o MED glosa como 'contendo um grande volume de água, diluído'. Na fase do inglês médio, um novo conjunto de bases começou a ser usado: adjetivos de cor (p. ex., *yellow.ish*/amarelado, *blu.ish*/azulado). Nesses contextos, o sufixo *.ish* passou a codificar o significado de 'como/tipo de' (ISH aproximativo). Kuzmack (2007) se refere a esse uso como ish_3. Ela afirma que, enquanto o que ela chama de ish_2, como em *childish*/infantil (ou seja, ISH associativo), enfatiza similaridade com a base, esse novo significado do sufixo *.ish* enfatiza não similaridade. Essa mudança de significado pode, à primeira vista, parecer uma instância de uma mudança construcional. No entanto, o desenvolvimento do ISH aproximativo é uma construcionalização, já que a forma à qual o sufixo se fixa pode ser ADJ tanto quanto N e o significado é diferente daquele do ISH associativo:

(5) Esquema ISH aproximativo

$$[[A_i/N_i.ish]_{Aj} \leftrightarrow [\text{ter a característica de SEM}_i] \text{ PROPRIEDADE}]_j]$$

Esse esquema continua produtivo.

No século XIX, deu-se a expansão do ISH para bases complexas, algumas vezes compostos, outras orações. Conforme Kuzmack, essa expansão, que é uma mudança construcional em nossa terminologia, é encontrada tanto com ISH associativo como com ISH aproximativo. No entanto, nos dados, ISH é mais frequentemente instanciado pelo primeiro. (6) exemplifica ISH associativo, em que *ish* significa 'característico de' e a forma não mais está restrita a um N não modificado. Isso sugere que uma mudança construcional de sufixo para clítico pode ter ocorrido.

(6) A ***clean cravatish*** formality of manner.
   [Uma maneira formal, engravatada e limpa.]
   (1836 Dickens, *Sketches by Boz* [OED -*ish* sufixo1, 2].)

Kuzmack (2007) menciona *pale yellow-.ish*/amarelado pálido (com adjetivo modificado), *right now.ish*/agorinha como expansões do ISH aproximativo. Um exemplo recente é (7), no qual ISH tem escopo sobre o adjetivo pré-modificador (*new*/novo), e não sobre o substantivo (*member*/membro) ao qual ele está frouxamente fixado. Essa construção é mais difícil de analisar do que aquelas com ISH associativo já que os elos estruturais estão mais frouxos:

(7) ***New*** member (***ish***) first ever thread
   [Primeiro tópico de um membro (mais ou menos) novo]
   (2008 [Disponível em http://www.cliosport.net/forum/showthread.
   php?328235-New-member-(ish)-first-ever-thread – Acesso em 03/12/2012].).

Kuzmack identifica o que chamamos de ISH aproximativo como a fonte para o uso de *ish* como um item sozinho. Isso é, na verdade, uma construcionalização posterior. Uma vez que a forma nova desenvolve um significado procedural particular, ela é uma construcionalização parcialmente gramatical: passou por neoanálise formal (de clítico para palavra independente) e neonálise semântica (de um aproximador para um marcador epistêmico, como discutimos logo abaixo). Em (8), ele é usado como resposta em um diálogo e significa 'Sim, mais ou menos, em parte'. O texto é um roteiro de uma peça.

(8) CANARY: How are you? . . . You've had two divorces and a pug named Pip. You collect hats and advise people to drink great quantities of spring water.
LLOYD: You look completely diferente.
CANARY: You look the same.
LLOYD: *Ish*. I mean my nose.
CANARY: Well, that.
LLOYD: At least you're alive.
CANARY: *Ish*.
LLOYD: I thought you're dead.
CANARY: I said all that.
LLOYD: Right.
[CANARY: Como você está?... Você teve dois divórcios e um pug chamado Pip. Você coleciona chapéus e aconselha as pessoas a beberem grandes quantidades de água mineral.
LLOYD: Você está totalmente diferente.
CANARY: Você está do mesmo jeito.
LLOYD: Mais ou menos. Quer dizer, meu nariz.
CANARY: Bem, isso.
LLOYD: Pelo menos você está vivo.
CANARY: Mais ou menos.
LLOYD: Eu achei que você estava morto.
CANARY: Nós dissemos tudo isso.
LLOYD: Certo.]
(1994 Beth, Revelers [COHA].)

Em (8), a semântica do *ish* independente é a mesma daquela do sufixo com sentido de 'assim/tipo'. Norde (2009, p. 225) afirma que o uso de *ish* como uma palavra independente é diferente daquele de formas reduzidas como *ism*, 'que funciona como um hiperônimo para todas as palavras terminadas em *-ism*'. Isso é verdade para o exemplo (8). Podemos observar que nesse caso *ish* é usado como uma resposta em um *slot* no qual *Yes*/Sim, *No*/Não, *Right*/Certo, *Sort of*/Mais ou menos são apropriados e, consequentemente, recebeu não apenas propriedades de modificador de grau como também epistêmicas. Também não é um hiperônimo em usos intensificados como os encontrados em (9), em que '*very ish*' intensifica a proximidade de '*10pm-ish*':

(9) Show starts at 10pm-*ish* (very, very *ish* because we'll still have the Clucking-Blossom fundraiser going on).
[O show começa mais ou menos às 10 horas da noite em ponto (bem mais ou menos porque ainda teremos o evento Clucking-Blossom para angariar fundos acontecendo).]
(2010 [Disponível em http://fbxshows.com/wp/bb/topic.php?id=244 – Acesso em 21/05/2012].)

Bem recentemente, uma mudança adicional aconteceu, em que um novo adjetivo significando 'incerto' emergiu, como ilustrado em (10):

(10) If you're like me and feel a little *ish* about dirty dining, you'll need more than a couple drinks.
[Se você é como eu e se sente um pouco inseguro com sexo oral, precisará de mais do que algumas bebidas.]
(2007 [Disponível em http://www.yelp.co.uk/biz/the-majestic-diner-atlanta?start=40 – Acesso em 05/12/2012].)

Embora os padrões de formação de palavras discutidos envolvam microconstruções lexicais, de conteúdo, e o *ish* independente tenha características da classe dos adjetivos (p. ex., modificação por *very*/muito), ainda assim a microconstrução com o *ish* aproximativo, como ilustrado em (8), é um desenvolvimento posterior rumo ao polo gramatical, já que se liga à rede de Modificadores de Grau e elementos de escalaridade procedurais. A própria rede dos Modificadores de Grau se expandiu exponencialmente na fase inicial do inglês moderno com a formação de novos membros, incluindo *very*/muito, *pretty*/muito e *fair(ly)*/bastante (cf. PETERS, 1994; NEVALAINEN & RISSANEN, 2002). O desenvolvimento do *ish* aproximativo como uma palavra independente é bem singular: o item tem características de um adjetivo (cf. intensificação com *very*/muito), mas não apresenta outras, por exemplo, uso no grau comparativo ou superlativo. O ISH derivacional participa primariamente de esquemas lexicais; em alguns casos, como uma palavra independente, *ish* é também primariamente lexical. No entanto, os usos que envolvem aproximação, incluindo outros usos do *ish* independente, ligam-no a expressões modificadoras de grau escalar e, assim, são parcialmente procedurais (gramaticais) no significado. Isso tornou o esquema derivacional menos composicional, ou seja, um criador de adjetivo menos saliente, e passa a codificar a avaliação e o grau de comprometimento do falante com a verdade da classificação do item como membro de um conjunto particular. Além disso, os esquemas foram reorganizados ao longo do tempo de forma que o esquema ISH étnico não é mais produtivo. No geral, tem havido aumento na produtividade e esquematicidade dos esquemas que não se tornaram obsoletos.

6.3 ALGUMAS ÁREAS PARA PESQUISAS FUTURAS

O presente estudo é apenas o começo do que esperamos ser uma investigação bem mais ampla da mudança da língua a partir de uma perspectiva da gramática de construções cognitiva. Exploramos apenas um pequeno conjunto de exemplos. Várias áreas da mudança da língua restam a serem investigadas nesse modelo, por exemplo, mudança de ordem de palavras e o desenvolvimento de vários tipos de subordinação. Muitos desafios permanecem, entre eles como dar conta de mudanças fonológicas tais como mudanças de vogais que afetam majoritariamente construções, independentemente de seu significado. Muitos aspectos de mudanças fonológicas e fonéticas diretamente relevantes para a construcionalização não foram detalhadamente discutidas aqui (cf. BYBEE, 2010, para um estudo sobre o tema). Particularmente, a questão do '*chunking*' foi apenas mencionada neste livro, embora claramente tenha repercussão para o que consideramos como mecanismo principal da mudança, ou seja, a neonálise. Considerando que o *chunking* é 'uma unidade de organização da memória' (NEWELL,

1990, p. 7), um novo *chunk* recentemente fixado é parte de um sistema cognitivo. Bybee observa que

> 'o viés em direção à redução é um resultado de *chunking*: conforme sequências de unidades são repetidas, os movimentos articulatórios usados tendem a se reduzir e se sobrepor' (BYBEE, 2010, p. 37).

Como vimos, como um produto da construcionalização (seja gramatical, como *BE gonna*, ou lexical como *barn*/celeiro), microconstruções fixadas frequentemente exibem fusão fonética interna.

Discutimos exemplos da história do que se tornou o inglês padrão. Microanálise do tipo que propomos aqui requer profundo conhecimento e entendimento dos registros textuais ao longo do tempo. As histórias de outras variedades do inglês, incluindo os ingleses mundiais, e especialmente de outras línguas, devem ser investigadas por especialistas no desenvolvimento dessas variedades e línguas com atenção similar a micro e macromudanças. Testar as hipóteses levantadas aqui em línguas com organizações construcionais diferentes do inglês mas com história longa, como o chinês e o japonês, seria particularmente relevante. Especialmente produtivos seriam estudos que considerassem diferenças construcionais tipológicas entre desenvolvimentos, por exemplo, de sistemas de estrutura argumental e sistemas de organização informacional.

Temos sido ecléticos no uso de versões relacionadas da gramática de construções. Seria relevante também considerar uma variante diferente da gramática de construções, por exemplo, a *Sign-Based Construction Grammar* (SBCG), e comparar como ela pode contribuir para o estudo da construcionalização e de mudanças construcionais. A SBCG claramente tem vantagem em termos de formalização precisa, e a versão anterior da HPSG foi usada com sucesso significativo (cf., p. ex., FRIED, 2008; 2010). Questões que podem ser consideradas na SBCG dizem respeito à possibilidade de se desenvolverem construções que consistam exclusivamente apenas de forma ou apenas de significado. Um problema é que a SBCG não é (ou pelo menos não uniformemente) considerada baseada no uso, mas a formalização precisa permite ao analista rastrear micromudanças num nível apropriado de particularidade. Além disso, a comparação detalhada entre as abordagens construcional e minimalista aos tipos de mudança descritos neste livro seriam bem-vindas. Roberts (2010) trata a questão da gradiência sincrônica e da gradualidade diacrônica usando um modelo bem diferente do construído neste livro (cf. tb. ROBERTS & ROUSSOU, 2003). Entretanto, embora o autor use um modelo envolvendo projeções expandidas e distinções bem refinadas entre vários núcleos funcionais, ele também foca em micropassos na mudança morfossintática, de modo que a gradualidade aparece nos registros textuais como uma consequência de uma série de micromudanças relacionadas. Apesar de haver diferenças óbvias e fundamentais entre as abordagens minimalista e a construcional para a capacidade humana da linguagem, há, entretanto, algumas áreas de convergência que podem ser exploradas em maiores detalhes[1].

Nosso trabalho neste livro apresentou uma abordagem qualitativa da construcionalização e da mudança construcional. Nesse ponto, nos diferenciamos de Hilpert (2013), cuja pesquisa é conduzida pela tradição quantitativa da linguística de *corpus*. Consideramos as abordagens qualitativa e quantitativa como complementares para o estudo da linguística histórica e contemplamos a possibilidade de aproximar as duas abordagens para estudos de mudança da língua em curso, em que a análise da microvariação no nível de falantes individuais pode ser combinada com a análise quantitativa da macrovariação no nível do grupo social. Esses estudos quantitativos permitem uma abordagem mais pormenorizada da relação entre frequência e fixação e o grau de abstração no qual grupos de falantes parecem organizar seu conhecimento linguístico. Neste livro, discutimos alguns dos modos em que a esquematização parece se correlacionar com aumento na produtividade e na generalidade semântica, sem oferecer medidas concre-

---

1. Trousdale (2012b) discute algumas similaridades e diferenças entre as abordagens construcional e minimalista da mudança gramatical numa análise da construção com *what with*, mas tal análise é programática e se beneficiaria de um tratamento mais detalhado.

tas dessas mudanças. Uma abordagem quantitativa pode fornecer ideias sobre a natureza da fixação de esquemas e a formação prototípica no nível da microconstrução. Retomando uma observação feita no início desta seção, uma vez que *chunking* parece um fator importante para o desenvolvimento de uma microconstrução, uma abordagem quantitativa baseada em *corpus* pode demonstrar como, ao longo do tempo, um '*chunk*' se torna fixado como uma microconstrução (sobre o tema, cf. BYBEE, 2010, que, no entanto, não usa o termo 'microconstrução').

Nosso interesse tem sido demonstrar modos em que a construcionalização em direção ao polo procedural (construcionalização gramatical) é tanto similar quanto diferente da construcionalização em direção ao polo de conteúdo (construcionalização lexical), e temos enfatizado insistentemente o gradiente entre procedural e de conteúdo nesse sentido. Ao fazer referência a construções intermediárias, discutimos esse 'entremeio' ou 'hibridismo' em grande detalhe. No capítulo 2, examinamos detalhadamente o desenvolvimento da construção com *way*, realçando o fato de que alguns linguistas a consideram como um tipo de mudança lexical, ao passo que outros a consideram como uma mudança gramatical. Mostramos que mudanças recentes sugerem que a construção está se tornando mais procedural, ao ganhar uma função aspectual. Consequentemente, está se tornando híbrida. Outras construções são ainda mais bem equilibradas no gradiente procedural de conteúdo. Como mencionado na seção 1.6.3, ao discutir exemplos como *He gave the team a talking to*/Ele teve uma conversa com o time para 'Ele deu uma repreendida no time', Trousdale (2008a) argumenta que a microconstrução [[NP$_i$ GIVE SN$_j$ [a V-ing] $_{SN}$] ↔ ['SN$_i$ atacar fisicamente ou repreender SN$_j$']] é uma construção híbrida. Parte da construção, associada primariamente com a função de *give*/dar, mas incluindo também os papéis dos vários SNs, é procedural, denotando aspecto télico. Parte da construção, associada ao significado do V, é referencial e idiomática, uma vez que *giving someone a talking to*/dar uma repreendida em alguém envolve mais que simplesmente ter uma conversa. Além disso, como a construção é apenas parcialmente composicional, ela é parcialmente analisável (p. ex., o substantivo no terceiro SN pode ser pré-modificado por um adjetivo). A construção parece não ser muito produtiva (certamente menos produtiva que outras construções relacionadas que têm verbos leves, como *take a walk*/dar uma caminhada ou *have a bath*/tomar banho), nem é altamente geral. Em outras palavras, a natureza híbrida da construção a torna diferente de uma construção altamente gramatical (p. ex., pseudoclivadas com WH-) e diferente de uma construção altamente lexical (p. ex., *garlic*/alho), considerando os parâmetros-chave que usamos em toda obra, esquematicidade, produtividade e composicionalidade. Julgamos particularmente relevantes trabalhos futuros sobre as propriedades e o desenvolvimento histórico de construções híbridas.

Para concluir, consideramos que a abordagem construcional adotada neste livro oferece os fundamentos para um tratamento qualitativo sistemático do desenvolvimento de signos procedurais, referenciais e híbridos. Restringimo-nos à discussão de signos usados por (muitos) falantes do inglês e nos concentramos naqueles desenvolvimentos que caracterizam a criação de signos procedurais ou de conteúdo, com menor atenção ao desenvolvimento de construções intermediárias. Nosso foco foi o de mostrar não apenas o desenvolvimento de microconstruções, mas também a perda e o ganho de esquemas ao longo do tempo e as mudanças subsequentes de microconstruções e seu realinhamento à medida que os esquemas em que participam se expandem ou se contraem diacronicamente. Para tanto, invocamos o conceito de rede construcional, que acreditamos facilitar a discussão de mudanças de microconstruções e dos esquemas aos quais elas estão ligadas.

Referências

AARTS, B. *Syntactic Gradience*: The Nature of Grammatical Indeterminacy. Oxford: Oxford University Press, 2007.

_____. Binominal noun phrases in English. In: *Transactions of the Philological Society*, vol. 96, 1998, p. 117-158.

ADAMSON, S. A lovely little example – Word order options and category shift in the premodifying string. In: FISCHER, O.; ROSENBACH, A. & STEIN, D. (eds.). *Pathways of Change*: Grammaticalization in English. Amsterdã: Benjamins, 2000, p. 39-66.

AIKHENVALD, A.Y. Typological distinctions in word formation. In: SHOPEN, T. (ed.). *Language Typology and Syntactic Description* – Vol. III: Grammatical Categories and the Lexicon. Cambridge: Cambridge University Press, 2007, p. 1-65.

ALLAN, K. Using OED data as evidence for researching semantic change. In: ALLAN, K. & ROBINSON, J.A. (eds.). *Current Methods in Historical Semantics*. Berlim: De Gruyter Mouton, 2012, p. 17-39.

ALLEN, C. *Case Marking and Reanalysis*: Grammatical Relations from Old to Early Modern English. Oxford: Oxford University Press, 1995.

ALLERTON, D.J. The greater precision of spoken language: Four examples in English. In: *English Studies*, vol. 72, 1991, p. 470-478.

ANDERSEN, H. Grammaticalization in a speaker-oriented theory of change. In: EYTHÓRSSON, T. (ed.). *Grammatical Change and Linguistic Theory*: The Rosendal Papers. Amsterdã: Benjamins, 2008, p. 11-44.

_____. Actualization and the (uni)directionality. In: ANDERSEN, H. (ed.). *Actualization*: Linguistic Change in Progress. Amsterdã: Benjamins, 2001, p. 225-248.

_____. Abductive and deductive change. In: *Language*, vol. 49, 1973, p. 765-793.

ANDERSON, E.R. *Folk-Taxonomies in Early English*. Nova Jersey: Fairleigh Dickinson University Press, 2003.

ANTTILA, R. Analogy: The warp and woof of cognition. In: JOSEPH, B.D. & JAN-DA, R.D. (eds.). *The Handbook of Historical Linguistics*. Oxford: Blackwell, 2003, p. 435-440.

_____. *Historical and Comparative Linguistics*. 2. ed. Amsterdã: Benjamins, 1989.

ARBER, E. (ed.). *The Revelation to the Monk of Evesham*. Londres: Murray, 1869.

ARBIB, M.A. Compositionality and beyond: Embodied meaning in language and protolanguage. In: WERNING, M.; HINZEN, W. & MACHERY, E. (eds.). *The Oxford Handbook of Compositionality*. Nova York: Oxford University Press, 2012, p. 475-492.

ARCHER, D. Developing a more detailed picture of the English courtroom (1640-1760): Data and methodological issues facing historical pragmatics. In: FITZ-MAURICE, S. & TAAVITSAINEN, I. (eds.). *Methods in Historical Pragmatics*. Berlim: Mouton de Gruyter, 2007, p. 185-217.

_____. (Re)initiating strategies: Judges and defendants in Early Modern English courtrooms. In: *Journal of Historical Pragmatics*, vol. 7, 2006, p. 181-211.

AUER, P. Projection in interaction and projection in grammar. In: *Text*, vol. 25, 2005, p. 7-36.

AUER, P. & PFÄNDER, S. Constructions: Emergent or emerging? In: AUER, P. & PFÄNDER, S. (eds.). *Constructions*: Emerging and Emergent. Berlim: De Gruyter Mouton, 2011a, p. 1-21.

AUER, P. & PFÄNDER, S. (eds.). *Constructions*: Emerging and Emergent. Berlim: De Gruyter Mouton, 2011b.

AXMAKER, S.; JAISSER, A. & SINGMASTER, H. (eds.). *Berkeley Linguistics Society* – Vol.14: General Session and Parasession on Grammaticalization. Berkeley, CA: Berkeley Linguistics Society, 1988.

BAAYEN, R.H. Probabilistic approaches to morphology. In: RENS, B.; HAY, J. & JANNEDY, S. (eds.). *Probabilistic Linguistics*. Cambridge, MA: MIT Press, 2003, p. 229-287.

_____. *Word Frequency Distributions*. Dordrecht: Kluwer, 2001.

BAAYEN, R.H. & RENOUF, A. Chronicling The Times: Productive lexical innovations in an English newspaper. In: *Language*, vol. 72, 1996, p. 69-96.

BALL, C.N. The origins of the informative-presupposition it-cleft. In: *Journal of Pragmatics*, vol. 22, 1994, p. 603-628.

_____. *The Historical Development of the It-Cleft*. University of Pennsylvania, 1991 [Dissertação de mestrado].

BARÐDAL, J. Construction-based historical-comparative reconstruction. In: HOFFMANN, S. & TROUSDALE, G. (eds.). *The Oxford Handbook of Construction Grammar*. Nova York: Oxford University Press, 2013, p. 438-457.

_____. *Productivity*: Evidence from Case and Argument Structure in Icelandic. Amsterdã: Benjamins, 2008.

BARÐDAL, J. et al. (eds.). *Historical Construction Grammar*. Amsterdã: Benjamins [no prelo].

BARÐDAL, J. & EYTHÓRSSON, T. Reconstructing syntax: Construction Grammar and the comparative method. In: BOAS, H.C. & SAG, I.A. (eds.). *Sign-Based Construction Grammar*. Stanford: CSLI Publications, 2012, p. 257-308.

_____. The change that never happened: The story of oblique subjects. In: *Journal of Linguistics*, vol. 39, 2003, p. 439-472.

BARLOW, M. & KEMMER, S. (eds.). *Usage Based Models of Language*. Stanford: CSLI Publishers, 2000.

BAUER, L. *English Word-Formation*. Cambridge: Cambridge University Press, 1983.

BAUER, L. & HUDDLESTON, R. Lexical word-formation. In: HUDDLESTON, R. & PULLUM, G. *The Cambridge Grammar of the English Language*. Cambridge: Cambridge University Press, 2002, p. 1.621-1.722.

BEADLE, R. *The York Plays*: A Critical Edition of the York Corpus Christi Play as Recorded in British Library Additional MS 35290. Vol. I. Oxford: Oxford University Press, 2009.

BEAVERS, J.; LEVIN, B. & THAM, S.-W. The typology of motion expressions revisited. In: *Journal of Linguistics*, vol. 46, 2010, p. 331-377.

BENCINI, G. Psycholinguistics. In: HOFFMANN, S. & TROUSDALE, G. (eds.). *The Oxford Handbook of Construction Grammar*. Nova York: Oxford University Press, 2013, p. 379-396.

BERGLUND, Y. Expressions of Future in Present-Day English: A Corpus-based Approach. In: *Acta Universitatis Upsaliensis, Studia Anglistica Upsaliensia*, vol. 126, 2005.

BERGS, A. & DIEWALD, G. (eds.). *Constructions and Language Change*. Berlim: Mouton de Gruyter, 2008.

_____. Introduction: Contexts and constructions. In: BERGS, A. & DIEWALD, G. (eds.). *Contexts and Constructions*. Amsterdã: Benjamins, 2009a, p. 1-14.

_____. *Contexts and Constructions*. Amsterdã: Benjamins, 2009b.

BERLAGE, E. At the interface of grammaticalisation and lexicalisation: The case of take prisoner. In: *English Language and Linguistics*, vol. 16, 2012, p. 35-55.

BERMÚDEZ-OTERO, R. Phonological change in Optimality Theory. In: BROWN, K. (ed.). *Encyclopedia of Language and Linguistics*. Vol. IX. 2. ed. Oxford: Elsevier, 2006, p. 497-505.

BHARUCHA, J.J. Music cognition and perceptual facilitation: A connectionist framework. In: *Music Perception*, vol. 5, 1987, p. 1-30.

BIBER, D. Compressed noun-phrase structures in newspaper discourse: The competing demands of popularization vs. economy. In: AITCHISON, J. & LEWIS, D.M. (eds.). *New Media Language*. Londres: Routledge, 2003, p. 169-181.

BIBER, D. & FINEGAN, E. Diachronic relations among speech-based and written registers in English. In: NEVALAINEN, T. & KAHLAS-TARKKA, L. (eds.). *To Explain the Present* – Studies in the Changing English Language in Honour of Matti Rissanen. Helsinki: Société Néophilologique, 1997, p. 253-275.

BIBER, D. & GRAY, B. The competing demands of popularization vs. economy: Written language in the age of mass literacy. In: NEVALAINEN, T. & TRAUGOTT, E.C. (eds.). *The Oxford Handbook of the History of English*. Nova York: Oxford University Press, 2012, p. 314-328.

_____. Grammatical change in the noun phrase: The influence of written language use. In: *English Language and Linguistics*, vol. 15, 2011, p. 223-250.

BIBER, D. et al. *Longman Grammar of Spoken and Written English*. Harlow, Essex: Pearson Education, 1999.

BISANG, W. Grammaticalization in Chinese: A construction-based account. In: TRAUGOTT, E.C. & TROUSDALE, G. (eds.). *Gradience, Gradualness, and Grammaticalization*. Amsterdã: Benjamins, 2010, p. 245-277.

_____. On the evolution of complexity: Sometimes less is more in East and mainland Southeast Asia. In: SAMPSON, G. et al. (eds.). *Language Complexity as an Evolving Variable*. Oxford: Oxford University Press, 2009, p. 34-49.

BISANG, W. et al. (eds.). *What Makes Grammaticalization* – A Look from its Fringes and its Components. Berlim: Mouton de Gruyter, 2004.

BLAKEMORE, D. *Semantic Constraints on Relevance*. Oxford: Blackwell, 1987.

BLANK, A. Pathways of lexicalization. In: HASPELMATH, M. et al. (eds.). *Language Typology and Language Universals*. Vol. II. Berlim: Walter de Gruyter, 2001, p. 1.596-1.608.

BLOOMFIELD, L. *Language*. Nova York: Holt and Co, 1933.

BLUMENTHAL-DRAMÉ, A.J. *Entrenchment in Usage-Based Theories*: What corpus data do and do not reveal about the mind. Friburgo im Breisgau: Albert-Ludwigs-Universität, 2012 [Tese de doutorado].

BLYTHE, R.A. & CROFT, W. S-curves and the mechanisms of propagation in language change. In: *Language*, vol. 88, 2012, p. 269-304.

BOAS, H.C. Cognitive construction grammar. In: HOFFMANN, S. & TROUSDALE, G. (eds.). *The Oxford Handbook of Construction Grammar*. Nova York: Oxford University Press, 2013, p. 233-252.

_____. Resolving form-meaning discrepancies. In: LEINO, J. (ed.). *Constructional Reorganization*. Amsterdã: Benjamins, 2008, p. 11-36.

_____. Determining the productivity of resultative constructions: A reply to Goldberg and Jackendoff. In: *Language*, vol. 81, 2005, p. 448-464.

BOAS, H.C. & SAG, I.A. (eds.). *Sign-Based Construction Grammar*. Stanford: CSLI Publications, 2012.

BOOIJ, G. Morphology in Construction Grammar. In: HOFFMANN, S. & TROUSDALE, G. (eds.). *The Oxford Handbook of Construction Grammar*. Nova York: Oxford University Press, 2013, p. 255-273.

_____. *Construction Morphology*. Oxford: Oxford University Press, 2010.

_____. *The Grammar of Words* – An Introduction to Morphology. 2. ed. Oxford: Oxford University Press, 2007.

_____. Compounding and derivation: Evidence for construction morphology. In: DRESSLER, W.U. et al. (eds.). *Morphology and its Demarcations*. Amsterdã: Benjamins, 2005, p. 109-132.

BÖRJARS, K. & VINCENT, N. Grammaticalization and directionality. In: NARROG, H. & HEINE, B. (eds.). *The Oxford Handbook of Grammaticalization*. Nova York: Oxford University Press, 2011, p. 163-176.

BORODITSKY, L. Metaphoric structuring: Understanding time through spatial metaphors. In: *Cognition*, vol. 75, 2000, p. 1-28.

BOYE, K. & HARDER, P. A usage-based theory of grammatical status and grammaticalization. In: *Language*, vol. 88, 2012, p. 1-44.

BREBAN, T. Secondary determiners as markers of generalized instantiation in English noun phrases. In: *Cognitive Linguistics*, vol. 22, 2011a, p. 211-233.

_____. Is there a postdeterminer in the English noun phrase? In: *Transactions of the Philological Society*, vol. 108, 2011b, p. 248-264.

_____. *English Adjectives of Comparison*: Lexical and Grammaticalized Uses. Berlim: De Gruyter Mouton, 2010.

_____. Structural persistence: A case based on the grammaticalization of English adjectives of difference. In: *English Language and Linguistics*, vol. 13, 2009, p. 77-96.

_____. The grammaticalization and subjectification of English adjectives expressing difference into plurality/distributivity markers and quantifiers. In: *Folia Linguistica*, vol. 42, 2008, p. 259-306.

BREMS, L. The establishment of quantifier constructions for size nouns: A diachronic study of heap(s) and lot(s). In: *Journal of Historical Pragmatics*, vol. 13, 2012, p. 202-231.

_____. *Layering of Size and Type Noun Constructions in English*. Berlim: De Gruyter Mouton, 2011.

_____. Size noun constructions as collocationally constrained constructions: Lexical and grammaticalized uses. In: *English Language and Linguistics*, vol. 14, 2010, p. 83-109.

_____. Measure noun constructions: An instance of semantically-driven grammaticalization. In: *International Journal of Corpus Linguistics*, vol. 8, 2003, p. 283-312.

BREMS, L.; GHESQUIÈRE, L. & VAN DE VELDE, F. (eds.). Intersections of Intersubjectivity. In: *Special issue of English Text Construction*, vol. 5, 2012.

BRINTON, L.J. *The Comment Clause in English*: Syntactic Origins and Pragmatic Development. Cambridge: Cambridge University Press, 2008a.

_____. 'Where grammar and lexis meet': Composite predicates in English. In: SEOANE, E. & LÓPEZ-COUSO, M.J. (eds.). *Theoretical and Empirical Issues in Grammaticalization*. Amsterdã: Benjamins, 2008b, p. 33-53.

_____. Pathways in the development of pragmatic markers in English. In: KEMENADE, A. & LOS, B. (eds.). *The Handbook of the History of English*. Oxford: Blackwell, 2006, p. 307-334.

_____. 'The flowers are lovely; only they have no scent': The evolution of a pragmatic marker. In: BORGMEIER, R.; GRABES, H. & JUCKER, A.H. (eds.). *Anglistentag 1997*. Trier: Wissenschaftlicher Verlag, 1998, p. 9-33.

_____. *The Development of English Aspectual Systems*. Cambridge: Cambridge University Press, 1988.

BRINTON, L.J. & TRAUGOTT, E.C. *Lexicalization and Language Change*. Cambridge: Cambridge University Press, 2005.

BROCCIAS, C. Cognitive Grammar. In: HOFFMANN, S. & TROUSDALE, G. (eds.). *The Oxford Handbook of Construction Grammar*. Nova York: Oxford University Press, 2013, p. 191-210.

_____. The syntax-lexicon continuum. In: NEVALAINEN, T. & TRAUGOTT, E.C. (eds.). *The Oxford Handbook of the History of English*. Nova York: Oxford University Press, 2012, p. 735-747.

BROZ, V. Kennings as blends and prisms. In: *Jezikoslovlje*, vol. 12, 2011, p. 165-185.

BRUGMAN, C. & LAKOFF, G. Cognitive topology and lexical networks. In: SMALL, S.L.; COTTRELL, G.W. & TANENHAUS, M.K. (eds.). *Lexical Ambiguity Resolution*: Perspectives from Psycholinguistics, Neuropsychology and Artificial Intelligence. San Mateo: Morgan Kaufmann, 1988, p. 477-508.

BUCHSTALLER, I. et al. The sociolinguistics of a short-lived innovation: Tracing the development of quotative all across spoken and internet newsgroup data. In: *Language Variation and Change*, vol. 22, 2010, p. 191-219.

BYBEE, J.L. *Language, Usage and Cognition*. Cambridge: Cambridge University Press, 2010.

_____. *Frequency of Use and the Organization of Language*. Nova York: Oxford University Press, 2007.

_____. From usage to grammar: the mind's response to repetition. In: *Language*, vol. 82, 2006, p. 711-733.

_____. Mechanisms of change in grammaticization: The role of frequency. In: JOSEPH, B.D. & JANDA, R.D. (eds.). *The Handbook of Historical Linguistics*. Oxford: Blackwell, 2003, p. 602-623.

_____. Sequentiality as the basis of constituent structure. In: GIVÓN, T. & MALLE, B.F. *The Evolution of Language out of Pre-Language*. Amsterdã: Benjamins, 2002a, p. 109-132.

_____. Word frequency and context of use in the lexical diffusion of phonetically conditioned sound change. In: *Language Variation and Change*, vol. 14, 2002b, p. 261-290.

_____. *Phonology and Language Use*. Cambridge: Cambridge University Press, 2001.

_____. The grammaticization of zero: Asymmetries in tense and aspect systems. In: PAGLIUCA, W. (ed.). *Perspectives on grammaticalization*. Amsterdã: Benjamins, 1994, p. 235-254.

_____. *Morphology*: A Study of the Relation between Meaning and Form. Amsterdã: Benjamins, 1985.

BYBEE, J.L. & CACOULLOS, R.T. The role of prefabs in grammaticization: How the particular and the general interact in language change. In: CORRIGAN, R.L. et al. (eds.). *Formulaic Language* – Vol. 1: Distribution and Historical Change. Amsterdã: Benjamins, 2009, p. 187-217.

BYBEE, J.L. & DAHL, Ö. The creation of tense and aspect systems in the languages of the world. In: *Studies in Language*, vol. 13, 1989, p. 51-103.

BYBEE, J.L. & EDDINGTON, D. A usage-based approach to Spanish verbs of 'becoming'. In: *Language*, vol. 82, 2006, p. 323-355.

BYBEE, J.L. & McCLELLAND, J.L. Alternatives to the combinatorial paradigm of linguistic theory based on domain general principles of human cognition. Apud RITTER, N.A. The Role of Linguistics in Cognitive Science. In: *Special Issue of The Linguistic Review*, vol. 22, 2005, p. 381-410.

BYBEE, J.L.; PAGLIUCA, W. & PERKINS, R.D. Back to the future. In: TRAUGOTT, E.C. & HEINE, B. (eds.). *Approaches to Grammaticalization*. Amsterdã: Benjamins, 1991, p. 17-58.

BYBEE, J.L.; PERKINS, R. & PAGLIUCA, W. *The Evolution of Grammar*: Tense, Aspect and Modality in the Languages of the World. Chicago: University of Chicago Press, 1994.

BYBEE, J.L. & SCHEIBMAN, J. The effect of usage on degrees of constituency: The reduction of don't in English. In: *Linguistics*, vol. 37, 1999, p. 575-596.

BYBEE, J.L. & SLOBIN, D.I. Rules and schemas in the development and use of the English past tense. In: *Language*, vol. 58, 1982, p. 265-289.

CAMPBELL, L. Some grammaticalization changes in Estonian and their implications. In: TRAUGOTT, E.C. & HEINE, B. (eds.). *Approaches to Grammaticalization*. Amsterdã: Benjamins, 1991, p. 285-299.

CAMPBELL, L. (ed.). Grammaticalization: A Critical Assessment. In: *Special issue of Language Sciences*, vol. 23, 2001.

CATFORD, J.C. *A Linguistic Theory of Translation*. Londres: Oxford University Press, 1965.

CHAFE, W.L. *Discourse, Consciousness and Time*: The Flow and Displacement of Conscious Experience in Speaking and Writing. Chicago: University of Chicago Press, 1994.

CHESHIRE, J. Discourse variation, grammaticalization and stuff like that. In: *Journal of Sociolinguistics*, vol. 11, 2007, p. 155-193.

CHOMSKY, N. *Syntactic Structures*. The Hague: Mouton, 1957.

CLARIDGE, C. & ARNOVICK, L. Pragmaticalisation and discursisation. In: JUCKER, A.H. & TAAVITSAINEN, I. (eds.). *Historical Pragmatics*. Berlim: Mouton de Gruyter, 2010, p. 165-192.

CLARK, E.V. & CLARK, H.H. When nouns surface as verbs. In: *Language*, vol. 55, 1979, p. 767-811.

CLARK, L. & TROUSDALE, G. The role of frequency in phonological change: Evidence from TH-Fronting in east central Scotland. In: *English Language and Linguistics*, vol. 13, 2009, p. 33-55.

COLLEMAN, T. & CLERCK, B. Constructional semantics on the move: On semantic specialization in the English double object constructions. In: *Cognitive Linguistics*, vol. 22, 2011, p. 183-209.

COLLINS, A.M. & LOFTUS, E.F. A spreading activation theory of semantic processing. In: *Psychological Review*, vol. 82, 1975, p. 407-428.

COLLINS, P.C. *Cleft and Pseudo-cleft Constructions in English*. Londres: Routledge, 1991.

COWIE, C. Grammaticalization and the snowball effect. In: *Language and Communication*, vol. 15, 1995, p. 181-193.

CRAIG, C.G. Ways to go in Rama: A case study of polygrammaticalization. In: TRAUGOTT, E.C. & HEINE, B. (eds.). *Approaches to Grammaticalization*. Amsterdã: Benjamins, 1991, p. 455-492.

CROFT, W. Radical Construction Grammar. In: HOFFMANN, S. & TROUSDALE, G. (eds.). *The Oxford Handbook of Construction Grammar*. Nova York: Oxford University Press, 2013, p. 211-232.

_____. Construction grammar. In: GEERAERTS, D. & CUYCKENS, H. (eds.). *The Oxford Handbook of Cognitive Linguistics*. Oxford: Oxford University Press, 2007a, p. 463-508.

_____. Beyond Aristotle and gradience: A reply to Aarts. In: *Studies in Language*, vol. 31, 2007b, p. 409-430.

_____. Logical and typological arguments for Radical Construction Grammar. In: FRIED, M. & ÖSTMAN, J.-O. (eds.). *Construction Grammars*: Cognitive Grounding and Theoretical Extension. Amsterdã: Benjamins, 2005, p. 273-314.

_____. Lexical rules vs. constructions: A false dichotomy. In: CUYCKENS, H. et al. (eds.). *Cognitive Approaches to Lexical Semantics*. Berlim: Mouton de Gruyter, 2003, p. 49-68.

_____. *Radical Construction Grammar*: Syntactic Theory in Typological Perspective. Oxford: Oxford University Press, 2001.

_____. *Explaining Language Change* – An Evolutionary Approach. Harlow: Pearson Education, 2000.

CROFT, W. & CRUSE, D.A. *Cognitive Linguistics*. Cambridge: Cambridge University Press, 2004.

CRUSE, D.A. *Lexical Semantics*. Cambridge: Cambridge University Press, 1986.

CULICOVER, P.W. & JACKENDOFF, R. *Simpler Syntax*. Nova York: Oxford University Press, 2005.

CULPEPER, J. & KYTÖ, M. *Early Modern English Dialogues*: Spoken Interaction as Writing. Cambridge: Cambridge University Press, 2010.

CURZAN, A. Revisiting the reduplicative copula with corpus-based evidence. In: NEVALAINEN, T. & TRAUGOTT, E.C. (eds.). *The Oxford Handbook of the History of English*. Nova York: Oxford University Press, 2012, p. 211-221.

CUYCKENS, H. et al. (eds.). *Motivation in Language*: Studies in Honor of Günter Radden. Amsterdã: Benjamins, 2003a.

CUYCKENS, H. et al. (eds.). *Cognitive Approaches to Lexical Semantics*. Berlim: Mouton de Gruyter, 2003b.

DAHL, Ö. *The Growth and Maintenance of Linguistic Complexity*. Amsterdã: Benjamins, 2004.

DALTON-PUFFER, C. *The French Influence on Middle English Morphology*: A Corpus-based Study of Derivation. Berlim: Mouton de Gruyter, 1996.

DANCHEV, A. & KYTÖ, M. The construction be going to + infinitive in Early Modern English. In: KASTOVSKY, D. *Studies in Early Modern English*. Berlim: Mouton de Gruyter, 1994, p. 59-77.

DAVIDSE, K. et al. (eds.). *Subjectification, Intersubjectification and Grammaticalization*. Berlim: De Gruyter Mouton, 2010.

DAVIDSE, K.; BREBAN, T. & VAN LINDEN, A. Deictification: The development of secondary deictic meanings by adjectives in the English NP. In: *English Language and Linguistics*, vol. 12, 2008, p. 475-503.

DEGAND, L. & SIMON-VANDENBERGEN, A.-M. (eds.). Grammaticalization, pragmaticalization and/or (inter)subjectification: Methodological issues for the study of discourse markers. In: *Thematic issue*: Linguistics, vol. 49, 2011.

DEHÉ, N. & WICHMANN, A. Sentence-initial I think (that) and I believe (that): Prosodic evidence for use as main clause, comment clause and discourse marker. In: *Studies in Language*, vol. 34, 2010, p. 36-74.

DENISON, D. *The construction of SKT* [Paper: Second Vigo-Newcastle-Santiago--Leuven International Workshop on the Structure of the Noun Phrase in English (NP2)]. Newcastle upon Tyne, 2011.

_____. Category change in English with and without structural change. In: TRAUGOTT, E.C. & TROUSDALE, G. (eds.). *Gradience, Gradualness, and Grammaticalization*. Amsterdã: Benjamins, 2010, p. 105-128.

_____. Category change and gradience in the determiner system. In: KEMENADE, A. & LOS, B. (eds.). *The Handbook of the History of English*. Oxford: Blackwell, 2006, p. 279-304.

_____. Log(ist)ic and simplistic S-curves. In: HICKEY, R. (ed.). *Motives for Language Change*. Cambridge: Cambridge University Press, 2003, p. 54-70.

_____. *History of the sort of construction Family* [Paper: Second International Conference on Construction Grammar (ICCG2)], 2002.

DENISON, D. & CORT, A. Better as a verb. In: DAVIDSE, K.; BREBAN, T.; VANDELANOTTE, L. & CUYCKENS, H. (eds.). *Subjectification, Intersubjectification and Grammaticalization*. Berlim: Mounton de Gruyter, 2010, p. 349-383.

DENISON, D.; SCOTT, A.K. & BÖRJARS, K. The real distribution of the English 'group genitive'. In: *Studies in Language*, vol. 34, 2010, p. 532-564.

DE SMET, H. The course of actualization. In: *Language*, 88, 2012, p. 601-633.

_____. Grammatical interference: Subject marker for and phrasal verb particles out and forth. In: TRAUGOTT, E.C. & TROUSDALE, G. (eds.). *Gradience, Gradualness, and Grammaticalization*. Amsterdã: Benjamins, 2010, p. 75-104.

_____. Analysing reanalysis. In: *Lingua*, vol. 119, 2009, p. 1.728-1.755.

DIESSEL, H. Bühler's two-field theory of pointing and naming and the deictic origins of grammatical morphemes. In: DAVIDSE, K. et al. (eds.). *Grammaticalization and Language Change*: New Reflections. Amsterdã: Benjamins, 2012, p. 37-50.

_____. Review article on Joan L. Bybee, Language, Use and Cognition. In: *Language*, vol. 87, 2011, p. 830-844.

_____. The relationship between demonstratives and interrogatives. In: *Studies in Language*, vol. 27, 2003, p. 635-655.

_____. *Demonstratives*: Form, Function and Grammaticalization. Amsterdã: Benjamins, 1999.

DIETZ, K. Denominale Abstraktbildungen des Altengischen: Die Wortbildung der Abstrakta auf -dom, -had, -lac, -ræden, -sceaft, -stæf und -wist und ihrer Entsprechungen im Althochdeutschen und im Altnordischen. In: FIX, H. (ed.). *Beiträge zur Morphologie* – Germanisch, Baltisch, Ostseefinnisch. Odense: University Press of Southern Denmark, 2007, p. 97-172.

DIEWALD, G. Grammaticalization and pragmaticalization. In: NARROG, H. & HEINE, B. (eds.). *The Oxford Handbook of Grammaticalization*. Nova York: Oxford University Press, 2011a, p. 450-461.

_____. Pragmaticalization (defined) as grammaticalization of discourse functions. In: VANDENBERGEN, D. & VANDENBERGEN, S. (eds.). *Linguistics*, 49: 2011b, p. 365-390.

_____. *Context types in grammaticalization as constructions* – Constructions SV1-9,2006[Disponívelemhttp://elanguage.net/journals/index.php/constructions/article/viewFile/24/ – Acesso em 22/05/2013].

_____. A model for relevant types of contexts in grammaticalization. In: WIS-CHER, I. & DIEWALD, G. (eds.). *New Reflections on Grammaticalization.* Amsterdã: Benjamins, 2002, p. 103-120.

DIEWALD, G. & FERRARESI, G. Semantic, syntactic and constructional restrictions in the diachronic rise of modal particles in German: A corpus-based study on the formation of a grammaticalization channel. In: SEOANE, E. & LÓPEZ--COUSO, M.J. (eds.). *Theoretical and Empirical Issues in Grammaticalization.* Amsterdã: Benjamins, 2008, p. 77-110.

DOYLE, A. Yesterday's affixes as today's clitics: A case study in degrammaticalization. In: WISCHER, I. & DIEWALD, G. (eds.). *New Reflections on Grammaticalization.* Amsterdã: Benjamins, 2002, p. 67-81.

DU BOIS, J.W. Competing motivations. In: HAIMAN, J. (ed.). *Iconicity in Syntax.* Amsterdã: Benjamins, 1985, p. 343-365.

ECKARDT, R. *Meaning Change in Grammaticalization*: An Enquiry into Semantic Reanalysis. Oxford: Oxford University Press, 2006.

ELMER, W. *Diachronic Grammar*: The History of Old and Middle English Subjectless Constructions. Tübingen: Niemeyer, 1981.

ERMAN, B. & KOTSINAS, U.-B. Pragmaticalization: The case of ba' and you know. In: *Studier i Modernspråkvetenskap.* Vol. 10. Estocolmo: Almqvist and Wiksell, 1993, p. 76-93.

ERMAN, B. & WARREN, B. The idiom principle and the open choice principle. In: *Text*, vol. 20, 2000, p. 29-62.

FAARLUND, J.T. Parameterization and change in non-finite complementation. In: *Diachronica*, vol. 24, n. 1, 2007, p. 57-80.

FANEGO, T. Motion events in English: The emergence and diachrony of manner salience from Old English to late Modern English. In: *Folia Linguistica Historica*, vol. 33, 2012a, p. 29-85.

_____. *Motion events in the history of English*: The emergence of the 'sound emission to motion' construction, 2012b [Paper: Seventeenth International Conference on English Historical Linguistics (ICEHL17)].

FILLMORE, C.J. Berkeley Construction Grammar. In: HOFFMANN, S. & TROUSDALE, G. (eds.). *The Oxford Handbook of Construction Grammar.* Nova York: Oxford University Press, 2013, p. 111-132.

_____. Inversion and constructional inheritance. In: WEBELHUTH, G.; KOENIG, J.-P. & KATHOL, A. (eds.). *Lexical and Constructional Aspects of Linguistic Explanation.* Stanford: CSLI Publications, 1999, p. 113-128.

_____. *Construction Grammar Lecture Notes*, 1977 [Disponível em http://www1. icsi.berkeley.edu/~kay/bcg/lec02.html – Acesso em 22/05/2013].

_____. The mechanisms of 'Construction Grammar'. In: AXMAKER, S.; JAISSER, A. & SINGMASTER, H. (eds.). *Berkeley Linguistics Society* – Vol. 14: General Session and Parasession on Grammaticalization. Berkeley, CA: Berkeley Linguistics Society, 1988, p. 35-55.

_____. The case for case. In: BACH, E. & HARMS, R.T. (eds.). *Universals in Linguistic Theory*. Nova York: Holt, Rinehart and Winston, 1968, p. 1-88.

FILLMORE, C.J. & BAKER, C.F. A frames approach to semantic analysis. In: HEINE, B. & NARROG, H. (eds.). *The Oxford Handbook of Linguistic Analysis*. Nova York: Oxford University Press, 2010, p. 313-340.

_____. Frame semantics for text understanding. In: *Proceedings of WordNet and Other Lexical Resources Workshop*. Pitesburgo: NAACL, 2001, p. 59-63.

FILLMORE, C.J. & KAY, P. *Berkeley Construction Grammar*, 1997 [Disponível em http://www1.icsi.berkeley.edu/~kay/bcg/ConGram.html – Acesso em 22/05/2013].

FILLMORE, C.J.; KAY, P. & O'CONNOR, M.C. Regularity and idiomaticity in grammatical constructions. In: *Language*, vol. 64, 1988, p. 501-538.

FISCHER, K. (ed.). *Approaches to Discourse Particles*. Amsterdã: Elsevier, 2006.

FISCHER, O. An analogical approach to grammaticalization. In: STATHI, K.; GEHWEILER, E. & KÖNIG, E. (eds.). *Grammaticalization*: Current Views and Issues. Amsterdã: Benjamins, 2010, p. 181-220.

_____. *Morphosyntactic Change*: Functional and Formal Perspectives. Oxford: Oxford University Press, 2007.

_____. What counts as evidence in historical linguistics? Apud PENKE, M. & ROSENBACH, A. (eds.). What Counts as Evidence in Linguistics? – The case of Innateness. In: *Special issue of Studies in Language*, vol. 28, 2004, p. 710-740.

FISCHER, O.; NORDE, M. & PERIDON, H. (eds.). *Up and Down the Cline* – The Nature of Grammaticalization. Amsterdã: Benjamins, 2004.

FISCHER, O.; ROSENBACH, A. & STEIN, D. (eds.). *Pathways of Change*: Grammaticalization in English. Amsterdã: Benjamins, 2000.

FITZMAURICE, S. & SMITH, J. Evidence for the history of English: Introduction. In: NEVALAINEN, T. & TRAUGOTT, E.C. (eds.). *The Oxford Handbook of the History of English*. Nova York: Oxford University Press, 1982, p. 19-36.

FLEISCHMAN, S. *The Future in Thought and Language*: Diachronic Evidence from Romance. Cambridge: Cambridge University Press, 2012.

FLICKINGER, D. *Lexical rules in the hierarchical lexicon*. Stanford University, 1987 [Dissertação de mestrado].

FODOR, J. *The Modularity of the Mind*. Cambridge: MIT Press, 1983.

FRANCIS, E.J. & MICHAELIS, L.A. Mismatch: A crucible for linguistic theory. In: FRANCIS, E.J. & MICHAELIS, L.A. (eds.). *Mismatch*: Form-Function Incongruity and the Architecture of Grammar. Stanford: CSLI Publishers, 2003, p. 1-27.

FRANCIS, E.J. & YUASA, E. A multi-modular approach to gradual change in grammaticalization. In: *Journal of Linguistics*, vol. 44, 2008, p. 45-86.

FRASER, B. Types of English discourse markers. In: *Acta Linguistica Hungarica*, vol. 38, 1988, p. 19-33.

FRIED, M. Principles of constructional change. In: HOFFMANN, S. & TROUSDA-LE, G. (eds.). *The Oxford Handbook of Construction Grammar*. Nova York: Oxford University Press, 2013, p. 419-437.

_____. Grammar and interaction: New directions in constructional research. In: *Constructions and Frames*, vol. 2, 2010, p. 125-133.

_____. Constructions and constructs: Mapping a diachronic process. In: BERGS, A. & DIEWALD, G. (eds.). *Constructions and Language Change*. Berlim: Mouton de Gruyter, 2008, p. 47-79.

FRIED, M. & ÖSTMAN, J.-O. (eds.). *Construction Grammars*: Cognitive Grounding and Theoretical Extension. Amsterdã: Benjamins, 2005.

FRIED, M. & ÖSTMAN, J.-O. Construction Grammar: a thumbnail sketch. In: FRIED, M. & ÖSTMAN, J.-O. (eds.). *Construction Grammar in a Cross-Language Perspective*. Amsterdã: Benjamins, 2004a, p. 11-86.

FRIED, M. & ÖSTMAN, J.-O. (eds.). *Construction Grammar in a Cross-Language Perspective*. Amsterdã: Benjamins, 2004b.

GAHL, S. 'Thyme' and 'Time' are not homophones – Word durations in spontaneous speech. In: *Language*, vol. 84, 2008, p. 474-496.

GARRETT, A. The historical syntax problem: Reanalysis and directionality. In: JONAS, D.; WHITMAN, J. & GARRETT, A. (eds.). *Grammatical Change*: Origins, Nature, Outcomes. Oxford: Oxford University Press, 2012, p. 52-72.

GEERAERTS, D. The interaction of metaphor and metonymy in composite expressions. In: DIRVEN, R. & PÖRINGS, R. (eds.). *Metaphor and Metonymy in Comparison and Contrast*. Berlim: Mouton de Gruyter, 2002, p. 435-465.

_____. *Diachronic Prototype Semantics*: A Contribution to Historical Lexicology. Oxford: Clarendon Press, 1997.

GEERAERTS, D. & CUYCKENS, H. Introducing Cognitive Linguistics. In: GEERAERTS, D. & CUYCKENS, H. (eds.). *The Oxford Handbook of Cognitive Linguistics*. Nova York: Oxford University Press, 2007a, p. 3-21.

GEERAERTS, D. & CUYCKENS, H. (eds.). *The Oxford Handbook of Cognitive Linguistics*. Nova York: Oxford University Press, 2007b.

GELDEREN, E. (ed.). *The Linguistic Cycle*: Language Change and the Language Faculty. Oxford: Oxford University Press, 2011.

GIACALONE RAMAT, A. Testing the boundaries of grammaticalization. In: GIACALONE RAMAT, A. & HOPPER, P. (eds.). *The Limits of Grammaticalization*. Amsterdã: Benjamins, 1998, p. 107-127.

GIEGERICH, H.J. The morphology of -*ly* and the categorial status of 'adverbs' in English. In: *English Language and Linguistics*, vol. 16, 2012, p. 341-359.

_____. Associative adjectives and the lexicon-syntax interface. In: *Journal of Linguistics*, vol. 41, 2005, p. 571-591.

_____. Compound or phrase? – English noun-plus-noun constructions and the stress criterion. In: *English Language and Linguistics*, vol. 8, 2004, p. 1-24.

_____. Synonymy blocking and the Elsewhere Condition: Lexical morphology and the speaker. In: *Transactions of the Philological Society*, vol. 99, 2001, p. 65-98.

GILDEA, S. On the genesis of the verb phrase in Cariban languages: Diversity through reanalysis. In: GILDEA, S. (ed.). *Reconstructing Grammar*: Comparative Linguistics and Grammaticalization Theory. Amsterdã: Benjamins, 2000, p. 65-105.

_____. Evolution of grammatical relations in Cariban: How functional motivation precedes syntactic change. In: GIVÓN, T. (ed.). *Grammatical Relations*: A Functionalist Perspective. Amsterdã: Benjamins, 1997, p. 155-198.

GISBORNE, N. Constructions, Word Grammar and grammaticalization. In: HOFFMANN, S. & TROUSDALE, G. (eds.). *Cognitive Linguistics*, vol. 22, 2011, p. 155-182.

_____. *The Event Structure of Perception Verbs*. Oxford: Oxford University Press, 2010.

_____. Dependencies are constructions: A case study in predicative complementation. In: TROUSDALE, G. & GISBORNE, N. (eds.). *Constructional Approaches to English Grammar*. Berlim: Mouton de Gruyter, 2008, p. 219-256.

GISBORNE, N. & PATTEN, A. Construction grammar and grammaticalization. In: NARROG, H. & HEINE, B. (eds.). *The Oxford Handbook of Grammaticalization*. Nova York: Oxford University Press, 2011, p. 92-104.

GIVÓN, T. *Functionalism and Grammar*. Amsterdã: Benjamins, 1995.

_____. The evolution of dependent clause morpho-syntax in Biblical Hebrew. In: TRAUGOTT, E.C. & HEINE, B. (eds.). *Approaches to Grammaticalization*. Amsterdã: Benjamins, 1991, p. 257-310.

_____. *On Understanding Grammar*. Nova York: Academic Press, 1979.

GOLDBERG, A.E. Constructionist approaches. In: HOFFMANN, S. & TROUSDALE, G. (eds.). *The Oxford Handbook of Construction Grammar*. Nova York: Oxford University Press, 2013, p. 15-31.

_____. *Constructions at Work*: The Nature of Generalization in Language. Oxford: Oxford University Press, 2006.

_____. Constructions: A new theoretical approach to language. In: *Trends in Cognitive Sciences*, vol. 7, 2003, p. 219-224.

_____. Surface generalizations: an alternative to alternations. In: *Cognitive Linguistics*, vol. 13, 2002, p. 327-356.

_____. *Constructions*: A Construction Grammar Approach to Argument Structure. Chicago: University of Chicago Press, 1995.

GOLDBERG, A.E. & JACKENDOFF, R. The English resultative as a family of constructions. In: *Language*, vol. 80, 2004, p. 532-568.

GONZÁLVEZ-ÁLVAREZ, D. et al. (eds.). The Structure of the Noun Phrase in English: Synchronic and Diachronic Explorations. In: *Special issue of English Language and Linguistics*, vol. 15, 2011.

GONZÁLVEZ-GARCIA, F. *What snowclones reveal about actual language use in Spanish*: A constructionalist view, 2011 [Paper: Forty-fourth Meeting of the Societas Linguistica Europea (SLE44)].

GOODWIN, C. & DURANTI, A. (eds.). *Rethinking Context*: Language as an Interactive Phenomenon. Cambridge: Cambridge University Press, 1992.

GREEN, L.J. *African American English*: An Introduction. Cambridge: Cambridge University Press, 2002.

GREENBERG, J.H. The last stages of grammatical elements: Contractive and expansive desemanticization. In: TRAUGOTT, E.C. & HEINE, B. (eds.). *Approaches to Grammaticalization*. Amsterdã: Benjamins, 1991.

GRIES, S.T. Shouldn't it be breakfunch? – A quantitative analysis of the structure of blends. In: *Linguistics*, vol. 42, 2004, p. 639-667.

GRIES, S.T. & STEFANOWITSCH, A. Extending collostructional analysis: A corpus-based perspective on alternations. In: *International Journal of Corpus Linguistics*, vol. 9, 2004, p. 97-129.

HAGÈGE, C. *The Language Builder*: An Essay on the Human Signature in Linguistic Morphogenesis. Amsterdã: Benjamins, 1993.

HAIMAN, J. Ritualization and the development of language. In: PAGLIUCA, W. (ed.). *Perspectives on grammaticalization*. Amsterdã: Benjamins, 1994, p. 3-28.

HANSEN, M.-B.M. *Particles at the Semantics/Pragmatics Interface: Synchronic and Diachronic Issues* – A Study with Special Reference to the French Phasal Adverbs. Amsterdã: Elsevier, 2008.

HANSEN, M.-B.M. & WALTEREIT, R. GCI theory and language change. In: *Acta Linguistica Hafniensia*, vol. 38, 2006, p. 235-268.

HARLEY, T.A. *The Psychology of Language*. Hove: Psychology Press, 2008.

HARRIS, A. & CAMPBELL, L. *Historical Syntax in Cross-Linguistic Perspective*. Cambridge: Cambridge University Press, 1995.

HASELOW, A. *Typological Changes in the Lexicon*: Analytic Tendencies in English Noun Formation. Berlim: De Gruyter Mouton, 2011.

HASPELMATH, M. Parametric versus functional explanation of syntactic universals. In: BIBERAUER, T. (ed.). *The Limits of Syntactic Variation*. Amsterdã: Benjamins, 2008, p. 75-107.

_____. On directionality in language change with particular reference to grammaticalization. In: FISCHER, O.; NORDE, M. & PERIDON, H. (eds.). *Up and Down the Cline* – The Nature of Grammaticalization. Amsterdã: Benjamins, 2004, p. 17-44.

_____. The relevance of extravagance: A reply to Bart Geurts. In: *Linguistics*, vol. 38, 2000, p. 789-798.

_____. Why is grammaticalization irreversible? In: *Linguistics*, vol. 37, 1999, p. 1.043-1.068.

_____. Does grammaticalization need reanalysis? In: *Studies in Language*, vol. 22, 1998, p. 315-351.

HAWKINS, J.A. *Efficiency and Complexity in Grammars*. Oxford: Oxford University Press, 2004.

HAY, J. From speech perception to morphology: Affix ordering revisited. In: *Language*, vol. 78, 2002, p. 527-555.

_____. Lexical frequency in morphology – Is everything relative? In: *Linguistics*, vol. 39, 2001, p. 1.041-1.070.

HAY, J. & BAAYEN, R.H. Shifting paradigms: Gradient structure in morphology. In: *Trends in Cognitive Sciences*, vol. 9, 2005, p. 342-348.

HEINE, B. On the role of context in grammaticalization. In: WISCHER, I. & DIE-WALD, G. (eds.). *New Reflections on Grammaticalization*. Amsterdã: Benjamins, 2002, p. 83-101.

HEINE, B.; CLAUDI, U. & HÜNNEMEYER, F. *Grammaticalization*: A Conceptual Framework. Chicago: University of Chicago Press, 1991.

HEINE, B. & KUTEVA, T. *The Genesis of Grammar*: A Reconstruction. Oxford: Oxford University Press, 2007.

_____. *Language Contact and Grammatical Change*. Cambridge: Cambridge University Press, 2005.

_____. *World Lexicon of Grammaticalization*. Cambridge: Cambridge University Press, 2002.

HEINE, B. & REH, M. *Grammaticalization and Reanalysis in African Languages*. Hamburgo: Buske, 1984.

HENGEVELD, K. (ed.). *Transparency in Functional Discourse Grammar*. Amsterdã: Benjamins, 2011.

HIGGINS, F.R. *The Pseudo-cleft Construction in English*. Nova York: Garland, 1979.

HILPERT, M. *Constructional Change in English*: Developments in Allomorphy, Word-Formation and Syntax. Cambridge: Cambridge University Press, 2013.

_____. Diachronic collostructional analysis meets the Noun Phrase: Studying many a Noun in COHA. In: NEVALAINEN, T. & TRAUGOTT, E.C. (eds.). *The Oxford Handbook of the History of English*. Nova York: Oxford University Press, 2012, p. 233-244.

_____. *Germanic Future Constructions*: A Usage-based Approach to Language Change. Amsterdã: Benjamins, 2008.

HILPERT, M. *Construction Grammar and its Application to English*. Edinburgo: Edinburgh University Press [no prelo].

HIMMELMANN, N. Lexicalization and grammaticization: Opposite or orthogo-nal? In: BISANG, W.; HIMMELMANN, N.P. & WIEMER, B. (eds.). *What makes Grammaticalization* – A look from its Fringes and its Components. Berlim: Mouton de Gruyter, 2004, p. 21-42.

HINTERHÖLZL, R. & PETROVA, S. (eds.). *Information Structure and Language Change*: New Approaches to Word Order Variation in Germanic. Berlim: Mouton de Gruyter, 2009.

HINZEN, W.; WERNING, M. & MACHERY, E. Introduction. In: WERNING, M.; HINZEN, W. & MACHERY, E. (eds.). *The Oxford Handbook of Compositionality*. Nova York: Oxford University Press, 2012, p. 1-16.

HOFFMANN, S. *Grammaticalization and English Complex Prepositions*: A Corpus-based Study. Londres: Routledge, 2005.

_____. Using the OED quotations database as a corpus – A linguistic appraisal. In: *Icame Journal*, vol. 28, 2004, p. 17-30.

HOFFMANN, S. & MUKHERJEE, J. Ditransitive verbs in Indian English and British English: A corpus-linguistic study. In: *Arbeiten aus Anglistik und Amerikanistik*, vol. 32, 2007, p. 5-24.

HOFFMANN, S. & TROUSDALE, G. (eds.). *The Oxford Handbook of Construction Grammar*. Nova York: Oxford University Press, 2013.

_____. Variation, Change and Constructions in English. In: *Special issue of Cognitive Linguistics*, vol. 22, 2011.

HOLLMANN, W.B. *Synchrony and Diachrony of English Periphrastic Causatives*. University of Manchester, 2003 [Dissertação de mestrado].

HOPPER, P.J. Emergent grammar and temporality in interactional linguistics. In: AUER, P. & PFÄNDER, S. (eds.). *Constructions*: Emerging and Emergent. Berlim: De Gruyter Mouton, 2011, p. 22-44.

_____. Emergent serialization in English: Pragmatics and typology. In: GOOD, J. (ed.). *Linguistic Universals and Language Change*. Oxford: Oxford University Press, 2008, p. 252-284.

_____. Grammatical constructions and their discourse origins: Prototype or family resemblance? In: PÜTZ, M.; NIEMEIER, S. & DIRVEN, R. (eds.). *Applied Cognitive Linguistics I*: Theory and Language Acquisition. Berlim: Mouton de Gruyter, 2001, p. 109-129.

_____. On some principles of grammaticization. In: TRAUGOTT, E.C. & HEINE, B. (eds.). *Approaches to Grammaticalization*. Amsterdã: Benjamins, 1991.

_____. Emergent grammar. In: ASKE, J. et al. (eds.). *Berkeley Linguistics Society 13*: General Session and Parasession on Grammar and Cognition. Berkeley: Berkeley Linguistics Society, 1987, p. 139-157.

HOPPER, P.J. & MARTIN, J. Structuralism and diachrony: The development of the indefinite article in English. In: RAMAT, A.G.; CARRUBO, O. & BERNINI, G. (eds.). *Papers from the 7th International Conference on Historical Linguistics*. Amsterdã: Benjamins, 1987, p. 295-304.

HOPPER, P.J. & THOMPSON, S.A. Projectability and clause combining in interaction. In: LAURY, R. (ed.). *Crosslinguistic Studies of Clause Combining*: The Multifunctionality of Conjunctions. Amsterdã: Benjamins, 2008, p. 99-123.

HOPPER, P.J. & TRAUGOTT, E.C. *Grammaticalization*. 2. ed. Cambridge: Cambridge University Press, 2003.

HORIE, K. Versatility of nominalizations: Where Japanese and Korean contrast. In: YAP, F.H.; GRUNOW-HÅRSTA, K. & WRONA, J. (eds.). *Nominalization in Asian Languages* – Diachronic and Typological Perspectives. Amsterdã: Benjamins, 2011, p. 473-496.

HORN, L.R. *A Natural History of Negation*. Stanford: CSLI Publications, 2001.

HOROBIN, S. Editing early English texts. In: NEVALAINEN, T. & TRAUGOTT, E.C. (eds.). *The Oxford Handbook of the History of English*. Nova York: Oxford University Press, 2012, p. 53-62.

HUBER, M. The Old Bailey Proceedings, 1674-1834: Evaluating and annotating a corpus of 18th- and 19th-century spoken English. In: MEURMAN-SOLIN, A. & NURMI, A. (eds.). *Studies in Variation, Contact and Change in English* – Vol. I: Annotating Variation and Change, 2007 [Disponível em http://www.helsinki.fi/varieng/journal/volumes/01/huber/ – Acesso em 22/05/2013].

HUDDLESTON, R. & PULLUM, G. *The Cambridge Grammar of the English Language*. Cambridge: Cambridge University Press, 2002.

HUDSON, R.A. *An Introduction to Word Grammar*. Cambridge: Cambridge University Press, 2010.

_____. Word grammar and construction grammar. In: TROUSDALE, G. & GISBORNE, N. (eds.). *Constructional Approaches to English Grammar*. Berlim: Mouton de Gruyter, 2008, p. 257-302.

_____. *Language Networks*: The New Word Grammar. Oxford: Oxford University Press, 2007a.

_____. Word Grammar. In: GEERAERTS, D. & CUYCKENS, H. (eds.). *The Oxford Handbook of Cognitive Linguistics*. Oxford: Oxford University Press, 2007b, p. 509-539.

_____. *English Word Grammar*. Oxford: Blackwell, 1990.

_____. *Word Grammar*. Oxford: Blackwell, 1984.

ISRAEL, M. The way constructions grow. In: GOLDBERG, A. (ed.). *Conceptual Structure, Discourse and Language*. Stanford: CSLI Publications, 1996, p. 217-230.

JACKENDOFF, R. Constructions in the Parallel Architecture. In: HOFFMANN, S. & TROUSDALE, G. (eds.). *The Oxford Handbook of Construction Grammar*. Nova York: Oxford University Press, 2013, p. 70-92.

_____. *Foundations of Language*: Brain, Meaning, Grammar, Evolution. Nova York: Oxford University Press, 2002.

_____. *Semantic Structures*. Cambridge: MIT Press, 1990.

JÄGER, G. & ROSENBACH, A. Priming and unidirectional language change. In: *Theoretical Linguistics*, vol. 34, 2008, p. 85-113.

JAKOBSON, R. Closing statement: Linguistics and poetics. In: SEBEOK, T. (ed.). *Style in Language*. Cambridge: MIT Press, 1960, p. 350-377.

JANDA, R.D. Beyond 'pathways' and 'unidirectionality': On the discontinuity of transmission and the counterability of grammaticalization. Apud CAMPBELL, L. (ed.). Grammaticalization: A Critical Assessment. In: *Special issue of Language Sciences*, vol. 23, 2001, p. 265-340.

JONAS, D.; WHITMAN, J. & GARRETT, A. (eds.). *Grammatical Change*: Origins, Nature, Outcomes. Oxford: Oxford University Press, 2012.

JOSEPH, B.D. Rescuing traditional (historical) linguistics from grammaticalization 'theory'. In: FISCHER, O.; NORDE, M. & PERIDON, H. (eds.). *Up and Down the Cline* – The Nature of Grammaticalization. Amsterdã: Benjamins, 2004, p. 45-71.

_____. Is there such a thing as 'grammaticalization'? Apud CAMPBELL, L. (ed.). Grammaticalization: A Critical Assessment. In: *Special issue of Language Sciences*, vol. 23, 2001, p. 163-186.

JOSEPH, B.D. & JANDA, R.D. On language, change and language change – Or, of history, linguistics, and historical linguistics. In: JOSEPH, B.D. & JANDA, R.D. (eds.). *The Handbook of Historical Linguistics*. Oxford: Blackwell, 2003a, p. 3-180.

JOSEPH, B.D. & JANDA, R.D. (eds.). *The Handbook of Historical Linguistics*. Oxford: Blackwell, 2003b.

JURAFSKY, D. Universal tendencies in the semantics of the diminutive. In: *Language*, vol. 72, 1996, p. 533-578.

_____. An on-line computational model of human sentence interpretation. In: *Proceedings of the 13th Annual Conference of the Cognitive Science Society*. Chicago, 1991, p. 449-454.

KALTENBÖCK, G.; HEINE, B. & KUTEVA, T.A. On thetical grammar. In: *Studies in Language*, vol. 35, 2011, p. 852-897.

KARTTUNEN, L. You will be lucky to break even. In: HOLLOWAY KING, T. & DE PAIVA, V. (eds.). *From Quirky Case to Representing Space*: Papers in Honor of Annie Zaenen. Stanford: CSLI Publications, 2013, p. 167-180.

KASTOVSKY, D. Semantics and vocabulary. In: HOGG, R.M. (ed.). *The Cambridge History of the English Language* – Vol. I: The Beginnings to 1066. Cambridge: Cambridge University Press, 1992, p. 290-408.

KASTOVSKY, D. (ed). *Studies in Early Modern English*. Berlim: Mouton de Gruyter, 1994.

_____ . *Historical English Syntax*. Berlim: Mouton de Gruyter, 1991.

KAY, P. The limits of (construction) grammar. In: HOFFMANN, S. & TROUSDA-LE, G. (eds.). *The Oxford Handbook of Construction Grammar*. Nova York: Oxford University Press, 2013, p. 32-48.

_____. Pragmatic aspects of grammatical constructions. In: HORN, L.R. & WARD, G. (eds.). *The Handbook of Pragmatics*. Malden: Blackwell, 2004, p. 675-700.

KAY, P. & FILLMORE, C.J. Grammatical constructions and linguistic generalizations: The What's X doing Y? construction. In: *Language*, vol. 75, 1999, p. 1-34.

KAY, P. & MICHAELIS, L. Constructional meaning and compositionality. In: MAIENBORN, C.; VON HEUSINGER, K. & PORTNER, P. (eds.). *Semantics*: An International Handbook of Natural Language Meaning. Vol. 3. Berlim: De Gruyter Mouton, 2012, p. 2.271-2.296.

KELLER, R. *On Language Change*: The Invisible Hand in Language. Londres: Routledge, 1994.

KEMENADE, A. & LOS, B. (eds.). *The Handbook of the History of English*. Oxford: Blackwell, 2006.

KEMMER, S. Schemas and lexical blends. In: CUYCKENS, H. et al. (eds.). *Cognitive Approaches to Lexical Semantics*. Berlim: Mouton de Gruyter, 2003, p. 69-97.

KIPARSKY, P. Grammaticalization as optimization. In: JONAS, D.; WHITMAN, J. & GARRETT, A. (eds.). *Grammatical Change*: Origins, Nature, Outcomes. Oxford: Oxford University Press, 2012, p. 15-51.

_____. Linguistic universals and linguistic change. In: BACH, E. & HARMS, R.T. (eds.). *Universals in Linguistic Theory*. Nova York: Holt, Rinehart and Winston, 1968, p. 171-202.

KISS, K.É. Identificational focus versus information focus. In: *Language*, vol. 74, 1998, p. 245-273.

KOHNEN, T. & MAIR, C. Technologies of communication. In: NEVALAINEN, T. & TRAUGOTT, E.C. (eds.). *The Oxford Handbook of the History of English*. Nova York: Oxford University Press, 2012, p. 261-284.

KÖNIG, E. & VEZZOSI, L. The role of predicate meaning and the development of reflexivity. In: BISANG, W.; HIMMELMANN, N.P. & WIEMER, B. (eds.). *What makes Grammaticalization* – A look from its Fringes and its Components. Berlim: Mouton de Gruyter, 2004, p. 213-244.

KOOPS, C. & HILPERT, M. The co-evolution of syntactic and pragmatic complexity: Diachronic and cross-linguistic aspects of pseudo-clefts. In: GIVÓN, T. & SHIBATANI, M. (eds.). *Syntactic Complexity, Diachrony, Acquisition, Neuro-cognition, Evolution*. Amsterdã: Benjamins, 2009, p. 215-238.

KOPTJEVSKAJA-TAMM, M. 'A lot of grammar with a good portion of lexicon': Towards a typology of partitive and pseudo-partitive nominal constructions. In: HELMBRECHT, J. et al. (eds.). *Form and Function in Language Research*. Berlim: Mouton de Gruyter, 2009, p. 329-346.

KORTMANN, B. *Free Adjuncts and Absolutes in English*: Problems of Control and Interpretation. Londres: Routledge, 1991.

KRUG, M.G. *Emerging English Modals*: A Corpus-based Study of Grammaticalization. Berlin: Mouton de Gruyter, 2000.

KURYŁOWICZ, J. The evolution of grammatical categories. In: KURYŁOWICZ, J. *Esquisses linguistiques*. Vol. II. Munique: Fink, 1975 [1965], p. 38-54.

KUTEVA, T. *Auxiliation*: An Enquiry into the Nature of Grammaticalization. Oxford: Oxford University Press, 2001.

KUZMACK, S. Ish: a new case of antigrammaticalization? – Meeting of the Linguistic Society of America (LSA). In: *Anaheim*, 04-07/01/2007.

KYTÖ, M. & ROMAINE, S. We had like to have been killed by thunder & lightning: The semantic and pragmatic history of a construction that like to disappeared. In: *Journal of Historical Pragmatics*, vol. 6, 2005, p. 1-35.

LABOV, W. Transmission and diffusion. In: *Language*, vol. 83, 2007, p. 344-387.

_____. *Principles of Linguistic Change* – Vol. I: Internal Factors. Oxford: Blackwell, 1994.

LAKOFF, G. *Women, Fire and Dangerous Things* – What Categories Reveal about the Mind. Chicago: University of Chicago Press, 1987.

LAMB, S. *Pathways of the Brain*: The Neurocognitive Basis of Language. Amsterdã: Benjamins, 1998.

LAMBRECHT, K. A framework of the analysis of cleft-constructions. In: *Linguistics*, vol. 39, 2001, p. 463-516.

_____. *Information Structure and Sentence Form*: Topic, Focus and the Mental Representations of Discourse Referents. Cambridge: Cambridge University Press, 1994.

LANGACKER, R.W. Grammaticalization and Cognitive Grammar. In: NARROG, H. & HEINE, B. (eds.). *The Oxford Handbook of Grammaticalization*. Nova York: Oxford University Press, 2011, p. 79-91.

_____. *Investigations in Cognitive Grammar*. Berlin: Mouton de Gruyter, 2009.

_____. *Cognitive Grammar*: A Basic Introduction. Nova York: Oxford University Press, 2008.

_____. Constructing the meaning of personal pronouns. In: RADDEN, G.; KÖPCKE, K.-M. & BERG, T. (eds.). *Aspects of Meaning Construction*. Amsterdã: Benjamins, 2007, p. 171-187.

_____. Construction Grammars: Cognitive, radical, and less so. In: IBÁÑEZ, R.M. et al. (eds.). *Cognitive Linguistics*: Internal Dynamics and Interdisciplinary Interaction. Berlim: Mouton de Gruyter, 2005, p. 101-159.

_____. A dynamic usage-based model. In: BARLOW, M. & KEMMER, S. (eds.). *Usage Based Models of Language*. Stanford: CSLI Publishers, 2000, p. 1-63.

_____. *Foundations of Cognitive Grammar* – Vol. II: Descriptive Application. Stanford: Stanford University Press, 1991.

_____. *Foundations of Cognitive Grammar* – Vol. I: Theoretical Prerequisites. Stanford: Stanford University Press, 1987.

_____. *Syntactic reanalysis*. In: LI, C.N. (ed.). *Mechanisms of Syntactic Change*. Austin: University of Texas Press, 1977, p. 57-139.

LASS, R. *Historical Linguistics and Language Change*. Cambridge: Cambridge University Press, 1997.

_____. How to do things with junk: Exaptation in language evolution. In: *Journal of Linguistics*, vol. 26, 1990, p. 79-102.

LEECH, G. et al. *Change in Contemporary English*: A Grammatical Study. Cambridge: Cambridge University Press, 2009.

LEHMANN, C. Information structure and grammaticalization. In: SEOANE, E. & LÓPEZ-COUSO, M.J. (eds.). *Theoretical and Empirical Issues in Grammaticalization*. Amsterdã: Benjamins, 2008, p. 207-229.

_____. Theory and method in grammaticalization. Apud DIEWALD, G. (ed.). Grammatikalisierung. In: *Special issue of Zeitschrift für Germanistische Linguistik*, vol. 32, 2004, p. 152-187.

_____. New reflections on grammaticalization and lexicalization. In: WISCHER, I. & DIEWALD, G. (eds.). *New Reflections on Grammaticalization*. Amsterdã: Benjamins, 2002, p. 1-18.

_____. *Thoughts on Grammaticalization*. 2. ed. Munique: Lincom Europa, 1995.

_____. Word order change by grammaticalization. In: GERRITSEN, M. & STEIN, D. (eds.). *Internal and External Factors in Syntactic Change*. Berlim: Mouton, 1992, p. 395-416.

_____. Grammatikalisierung und Lexikalisierung. In: *Zeitschrift für Phonetik, Sprachwissenschaft und Kommunikationsforschung*, vol. 42, 1989, p. 11-19.

_____. Grammaticalization: Synchronic variation and diachronic change. In: *Lingua e Stile*, vol. 20, 1985, p. 303-318.

LEVIN, B. & RAPOPORT, T. Lexical subordination. In: *Chicago Linguistic Society*, 24, 1988, p. 275-289.

LEWANDOWSKA-TOMASZCZYK, B. Polysemy, prototypes, and radial categories. In: GEERAERTS, D. & CUYCKENS, H. (eds.). *The Oxford Handbook of Cognitive Linguistics*. Oxford: Oxford University Press, 2007, p. 139-169.

LEWIS, D. Rhetorical motivations for the emergence of discourse particles, with special reference to English of course. Apud WOUDEN, T.; FOOLEN, A. & CRAEN, P. (eds.). Particles. In: *Special issue of Belgian Journal of Linguistics*, vol. 16, 2003, p. 79-91.

LI, C.N. (ed.). *Mechanisms of Syntactic Change*. Austin: University of Texas Press, 1977.

LIBERMAN, M. The proper treatment of snowclones in ordinary English. In: *Language*, 2006 [Disponível em http://itre.cis.upenn.edu/~myl/languagelog/archives/002806.html – Acesso em 22/05/2013].

LICHTENBERK, F. Semantic change and heterosemy in grammaticalization. In: *Language*, vol. 67, 1991a, p. 475-509.

_____. On the gradualness of grammaticalization. In: TRAUGOTT, E.C. & HEINE, B. (eds.). *Approaches to Grammaticalization*. Amsterdã: Benjamins, 1991b, p. 37-80.

LIGHTFOOT, D.J. Grammaticalization and lexicalization. In: NARROG, H. & HEINE, B. (eds.). *The Oxford Handbook of Grammaticalization*. Nova York: Oxford University Press, 2011, p. 438-449.

LIGHTFOOT, D.W. *The Development of Language*: Acquisition, Change, Evolution. Oxford: Blackwell, 1999.

_____. *Principles of Diachronic Syntax*. Cambridge: Cambridge University Press, 1979.

LINDQUIST, H. & MAIR, C. (eds.). *Corpus Approaches to Grammaticalization in English*. Amsterdã: Benjamins, 2004.

LINDSTRÖM, T.Å.M. *The History of the Concept of Grammaticalization*. University of Sheffield, 2004 [Dissertação de mestrado].

LIPKA, L. *English Lexicology*: Lexical Structure, Word Semantics and Wordformation. 3. ed. Tübingen: Max Niemeyer, 2002.

LOS, B. The consequences of the loss of verb-second in English: Information structure and syntax in interaction. In: *English Language and Linguistics*, vol. 13, 2009, p. 79-125.

LOS, B. & KOMEN, E. Clefts as resolution strategies after the loss of a multifunctional first position. In: NEVALAINEN, T. & TRAUGOTT, E.C. (eds.). *The Oxford*

Handbook of the History of English. Nova York: Oxford University Press, 2012, p. 884-898.

LOSIEWICZ, B.L. *The Effect of Duration on Linguistic Morphology*. University of Texas at Austin, 1992 [Dissertação de mestrado].

MACAULAY, R.K.S. *Talk that Counts*: Age, Gender, and Social Class Differences in Discourse. Nova York: Oxford University Press, 2004.

MAIR, C. From opportunistic to systematic use of the Web as corpus: Do-support with got (to) in contemporary American English. In: NEVALAINEN, T. & TRAUGOTT, E.C. (eds.). *The Oxford Handbook of the History of English*. Nova York: Oxford University Press, 2012, p. 245-255.

_____. Corpus linguistics and grammaticalisation theory: Statistics, frequencies, and beyond. In: LINDQUIST, H. & MAIR, C. (eds.). *Corpus Approach to Grammaticalization in English*. Amsterdã: Benjamins, 2004, p. 121-150.

MARCHAND, H. *The Categories and Types of Present-Day English Word Formation – A Synchronic-Diachronic Approach*. Munique: Beck'sche Verlagsbuchhandlung, 1969.

MASSAM, D. Thing is constructions: The thing is, is what's the right analysis? In: *English Language and Linguistics*, vol. 3, 1999, p. 335-352.

MATTIELLO, E. *Extra-grammatical Morphology in English*: Abbreviations, Blends, Reduplicatives and Related Phenomena. Berlim: De Gruyter Mouton, 2013.

McMAHON, A.M.S. *Understanding Language Change*. Cambridge: Cambridge University Press, 1994.

MEILLET, A. Le renouvellement des conjonctions. In: MEILLET, A. *Linguistique historique et linguistique générale*. Paris: Champion, 1958a [1915/1916], p. 159-174.

_____. L'évolution des formes grammaticales. In: MEILLET, A. *Linguistique historique et linguistique générale*. Paris: Champion, 1958b [1912], p. 130-148.

MEURMAN-SOLIN, A. The connectives and, for, but, and only as clause and discourse type-indicators in 16th- and 17th-century epistolary prose. In: MEURMAN-SOLIN, A.; LÓPEZ-COUSO, M.J. & LOS, B. (eds.). *Information Structure and Syntactic Change in the History of English*. Nova York: Oxford University Press, 2012, p. 164-196.

MEURMAN-SOLIN, A.; LÓPEZ-COUSO, M.J. & LOS, B. (eds.). *Information Structure and Syntactic Change in the History of English*. Nova York: Oxford University Press, 2012.

MICHAELIS, L.A. Sign-Based Construction Grammar. In: HOFFMANN, S. & TROUSDALE, G. (eds.). *The Oxford Handbook of Construction Grammar*. Nova York: Oxford University Press, 2013, p. 133-152.

_____. Type shifting in construction grammar: An integrated approach to aspectual coercion. In: *Cognitive Linguistics*, vol. 15, 2004, p. 1-67.

_____. Word meaning, sentence meaning, and syntactic meaning. In: CUYCKENS, H. et al. (eds.). *Cognitive Approaches to Lexical Semantics*. Berlim: Mouton de Gruyter, 2003, p. 163-210.

MILROY, J. *Linguistic Variation and Change*. Oxford: Blackwell, 1992.

MONDORF, B. Variation and change in English resultative constructions. In: *Language Variation and Change*, vol. 22, 2011, p. 397-421.

MOSSÉ, F. *Histoire de la forme périphrastique être + participe présent en germanique*. Paris: Klincksieck, 1938.

MUYSKEN, P. *Functional Categories*. Cambridge: Cambridge University Press, 2008.

NARROG, H. & HEINE, B. (eds.). *The Oxford Handbook of Grammaticalization*. Nova York: Oxford University Press, 2011.

NESSELHAUF, N. Mechanisms of language change in a functional system – The recente semantic evolution of future time expressions. In: *Journal of Historical Linguistics*, vol. 2, 2012, p. 83-132.

NEVALAINEN, T. *BUT, ONLY, JUST*: Focusing on Adverbial Change in Modern English 1500-1900. Helsinki: Société Néophilologique, 1991a.

_____. Motivated archaism: The use of affirmative periphrastic do in Early Modern English in liturgical prose. In: KASTOVSKY, D. (ed.). *Historical English Syntax*. Berlim: Mouton de Gruyter, 1991b, p. 303-320.

NEVALAINEN, T. & RISSANEN, M. Fairly pretty or pretty fair? – On the development and grammaticalization of English downtoners. In: *Language Sciences*, vol. 24, 2002, p. 359-380.

NEVALAINEN, T. & TRAUGOTT, E.C. (eds.). *The Oxford Handbook of the History of English*. Nova York: Oxford University Press, 2012.

NEVIS, J.A. Decliticization and deaffixation in Saame: Abessive taga. In: JOSEPH, B.D. (ed.). *Studies in Language Change [The Ohio State University Working Papers in Linguistics]*, 1986, p. 1-9.

NEWELL, A. *Unified Theories of Cognition*. Cambridge: MIT Press, 1990.

NEWMEYER, F.J. Deconstructing grammaticalization. Apud CAMPBELL, L. (ed.) Grammaticalization: A Critical Assessment. In: *Special issue of Language Sciences*, vol. 23, 2001, p. 187-229.

_____. *Language Form and Language Function*. Cambridge: MIT Press, 1998.

NOËL, D. & COLLEMAN, T. Believe-type raising-to-object and raising-to-subject verbs in English and Dutch: A contrastive investigation in diachronic construction grammar. In: *International Journal of Corpus Linguistics*, vol. 15, 2010, p. 157-182.

_____. Diachronic construction grammar and grammaticalization theory. In: *Functions of Language*, vol. 14, 2007, p. 177-202.

NORDE, M. *Degrammaticalization*. Oxford: Oxford University Press, 2009.

_____. Demarcating degrammaticalization: The Swedish s-genitive revisited. In: *Nordic Journal of Linguistics*, vol. 29, 2006, p. 201-238.

_____. The final stages of grammaticalization: Affixhood and beyond. In: WIS-CHER, I. & DIEWALD, G. (eds.). *New Reflections on Grammaticalization*. Amsterdã: Benjamins, 2002, p. 45-65.

NØRGÅRD-SØRENSEN, J.; HELTOFT, L. & SCHØSLER, L. *Connecting Grammaticalisation* – The Role of Paradigmatic Structure. Amsterdã: Benjamins, 2011.

NUNBERG, G.; SAG, I.A. & WASOW, T. Idioms. In: *Language*, vol. 70, 1994, p. 491-538.

NÚÑEZ-PERTEJO, P. Be going to + infinitive: Origin and development. Some relevant cases from the Helsinki Corpus. In: *Studia Neophilologica*, vol. 71, 1999, p. 135-142.

O'CONNOR, E. *The snowclones data base*, 2007 [Disponível em http://edward. oconnor.cx/2007/07/snowclones-database – Acesso em 22/05/2013].

OLMEN, D. & MORTELMANS, T. Movement futures in English and Dutch: A contrastive analysis of be going to and gaan. In: TSANGALIDIS, A.; FACCHINET-TI, R. & PALMER, F.F.R. (eds.). *Studies on English Modality*: In Honour of Frank Palmer. Frankfurt am Main: Peter Lang, 2009, p. 357-386.

ÖSTMAN, J.-O. Construction discourse: A Prolegomenon. In: ÖSTMAN, J.-O. & FRIED, M. (eds.). *Construction Grammars*: Cognitive Grounding and Theoretical Extension. Amsterdã: Benjamins, 2005, p. 121-144.

ÖSTMAN, J.-O. & FRIED, M. (eds.). *Construction Grammars*: Cognitive Grounding and Theoretical Extension. Amsterdã: Benjamins, 2005.

PAGLIUCA, W. (ed.). *Perspectives on grammaticalization*. Amsterdã: Benjamins, 1994.

PARKES, M.B. *Pause and Effect*: An Introduction to the History of Punctuation in the West. Berkeley: University of California Press, 1991.

PARTEE, B. Compositionality. In: LANDMAN, F. & VELTMAN, F. (eds.). *Varieties of Formal Semantics*. Dordrecht: Foris, 1984, p. 281-312.

PATTEN, A.L. *The English IT-Cleft*: A Constructional Account and a Diachronic Investigation. Berlim: De Gruyter Mouton, 2012.

_____. Grammaticalization and the it-cleft construction. In: TRAUGOTT, E.C. & TROUSDALE, G. (eds.). *Gradience, Gradualness, and Grammaticalization*. Amsterdã: Benjamins, 2010, p. 221-243.

PAUL, H. *Prinzipien der Sprachgeschichte*. 5. ed. Halle: Niemeyer, 1920.

PAWLEY, A. & SYDER, F.H. Two puzzles for linguistic theory: Nativelike selection and nativelike fluency. In: RICHARDS, J.C. & SCHMIDT, R.W. (eds.). *Language and Communication*. Londres: Longman, 1983, p. 191-225.

PAYNE, J. & HUDDLESTON, R. Nouns and noun phrases. In: HUDDLESTON, R. & PULLUM, G. *The Cambridge Grammar of the English Language*. Cambridge: Cambridge University Press, 2002, p. 323-523.

PEREK, F. Alternation-based generalizations are stored in the mental grammar: Evidence from a sorting task experiment. In: *Cognitive Linguistics*, vol. 23, 2012, p. 601-635.

PÉREZ-GUERRA, J. & TIZÓN-COUTO, D. On left-dislocations in the history of English: Theory and data hand in hand. In: SHAER, B. et al. (eds.). *Dislocated Elements in Discourse*: Syntactic, Semantic, and Pragmatic Perspectives. Londres: Routledge, 2009, p. 31-48.

PERSSON, G. Homonymy, polysemy and heterosemy: The types of lexical ambiguity in English. In: HYLDGAARD-JENSEN, K. & ZETTERSTEN, A. (eds.). *Symposium on Lexicography III*: Proceedings of the International Symposium on Lexicography. Tübingen: Niemeyer, 1988, p. 269-280.

PETERS, H. Degree adverbs in Early English. In: KASTOVSKY, D. (ed). *Studies in Early Modern English*. Berlim: Mouton de Gruyter, 1994, p. 269-288.

PETRÉ, P. General productivity: How become waxed and wax became a copula. In: *Cognitive Linguistics*, vol. 23, 2012, p. 27-65.

PETRÉ, P. & CUYCKENS, H. Bedusted, yet not beheaded: The role of be's constructional properties in its conservation. In: BERGS, A. & DIEWALD, G. (eds.). *Constructions and Language Change*. Berlim: Mouton de Gruyter, 2008, p. 133-169.

PICHLER, H. *The Structure of Discourse-Pragmatic Variation*. Amsterdã: Benjamins, 2013.

PICHLER, H. & LEVEY, S. In search of grammaticalization in synchronic dialect data: General extenders in northeast England. In: *English Language and Linguistics*, vol. 15, 2011, p. 441-471.

PLAG, I. Productivity. In: AARTS, B. & McMAHON, A. (eds.). *The Handbook of English Linguistics*. Malden: Blackwell, 2006, p. 537-556.

_____. *Morphological Productivity*: Structural Constraints in English Derivation. Berlim: Mouton de Gruyter, 1999.

PLANK, F. The modals story retold. In: *Studies in Language*, vol. 8, 1984, p. 305-364.

POPLACK, S. Grammaticalization and linguistic variation. In: NARROG, H. & HEINE, B. (eds.). *The Oxford Handbook of Grammaticalization*. Nova York: Oxford University Press, 2011, p. 209-224.

POPLACK, S. & TAGLIAMONTE, S. The grammaticization of going to in (African American) English. In: *Language Variation and Change*, vol. 11, 2000, p. 315-342.

PRINCE, E.F. A comparison of WH-clefts and it-clefts in discourse. In: *Language*, vol. 54, 1978, p. 883-906.

PULLUM, G. Snowclones: Lexicographical dating to the second. In: *Language Log*, 16/01/2004.

_____. Phrases for lazy writers in kit form. In: *Language Log*, 27/10/2003.

PULVERMÜLLER, F.; CAPPELLE, B. & SHTYROV, Y. Brain basis of meaning, words, constructions, and grammar. In: HOFFMANN, S. & TROUSDALE, G. (eds.). *The Oxford Handbook of Construction Grammar*. Nova York: Oxford University Press, 2013, p. 397-416.

PUSTEJOVSKY, J. *The Generative Lexicon*. Cambridge, MA: MIT Press, 1995.

QUELLER, K. Metonymic sense shift: Its origin in hearers' abductive construal of usage in context. In: CUYCKENS, H. et al. (eds.). *Cognitive Approaches to Lexical Semantics*. Berlim: Mouton de Gruyter, 2003, p. 211-241.

QUIRK, R. et al. *A Comprehensive Grammar of the English Language*. Londres: Longman, 1985.

RAMAT, P. Degrammaticalization or transcategorization? In: SCHANER-WOLLES, C.; RENNISON, J. & NEUBARTH, F. (eds.). *Naturally!* – Linguistic Studies in Honour of Wolfgang Ulrich Dressler Presented on the Occasion of his 60th Birthday. Turim: Rosenbach and Sellier, 2001, p. 393-401.

_____. Thoughts on degrammaticalization. In: *Linguistics*, vol. 30, 1992, p. 549-560.

RAMAT, P. & RICCA, D. Prototypical adverbs: On the scalarity/radiality of the notion ADVERB. In: *Rivista di Linguistica*, vol. 6, 1994, p. 289-326.

RATCLIFF, R. & McKOON, G. Does activation really spread? In: *Psychological Review*, vol. 88, 1981, p. 454-462.

RAUMOLIN-BRUNBERG, H. & NURMI, A. Grammaticalization and language change in the individual. In: NARROG, H. & HEINE, B. (eds.). *The Oxford Handbook of Grammaticalization*. Nova York: Oxford University Press, 2011, p. 251-262.

REBUSCHAT, P. et al. (eds.). *Language and Music as Cognitive Systems*. Oxford: Oxford University Press, 2012.

REISBERG, D. *Cognition*: Exploring the Science of the Mind. Nova York: Norton, 1997.

RICE, S. Growth in a lexical network: Nine English prepositions in acquisition. In: CUYCKENS, H. et al. (eds.). *Cognitive Approaches to Lexical Semantics*. Berlim: Mouton de Gruyter, 2003, p. 243-280.

_____. Prepositional prototypes. In: PÜTZ, M. & DIRVEN, R. (eds.). *The Construal of Space in Language and Thought*. Berlim: Mouton de Gruyter, 1996, p. 135-165.

RICKFORD, J.R. *African American Vernacular English*: Features, Evolution, Educational Implications. Oxford: Blackwell, 1999.

RISSANEN, M. Corpora and the study of the history of English. In: KYTÖ, M. (ed.). *English Corpus Linguistics*: Crossing Paths. Amsterdã: Rodopi, 2012, p. 197-220.

_____. From oþ to till: Early loss of an adverbial subordinator. In: LENKER, U. & MEURMAN-SOLIN, A. (eds.). *Connectives in the History of English*. Amsterdã: Benjamins, 2007, p. 61-75.

_____. Grammaticalisation from side to side: On the development of beside(s). In: LINDQUIST, H. & MAIR, C. (eds.). *Corpus Approaches to Grammaticalization in English*. Amsterdã: Benjamins, 2004, p. 151-170.

_____. Syntax. In: LASS, R. (ed.). *The Cambridge History of the English Language –* Vol. III: 1476-1776. Cambridge: Cambridge University Press, 1999, p. 187-331.

_____. Spoken language and the history of do-periphrasis. In: KASTOVSKY, D. (ed.). *Historical English Syntax*. Berlim: Mouton de Gruyter, 1991, p. 321-342.

RIZZI, L. *Parameters and Functional Heads*: Essays in Comparative Syntax. Oxford: Oxford University Press, 1997.

ROBERT, S. The challenge of polygrammaticalization for linguistic theory: Fractal grammar and transcategorial functioning. In: FRAJZYNGIER, Z.; HODGES, A. & ROOD, D.S. (eds.). *Linguistic Diversity and Language Theories*. Amsterdã: Benjamins, 2005, p. 119-142.

ROBERTS, I. Grammaticalization, the clausal hierarchy and semantic bleaching. In: TRAUGOTT, E.C. & TROUSDALE, G. (eds.). *Gradience, Gradualness, and Grammaticalization*. Amsterdã Benjamins, 2010, p. 45-73.

_____. *Diachronic Syntax*. Oxford: Oxford University Press, 2007.

_____. A formal account of grammaticalization in the history of Romance futures. In: *Folia Linguistica Historica*, vol. XIII, 1993, p. 219-258.

ROBERTS, I. & ROUSSOU, A. *Syntactic Change*: A Minimalist Approach to Grammaticalization. Cambridge: Cambridge University Press, 2003.

ROHDENBURG, G. Clarifying structural relationships in cases of increased complexity in English. In: SCHULZE, R. (ed.). *Making Meaningful Choices in English*: On Dimensions, Perspectives, Methodology and Evidence. Heidelberg: Gunter Narr, 1998, p. 189-205.

ROSCH, E. Natural categories. In: *Cognitive Psychology*, vol. 4, 1973, p. 328-350.

ROSENBACH, A. How synchronic gradience makes sense in the light of language change (and vice versa). In: TRAUGOTT, E.C. & TROUSDALE, G. (eds.). *Gradience, Gradualness, and Grammaticalization*. Amsterdã: Benjamins, 2010, p. 149-179.

_____. *Genitive Variation in English*: Conceptual Factors in Synchronic and Diachronic Studies. Berlim: Mouton de Gruyter, 2002.

ROSTILA, J. Storage as a way to grammaticalization. In: *Constructions*, 2006 [Disponível em http://elanguage.net/journals/constructions/article/view/3070 – Acesso em 22/05/2013].

_____. Lexicalization as a way to grammaticalization. In: KARLSSON, F. (ed.). *Proceedings of the 20th Scandinavian Conference of Linguistics*, 2004.

SAG, I.A. Sign-based construction grammar: An informal synopsis. In: BOAS, H.C. & SAG, I.A. (eds.). *Sign-Based Construction Grammar*. Stanford: CSLI Publications, 2012, p. 69-202.

SAG, I.A.; BOAS, H.C. & KAY, P. Introducing sign-based construction grammar. In: BOAS, H.C. & SAG, I.A. (eds.). *Sign-Based Construction Grammar*. Stanford: CSLI Publications, 2012, p. 1-29.

SAUSSURE, F. *Course in General Linguistics*. Nova York: McGraw-Hill, 1959 [1916].

SCHIFFRIN, D. *Discourse Markers*. Cambridge: Cambridge University Press, 1987.

SCHLÜTER, J. To dare to or not to: Is auxiliarization reversible? In: VAN LINDEN, A.; VERSTRAETE, J.-C.; DAVIDSE, K. (eds.). *Formal Evidence in Grammaticalization Research*. Amsterdã: Benjamins, 2010, p. 289-325.

_____. *Rhythmic Grammar*: The Influence of Rhythm on Grammatical Variation and Change in English. Berlim: Mouton de Gruyter, 2005.

SCHMID, H.-J. Entrenchment, salience, and basic levels. In: GEERAERTS, D. & CUYCKENS, H. (eds.). *The Oxford Handbook of Cognitive Linguistics*. Oxford: Oxford University Press, 2007, p. 117-138.

SCHNEIDER, A. Grammaticalization in non-standard varieties of English and Englishbased pidgins and creoles. In: NEVALAINEN, T. & TRAUGOTT, E.C. (eds.). *The Oxford Handbook of the History of English*. Nova York: Oxford University Press, 2012, p. 666-675.

SCHULZ, M.E. Possession and obligation. In: HERNÁNDEZ, N.; KOLBE, D. & SCHULZ, M.E. (eds.). *A Comparative Grammar of British English Dialects*: Modals, Pronouns and Complement Clauses. Berlim: Walter de Gruyter, 2011, p. 19-51.

SCHWENTER, S.A. Viewpoints and polysemy: Linking adversative and causal meanings of discourse markers. In: COUPER-KUHLEN, E. & KORTMANN, B. (eds.). *Cause - Condition - Concession - Contrast*: Cognitive and Discourse Perspectives. Berlim: Mouton de Gruyter, 2000, p. 257-281.

SELKIRK, E.O. Some remarks on noun phrase structure. In: CULICOVER, P.; AKMAJIAN, A. & WASOW, T. (eds.). *Formal Syntax*. Nova York: Academic Press, 1977, p. 283-316.

SEOANE, E. & LÓPEZ-COUSO, M.J. (eds.). *Theoretical and Empirical Issues in Grammaticalization*. Amsterdã: Benjamins, 2008.

SHIBATANI, M. Grammaticization of topic into subject. In: TRAUGOTT, E.C. & HEINE, B. (eds.). *Approaches to Grammaticalization*. Amsterdã: Benjamins, 1991, p. 93-133.

SIEWIERSKA, A. & HOLLMANN, W.B. Ditransitive clauses in English with special reference to Lancashire dialect. In: HANNAY, M. & STEEN, G.J. (eds.). *Structural-Functional Studies in English Grammar*. Amsterdã: Benjamins, 2007, p. 83-102.

SINHA, C. Cognitive linguistics, psychology and cognitive science. In GEERAERTS, D. & CUYCKENS, H. (eds.). *The Oxford Handbook of Cognitive Linguistics*. Oxford: Oxford University Press, 2007, p. 1.266-1.294.

SLOBIN, D.I. The many ways to search for a frog: Linguistic typology and the expression of motion events. In: STRÖMQVIST, S. & VERHOEVEN, L. (eds.). *Relating Events in Narrative* – Vol. II: Typological and Contextual Perspectives. Mahwah: Lawrence Erlbaum Associates, 2004, p. 219-257.

_____. Language change in childhood and in history. In: MacNAMARA, J. (ed.). *Language Learning and Thought*. Nova York: Academic Press, 1977, p. 185-214.

SMIRNOVA, E. Constructionalization and constructional change: The role of context in the development of constructions. In: BARÐDAL, J. et al. (eds.). *Historical Construction Grammar*. Amsterdã: Benjamins [no prelo].

SNIDER, N. *An Exemplar Model of Syntactic Priming*. Stanford University, 2008 [Dissertação de mestrado].

SOWKA-PIETRASZEWSKA, K. *The evidence from the Latinate loan-verbs for the rise of the alternative prepositional object construction in the Middle English period*, 2011 [Paper: Helsinki Corpus Festival].

SPENCER-OATEY, H. & STADLER, S. The Global People Competency Framework – Competencies for Effective Intercultural Interaction. In: *Warwick Papers in Applied Linguistics*, 3, 2009.

SPEYER, A. *Topicalization and Stress Clash Avoidance in the History of English*. Berlim: De Gruyter Mouton, 2010.

STATHI, K.; GEHWEILER, E. & KÖNIG, E. (eds.). *Grammaticalization*: Current Views and Issues. Amsterdã: Benjamins, 2010.

STENSTRÖM, A.-B. It's enough funny, man: Intensifiers in teenage talk. In: KIRK, J.M. (ed.). *Corpora Galore*: Analyses and Techniques in Describing English. Amsterdã: Rodopi, 2000, p. 177-190.

STOLOVA, N.I. From satellite-framed Latin to verb-framed Romance: Late Latin as an intermediate stage. In: WRIGHT, R. (ed.). *Latin Vulgaire, Latin Tardif*: Actes du VIIIème Colloque International sur le Latin Vulgaire et Tardif. Hildesheim: Olms, 2008, p. 253-262.

_____. *Cognitive History of Romance Motion Verbs*: Exploration in Lexical Change. Amsterdã: Benjamins [no prelo].

SWEETSER, E.E. *From Etymology to Pragmatics*: Metaphorical and Cultural Aspects of Semantic Structure. Cambridge: Cambridge University Press, 1990.

_____. Grammaticalization and semantic bleaching. In: AXMAKER, S.; JAISSER, A. & SINGMASTER, H. (eds.). *Berkeley Linguistics Society* – Vol. 14: General Session and Parasession on Grammaticalization. Berkeley, CA: Berkeley Linguistics Society, 1988, p. 389-405.

TALMY, L. *Toward a Cognitive Linguistics* – Vol. I: Concept Structuring Systems. Cambridge: MIT Press, 2000.

_____. Lexicalization patterns: Semantic structure in lexical forms. In SHOPEN, T. (ed.). *Language Typology and Syntactic Description* – Vol. III: Grammatical Categories and the Lexicon. 2. ed. Cambridge: Cambridge University Press, 1985, p. 57-149.

TAYLOR, J.R. *Cognitive Grammar*. Oxford: Oxford University Press, 2002.

TERKOURAFI, M. The pragmatic variable: Toward a procedural interpretation. In: *Language in Society*, vol. 40, 2011, p. 343-372.

_____. On de-limiting context. In: BERGS, A. & DIEWALD, G. (eds.). *Contexts and Constructions*. Amsterdã: Benjamins, 2009, p. 17-42.

TIMBERLAKE, A. Reanalysis and actualization in syntactic change. In: LI, C.N. (ed.). *Mechanisms of Syntactic Change*. Austin: University of Texas Press, 1977, p. 141-177.

TOMASELLO, M. *Constructing Language*: A Usage-Based Theory of Language Acquisition. Cambridge, MA: Harvard University Press, 2003.

TORRENT, T.T. The construction network hypothesis. Apud Construções emergentes: gramática de construções e gramaticalização. In: *Special issue of Letras & Letras*, vol. 27, 2011.

_____. On the relation between inheritance and change: The construction network reconfiguration hypothesis. In: BARÐDAL, J. et al. (eds.). *Historical Construction Grammar*. Amsterdã: Benjamins [no prelo].

TORRES CACOULLOS, R. & WALKER, J.A. The present of the English future: Grammatical variation and collocations in discourse. In: *Language*, vol. 85, 2009, p. 321-354.

TRAUGOTT, E.C. The status of onset contexts in analysis of micro-changes. In: KYTÖ, M. (ed.). *English Corpus Linguistics*: Crossing Paths. Amsterdã: Rodopi, 2012a, p. 221-255.

_____. On the persistence of ambiguous linguistic contexts over time: Implications for corpus research on micro-changes. In: HUBER, M. & MUKHERJEE, J. (eds.). *Corpus Linguistics and Variation in English*: Theory and Description. Amsterdã: Rodopi, 2012b, p. 231-246.

TRAUGOTT, E.C. Grammaticalization. In: LURAGHI, S. & BUBENIK, V. (eds.). *Continuum Companion to Historical Linguistics*. Londres: Continuum Press, 2010a, p. 269-283.

_____. Dialogic contexts as motivation for syntactic change. In: CLOUTIER, R.A. et al. (eds.). *Variation and Change in English Grammar and Lexicon*. Berlim: De Gruyter Mouton, 2010b, p. 11-27.

_____. Grammaticalization, constructions and the incremental development of language: Suggestions from the development of degree modifiers in English. In: ECKARDT, J.; GERHARD, R. & VEENSTRA, T. (eds.). *Variation, Selection, Development* – Probing the Evolutionary Model of Language Change. Berlim: Mouton de Gruyter, 2008a, p. 219-250.

_____. The grammaticalization of NP of NP constructions. In: BERGS, A. & DIEWALD, G. (eds.). *Constructions and Language Change*. Berlim: Mouton de Gruyter, 2008b, p. 21-43.

_____. 'All that he endeavoured to prove was...': On the emergence of grammatical constructions in dialogic contexts. In: COOPER, R. & KEMPSON, R. (eds.). *Language in Flux*: Dialogue Coordination, Language Variation, Change and Evolution. Londres: King's College Publications, 2008c, p. 143-177.

_____. The concepts of constructional mismatch and type-shifting from the perspective of grammaticalization. In: *Cognitive Linguistics*, vol. 18, 2007, p. 523-557.

_____. Constructions in grammaticalization. In: JOSEPH, B.D. & JANDA, R. D. (eds.). *The Handbook of Historical Linguistics*. Oxford: Blackwell, 2003, p. 624-647.

_____. Pragmatic strengthening and grammaticalization. In: AXMAKER, S.; JAISSER, A. & SINGMASTER, H. (eds.). *Berkeley Linguistics Society* – Vol. 14: General Session and Parasession on Grammaticalization. Berkeley, CA: Berkeley Linguistics Society, 1988, p. 406-416.

_____. Toward a coherent account of grammatical constructionalization. In: BARÐDAL, J. et al. (eds.). *Historical Construction Grammar*. Amsterdã: Benjamins [no prelo].

TRAUGOTT, E.C. & DASHER, R.B. *Regularity in Semantic Change*. Cambridge: Cambridge University Press, 2002.

TRAUGOTT, E.C. & HEINE, B. (eds.). *Approaches to Grammaticalization*. Amsterdã: Benjamins, 1991.

TRAUGOTT, E.C. & KÖNIG, E. The semantics-pragmatics of grammaticalization revisited. In: TRAUGOTT, E.C. & HEINE, B. (eds.). *Approaches to Grammaticalization*. Amsterdã: Benjamins, 1991, p. 189-218.

TRAUGOTT, E.C. & TROUSDALE, G. Gradience, gradualness and grammaticalization: How do they intersect? In: TRAUGOTT, E.C. & TROUSDALE, G. (eds.). *Gradience, Gradualness, and Grammaticalization*. Amsterdã: Benjamins, 2010a, p. 19-44.

TRAUGOTT, E.C. & TROUSDALE, G. (eds.). *Gradience, Gradualness, and Grammaticalization*. Amsterdã: Benjamins, 2010b.

TRIPS, C. *Lexical Semantics and Diachronic Morphology*: The Development of -hood, -dom and -ship in the History of English. Tübingen: Max Niemeyer Verlag, 2009.

TROUSDALE, G. Grammaticalization, constructions, and the grammaticalization of constructions. In: DAVIDSE, K. et al. (eds.). *Grammaticalization and Language Change*: New Reflections. Amsterdã: Benjamins, 2012a, p. 167-198.

_____. Theory and data in diachronic Construction Grammar: The case of the *what with* construction. In: GISBORNE, N. & HOLLMANN, W. (eds.). Special Issue on Theory and Data in Cognitive Linguistics. *Studies in Language*, vol. 36, 2012b, p. 576-602.

_____. *Ish*, 2011 [Paper: Second International Society for the Linguistics of English Conference (ISLE2)].

_____. Issues in constructional approaches to grammaticalization in English. In: STATHI, K.; GEHWEILER, E. & KÖNIG, E. (eds.). *Grammaticalization*: Current Views and Issues. Amsterdã: Benjamins, 2010, p. 51-72.

_____. Constructions in grammaticalization and lexicalization: Evidence from the history of a composite predicate construction in English. In: TROUSDALE, G. & GISBORNE, N. (eds.). *Constructional Approaches to English Grammar*. Berlim: Mouton de Gruyter, 2008a, p. 33-67.

_____. A constructional approach to lexicalization processes in the history of English: Evidence from possessive constructions. *Word Structure*, vol. 1, 2008b, p. 156-177.

_____. Words and constructions in grammaticalization: The end of the English impersonal construction. In: FITZMAURICE, S. & MINKOVA, D. (eds.). *Studies in the History of the English Language IV*: Empirical and Analytical Advances in the Study of English Language Change. Berlim: Mouton de Gruyter, 2008c, p. 301-326.

TROUSDALE, G. & GISBORNE, N. (eds.). *Constructional Approaches to English Grammar*. Berlim: Mouton de Gruyter, 2008.

TROUSDALE, G. & NORDE, M. Degrammaticalization and constructionalization: two case studies. Apud NORDE, M.; LENZ, A. & BEIJERING, K. (eds.). Special Issue on Current Trends in Grammaticalization Research. In: *Language Sciences*, vol. 36, 2013, p. 32-46.

TUGGY, D. Schematicity. In: GEERAERTS, D. & CUYCKENS, H. (eds.). *The Oxford Handbook of Cognitive Linguistics*. Oxford: Oxford University Press, 2007, p. 82-116.

_____. Ambiguity, polysemy and vagueness. In: *Cognitive Linguistics*, vol. 4, 1993, p. 273-291.

VAN DER AUWERA, J. More thoughts on degrammaticalization. In: WISCHER, I. & DIEWALD, G. (eds.). *New Reflections on Grammaticalization*. Amsterdã: Benjamins, 2002, p. 19-29.

VAN DE VELDE, F. Left-peripheral expansion of the NP. Apud GONZÁLEZ-ÁLVAREZ, D. et al. (eds.). Special Issue on the Structure of the Noun Phrase in English: Synchronic and Diachronic Explorations. In: *English Language and Linguistics*, vol. 15, 2011, p. 387-415.

VANDEWINKEL, S. & DAVIDSE, K. The interlocking paths of development of emphasizer adjective pure. In: *Journal of Historical Pragmatics*, vol. 9, 2008, p. 255-287.

VERHAGEN, A. The conception of constructions as complex signs: Emergence of structure and reduction to usage. In: *Constructions and Frames*, vol. 1, 2009, p. 119-152.

VERROENS, F. *La construction se mettre à*: syntaxe, sémantique et grammaticalisation. University of Ghent, 2011 [Dissertação de mestrado].

VERVECKKEN, K. Towards a constructional account of high and low frequency binominal quantifiers in Spanish. In: *Cognitive Linguistics*, vol. 23, 2012, p. 421-478.

VON DER GABELENTZ, G. *Die Sprachwissenschaft, ihre Aufgaben, Methoden und bisherigen Ergebnisse*. 2. ed. Leipzig: Weigel, 1901.

VON FINTEL, K. The formal semantics of grammaticalization. In: *Nels Proceedings*, vol. 25, 1995, p. 175-189.

WALSH, T. & PARKER, F. The duration of morphemic and nonmorphemic /s/ in English. In: *Journal of Phonetics*, vol. 11, 1983, p. 201-206.

WARD, G.; BIRNER, B. & HUDDLESTON, R. Information packaging. In: HUDDLESTON, R. & PULLUM, G. *The Cambridge Grammar of the English Language*. Cambridge: Cambridge University Press, 2002, p. 1.363ss.

WARNER, A. What drove 'do'? In: KAY, C.; HOROBIN, S. & SMITH, J.J. (eds.). *New Perspectives on English Historical Linguistics*: Syntax and Morphology. Vol. I. Amsterdã: Benjamins, 2004, p. 229-242.

WARNER, A.R. *English Auxiliaries*: Structure and History. Cambridge: Cambridge University Press, 1993.

WEINREICH, U.; LABOV, W. & HERZOG, M. Empirical foundations for a theory of language change. In: LEHMANN, W.P. & MALKIEL, Y. (eds.). *Directions for Historical Linguistics*. Austin: University of Texas Press, 1968, p. 95-189.

WERNING, M.; HINZEN, W. & MACHERY, E. (eds.). *The Oxford Handbook of Compositionality*. Nova York: Oxford University Press, 2012.

WHITE, P.R.R. Beyond modality and hedging: A dialogic view of the language of intersubjective stance. In: *Text*, vol. 23, 2003, p. 259-284.

WHITE, R.G. *Words and their Uses*. Nova York: Sheldon and Co., 1871.

WICHMANN, A.; SIMON-VANDENBERGEN, A.-M. & AIJMER, K. How prosody reflects semantic change: A synchronic case study of *of course*. In: DAVIDSE, K.; BREBAN, T.; VANDELANOTTE, L. & CUYCKENS, H. (eds.). *Subjectification, Intersubjectification and Grammaticalization*. Berlim: Mounton de Gruyter, 2010, p. 103-154.

WILLIS, D. Syntactic lexicalization as a new type of degrammaticalization. In: *Linguistics*, vol. 45, 2007, p. 271-310.

WISCHER, I. Grammaticalization versus lexicalization – 'Methinks' there is some confusion. In: FISCHER, O.; ROSENBACH, A. & STEIN, D. (eds.). *Pathways of Change*: Grammaticalization in English. Amsterdã: Benjamins, 2000, p. 355-370.

WISCHER, I. & DIEWALD, G. (eds.). *New Reflections on Grammaticalization*. Amsterdã: Benjamins, 2002.

WRAY, A. Formulaic language. In: BROWN, K. (ed.). *Encyclopedia of Language and Linguistics*. Vol. IV. 2. ed. Amsterdã: Elsevier, 2006, p. 590-597.

_____. *Formulaic Language and the Lexicon*. Cambridge: Cambridge University Press, 2002.

ZHAN, F. *The Structure and Function of the Chinese Copula Construction*. Stanford University, 2012 [Disssertação de mestrado].

ZIEGELER, D. Count-mass coercion, and the perspective of time and variation. In: *Constructions and Frames*, vol. 2, 2010, p. 33-73.

_____. A word of caution on coercion. In: *Journal of Pragmatics*, vol. 39, 2007, p. 990-1.028.

ZWICKY, A. Snowclone mountain? In: *Language Log*, 2006.

ZWICKY, A.M. *Parts of the body*, 2012 [Paper: Stanford SemFest].

_____. *Extris, extris*, 2007 [Paper: Stanford SemFest].

Índice de exemplos históricos-chave

a bit of 50, 59, 65s., 107, 116, 146, 171s., 192, 204, 208s., 211, 215, 223s., 360, 362, 385

a bunch of 66, 207, 361s.

a deal of 102, 107, 111s., 115s., 171, 224, 360

a heap of 107, 116, 204, 207, 341

all but 344-346

a lot of 49s., 60-67, 69, 80s., 102, 107, 171s., 192, 204, 206, 208s., 211, 215s., 222, 332, 341, 343, 353, 356-358, 360-363

a shred of 146, 172, 224

BE going to 51s., 90, 130, 133, 184-186, 191-193, 205, 207, 209-211, 214, 217, 223s., 275, 282, 366s., 369-377, 384-387

beside(s) 198-201

bitransitiva 45, 137s., 176

Clivada com *ALL* 239-257, 280-383

Clivada com *IT* 139s., 256, 383

Clivada com *TH-* 240s., 243s., 247s., 250, 256

Clivada com *WHAT* 239-257, 312, 318, 320

Construção com *way* 145-167, 204, 208, 211, 213, 221, 263s., 318

-dom 125, 133, 291-298, 351-353

-fire 307-309

give X a V-ing 64, 77, 403

habeo cantare (latim) 74, 82, 178

-hood 292, 302-304

-ish 394-400

-lac 'práticas' (inglês antigo) 351-353, 387

-leac 'vazar' (inglês antigo) 42, 288s., 310s.

-lian (inglês antigo) 306

not the ADJest N in the N 316s.

-th 50, 133, 311

Partitivo, binominal 62-66, 102

what with 235-239
will be lucky to 313s.

Quantificador, binominal 62-66,
205-207, 224, 341, 343, 353-362

X is the new Y 264, 314s.

-ræden 'condição' (inglês antigo)
298-301, 351s.

yn ol 'depois' (galês) 326s.

several 362-366
-s genitivo 227-232
-ship 281, 301, 303
-some 285

Índice de nomes

Aarts, Bas 63, 113, 142

Adamson, Sylvia 363

Aijmer, Karin 71, 198

Aikhenvald, Alexandra Y. 280

Allan, Kathryn 90

Allen, Cynthia 135

Allerton, David J. 241

Andersen, Henning 26, 57, 80, 86, 111, 143, 179, 227, 296, 325, 343

Anderson, Earl R. 250

Anttila, Raimo 74, 82, 181

Arber, Edward 368

Arbib, Michael A. 53

Archer, Dawn 88

Arnovick, Leslie 187

Auer, Peter 99, 252

Baayen, R. Harald 51, 163, 266

Baker, Colin F. 37, 103

Ball, Catherine N. 140, 242

Barlow, Michael 28

Barðdal, Jóhanna 44s., 50, 86s., 202-205, 208s., 211s.

Bauer, Laurie 268, 281, 284

Beadle, Richard 89

Beavers, John 76

Bencini, Giulia 96

Berglund, Ylva 376

Bergs, Alexander 85, 331

Berlage, Eva 263

Bermúdez-Otero, Ricardo 80

Bharucha, Jashmed J. 103

Biber, Douglas 88, 333, 356

Birner, Betty 240

Bisang, Walter 86

Blakemore, Diane 42

Blank, Andreas 271s., 281

Bloomfield, Leonard 263

Blumenthal-Dramé, Alice Julie 32, 110

Blythe, Richard 108, 133

Boas, Hans C. 27, 29-31, 46s., 50, 98, 117, 122

Booij, Gert 36, 108, 264-268, 277, 279s., 285s., 291s., 296, 298

Börjars, Kersti 182, 220, 229s.

Boroditsky, Lera 109

Boye, Kasper 56, 108, 189s., 217, 271, 281, 343

Breban, Tine 230s., 363-366, 384, 386

Brems, Lieselotte 59, 63, 85, 102, 107, 116, 191, 207, 224s., 354, 358, 361s., 385

Brinton, Laurel J. 74s., 77, 137, 141, 195, 197, 271s., 274, 276, 278, 283, 311

Broccias, Cristiano 103, 167

Broz, Vltako 291

Brugmann, Claudia 37

Buchstaller, Isabelle 137, 329

Bybee, Joan L. 28, 40-42, 44s., 48s., 51, 55s., 73, 78s., 83, 92, 97s., 100, 103, 127, 142, 173s., 179, 182s., 190-193, 203s., 212s., 216s., 223, 234, 313, 319, 332, 339-341, 350, 372, 384, 400s., 403

Campbell, Lyle 76, 79s., 182, 225, 232, 337

Cappelle, Bert 96

Catford, J.C. 333

Chafe, Wallace L. 334

Cheshire, Jenny 234

Chomsky, Noam 91

Claridge, Claudia 187

Clark, Eve V. 289, 320

Clark, Herbert H. 289, 320

Clark, Lynn 32

Claudi, Ulrike 65, 179, 183, 337, 340

Colleman, Timothy 45, 85s., 137s.

Collins, Allan M. 111

Collins, Peter C. 240

Conrad, Susan 356

Cort, Alison 205

Cowie, Claire 280

Craig, Colette G. 195

Croft, William 25, 27s., 30, 33-37, 40, 43s., 47, 56, 86, 92, 99, 103, 108, 117, 120-122, 133, 168, 264s.

Cross, Ian 103

Cruse, D. Alan 27, 30, 34, 99, 339

Culicover, Peter W. 28

Culpeper, Jonathan 88

Curzan, Anne 255

Cuyckens, Hubert 27, 270

Dahl, Östen 182, 192

Dalton-Puffer, Christiane 293, 296s., 300-305, 352s.

Danchev, Andrei 368, 373

Dasher, Richard B. 65, 201, 342s.

Davidse, Kristin 230, 363

De Clerck, Bernard 45, 85s., 137s.

Degand, Liesbeth 187

Dehé, Nicole 198

Denison, David 113, 142, 205, 214, 229s., 358, 363

De Smet, Hendrik 82, 98, 113, 116, 205, 209, 214, 335, 343-346, 349, 376, 384, 386

Diessel, Holger 98, 239

Dietz, Klaus 295, 299, 352

Diewald, Gabriele 42, 68, 85, 175, 184, 187-189, 195, 331, 336s., 349, 368, 386

Doyle, Aidan 232s.

Duranti, Alessandro 342
Du Bois, John W. 220

Eckardt, Regine 80s., 367, 384
Eddington, David 319
Elmer, Willy 135
Erman, Britt 187, 312
Eythórsson, Thórhallur 86

Faarlund, Jan Terje 232
Fanego, Teresa 76, 151, 155, 163, 166s.
Ferraresi, Gisella 188
Fillmore, Charles J. 27, 29, 31, 35, 37, 85, 103, 120, 287, 317
Finegan, Edward 333, 356
Fischer, Kerstin 197
Fischer, Olga 56, 82, 116, 181, 223, 225, 335, 375
Fitzmaurice, Susan 87
Fleischman, Suzanne 72
Flickinger, Dan 279
Fodor, Jerry 39
Francis, Elaine J. 53, 66, 79, 360-362
Fraser, Bruce 197
Fried, Mirjam 57, 81, 85s., 401

Gahl, Susanne 198
Garrett, Andrew 209, 332, 367, 373
Geeraerts, Dirk 27, 127, 141, 291
Gelderen, Elly van 144
Giacalone Ramat, Anna 276

Giegerich, Heinz J. 268, 274, 350
Gildea, Spike 86
Gisborne, Nikolas 38, 40, 57, 86, 116, 123, 168, 202
Givón, Talmy 82, 98, 127, 182-184, 227, 340
Goldberg, Adele E. 25, 27s., 30-32, 35, 40, 45-47, 56, 83-86, 92, 96, 103, 105, 110, 117-122, 138, 145-150, 159, 164, 166, 204, 211, 218, 256s., 340, 346, 348
Gonzálvez-Álvarez, Dolores 363
Gonzálvez-Garcia, Francisco 319
Goodwin, Charles 342
Gray, Bethany 88
Green, Lisa J. 185
Greenbaum, Sidney 356
Greenberg, Joseph H. 228
Gries, Stefan T. 52

Hagège, Claude 65
Haiman, John 51
Hansen, Maj-Britt Mosegaard 339, 342
Harder, Peter 56, 108, 189s., 217, 271, 281, 343
Harley, Trevor A. 109
Harris, Alice 79s., 337
Haselow, Alexander 125, 280s., 293-299, 301s., 351s.
Haspelmath, Martin 28, 74, 80, 82, 128, 144, 177, 183, 201, 220-223, 225, 325

Hawkins, John A. 98, 103
Hay, Jennifer 216, 266
Heine, Bernd 65, 68, 79, 80, 83,
174-175, 179, 183, 184, 198, 234,
336-337, 340, 342
Heltoft, Lars 52, 81, 86, 181, 239, 335
Hengeveld, Kees 55
Herzog, Marvin 26, 92
Higgins, Francis Roger 240
Hilpert, Martin 51s., 56, 253, 335,
348, 374, 385, 402
Himmelmann, Nikolaus 51, 68,
74, 192-194, 201-205, 220, 255,
272, 283, 327, 332, 343, 357s., 388
Hinterhölzl, Roland 71, 239
Hinzen, Wolfram 53
Hoffmann, Sebastian 90, 126, 138,
179, 192, 205
Hollmann, Willem B. 34, 85
Hopper, Paul J. 74, 80, 98s., 125,
128, 177, 178, 236, 251-252, 253,
263, 271, 340, 384
Horie, Kaoru 86
Horn, Laurence R. 338
Horobin, Simon 87
Huber, Magnus 88, 90
Huddleston, Rodney 240, 284, 363
Hudson, Richard A. 28, 38, 40,
103-104, 109-111, 113, 115, 120,
122, 132, 267
Hünnemeyer, Friederike 65, 179,
337, 340
Hundt, Marianne 52, 89, 129-131,
186, 366

Israel, Michael 48, 84, 85, 145,
147-150, 152-154, 162, 166,
168, 172

Jackendoff, Ray 28, 42-43, 145, 147,
150, 162, 265
Jäger, Gerhard 109
Jakobson, Roman 180
Janda, Richard D. 86, 226, 325
Johansson, Stig 356
Joseph, Brian D. 86, 258
Jurafsky, Daniel 43, 234

Kaltenböck, Gunther 184
Karttunen, Lauri 313
Kastovsky, Dieter 199, 292
Kay, Paul 27, 29-30, 54, 85, 120,
122, 287, 313, 317-320, 331s., 383
Keller, Rudi 58, 65, 221s., 342
Kemmer, Suzanne 28, 44
Kiparsky, Paul 81, 180, 196, 201,
225, 228
Kiss, Katalin É. 140
Kohnen, Thomas 87
Komen, Erwin 383
König, Ekkehard 65, 115, 333-334,
337
Koops, Christian 253
Koptjevskaja-Tamm, Maria 59
Kortmann, Bernd 236
Kotsinas, Ulla-Britt 187
Krug, Manfred G. 130, 205, 275, 377
Kuryłowicz, Jerzy 182, 192, 280

Kuteva, Tania A. 79, 112, 174, 184, 198, 234, 384
Kuzmack, Stefanie 395-397
Kytö, Merja 88, 338, 368, 373

Labov, William 26, 88, 91s., 97
Lakoff, George 27, 30, 37, 95, 266
Lamb, Sidney 103
Lambrecht, Knud 140, 186, 240
Langacker, Ronald W. 25, 27-28, 30, 34-35, 40, 42, 44-45, 47, 55, 67, 79-80, 92, 98, 100, 102-105, 108, 110, 121, 202, 217, 220, 223, 231, 234, 349, 350
Lass, Roger 228
Leech, Geoffrey 52, 89, 129-131, 186, 356, 366
Lehmann, Christian 72-77, 82, 92, 128, 141, 144, 176-177, 179, 183-188, 191, 194, 197-198, 200-201, 217, 219-220, 226-227, 236, 239, 241, 253, 255, 272-278, 280, 282, 295, 305, 325, 334
Levey, Stephen 234
Levin, Beth 76, 145
Lewandowska-Tomaszczyk, Barbara 142, 338
Lewis, Diana 201
Liberman, Mark 318
Lichtenberk, Frantisek 118, 143, 341
Lightfoot, David 39, 80, 124, 144
Lightfoot, Douglas J. 263-264, 274, 276, 280

Lindström, Therese Å.M. 276
Lipka, Leonhard 77, 277
Loftus, Elizabeth F. 111
López-Couso, María José 71, 239
Los, Bettelou 71, 239, 383
Losiewicz, Beth L. 101

Macaulay, Ronald K.S. 363
Machery, Edouard 53
Mair, Christian 52, 87, 89-91, 129-131, 186, 366, 376
Marchand, Hans 125, 133, 303, 306, 396
Martin, Janice 74
Martínez-Insua, Ana Elina 363
Massam, Diane 251
Mattiello, Elisa 320-321
McClelland, James L. 48, 51, 83, 203, 213, 216
McKoon, G. 110
McMahon, April M.S. 70
Meillet, Antoine 79, 81, 127s., 186, 239, 248, 274
Meurman-Solin, Anneli 71, 74, 239
Michaelis, Laura A. 53, 54, 313, 346, 349
Milroy, James 56
Mondorf, Britta 145, 147, 161, 166-168
Mossé, Ferdinand 222, 373
Mukherjee, Joybrato 138
Muysken, Peter 141

Nesselhauf, Nadja 375
Nevalainen, Terttu 74, 137
Nevis, Joel A. 232
Newell, Allen 400
Newmeyer, Frederick J. 180, 225, 325
Noël, Dirk 26, 84, 86
Norde, Muriel 76, 182, 187, 225-233
Nørgård-Sørensen, Jens 52, 81, 86, 181, 239, 335
Nunberg, Geoffrey 287, 313
Núñez-Pertejo, Paloma 367
Nurmi, Arja 96

O'Connor, Edward 315
O'Connor, Mary Catherine 27, 287
Östman, Jan-Ola 57, 81, 380

Pagliuca, William 73, 173s., 179, 183, 191, 193, 234, 332, 384
Parker, Frank 101
Parkes, M.B. 87
Partee, Barbara 53
Patten, Amanda L. 85, 139-140, 168, 202, 240-243
Paul, Hermann 97
Pawley, Andrew 51, 312
Payne, John 363
Perek, Florent 122, 138
Pérez-Guerra, Javier 245, 363
Perkins, Revere D. 73, 173, 174, 179, 183, 191, 234, 332, 384
Persson, Gunnar 341
Peters, Hans 399

Petré, Peter 213, 270
Petrova, Svetlana 71, 239
Pfänder, Stefan 99
Pichler, Heike 217, 234
Plag, Ingo 163, 350
Plank, Frans 124, 142
Poplack, Shana 185, 335
Prince, Ellen F. 140, 252
Pullum, Geoffrey 314
Pulvermüller, Friedemann 96
Pustejovsky, James 338

Queller, Kurt 108
Quirk, Randolpho 356

Rama-Martínez, Esperanza 363
Ramat, Paolo 141, 226, 325
Rapoport, T. 145
Ratcliff, R. 110
Raumolin-Brunberg, Helena 96
Rebuschat, Patrick 103
Reh, Mechthild 80, 174, 183
Reisberg, Daniel 37
Renouf, Antoinette 163, 266
Ricca, Davide 141
Rice, Sally 95-96, 169, 171
Rickford, John R. 137, 276, 329
Rissanen, Matti 90, 132, 187, 198-199, 370, 399
Rizzi, Luigi 75
Robert, Stéphane 195
Roberts, Ian 39, 56, 80, 143, 144, 402
Rohdenburg, Günter 251

Rohrmeier, Martin 103

Romaine, Suzanne 338

Rosch, Eleanor 141

Rosenbach, Annette 109, 228

Rostila, Jouni 175-176

Roussou, Anna 39, 56, 402

Sag, Ivan A. 27, 29, 30, 81, 122, 279, 287, 313

Saussure, Ferdinand de 30, 38, 91, 108, 180, 289

Scheibman, Joanne 217

Schiffrin, Deborah 197

Schlüter, Julia 71, 131

Schmid, Hans-Jörg 110, 342

Schneider, Agnes 79

Schøsler, Lene 52, 81, 86, 181, 239, 335

Schulz, Monika Edith 68

Schwenter, Scott A. 380

Scott, Alan K. 229

Selkirk, Elisabeth O. 59

Shibatani, Masayoshi 184

Shtyrov, Yuryv 96

Siewierska, Anna 34

Simon-Vandenbergen, Anne-Marie 71, 187, 198

Sinha, Chris 96

Slobin, Dan I. 76, 100, 220

Smirnova, Elena 56

Smith, Jeremy 87

Smith, Nicholas 52, 89, 129-131, 186, 366

Snider, Neal 110

Sowka-Pietraszewska, Katarzyna 138

Spencer-Oatey, Helen 252

Speyer, Augustin 71

Stadler, Stefanie 252

Stefanowitsch, Anato 52

Stenström, Anna-Brita 363

Stolova, Natalya I. 76

Svartvik, Jan 356

Sweetser, Eve E. 191, 358

Syder, Frances Hodgetts 51, 312

Tagliamonte, Sali 185

Talmy, Leonard 75-76, 149

Taylor, John R. 98, 287

Terkourafi, Marina 42, 342, 379

Tham, Shiao-Wei 76

Thompson, Sandra A. 251-252

Timberlake, Alan 343

Tizón-Couto, David 245

Tomasello, Michael 30, 96, 98

Torrent, Tiago Timponi 138-139

Torres Cacoullos, Rena 52, 133, 185, 335

Traugott, Elizabeth Closs 40, 48, 57, 59, 63, 65, 73, 74, 75, 77, 80, 83, 85, 113, 115, 137, 141, 143, 177-178, 191, 196, 201, 207, 208, 240, 243, 255, 271-278, 283, 312, 329, 337, 340, 342, 348, 367-371, 377, 380

Trips, Carola 281, 292-293, 301, 303, 352
Trousdale, Graeme 32, 40, 45, 48, 57, 64, 78, 83, 85, 113, 123, 133, 136, 143, 175, 202, 230-231, 233, 236, 239, 263, 283, 326, 329, 337, 402, 403
Tuggy, David 45, 338

Van der Auwera, Johan 76, 325
Van linden, An 230
Van de Velde, Freek 45, 231, 363
Vandewinkel, Sigi 363
Verhagen, Arie 35
Verroens, Filip 86
Verveckken, Katrien 85, 86
Vezzosi, Letizia 333-334
Vincent, Nigel 182, 220, 229-230
Von der Gabelentz, Georg 186, 220
Von Fintel, Kai 42

Walker, James A. 52, 133, 185, 335
Walsh, Thomas 101
Waltereit, Richard 342
Ward, Gregory 240
Warner, Anthony R. 56, 124, 142
Warren, Beatrice 313
Wasow, Thomas 137, 287, 313, 329
Weinreich, Uriel 26, 92
Werning, Markus 53
White, P.R.R. 380
White, R. Grant 222
Wichmann, Anne 71, 198
Willis, David 325-327, 387
Wischer, Ilse 184, 272, 277, 282
Wray, Alison 313

Yuasa, Etsuyo 66, 79, 360-361

Zhan, Fangqiong 86
Ziegeler, Debra 348
Zwicky, Arnold M. 251, 288, 316

Índice remissivo

Absorção de contexto 112, 115, 385

Adjetivo
    como base 133, 295, 301, 306, 311
    como contexto 115, 171, 224, 296
    de diferença 362-366, 385-387
    quantificador 111-112, 359

Adjunto 139, 153, 235, 371

Adposição 179, 194

Advérbio
    deadjetival 363-366
    direcional na construção com
      way 145-168
    status no gradiente léxico-
      -gramatical 141-142, 174-175,
    232, 273, 320, 363
    uso como
    marcador pragmático 141, 199,
    200
    subordinador 194, 200

Afixo
    como resultado de mudança 80,
    177-181, 281, 285, 292
    cf. tb. Desvinculação

Afixoide 267-387
    caracterização 268

Alinhamento 258, 393
    grau de 114, 132, 242-243

Ambiguidade 68, 105, 317, 326,
    337, 359, 370

Anáfora 197, 248, 251-254, 312,
    357, 362

Analisabilidade 55, 66, 134, 203,
    216, 311, 394

Analogia 57, 79, 82, 113-117, 181,
    196, 212, 223-226, 256, 343, 375
    baseada na GU 196
    baseada no exemplar 79, 81, 115,
    140, 172, 176, 196, 286

Analogização 79, 83, 115-116, 171,
    172, 176, 181, 212, 223, 256,
    258-259, 343, 375, 393

Ancoragem
    nominal 230-231

Aquisição 56, 78, 98, 100
    adulto 56, 222

Argumento agente 46, 319, 372

Armazenamento 31, 99-101

Aspecto 42, 137, 139, 195, 403
estativo 193, 205, 249, 252, 374, 385
habitual 127, 174
iterativo 43, 64, 163, 165, 168, 174, 306
télico 77, 270, 403

Ativação 234, 319, 339, 350, 371, 379
cf. tb. Expansão da ativação

Atração 28, 211-214, 219, 224, 286, 359, 388

Atrito 183-185, 218-220, 258, 357, 396

Atualização 214, 344, 383-387

Auxiliar 45, 82, 125, 131, 178, 186, 192, 196, 210, 224, 338, 361, 374-377
inversão sujeito-auxiliar (ISA) 41, 43, 121

Base de dados
uso de 90

Binômio 63, 99, 112, 204, 353-362
cf. tb. *a bit of*, *a bunch of*, *a deal of*, *a heap of*, *a lot of* e *a shred of* no Índice de exemplos históricos-chave

Bloqueio 349

Característica 30, 34, 35, 39, 57, 81, 96, 112-114, 121, 143, 215, 219, 259, 352

Caso 73, 86, 128, 134-135, 194, 229-233, 290, 294
genitivo 69, 290, 353, 362
cf. tb. Estrutura argumental

Catáfora 197, 252, 312

Categoria 29, 33, 38, 41, 100, 114, 128, 141-142, 149, 205, 234, 265, 340, 347
como atrator 211
fortalecimento de 168
gramatical 184
margem de 126, 347

Categorização 44, 80, 103, 120

Choque de acento 131

Chunking 183, 217-219, 258, 337, 400, 403

Classe-hospedeira; cf. Expansão, classe hospedeira

Cline 127, 168, 182, 212, 280
de gramaticalização 82, 127, 177-183

Clítico 82, 124, 178, 196, 217, 227-233, 326, 397

Clivagem 186
cf. tb. Clivada com *IT* no Índice de exemplos históricos-chave

Coalescência 77, 185, 197, 219, 275, 311
taxa de 216

Coerção 345-349

Cognição 103

Competição entre alternativas 52,
128, 132, 166, 189, 335
cf. tb. Motivação, competição

Composicionalidade 32, 53-55,
58-61, 77, 157, 202, 217, 279,
284, 288-290, 303, 305-313,
317, 320, 329, 347, 394
aumento de 176, 231
redução de 59, 101, 133, 166,
176, 203, 214-217, 219, 274,
284, 302, 327

Composto 59, 267-269, 272, 277,
281, 283-300, 307-311, 341,
350-353, 387, 397
cf. tb. Afixoide

Condensação 185, 197

Conhecimento
compartilhado 332, 383
enciclopédico 342, 379

Consciência
da mudança 58, 67, 114, 297,
374, 387
social 222

Construção 43, 86, 264, 283
condicional 54, 193
de conteúdo/lexical 43, 58, 64
definição 25, 40
especificadora; cf. Clivagem

procedural
caracterização 43, 57
substantiva 41-45, 49, 75, 174-175,
310, 336, 367, 378-379
tipo 156, 202-204, 211, 240, 242,
258, 297, 319, 388

Construcionalização (Cxzn)
caracterização 67

Construções gramaticais; cf.
Construção procedural

Construto 26, 49

Contexto
crítico 184, 337, 359, 364, 368,
370, 385, 388
definição 331-336
de mudança 68, 337, 340
isolado 68, 337, 388
ponte 184

Continuum 71, 141, 189, 261, 263,
273, 313, 319, 322, 357
cf. tb. Gradiência

Convencionalização 26, 32, 36,
47-49, 57, 96, 107, 169, 189, 283

Conversão 70, 76, 279, 320, 325, 392

Cunhagem
neologismo 149, 270, 286, 320,
324
padrões de 318

Decategorização 208

Degramaticalização 187, 225-227,
229, 231, 258, 325-330, 393, 395

Derivação
  morfológica 70, 125, 226, 268-271, 279-280, 290-292, 296, 299-305, 325, 352, 386, 395, 400
Desbotamento 75, 125, 168, 186, 191, 192, 258, 300, 329, 352, 359, 361
Desflexionalização 226-232
Desvinculação 229, 232-233
Determinante 187, 227, 230-231, 362-364
Direcionalidade
  da mudança 109, 180-183, 194-202, 214, 220-225, 258-261, 282-284, 325, 394
Discurso
  argumentativo, de contestação/ contestadores 243, 254, 335-336, 380-383
  contexto 331, 371
  função 32, 36, 113

Emergência 99, 170, 190, 290, 318, 336, 342, 349, 383
Escopo
  mudança de 184-187, 194, 197, 200, 397
Especificidade 36, 40, 41, 44, 105, 186, 191, 202, 253, 256-257
Esquema(s)
  caracterização 41-43
  de transitividade 119, 134-135, 151-152, 160

subesquema 49
cf. tb. Verbo, intransitivo, transitivo; Bitransitiva no Índice de exemplos históricos-chave
Esquematicidade 41, 44-50, 58, 131, 168, 202-214, 218-219, 231, 258, 283, 285-286, 311, 330, 338, 350, 400
Estrutura
  argumental 31, 37, 42, 46, 86, 119, 133-136, 195, 203, 320
  da informação 36, 42, 74-75, 141, 186, 239-240, 248, 255, 334
Expansão 52, 66, 68, 74, 75, 127, 160-167, 176-177, 190-202, 218-223, 254-256, 257-259, 262, 282-285, 290, 296, 328-329, 336, 343, 353, 357, 362-366, 372, 374, 388, 394, 397
  classe hospedeira 51, 157, 168, 193-194, 205, 207, 239, 253, 283, 297, 327, 328, 353, 372, 375, 385, 388
  da ativação 109-117, 120, 216, 227, 264, 334, 371
  semântico-pragmática 192, 193-194, 199, 200, 255, 358
  sintática 186, 190-194, 200, 220, 239, 256, 329, 357, 375

Finalidade 139, 185, 246, 255, 368, 370, 372, 385

Fixação 32, 38, 110, 185, 217-220, 402

Flexão
morfológica 35, 81-84, 101, 127-130, 177, 188, 227, 229, 233, 267, 278, 280, 326, 353

Foco 139-140, 174-175, 186-189, 240-243, 253-255

Formação de palavras 70, 76, 134, 163, 216, 263-266, 269, 272, 278-293, 296-301, 313, 320-324, 327-330, 334, 341, 351, 378, 392, 395, 399

Frequência 31, 51, 75, 100-101, 125-127, 130, 190, 198, 202-207, 212-213, 216-217, 225, 264-265, 298, 304, 350, 362, 402
ocorrência 51, 221
tipo 51, 202-205, 212-214, 265, 281, 291, 295, 298, 302-303, 311

Fundo 342, 356, 379

Fusão 67, 77, 178-179, 182, 196-197, 216, 279, 285, 305

Futuro 25, 80, 82, 128, 178-180, 185, 191, 217, 223-224, 233-234, 367
dêitico 367, 371, 374-375
relativo 367, 371, 375, 384
cf. tb. *BE going to* no Índice de exemplos históricos-chave

Generalização 100, 108, 126, 132, 138, 191-192, 211, 233, 257, 269, 270, 292, 296, 299, 315, 353, 376, 380

Gênero 126, 131, 132, 222, 357, 380, 388

Gradiência 40, 47, 55, 66, 113, 141, 143, 207, 216, 219, 265, 277, 282, 287-288, 293, 305, 306, 313, 332, 363, 392, 402

Gradiente
de conteúdo-procedural 43, 93, 168, 263, 269, 271, 273, 403

Gradualidade 51, 64, 68, 70, 93, 113, 125, 135, 141-144, 203, 207, 209, 230, 232, 239, 279, 293, 296, 301, 305, 306, 311, 319, 325, 327, 337, 363, 376, 392, 402

Gramática(s)
caracterização 26, 27
de construções 27-28
diacrônica 51, 71, 84-87, 335, 385
modelos de 27-36
Universal (GU) 61-62, 90-91

Gramaticalização
caracterização 73

Hapax legomenon 163, 265-266, 291, 303

Herança 26, 28, 34, 117, 120-123, 137-139, 267, 287, 320

default 121, 267, 284, 317

múltipla 39, 121

Heterossemia 118, 193, 341, 376

Homonímia 338-340, 349

Idioma 28, 56-57, 264, 277, 282, 287, 312, 313, 403

Idiossincrasia 29, 40, 67, 77, 92, 97, 103, 133, 263, 282, 285, 312, 323, 347

Impessoal 87, 124, 134-137, 175, 277

Incompatibilidade 53, 95, 103, 107, 114, 116, 157, 170, 215-216, 219, 341, 347-349, 361, 376, 394

resolução da 65, 107, 215, 218, 358, 362

Inferência sugerida 65, 112, 114, 169, 337, 342

Inovação 26, 47, 49, 56, 96-99, 105, 108, 109, 114, 168, 169, 182, 221, 247, 249, 321, 344, 387, 392

Intensificador 268, 363, 366

Inversão sujeito auxiliar (ISA); cf. Auxiliar

Lexicalização

revisão 75-78, 271-278

Léxico 37

Linguística cognitiva 25-37, 39, 84, 98, 103, 287

Marcador pragmático 136, 141, 142, 184, 187, 194-195, 197, 199, 255, 278, 353

Marginalidade 103, 106, 120, 123-131, 137, 164-166, 214, 225, 258, 347, 351, 376

Mecanismo 57, 78-84, 87, 115, 172, 181, 182, 212, 223, 348, 393

Metáfora 37, 119, 191, 283, 349, 378, 380

Metonímia 60, 191, 394

Microconstrução

caracterização 48-50

Micropasso 58, 69, 81, 85, 117, 144, 169, 319, 402

Modais 101, 125, 129, 138, 142, 180, 194-195, 275, 313, 338, 375, 377, 386

centrais 130, 132, 205

semi 130, 205

Modelo

baseado no uso

caracterização 27-28

de perdas e ganhos 191

Modificador de grau 209, 399

Modularidade 40, 71, 110, 141, 184, 187, 259, 263, 264

Motivação 78, 83, 115, 181, 220-225
  competição 89, 256
Mudança(s)
  caracterização 26
  Construcional (MC)
    caracterização 64
  instantânea 58, 64, 69-72, 143,
    289, 300, 319, 324, 327-330, 391
  sistemáticas 69, 125, 136, 144,
    229, 306, 335, 383, 388

Neoanálise 57, 58, 63, 66, 79-84,
  96, 102, 115, 137, 144, 150, 171,
  181, 215-216, 217, 259, 286,
  307, 325-327, 337, 340, 363,
  367, 393, 400

Obsolescência 103, 111, 129, 133,
  142, 166, 170, 258, 270, 277, 292,
  297, 328, 388
Ocorrência; cf. Frequência,
  ocorrência
Ordem de palavras 69, 82, 125,
  178, 181, 186, 188-189, 215, 239,
  272, 281, 313, 400
Organização
  cognitiva 98, 104

Paradigmaticidade 32, 82, 86, 131,
  180-181, 184-185, 187-188, 197,
  229, 233, 280, 335
Paradigmatização 185, 219

Paráfrase preposicional da
  bitransitiva 123, 138
Parâmetros 144, 176, 184-187, 191,
  197, 200, 404
  de integridade 185, 197, 198
Partícula modal 188-189
Partitivo 59
  cf. tb. *a bit of, a deal of, a lot of* e
  a shred of no Índice de
  exemplos históricos-chave
Passo; cf. Micropasso
Pensamento analógico 57, 83,
  115-116, 171, 180-181, 183,
  223-224, 244, 258-259, 332, 350,
  375, 378
Perífrase 85, 128, 144, 182, 185, 205,
  221, 223-224, 361, 375
Persistência 52, 106, 129, 132, 135,
  203, 229, 282, 329, 346, 384-387
Polaridade 146, 172, 224, 313
Poligramaticalização 195
Polissemia 37, 46, 115, 117, 131,
  138-139, 147, 171, 327,
  338-341, 376, 378
  cf. tb. Heterossemia
Pontuação 87, 334
Pós-construcionalização 66-67,
  170, 174, 206, 292, 297, 306, 310,
  329, 336, 343, 358, 388
Pragmaticalização 187
Pré-construcionalização 66-67,
  124, 158, 170, 174, 318, 336, 388

Primeiro plano 278, 342, 356, 365, 369, 371

Priming 109-111, 120, 158, 237, 332

Processamento 49, 82, 105, 110, 137, 168, 217

Processos de domínio geral 28, 97, 105

Produtividade 50-52, 58, 64, 75, 131-133, 136, 160, 163, 168, 176, 202-204, 211-214, 218-219, 223, 231, 267, 283-285, 297, 300, 311, 318, 327, 328, 330, 336, 401, 402

Projetor 251-255, 312

Prosódia
negativa 361

Protótipo 37, 127, 141, 157, 214, 234, 346, 347, 403

Pseudoclivada 239-243, 251-253
cf. tb. Clivada com *ALL-*, Clivada *TH-* e Clivada com *WHAT* no Índice de exemplos históricos-chave

Quantificador 49, 50, 62, 104, 116, 204-205
cf. tb. *a bit of, a deal of, a lot of* e *a shred of* no Índice de exemplos históricos-chave

Reanálise 57, 79-84, 144, 337
cf. tb. Neoanálise

Reconstrução comparativa 86-88

Rede 25-28, 35-40, 44-47, 58, 83, 92, 95-97, 103-105, 107-114, 117-147, 158, 160, 162-166, 214, 223, 225, 244, 248, 256-257, 259, 261, 264, 282, 297, 301, 321, 328, 332
elos em 28, 38-39, 104, 114, 117-140, 244, 341, 384
nó 28, 38, 274
social 106

Redução 66, 74-78, 88, 125, 131, 170, 176-178, 183-185, 194-195, 200-201, 203, 204, 216-217, 219-220, 223, 229, 233, 236, 252, 253, 256, 258, 264, 272, 280, 283, 293, 334, 345, 367, 374, 388, 391-394, 399, 401

Regra/falácia 100

Renovação 127, 128, 129

Reorganização dos tipos de construção 139, 145, 162-163, 170-171, 395

Restrições 25, 27, 68, 81, 82, 119, 120, 132, 183, 185, 187-189, 196, 225, 239, 246, 257, 316, 343, 349-352, 387, 394

Resultativo 47, 119, 146-147, 166, 167

Sancionar
caracterização 47-50, 59-60, 92, 101-103

Sinonímia 122, 138

Sistema de conhecimento 103
Snowclone 262, 315-319, 378-380
Substantivo
   uso de contáveis como
   incontáveis 346, 359

Taxonomia 28, 34, 44, 92, 117, 120
Tempo 42, 49, 51, 175
   futuro; cf. Futuro
   passado 51, 55, 100-101, 121,
      124, 132, 149, 344
Teoria da Mudança Mão Invisível
   222, 324
Tipo; cf. Frequência
Transmissão 56, 143

Unidade 25, 27, 35-36, 41, 51, 58-60,
   65, 77, 78, 86, 99-101, 104, 115,
   170, 183, 188, 223, 234, 273, 274,
   276, 289, 312, 332, 350, 400
Unidirecionalidade; cf.
   Direcionalidade
Universais 26-34, 223
Uso de *corpora* 87, 89-91

Vaguidez 338
Variabilidade paradigmática 185-187,
   197, 236
Verbo
   aquisição 148-149, 151, 155, 318
   cognitivo 385
   deadjetival 264
   de movimento 32, 43
   intransitivo 33, 142-153, 156-157,
      160, 163-164, 166, 211, 249-250,
      254, 270
   transitivo 147-152, 154-158,
      160, 163-166, 176, 211, 249,
      265, 327, 334
   cf. tb. *BE going to* e Bitransitiva
      no Índice de exemplos
      históricos-chave
Vinculação 184-186, 198, 229, 231,
   234, 339

Word Grammar 28, 38, 117, 120

Coleção de Linguística

- *História concisa da língua portuguesa*
Renato Miguel Basso e Rodrigo Tadeu Gonçalves

- *Manual de Linguística – Fonologia, morfologia e sintaxe*
Luiz Carlos Schwindt (org.)

- *Introdução ao estudo do léxico*
Alina Villalva e João Paulo Silvestre

- *Estruturas sintáticas*
Noam Chomsky

- *Gramáticas na escola*
Roberta Pires de Oliveira e Sandra Quarezemin

- *Introdução à Semântica Lexical*
Márcia Cançado e Luana Amaral

- *Gramática descritiva do português brasileiro*
Mário A. Perini

- *Os fundamentos da teoria linguística de Chomsky*
Maximiliano Guimarães

- *Uma breve história da linguística*
Heronides Moura e Morgana Cambrussi

- *Estrutura da língua portuguesa – Edição crítica*
Joaquim Mattoso Camara Jr.

- *Manual de linguística – Semântica, pragmática e enunciação*
Márcia Romero, Marcos Goldnadel, Pablo Nunes Ribeiro e Valdir do Nascimento Flores

- *Problemas gerais de linguística*
Valdir do Nascimento Flores

- *Relativismo linguístico ou como a língua influencia o pensamento*
Rodrigo Tadeu Gonçalves

- *Mudança linguística*
Joan Bybee

- *Construcionalização e mudanças construcionais*
Elizabeth Closs Traugott e Graeme Trousdale